江苏师范大学小学教育国家级一流本科专业建设点资助

教师的实践哲学

JIAOSHI DE SHIJIAN ZHEXUE

小学教育一流专业建设教材

高 伟 / 主编

北京师范大学出版集团
BEIJING NORMAL UNIVERSITY PUBLISHING GROUP
北京师范大学出版社

图书在版编目(CIP)数据

教师的实践哲学 / 高伟主编. —北京：北京师范大学出版社，2022.6(2023.2 重印)

小学教育一流专业建设教材

ISBN 978-7-303-27819-0

Ⅰ.①教… Ⅱ.①高… Ⅲ.①教育哲学—高等师范院校—教材 Ⅳ.①G40-02

中国版本图书馆 CIP 数据核字(2022)第 030291 号

教材意见反馈 **gaozhifk@bnupg.com 010-58805079**
营销中心电话 010-58802135 010-58802786
北师大出版社教师教育分社微信公众号 京师教师教育

出版发行：北京师范大学出版社 www.bnupg.com
北京市西城区新街口外大街 12-3 号
邮政编码：100088
印 刷：天津旭非印刷有限公司
经 销：全国新华书店
开 本：787 mm×1092 mm 1/16
印 张：21.25
字 数：424 千字
版 次：2022 年 6 月第 1 版
印 次：2023 年 2 月第 2 次印刷
定 价：56.00 元

策划编辑：张筱彤 责任编辑：张筱彤
美术编辑：焦 丽 装帧设计：焦 丽
责任校对：包冀萌 责任印制：马 洁

总 序

本套教材由江苏师范大学教育科学学院（教师教育学院）小学教育国家级一流本科专业建设点资助出版，共有《教师的实践哲学》《儿童哲学》《教师专业发展概论》《小学生认知与学习》《小学生学习指导》《小学数学教学设计》《小学语文文体教学分析与学习活动设计》《小学道德与法治教学设计及案例研究》《小学科学教学技能设计与技能训练》《小学综合实践活动》《小学劳动教育导论》《儿童艺术教育与活动指导》《学校心理健康教育课程设计与实施》13 本，基本涵盖了小学教育专业的学科专业课程、教育实践课程以及教师教育课程。

本套教材自酝酿到遴选、初审再到申报选题、审读、出版，经历了一个较为漫长的过程。江苏师范大学教育科学学院（教师教育学院）小学教育专业于 2000 年开始招收本科生，2012 年获批江苏省高等学校重点专业，2015 年获批江苏省卓越小学教师培养计划改革项目，正是依托这一项目，我们曾出版过一套小学教育教材，也是 13 本。很快我们在教学过程中就发现，有的教材已经跟不上时代发展和科技进步，不仅知识上变得陈旧，而且观念上日趋滞后，随着人才培养方案的不断修订，更主要的是考虑到知识的更新与教材本身的系统性，遂决定重新出版一套具有更高质量、更高水平的教材。2019 年小学教育专业先后获批江苏省高校一流本科专业和国家级一流本科专业建设点，国家级一流本科专业建设点本身对教材建设有要求，这样一来，教材出版就不仅可能，而且必要了。从那时起，我们就有了编写一套小学教育专业教材的基本规划。2019 年年初，我们在学院发布了教材招标书，明确了申报条件、教材范围以及申报程序。教师教育学院同人的申报热情非常高涨，所申报项目远远超出了我们的预期。我们也不得不调整与北京师范大学出版社的战略合作协议，分两批出版 13 本教材。在提交给出版社教材目录之前，我们对所申报的教材采用院内评价、同行评价、专家评价的方式进行了三轮严格的遴选。我们把“三个原则、三个标准”作为教材遴选的基本条件。

三个原则，即思想性原则、实用性原则和时代性原则。这三个原则也是教材出版的基本依据和根本遵循。一是思想性原则。所谓思想性就是有意识地将习近平新时代中国特色社会主义思想、社会主义核心价值观有机融入教材内容，体现马克思主义中国化要求，体现中国和中华民族风格，体现党和国家对教育的基本要求，体现国家和民族基本价值观，围绕育人目标，深度挖掘提炼小学教育专业知识体系中所蕴含的思想价值和精神内涵，注重加强师德师风教育，引导学生树立学为人师、行为世范的职业理想，争作“四有”好老师，充分体现课程的思想逻辑、价值逻辑和实践逻辑。二是实用性原则。小学教育专业教材编写的指向很明确，就是要培养能够胜任小学教育教学的高素质、专业化、创新型教师，这就要求这套教材要实用、能用、好用。这就要求教材遵循小学教育专业教育教学规律、小学教师人才成长规律，贴近小学教育专业学生的思想、学习和生活实际，以便教师好教、学生好学、学有所得、学以致用。我们要求教材在呈现专业知识时，要以实际问题为出发点和归宿，体现知识的形成和应用过程，突出理论与实践的统一，培养学生用教育学的思想和眼光观察世界、在教学实践中提升问题解决的能力。所申报的教材一定要注重师范生能力培养，以创新精神和实践能力为核心，以培养学生发现问题、提出问题、分析问题、解决问题的能力为目标，完善以能力培养为核心的教学设计，这就要求编者不仅要精心设计教材内容，还应在编写体例上下足功夫，以夯实学生能力发展的知识基础，把知识学习与能力形成有效地结合起来。三是时代性原则。时代发展和科技进步是教材改革最有效的催化剂。要想更新教材内容、创造性转化传统教育观念，就必须立足时代前沿，及时反映经济社会发展新变化、科学技术进步新成果，既要相对稳定，准确阐述本学科专业基本概念、基本知识和基本方法，保持小学教育专业教材的科学性，又要与时俱进，吸纳最新研究成果，保障人才培养的先进性。

三个标准，即专业标准、经历标准和验证标准。一是专业标准。凡申报教材出版的教师，我们要求必须有高级职称，必须在其专业领域表现出较高的专业水准。这是出版社对编者的要求，也是我们自觉的要求。我们不是唯职称论者，之所以提出这个要求是要提高申报的门槛，我们所看重的并不是职称，而是职称背后的学术训练、实践历练和经验老练。二是经历标准。我们要求教材编者必须有三个经历，也就是要有和中小学长期合作的经历、经常性地去中小学体验的经历以及指导中小学教科研的经历。这三个经历缺一不可。之所以要特别强调经历标准，是因为教材是要“用”的，如果编者对基础教育的情况不熟悉、不了解，对中小学课程标准摸不透、吃不准，对中小学到底需要什么样的教师这一需求把握得不清楚、不准确，那么他既不能准确地理解我们对人才培养目标的设计，也不能保证课程、教学对于培养目标、毕业要求的达成，当然也就写不出一本具有学科特色、专业特色的教材了。三是验证标准。所谓验证标准也就是所申报的教材内容，必须在教学实践中至少经过两轮到三轮的试用，也就是说在出版之前，必须已经验证了教材的适用性。事实上，有的教材是编者十几年乃至几十年专业教学工作的结晶。从这一意义上讲，我们所出版的 13 本教材，既是我们教学实践的总结，也是对我们教学实践的反思与提炼。

我们按照“三个原则、三个标准”所遴选的教材又经过了出版社的严格审核、层层遴选、多重把关，应该说充分保障了教材本身的质量。目前，普通高等学校专业教材的编写已大成风气，各类小学教育专业教材也不知凡几，再出版一套教材，须避免叠床架屋之病。我们非常希望能尽全力与小学教育专业诸位同人分享我们的经验。在专业建设过程中，我们充分地认识到，专业是人才培养的基本单元，而一流专业建设，则需要以面向未来、适应需求、引领发展、理念先进、保障有力为基本目标。专业建设的基础是课程建设，专业建设的目标需要通过课程达成，而无论是课程设置、课程结构、课程内容、课程实施与课程评价，都离不开教材建设，这些目标都需要在教材建设中得以体现。在认证思维的指导下，我院小学教育专业持续改进培养目标和毕业要求，深度思考课程体系的建构与实施，保证课程对于培养目标和毕业要求的达成度，而课程建设的重中之重，当在教材建设。换句话讲，没有一流的教材，就没有一流的课程，也不会有一流的专业。对于出版一套高水平、高质量的小学教育专业教材，我们是认真的。

本套教材出版之际，还是要表达由衷的感谢之情。感谢江苏师范大学教育科学学院(教师教育学院)小学教育专业团队，我自 2017 年入职江苏师范大学以来，与这个团队所有成员同呼吸、共命运，同甘共苦、同心同德，矢志创业，结下了深厚的友谊，他们每个人都给予了我本人无私的支持和帮助，本套教材的出版，在某种意义上也是友谊的见证；感谢北京师范大学出版社郭兴举老师、李铁楠老师、张筱彤老师，没有他们的扶持，本套教材的顺利出版是不可想象的，他们的帮助对江苏师范大学小学教育专业建设而言是雪中送炭；感谢北京师范大学出版社的编辑同志，他们的精心编辑、审读，使得本套教材锦上添花。最后，也要感谢江苏师范大学教育科学学院(教师教育学院)小学教育专业的所有学生，他们的成长与发展，是我们不断追求进步的不竭动力。他们以及所有使用本教材的教师，是我们工作的终极裁定者；如果他们能够满意、喜欢，当是我们最大的荣幸了。当然，由于编者水平所限，教材中不免会有不妥之处，同时随着教育实践和研究的不断发展，教材的内容也应该不断升级换代，敬请广大读者、同行专家给予批评指正，欢迎提出富有建设性的意见，以便今后进一步修订完善。

高伟
2022 年 2 月

前 言

几乎所有对教师教育的思考都聚焦于两个基本问题，即培养什么样的教师以及应该如何培养。但无论是目的性思考还是策略性实施，归根结底都是如何形成教师的价值观、态度和能力的问题，而这一问题本质上就是形成教师个人实践品质的问题。也就是说，教师的所有能力归根结底都表现为育人能力，而能否形成教师实践能力的关键则在于教师是否有自己的教育哲学。教师个人的教育哲学之所以会成为一个令人感兴趣的问题，一是因为教育哲学的历史资源为我们打开了个人教育哲学研究的一扇窗户，启示我们从形塑个人教育哲学的角度去审视教育哲学的基本问题具有必要性与可能性；二是因为我们自身的教育经验以及对其他教师教育经验的反思告诉我们，教师个人的教育哲学是决定其教育行为的根本，没有教育哲学指导的教育实践必然是盲目的。第一个原因是知识论的，我们无法对这些厚重的历史资源视而不见，只有从思想资源中汲取营养，教师教育才是有根的。第二个原因是存在论的，我们只有"处身"于"教育"，才能感受到个人的教育哲学对于我们的意义。此处无意贬损公共的教育哲学与专业的教育哲学对于教育的指导意义。有一个信念支撑着对教师个人哲学的研究：教师有什么样的教育哲学，就会有什么样的教育行为。与此相应，我们也相信教师教育的根本目的在于形成教师个人的教育哲学，而公共教育哲学与专业教育哲学可能仅是达到这一目的的手段，或者是教师个人教育哲学必须坚持的某些原则。

教师个人的教育哲学是教师在教育实践过程中形成的教育信念、教育观的总称。教师的教育信念是指他形成的一套关于教育活动中什么是好的、对的以及哪些值得去做的个人信仰，而教育观则是教师对于教育的认识或看法。教师个人的教育哲学对于其教育实践具有根本性的决定作用。索尔蒂斯曾经指出：就像每个人都有自己的生活哲学一样，他也应当有自己的教育哲学，那就是一套个人的信念，认为在教育领域内什么是好的、正确的和值得做的。① 以这种方式形成的关于教育哲学的观点能使一个人对人的意义、目的和义务有令人满意的意识，指导他作为教育工作者所从事的活动。这种意识对于一个人做富有思想的自觉的教育工作者，而不是做官僚机器上没有思想的齿轮，有着决定性的意义。与公共教育哲学的公共性、专业教育哲学的专业性与系统性相比，教师个人的教育哲学具有自身的特点。首先，教师个人的教育哲学具有个

① ［美］J. 索尔蒂斯：《论教育哲学的前景》，闵家胤译，载《国外社会科学》，1984(3)。

体性。教师个人的教育哲学虽然可以表达公众的教育愿望(公共哲学)，也可以系统化为专业的解释框架，但从根本上讲，教师个人的教育哲学与其知识结构、教育实践、价值偏好、个体品位紧密地结合在一起，形成教师个人独特的教育品质和意义系统。国内外教育哲学研究长期以来都侧重于从公共哲学、专业哲学的角度审视教育哲学问题，忽视了教师个体对教育问题的观照。其次，教师个人的教育哲学具有观念性。观念性是指教师个人的教育哲学不是学科层面的而是观念层面的。学科层面的教育哲学只是客观知识，虽然这些客观知识对于教师个人哲学的形成具有积极的推动作用，但当且仅当这些客观知识内化为教师个体的知识时，我们才说教师形成了其独特的个人哲学。学科意义的教育哲学一般聚焦于教育的本体论、价值论、认识论和方法论诸问题，重在逻辑与概念框架的建构，是求知性的；观念层面的教育哲学则用于教师对教育问题的反思与批判，是智慧性的。从“我认为”走向“我相信”。最后，也是最重要的，教师个人的教育哲学具有强烈的实践性。实践性是指教师个人在教育实践过程中形成了教育哲学，这种教育哲学的品质从实践中来，又到实践中去。公共教育哲学与专业教育哲学都有利于教师形成个人的教育哲学，但与公共教育哲学的公共论述与专业教育哲学的专业论述相比，教师个人的教育哲学具有对教育实践的直接指向性。

每位教师都有自己的教育哲学，教师有什么样的教育哲学是教育哲学研究必须面对的问题。因为如果从观念层面审视教师个人的教育哲学，就可以发现教师都有自己对教育的看法，这套意义系统为教师个体的教育行为提供合理性辩护。从性质上讲，存在好的教育哲学，也存在坏的教育哲学。只有好的教育哲学才有可能催生好的教育实践。因此，教育哲学研究应该从探讨什么是教育哲学转向探讨什么是好的教育哲学。教育的永恒价值在于追求美好生活，教育哲学则追问教育对于人的美好生活有何作为。教育的“有所作为”是实践性的，无法脱离教育所处的具体历史、文化条件。追问“永恒的美好”是教育哲学的逻辑论证，与具体社会实践相联系的“好”则是现实的“好”对于“永恒的美好”的可能性。因此，教育哲学的真正问题是如何在既有的社会条件下实现“健康的教育”。“永恒的美好”是教育哲学的第一性问题，其特征是求“本”溯“源”。“健康的教育”是教育哲学的第二性问题，也是教育哲学实践性的根本。那么，有利于“健康的教育”的教育哲学应该具有怎样的品质呢？

首先，教师个人的教育哲学应该是一种实践性理论。教师个人的教育哲学之所以必须是一种实践哲学，根本上是因为教育是一套有目的的实践活动。这个前提为所有思考教育活动的教育哲学指明了实践性方向。英国教育哲学家赫斯特认为教育理论是一种实践性理论。[①] 实践性理论的领域和只关注纯粹理论知识的领域有所区别，前者的作用主要是决定实践活动，后者的作用则是解释；前者关心的是做出理性的行动，后

① 朱镜人、费建国：《赫斯特分析教育哲学理论研究》，载《湖南师范大学教育科学学报》，2014(1)。

者关心的则是获得理性的认识。奥康纳雄辩地证明了在构成教育理论的知识系统中与实践相关的价值判断和经验这两个要素比形而上学的论证更为重要，他认为教育理论由三种不同的逻辑系统构成，即形而上学、价值判断和经验。形而上学对于教育目的的设定会产生巨大的影响，但因为形而上学不可能确切地说所主张的是什么，所以对于教育实践不具有直接的意义。教育实践中的价值判断是必要的，但教育判断并非自明的正确，只有用可以观察到的事实证据来证明的经验性成分才是真正的、确证的。奥康纳得出结论：只有把心理学或社会学上充分确立了的实验发现应用于教育实践，才有根据称得上理论。① 奥康纳的说法正确地指出了形而上学对于教师个人教育哲学的局限性，但这个实践性理论究竟是什么，仍然需要进一步解释。穆尔认为，教育理论不是一般的实践性理论，而是具有特殊性的理论。穆尔将教育理论的结构区分为狭义的教育理论和广义的教育理论。广义的教育理论作为一种实践性理论，其意义不仅在于提供教学法的各种处方，还在于关心应该教什么和达到什么目的。

其次，教师个人的教育哲学应该是一种求智慧的教育哲学。如果考虑到教育哲学与哲学的天然关系，教育哲学自然是追求智慧之学。但问题就出在这个“学”上。哲学进入后主要就是认识论，哲学也就变成了某种学科性的东西，似乎存在某种智慧的知识，对这个知识的掌握就是对智慧的寻求。这是对哲学也是对教育哲学的很大误解。“求智慧”不是学科，而是学问；不是理论，而是行动。范梅南很尖锐地指出：有人可能学了所有课程开发方法和所有教学技术，却仍然是一个拙劣的教师，这是因为教育活动指向儿童积极的生存与成长，它不仅需要教育学知识，还需要教师的爱、关心、尊重等品质；这就需要教师在其具体的教育教学情境中保持敏感，时刻关注儿童的体验，把握教育的时机，从而对儿童施加积极的影响。范梅南将此称为“教学机智”。② 回到追求智慧的哲学，它是追问古典智慧的一种致思方式。亚里士多德将人的德性分为理智德性和伦理德性。理智德性包括理论智慧(sophia)、理解(seenesis)和实践智慧(phronesis)；伦理德性包括慷慨与节制等。理智德性是求真的德性，其方式包括技艺(techne)、科学(episteme)、实践智慧、理论智慧和努斯(nous)。努斯、科学以及两者的结合——理论智慧——是沉思性的理论活动。技艺和实践智慧则分别指导外在器物的制作以及伦理和政治行为，属于实践活动。伦理德性是人的灵魂中感觉欲望部分的良善，它既通过每个行为来养成，又帮助我们确定行为的正当目的。实践智慧作为一种特殊的理智德性，它既为伦理德性的实现确立正当的手段，也为实现普遍的总体的“善”提供设计。在谈到实践智慧的意义时，亚里士多德指出：明智在于深思熟虑，判

① 魏宏聚：《何为真正的教育理论——基于三种经典教育理论观的启示》，载《国家教育行政学院学报》，2014(2)。

② [加]范梅南：《教学机智：教育智慧的意蕴》，李树英译，196页，北京，教育科学出版社，2001。

断善恶以及生活中一切应选择或该避免的东西，很好地运用存在于我们之中的一切善的事物，正确地进行社会交往，洞察良机，机敏地使用言辞和行为，拥有一切有用的经验；记忆、经验和机敏，它们全都或源于实践智慧，或伴随实践智慧；或者，其中有些兴许是实践智慧的辅助性原因，如经验和记忆，但另一些却是实践智慧的部分，如深思熟虑和机敏。[①] 实践是使人变“好”的活动，而实践智慧则是使人变“好”的具有普遍意义的个别智慧，即个别中求中道的智慧。教育哲学的意义不在于为了真理而真理的求知，而在于如何追求实践智慧。

最后，教师个人的教育哲学必须是具有专业发展潜质的教育哲学。教师个人的教育哲学不必是专业的教育哲学，但必须具有发展为专业教育哲学的潜质。事实上，影响教育哲学发展的某些专业教育哲学正是由个人的教育哲学发展而来的(最典型的例子是杜威)，而个人的教育哲学也只有发展为专业的教育哲学，才会对教师共同体以及整个教育哲学的提升产生更广泛的影响。教师个体不能满足于其个体经验以及对具体教育问题的回答，他还应该形成对教育问题的最一般看法，即运用哲学家特有的方式、方法和手段来建构与普遍教育问题相关的概念以及规范的理论系统。教师个人的教育哲学的意义重在为其教育行为辩护，即教师不仅知道他如何行为、应何行为，也知道他为何如此行为。专业的教育哲学重在共同体之内诸成员思想的共享，从某种意义上讲，专业的教育哲学是更高层次的教师个人的教育哲学。教师个人的教育哲学的品质重在实践，可以“日用而不知”，专业的教育哲学的品质则重在书写。一个教师有了其独特的教育哲学思想，足以保证其有得体的教育行为；但为了思想共享，教师还需要系统的理论训练以确保思想的系统性与合理性。大量特级教师的成长经历表明，一线教师完全有能力做到专业化，这种来自实践经验的专业知识甚至要比仅来自逻辑论证的专业知识更生动、更深刻。当下的教育哲学自觉或不自觉地画了一个所谓“专业圈”，而对教师个人的专业成长视而不见，这不能不说是一种遗憾。教育哲学家有义务帮助教师形成个人的教育哲学，也有义务帮助教师个人的教育哲学达到专业化水平。

教师个人的教育哲学作为教师个体教育行为的根据，其意义不言而喻。如何形成教师个人的教育哲学是一个必须追问的问题。教师个人的教育哲学从哪里来？来源不外乎三种：一是学习教育哲学知识，这一点必不可少；二是对教育实践问题的敏感和体认；三是对教育实践问题的关注，特别是对经验的反思，这也是最重要的。教师对教育教学经验的反思是现代教育哲学最重大的发现之一。从技术熟练者(technical expert)走向以经验的反思为基础、为儿童创造有价值的某种经验的反思性实践家(reflective practitioner)，这已经成为教师教育的基本共识。

长期以来，教师教育都注重教育理论客观知识的传授，却忽视了引导教师反思其

① [古希腊]亚里士多德：《尼各马可伦理学》，廖申白译，173页，北京，商务印书馆，2003。

教育经验，以致教师无法将教育理论内化为自身的教育信念。反思性实践家理论对弥补这一缺陷具有非常积极的意义。教师的经验生动鲜活，然而，如果不注意对经验的反思，教师就会陷于低水平重复的困境。那么，教师需要反思自身的哪些经验呢？佐藤学认为，教师的反思性实践知识主要由五个部分组成：①活动过程的认识(knowing-in-action)，即“默会知识”(tacit knowledge)；②活动过程的反思(reflection-in-action)；③同情境的对话(conversation with the situation)；④关于活动过程的认识与省思的反思(reflection on knowing and reflection in action)；⑤同反思性情境的对话(reflective conversation with the situation)。[①] 教师只有通过对经验的反思才能完成实践、认识与实践主体三位一体的动态的专业发展过程。佐藤学在对五位资深教师和五位初任教师的课堂教学录像进行分析后发现了一个教师反思的模式，他认为反思型教师的实践性思维方式有五个特点：①应对时刻变化的即兴思维；②对于问题情境的主体式、感性、深究式的参与；③问题表象中的多元视点的统整；④问题表象与解决中的背景化思考；⑤实践过程中问题的不断建构与再建构。教师对其经验的反思有助于提升其教育理论品质，增益其教育实践的自觉性。经验不同于经历，经历是事实性的，经验则是价值性的。杜威在其《民主主义与教育》里指出，有些经验会阻碍其他经验的生长，有些经验会歪曲其他经验，对经验反思的目的在于形成具有教育意义的经验，从而形成教师个人的教育哲学。[②]

教师的实践哲学是一种问题哲学，而非系统哲学；是一种指向实践生成的哲学，而非指向理论预设的哲学。我们所关注的就是通过对教育实践中重大且重要问题的反思形成教师真实的实践能力，即着眼于在实践中胜任的教师，帮助教师增强能力，领会教育的真谛。

---

① [日]佐藤学：《课程与教师》，钟启泉译，363～365页，北京，教育科学出版社，2003。

② [美]杜威：《民主主义与教育》，王承绪译，350页，北京，人民教育出版社，1990。

目　录

第一章

教育哲学概述

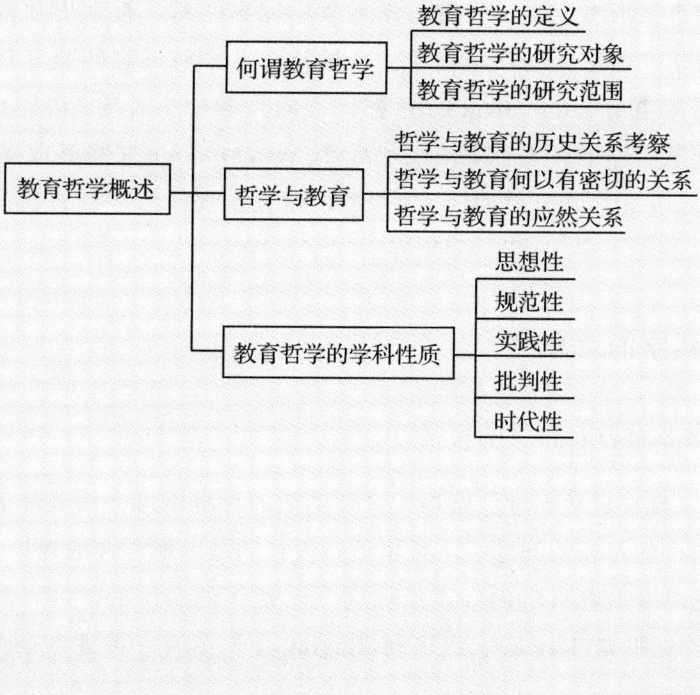
教育哲学概述
何谓教育哲学
教育哲学的定义
教育哲学的研究对象
教育哲学的研究范围
哲学与教育
哲学与教育的历史关系考察
哲学与教育何以有密切的关系
哲学与教育的应然关系
教育哲学的学科性质
思想性
规范性
实践性
批判性
时代性

章前导语

何谓教育哲学、为什么要学习教育哲学、如何学习教育哲学这三个问题是教师实践哲学的根本问题。究竟何谓教育哲学，学界尚未形成一个纲领性定义，但所有对教育哲学的理解都指向教育哲学本身。对上述基本问题的认识可使我们走在正确地理解教育哲学的道路上。

第一节 何谓教育哲学

何谓教育哲学是教育哲学研究的第一性问题，诸多教育哲学问题的讨论都需要回到这一问题，并经由这一问题得到解决。对于何谓教育哲学，学界已有诸多讨论。定义教育哲学的基本困难在于：近代以后的教育哲学是以思想形态和学科形态两种方式同时存在的。从思想形态上讲，教育哲学与哲学同出并举，哲学史和教育哲学史具有一致性，教育哲学有着悠久的学科前史。一般认为，学科形态的教育哲学是从美国教育学家 A. C. 布莱克特(A. C. Brackett)翻译德国哲学家 J. K. F. 洛孙克兰兹(J. K. F. Rosenkranz)的《教育学的体系》(*Padagogik als System*)一书并将其改名为《教育哲学》(*Philosophy of Education*)开始的①，但较新的研究发现作为学科的教育哲学的诞生时间可能更早些。

一、教育哲学的定义

(一)国外学者对教育哲学的定义

杜威认为："教育哲学不过是就当代社会生活的种种困难，明确地表述培养正确的理智的习惯和道德的习惯的问题……哲学就是教育的最一般方面的理论。"②有一种观点是，教育哲学是综合教育科学的知识而成为一个整体的系统的学问，其代表人物是保尔森(Paulsen)、克里克(Krick)、巴格利(Bagley)。③ 另有一种观点是，教育哲学是根

① 黄济：《教育哲学》，291页，北京，北京师范大学出版社，1985。

② [美]杜威：《民主主义与教育》，王承绪译，347页，北京，人民教育出版社，1990。

③ 吴俊升：《教育哲学大纲》，32～33页，上海，商务印书馆，1935。

据价值论讨论教育价值的学问，其代表人物是梅塞尔(Messer)、博德(Bode)。也有一种观点是，教育哲学是从哲学的观点论教育，更是从教育的观点论哲学，其代表人物是德贺夫(De Hovre)。[①] 还有一种观点是，教育哲学是以哲学为研究的形式把握教育这一材料的学科，这一学科具有演绎性而非归纳性。内勒(Kneller)认为，教育哲学即寻求从总体上了解教育，并协调各个教育学科的研究成果。[②] 日本学者下程勇青认为，教育哲学是以哲学态度和哲学方法来考察教育基本概念与基本原理，从而对教育现实以及教育科学的各个领域从根本上加以整体把握的一门"原理"性学科。[③] 细谷俊夫在《教育学大事典》中提出：教育哲学是教育学领域中的哲学部分，是对教育问题进行哲学探讨的学科。[④] 朗特里认为，教育哲学是哲学的一个分支，其内涵一是建立有关知识、认识与作为制度化社会活动的教育思想体系，二是澄清教育概念的含义，而在当下时代后者更受重视。[⑤] 芬克认为，教育哲学是从思想中产生的行动哲学。[⑥] 在这些定义里我们不难看出，教育哲学既具有思想性，又具有实践性。

(二)我国学者对教育哲学的定义

我国教育哲学研究始自民国时期。范寿康认为，教育哲学是研究教育学假设的科学，是应用哲学的一种。[⑦] 吴俊升认为，教育哲学乃对教育所依据的基本原则的探讨和批判，把哲学的基本原则应用到教育的理论和实施方面便是教育哲学，是应用哲学的一种。[⑧] 范琦认为，教育哲学是一种应用哲学，阐明教育之理论与事实存在之依据，而欲确定全教育之基础；换言之，教育哲学即应用哲学方法而研究其理论与事实者。[⑨] 李石岑认为，解决教育之根本问题为教育哲学。[⑩]

20 世纪 80 年代以来，以黄济先生为代表的教育哲学家致力于重建我国的教育哲学学科。黄济先生认为，教育哲学即用哲学的观点和方法来分析和研究教育中的根本理论问题。[⑪] 教育哲学是整个教育科学中的重要分支学科，又是教育科学中具有方法论性质的学科。从教育哲学同哲学的关系看，它是一门边缘学科；从与其他教育学科的关

---

① 吴俊升：《教育哲学大纲》，32～33 页，上海，商务印书馆，1935。

② 黄济：《教育哲学》，15 页，北京，北京师范大学出版社，1985。

③ 黄济：《教育哲学通论》，318 页，太原，山西教育出版社，1998。

④ 黄济：《教育哲学通论》，318 页，太原，山西教育出版社，1998。

⑤ [英]德里克·朗特里：《英汉双解教育辞典》，赵宝恒、汪莲如、潘祖培译，346～347 页，北京，教育科学出版社，1992。

⑥ 倪梁康：《教育现象学的基本观念与方法——胡塞尔与芬克的教育思想概述》，载《甘肃社会科学》，2019(5)。

⑦ 宋荣恩：《范寿康教育文集》，6 页，杭州，浙江教育出版社，1989。

⑧ 吴俊升：《教育哲学大纲》，33 页，上海，商务印书馆，1935。

⑨ 范锜：《教育哲学》，1 页，上海，世界书局，1933。

⑩ 李石岑等：《教育哲学》，4 页，上海，商务印书馆，1925。

⑪ 黄济：《教育哲学通论》，318 页，太原，山西教育出版社，1998。

系看，它又是一门基础学科。[①] 教育哲学应当是教育科学的概括和总结，应当给予教育科学研究理论上的指导，而教育科学的发展又为教育哲学提供丰富的内容。[②] 刁培萼、丁沅认为，教育哲学就是用哲学的观点和方法研究教育基本问题的一门学科。[③] 王为农、郑希晨认为，作为一门学科的教育哲学是以一定的哲学观点和方法去研究教育的根本问题和一般规律的学问。[④] 桑新民认为，从定义来看，教育哲学是哲学的应用学科，又是教育的基础理论，教育哲学是教育观和教育研究的方法论；从研究的对象来看，教育哲学研究教育领域中思维与存在的关系；从研究的方法、途径来看，教育哲学是对具体各门教育科学知识的概括和总结，揭示概括其中的普遍规律；从研究目的和成果来看，教育哲学要揭示教育的本质和发展规律。[⑤] 王坤庆认为，教育哲学是运用一般哲学原理去探讨教育的基本问题，或者将教育的基本问题上升到哲学的高度进行分析的一门理论学科。[⑥] 石中英认为，21 世纪的教育哲学应体现新的哲学精神，从哲学的高度帮助教育者对困扰自己的教育问题进行理论批判与反思；教育哲学的目的是生活而不是知识，教育哲学应转变为一种实践哲学或生活哲学。[⑦] 冯建军认为，教育哲学是以哲学的态度和方法反思教育实践，研究教育问题，提供教育价值和规范原理的学科。[⑧]

就教育哲学定义的呈现而言，以上对教育哲学的定义主要是从教育与哲学的关系(如从哲学的观点出发分析，或将对教育问题的分析上升到哲学高度)、教育哲学的研究任务(如从总体上概括把握教育并总结教育一般规律)、教育哲学的研究对象(如教育根本问题、基本概念、基本原理等)、教育哲学的研究方法(如运用哲学的方法)、教育哲学与教育科学的关系等角度进行界定的。尽管说法不一，就学科的完整性而言，将以上教育哲学的定义因素进行整合，可以抽象出两种教育哲学的研究范式：一种是将哲学的方法、思想、观念应用于教育研究(即英文中的 philosophy of educational)；另一种是将对教育问题的讨论上升到哲学的高度(即英文中的 educational philosophy)。但研究者无论采取何种研究范式，教育哲学都是从哲学的观点和方法来反思教育中的根本问题，或者说，教育哲学就是思想性地“思想”教育思想的学问。所谓思想性，即教育哲学的学科性质。教育哲学区别于直接面对教育现象的教育科学，教育哲学是在思想的层面进行反思。“思想”就是教育哲学的活动方式，教育哲学不需要接触并摆弄

---

① 黄济：《教育哲学》，1 页，北京，北京师范大学出版社，1985。

② 黄济：《教育哲学通论》，310 页，太原，山西教育出版社，1998。

③ 刁培萼、丁沅：《马克思主义教育哲学》，3 页，上海，华东师范大学出版社，1987。

④ 王为农、郑希晨：《教育哲学》，1 页，哈尔滨，黑龙江教育出版社，1990。

⑤ 桑新民：《当代教育哲学》，23 页，昆明，云南人民出版社，1988。

⑥ 王坤庆：《现代教育哲学》，46 页，武汉，华中师范大学出版社，1996。

⑦ 石中英：《教育哲学导论》，29 页，北京，北京师范大学出版社，2002。

⑧ 冯建军：《在争论中发展的教育哲学》，载《南方职业教育学刊》，2011(1)。

具体的感性的教育材料，教育哲学通过“思想”进行观念的操作，对教育进行间接的影响。教育哲学的研究对象不是一般所说的教育现象，而是教育思想，即对教育现象背后的教育思想、教育观念进行批判、鉴别或创造。需要注意的是，由于教育哲学与哲学关系密切，哲学的发展一直影响教育哲学的学科形态，因此，何谓“在思想层面”、何谓“思想”、何谓“教育思想”，都属于教育哲学学科考察的问题。教育哲学的这一定义并不是教条地宣称这就是教育哲学，同样，这一宣称也并不可能。教育哲学的这一定义希望开启一种历史的视野，使教育哲学学习者通过对教育哲学发展脉络的梳理来对教育哲学有更为理性的认识。最后，教育哲学不仅是一个学科，也是一门学问。对于教育哲学学习者来说，学习教育哲学不仅要有学科基础——学科基础代表了一门学科的身份意识和研究边界，还要通过对教育哲学的学习来学会思考，转识成智，学会用自己的心灵关照自己的生活和行动，这才是教育哲学的高位关照。

二、教育哲学的研究对象

(一)规律说

大多数学者认为，教育哲学的研究对象是教育的基本问题或教育的普遍规律。比如，杜威的《民主主义与教育》(1916)，吴俊升的《教育哲学大纲》(1935)，黄济的《教育哲学》(1985)，傅统先、张文郁的《教育哲学》(1986)，刁培萼、丁沅的《马克思主义教育哲学》(1987)，王为农、郑希晨的《教育哲学》(1990)，均持这种观点。这些学者认为，教育哲学是“用哲学观点和方法研究教育基本问题的一门学科。它综合教育学、教育史、心理学及其他教育科学的知识，对教育中的基本问题，用哲学观点给以理论上的阐明”①。有学者指出：“马克思主义教育哲学的对象，应当是以辩证唯物主义作为指导思想，对教育中的一些根本问题，从哲学的高度进行研究和探讨，从中找出一般的规律，作为教育理论和实践的指导。”②有学者认为：“教育哲学是关于教育普遍规律和教育科学普遍规律的科学，理论的概括性、抽象性和普遍性是它的特点。这就决定了教育哲学的研究对象是教育和教育科学。前者是通过对教育的整体、教育的全部历程的研究来揭示教育发展的普遍规律，以指导人的教育实践。后者是通过对各门具体教育科学综合研究，揭示教育科学发展的普遍规律，以指导人们的教育研究。”③

(二)同源说

有学者强调，教育哲学的研究对象是从哲学的研究对象迁移过来的，“教育哲学对

① 中国大百科全书出版社编辑部：《中国大百科全书 教育》，185 页，北京，中国大百科全书出版社，1985。
② 黄济：《教育哲学》，16 页，北京，北京师范大学出版社，1985。
③ 刘文霞：《论教育哲学的研究对象》，载《内蒙古师大学报(哲学社会科学版)》，1989(3)。

象的演变是步哲学后尘的”[①]。一些从哲学研究转向教育哲学研究的学者大多持这一观点。纳托尔普的《哲学与教育学》(1909)、范寿康的《教育哲学大纲》(1923)、桑新民的《当代教育哲学》(1988)、曾成平的《现代教育哲学新论》(1991)均采用这种观点研究教育哲学。“教育和哲学的联系是天然的，这种必然性不以个人意志为转移……如果教育学的研究没有和一定的理论哲学观建立起联系，那末教育的实践和经验就不可能上升到科学的水平。”[②]但是，这一看法的问题在于无法区分教育哲学与哲学，将哲学问题迁移到教育领域，这些问题的性质以及能否在教育领域找到答案，在教育中解决这些哲学问题的目的是什么，由教育家还是哲学家来解决这些问题等，都是需要进一步思考的问题。[③] 有人认为，教育哲学的研究对象是教育和教育科学中的辩证法。教育哲学是“哲学的一个分支，是人们对教育领域的普遍和一般的认识”“它研究的是教育科学的辩证法并由此揭示教育领域的辩证过程和辩证联系的普遍理论”[④]。有人认为，教育哲学的研究对象是教育领域中的思维和存在的问题。“教育领域中思维和存在的关系问题，是教育哲学的基本问题，是教育哲学的研究对象。它包括教育思想，教育观念，教育理论同教育、教学实践的关系问题，同具体科学以及整个社会实践发展的关系问题，同哲学的关系问题等内容。”[⑤]

(三)价值说

有学者认为，教育哲学的研究对象是教育价值。德国的梅塞尔、美国的博德等在其著作中都将教育价值视为研究重点。博德还将研究教育价值和研究事实问题作为教育哲学和教育科学的分水岭。持这一观点的教育哲学研究者认为，从基本方向分，教育研究可以分为价值研究和实证研究。前者是教育哲学关注的问题，后者是教育科学关注的问题。从教育哲学发展的历程看，教育价值问题是教育哲学的重要问题。教育科学研究只能揭示教育现象中个别的、局部的、片段的因果性，要获得系统的、一般的、总括性的因果性就需要教育哲学对教育科学知识进行概括和总结。[⑥]

(四)普遍问题说

有学者认为，教育哲学的研究对象是教育理论与实践中的普遍问题。“教育哲学是关于教育普遍规律的科学，它是具体教育科学的概括和总结，又是指导具体教育科学

---

① 桑新民：《当代教育哲学》，131页，昆明，云南人民出版社，1988。

② [南斯拉夫]鲍特考涅克：《教育科学和其他科学的相互关系》，见赵荣昌、张济正：《外国教育论著选》，933页，南京，江苏教育出版社，1990。

③ 石中英：《关于教育哲学研究对象的思考》，载《教育研究与实验》，1993(1)。

④ 张永东：《教育哲学的性质、任务和作用》，载《教育研究》，1986(5)。

⑤ 桑新民：《教育哲学的研究对象和使命》，载《教育研究》，1987(1)。

⑥ 石中英：《关于教育哲学研究对象的思考》，载《教育研究与实验》，1993(1)。

的专业基础理论，教育与社会基本矛盾运动、教育过程与认识过程、教育素质……这些教育与实践中的普遍问题，应该是教育哲学的研究对象。”①

(五)思想说

有学者认为，教育哲学的研究对象是教育思想。“教育哲学应属于以教育思想为对象的学科。”“教育思想是一种内容丰富、结构复杂的精神现象。这种精神现象有它的特点，有着自身产生、发展变化的规律。教育的任务就在于揭示它的规律，从而认识与掌握这些规律，自觉地转变旧的教育思想，建构和扶持新的教育思想，从而使人们具有正确的教育思想或教育观，使教育活动更有成效，适应社会和人类自身发展的需要。因此，可以把教育哲学定义为人们对教育思想的反思。”②

(六)概念说

有学者认为，教育哲学的研究对象是教育概念。20世纪50年代，西方兴起分析教育哲学流派，代表著作有哈迪的《教育理论中的真理与谬误》(1942)、奥康纳的《教育哲学导论》(1957)、谢夫勒的《教育的语言》(1960)、彼得斯的《伦理学与教育》(1966)等。教育哲学的研究对象不是教育规律而是教育概念，教育哲学要澄清教育科学使用的基本概念、基本命题，对其进行语言、逻辑的分析，用清晰的概念排除混乱的思想。这一看法有其意义：首先，教育概念反映的是教育现象，教育命题反映的是教育现象之间的联系，教育现象及其之间的联系如果跟随时代发展表现出新的特征，教育概念与教育命题的澄清就是一件十分必要的事情；其次，从其他学科直接移植的概念需要结合教育哲学、教育科学的学科特征进行内涵与外延的重新界定，否则就容易造成教育研究中的概念模糊问题。

(七)矛盾说

有学者认为，教育哲学的研究对象是教育现象的矛盾体系中具有根本性的基本矛盾和处于支配地位的主要矛盾。教育的基本矛盾是各个历史时期、各种教育形态和整个教育过程中都存在的，反映的是教育领域矛盾的普遍性或共性；教育的主要矛盾是在某一特定历史时期教育现象矛盾体系中占主导和支配地位的矛盾。对教育的主要矛盾的把握并非来自对教育次要矛盾的抽象，而是来自对现实的教育实践问题的分析与比较。

关于教育哲学研究的对象，尽管学者们的看法不一，但基本都认为教育哲学研究

---

① 张焕庭、居思伟：《教育哲学研究中的几个问题》，载《教育研究》，1979(2)。
② 犁月：《对教育哲学研究对象的思考》，载《教育研究》，1988(2)。

对象的特殊性体现在教育思想、教育观念上。把教育思想作为教育哲学的研究对象意味着教育哲学要研究不同的教育哲学思想并生产新的教育哲学思想。“教育哲学的对象观同一切科学认识活动的对象观一样，有个历史发展的过程。”[①]教育思想关注教育的何种问题及其方法论是一个具有历史性的问题，但教育哲学针对研究对象的任务是相同的，“教育哲学是对各种教育思想进行反思、鉴别的思想性活动”[②]，反思、鉴别的最终目的是产生一种更好的教育哲学。就当下的教育哲学而言，虽然其研究对象是思想性和观念性的，但教育哲学不是意识哲学，教育哲学正经历问题哲学转向，这种教育哲学具有实践性、文化性、问题性的特点。

三、教育哲学的研究范围

教育哲学研究的范围是一个重要问题。一般来说，划定教育哲学的范围有几个影响因素：一是研究对象的约束，研究对象不同，研究的范围自然也就不同；二是研究视角(perspective)的制约，视角是人们观察事物的角度，观察的角度不同，所看到的范围即视域也就不同；三是受研究立场的制约，研究立场是研究者的价值自觉，这种价值立场内在地决定教育哲学研究所能达到的地方。范围的大小事实上也反映了教育哲学的定义。从研究范围上看，教育哲学有最狭义、狭义、广义、最广义四种类型。最狭义的教育哲学是教育本体论研究；狭义的教育哲学是从哲学来审视教育问题；最广义的则凡属教育思想、教育观念的论述与表达均可被称为教育哲学；至于广义的教育哲学，邱椿在给姜琦的《教育哲学》作序时提出，教育哲学有十种讲法，这十种讲法基本上能涵盖过去教育哲学研究者做过的工作，具体如下。

第一，阐明哲学与教育的关系。从这种讲法切入，抑或探讨哲学各门学科与教育的关系，抑或阐明各家的哲学与其教育思想的关系。前者体系更为严密，但失在对教育的探讨太少；后者讲法固然很好，但需要研究者有独创的思想体系。

第二，叙述近代各派的教育哲学。这种讲法将近代教育哲学分成若干流派，如自然主义、实用主义、理想主义、国家主义等，其研究在于详述各派教育哲学之由来，如其诞生的历史背景、主要代表、流派、影响等，进而对各派教育哲学进行比较与点评。这种教育哲学的讲法优点在其广博，但范围较广容易影响教育哲学讲授的深入程度。

第三，陈述各国教育之哲学的基础。这种讲法首先分析现代主要国家的哲学趋势，进而叙述国家的教育思潮，然后论述各国的文化背景与国民性，最后提出各国教育的特征或中心思想并加以点评。这种讲法能突出各国教育的特殊性，但失于对世界教育

---

① 石中英：《关于教育哲学研究对象的思考》，载《教育研究与实验》，1993(1)。

② 高伟：《论一种可能的好的教育哲学》，载《复旦教育论坛》，2011(2)。

哲学普遍性潮流之关照。

第四，研究教育哲学问题。这种讲法从教育哲学问题入手，如自由与权威、个人与社会等问题，学生在教师的带领下分小组进行讨论并归纳结果。这一讲法能刺激学生的思想，引发学生的思考，但发言盈庭，莫衷一是，若学生没有良好的学术基础，这一讲法则较难进行。

第五，讲述一派或一家的教育哲学。这一讲法重点研究一家或一派的教育哲学，围绕一家或一派教育哲学进行精读、讨论、发挥。这种讲法能加深对某一教育哲学的认识与理解，但专精容易导致不能博观世界教育思潮之全体。

第六，探讨教育价值。这种讲法以教育价值为中心，介绍各家的教育价值论，说明其与各国教育精神的关系，并提出此时此地应注意的教育价值。这一讲法旨在为世界新文化与新教育论证新的价值秩序，但漠视了教育哲学的其他问题。

第七，研究历代教育哲学变化的规律。这种讲法以经济史观为出发点，说明各时代教育哲学的阶级性，解释历代教育哲学、制度、课程、教学法、训育法的变化与经济制度的变化之关系，并预测新时代的教育哲学与制度之性质。这种讲法从经济变迁的角度解释教育哲学变迁之原因，并预测未来的趋势，但只强调经济元素难免会忽视其他元素。

第八，陈述教育的根本原理。这种讲法叙述教育之生物的、心理的、社会的原则和课程、教学法、训育的原则等。此种讲法的长处是切于实用，短处是对哲学的研究不能深入。

第九，批评现代的教育。这种讲法主要根据某种哲学的观点去批评现代的教育政策、课程、方法等。这种讲法切于实用，但研究的各种教育问题支离破碎，不能完成较为严密的哲学体系。

第十，发表各自的教育哲学。这种讲法先根据某种哲学立场建构一种宇宙观、人生观、知识论，再根据这些假定解释教育本质，确定教育目标，估计教育价值，批判教育方法等。这种教育哲学讲法的长处在于教育哲学学者能够独标新说，不人云亦云，但缺少与其他教育哲学之比较。①

第二节 哲学与教育

教育哲学的探究总的来说有两种范式：一种是将哲学应用于教育，运用哲学的观点与方法关照教育的根本问题；另一种是将对教育问题的思考上升到哲学的高度。无

---

① 姜琦：《教育哲学》，1页，上海，群众图书公司，1933。

论教育哲学研究者在从事教育哲学研究的过程中运用何种范式，都不可避免地要先厘清哲学与教育的关系，如果教育与哲学的关系不成立，教育哲学的研究就没有意义。

对哲学与教育关系的考察有三种路径：一是考察哲学与教育的历史关系，需要运用历史的观点与方法；二是考察哲学与教育何以有密切的关系，需要运用思辨的方法；三是考察哲学与教育的应然关系。

一、哲学与教育的历史关系考察

通过历史的观点和方法对哲学与教育的关系进行考察，可发现历史上哲学与教育的关系大致有两条线索：哲学的发生是由于教育的需要；教育理论随哲学思潮而变。

(一)哲学的发生是由于教育的需要

吴俊升在《教育哲学大纲》中提出，哲学的发生是由于教育的需要。吴俊升做出这种判断的前提是其对哲学概念的界定。知与行是哲学研究的主要对象，按照康德的说法，即“我们能知道什么”与“我们应该怎样行”这两大问题。对于知识的问题，哲学不研究具体的科学知识，而是批判知识的形式，衡量知识的价值；对于实践的问题，哲学的任务在于对人生理想和价值进行批判。① 杜威在《民主主义与教育》中有过考察：在古希腊，最早的教师是被称为“智者”的一批人，这些人是欧洲第一批专业的教育家，这些教育家四处游行，教导青年关于道德、政治学、城市管理和家政管理的技术，因此，在实际的教育经验中，人们开始关注和讨论关于人生和社会价值的诸种问题，研究个人和宇宙的关系，个人和某种阶级的关系，人和自然的关系，传统和反省的关系，以及知识和行动的关系。哲学的研究内容在这种风潮的影响下逐渐转向研究生活的价值和意义问题。

在最初的教育中，哲学家关注的问题是：什么是善？什么是真理？什么是正义？美德是否可教？若如苏格拉底所言——知识即美德，那么知识的本质是什么？知识的来源是什么？知识是理性还是经验？知识的学习如何可能以及如何进行？知和行的关系是什么？理论沉思和公民的政治生活哪个更值得人们追求？值得追求的美好生活究竟是顺应还是对抗传统？这些问题构成了当时教育的主要内容。尽管后来对这些问题的研究脱离了与教育的实际关系而成为专门的研究部门，但就哲学的起源来讲，哲学与教育的密切关系是不可否认的。

---

① 吴俊升：《教育哲学大纲》，12～13页，上海，商务印书馆，1935。

(二)教育理论随哲学思潮而变

教育的理论与实施都随哲学思潮而变。比如，受推崇“认识你自己”哲学的影响的博雅教育，受重视实用、事功哲学思潮影响的罗马实用教育，受经院哲学思潮影响的中世纪经院教育，文艺复兴时期的人文主义教育，启蒙运动时期的自然主义教育，新教育运动和进步主义教育运动，改造主义、要素主义、永恒主义的教育思潮显示出在现代性背景下传统与现代教育之争，存在主义这种人道主义哲学为教育带来尊重个人选择的启示，通过教育使人成为他自己的观点深受当时实证主义之风的影响，分析哲学对教育研究产生概念分析研究范式的影响。“我们越深悉现时的运动，越发信服教育学的系统乃是哲学的系统的反映。尤其在训育方面，决定教育学说的，乃是人生观。近代教育学的运动和哲学的运动，为有机的关联。学校没有本身的运动；它不是一种创造力而是一种保守力。学校绝不提倡一种运动；它随着引起生活革命的种种重大理想，并把这些理想组织于成训之中，教育学说亦复如此。它们没有本身的运动。它们不是创造力而是保守力。教育家之为教育家只是随从，唯有思想家(或即为教育家本人，或为他人)方立定他的教育学说的基础。”①

可以说，哲学对教育的影响体现在教育的方方面面，但其核心体现在哲学对教育哲学的影响上，教育哲学是教育学的精神指针。究竟这一精神指针为何，则需要从历史的角度进行考察。哲学对教育哲学的影响可以分为形态和范式两方面。

第一，就哲学形态而言，我们可以将历史上的哲学总结为作为生活方式的哲学、作为学问的哲学和作为知识的哲学。首先，哲学是一种生活方式。“所有古代的哲学流派几乎都是有组织的生活方式，那些承认各派哲学信条的人，都信守某些特定的行为方式。”②在古希腊，从苏格拉底将哲学从天上拉回人间，哲学就成为一种生活方式，即时刻对生活保持省察的状态。哲学主题从探寻世界的本原转向探寻什么是美好生活，对美好生活的追求体现在对完满人性(德性)的关照以及对何谓幸福生活的追问上。这对于教育的启示是，对美好生活的要求是教育的允诺，教育必须不断反思何谓美好生活。教育对人性和美好生活的确证来自教育哲学的反思。

教育哲学怎么思考生活关乎教育引导人过一种怎样的美好生活，或者培养人具有过美好生活的能力。教育哲学作为对教育之所以然的追问，根本上是一种对美好生活的关涉。因此，教育哲学也是一种生活方式。教育哲学的研究者与学习者的主要任务就是反思何谓更好的生活，何谓通达更好生活的更优良的教育。无论是哲学还是教育哲学，都与我们的生活世界紧密相关。

---

① 吴俊升：《教育哲学大纲》，19页，上海，商务印书馆，1935。

② [美]杜威：《民主主义与教育》，王承绪译，340页，北京，人民教育出版社，1990。

其次，哲学是一种学问。作为学问的教育哲学意味着学习与研究教育哲学的方式就是学和问，问是学的重要方式。《学记》有言："善待问者如撞钟，叩之以小者则小鸣，叩之以大者则大鸣，待其从容，然后尽其声。"可以说，教育哲学研究者对教育体会到何种程度可以通过其问题显现，而教育哲学研究者能够提出的问题以及其关心、关注的问题，与其平日的读书学习和实践体验有着密不可分的关系，教育哲学的研习不是简单的记忆与灌输，记问之学，不足以为人师。要通过阅读与反思形成教育哲学的学养。所谓学养，其内涵是形成教育哲学式地看问题的理论视角，既要求研习者有思想深度，又要求其有学科底蕴。问题是"看"出来的，而不是自身呈现的，作为学问的教育哲学强调问题的优先性。

最后，随着学科的精细划分，哲学形成了专门的知识，哲学的反思越来越偏离实际生活，成为专注于在生活之外为生活寻找本质的形而上学，这对教育哲学的影响是使教育哲学也成为一门知识。这门知识的学习不对学习者、研究者的经验有所限制，教育哲学的教授可以通过灌输的手段进行，并且对教育哲学学习的评价可以通过简单的考试给出一个所谓"客观"的分数，这造成了教育哲学研习中"无生命的学问"的现象，"无生命的学问"必然会影响教育的实施，导致教育对人的忽视，即所谓"无人的教育"，对于教育哲学的研习不再起到关照人的心灵、引导人追寻生命意义的作用。

第二，就哲学的范式而言，我们可以将之分为形而上学范式与文化范式。哲学的范式转变影响教育哲学对教育的筹划。这种跟随哲学范式的转变而发生的教育哲学范式的转变可以被称为教育哲学的问题转向，这意味着形而上学范式教育哲学向文化范式教育哲学转换。

把追求普遍的教育知识、寻求教育绝对不变的确定性视为教育哲学的根本任务这一观点来自形而上学。从希腊古典哲学到近代西方教育哲学，在形而上学这一观念的指导之下，教育哲学被认为是一种凌驾于实际事务的纯理智的学问，教育哲学的知识越普遍，教育哲学就越有效。在某种意义上的确如此。教育哲学之所以显得"高贵"，是因为它生产教育思想和教育观念。教育哲学的核心问题是价值问题，价值问题的关键在于其不能被一劳永逸地解决，因此，求助于形而上学范式的教育哲学显示出不合理性。教育哲学在今天的危机具体表现为形而上学教育哲学范式的局限性。形而上学范式的教育哲学追求真理的思维方式是知识论的，知识论的方案意在通过一种具有唯一性的思想引领生活，即为生活预设一种终极目标，实现这种目标的生活就是最完美的生活。对教育的反思也是如此，这种思维方式预设存在一种教育是最好的教育，现实中的教育是对它的模仿。这种思维方式的内在矛盾在于如果真理仅来自通过逻辑演绎的预设，那么它在直面真实的生活样态时便显得无力。因为如果教育哲学认为观念和思想只是深居于理智的产物，那么它就将知识领域与行动领域区隔开来，也就轻化了对教育实践的反思。事实上，不是思想引领生活，而是生活中的诸种问题需要思想，这才是生活和思想真实存在的样子。因此，教育哲学自身确证的途径是对生活产生实际有效的影响，教育哲学需要一种问题转向，教育哲学要直面生活中的问题。"'教育哲学'并非把现成的观念从外面应用于起源与目的根本不同的实践体系：教育哲学不过是就当代社会生活的种种困难，明确地表述培养正确的理智的习惯和道德的习惯的问题。所以，我们能给哲学下的最深刻的定义就是，哲学就是教育的最一般方面的理论。"①

19世纪中叶马克思提出了实践唯物主义学说，哲学便实现了一个伟大的转向——从对抽象问题的思考转向对现实问题的关注。这一转向不仅改变了哲学的研究范式，也极大地拓展了教育哲学的研究视野，深刻地影响了现代教育哲学的发展。问题转向意味着教育哲学是一种文化范式哲学，文化范式则意味着教育哲学的实践论趋向。所谓实践论趋向，是指教育哲学必须关注社会实践问题。② 教育哲学不是为了满足抽象的逻辑要求，而是直面生活现实，现实生活中的人是活生生的、具体的，是出于实践的，教育哲学必须对人的实践问题进行深刻的反思，并提供具有理论效力的方案。芬克认为，教育哲学是从思想中产生的行动哲学。③ 走向实践的教育哲学真正积极承担反思、批判教育现实和人类生活的责任，完成教育哲学最为本真的任务，即指导教育的价值选择，使教育实践和人类生活趋于完善。

总体性、普遍性与终极性通常是用来概括哲学特征的词语，哲学的范式转向赋予了这几个词新的意义。"总体性的意思并不是说我们有一个现成的完整的行动计划，而是指很多不同的行动保持着一种平衡，使各个行动的意义相互补充。无论何人，只要他对新观念感觉敏锐，虚心接受，又能集中注意，负责把新观念联系起来，在这种程度上，可以说他有了哲学的倾向。"④"类似的解释也可用于哲学的普遍性和终极性。从字面上讲，这两点都是荒唐的要求；它们表明精神错乱。但是，所谓终极性，并不是说经验终结了、枯竭了，而是指深入事物的更深层的意义——深入到表层以下，发现事物的联系，并且锲而不舍。同样，我们说哲学的态度是普遍的，意思就是说哲学的态度反对孤立地对待事物；它设法把行动放在它的背景中——这个背景就构成它的意义。"⑤

教育哲学不再企图引导教育朝向一种所谓完满的教育，追求一种完满的教育易导致忽视现实处境。恩格斯指出："原则不是研究的出发点，而是它的最终结果；这些原则不是被应用于自然界和人类历史，而是从它们中抽象出来的；不是自然界和人类去

---

① [美]杜威：《民主主义与教育》，王承绪译，347页，北京，人民教育出版社，1990。
② 高伟：《论当代教育哲学的"问题哲学"转向》，载《陕西师范大学学报(哲学社会科学版)》，2012(1)。
③ 倪梁康：《教育现象学的基本观念与方法——胡塞尔与芬克的教育思想概述》，载《甘肃社会科学》，2019(5)。
④ [美]杜威：《民主主义与教育》，王承绪译，341页，北京，人民教育出版社，1990。
⑤ [美]杜威：《民主主义与教育》，王承绪译，342页，北京，人民教育出版社，1990。

适应原则，而是原则只有在符合自然界和历史的情况下才是正确的。”①倘若脱离了真实的生活经验，人就无法体会到真实的幸福，教育就失去了它自身确证的允诺。因此，教育哲学的问题转向要求教育哲学从对生活的各种困惑出发。如杜威所言：“哲学的价值不在于提供解决的办法，而在于界说困难，并暗示应付困难的方法，解决的办法需要在行动中获得。”②

如此，教育哲学的规定性指向了生活的问题，教育哲学有两个维度的基本规定性：以哲学的方式；直面一个真问题。生活问题是教育哲学安身立命之所在。马克思对意识哲学的批判指出了生活问题的重要性：“在思辨终止的地方，在现实生活面前，正是描述人们实践活动和实践发展过程的真正的实证科学开始的地方。关于意识的空话将终止，它们一定被真正的知识所代替。对现实的描述会使独立的哲学失去生存环境，能够取而代之的充其量不过是从对人类历史发展的观察中抽象出来的最一般的结果的概括。这些抽象本身离开了现实的历史就没有任何价值。”③

二、哲学与教育何以有密切的关系

哲学需要教育。最初的哲学是一种生活方式，政治学的主要任务是论证最高的善是什么、何为人的幸福生活，并进而论证何种政体能够帮助人实现这种幸福的生活。柏拉图在《理想国》中构建了理想的城邦，为实现哲学家遵照理性设计的理想生活蓝图，教育的作用就是按照天赋的金、银、铜的人性品质安排人在社会的秩序，从而实现个人与社会的和谐、人与人之间的和谐。因此，柏拉图认为，在最高意义上，教育就是哲学。亚里士多德在《政治学》和《尼各马可伦理学》中也论及了教育。在《尼各马可伦理学》中亚里士多德讨论了什么是幸福生活，在此书的最后，亚里士多德提出，这样一种作为城邦公民的共同关心的幸福生活的实现方式就是通过良好法律建立起制度，而教育就是这一制度中非常重要的部分；良好的道德德性通过习惯来养成，这是人在日常生活中进行的非学校教育；而良好的理智德性必须通过教导，教育的重要作用毋庸置疑。在中国传统哲学中也是一样，正所谓“建国君民，教学为先”。

以儒家为代表的中国传统哲学思想具有深厚的道德教育意义，这些教育思想都同哲学思想融为一体。“天命之谓性，率性之谓道，修道之谓教。道也者，不可须臾离也；可离，非道也。”教育的根本目的在于成人，成人之道就是中庸之道。哲学的思想意义也就从思想层面转至教育实践而阐发出来。“事实上，教育为我们提供一个优势的

---

① ［德］恩格斯：《反杜林论》，35页，北京，人民出版社，2018。

② ［美］杜威：《民主主义与教育》，王承绪译，342页，北京，人民教育出版社，1990。

③ 《马克思恩格斯选集》第一卷，153页，北京，人民出版社，2012。

地位，从这里把哲学上的讨论深入到对人生的意义上，这是和哲学讨论的专门意义不同的。研究哲学‘本身’的学者往往有一种危险，即把哲学看作全是机智的或严格的理智的练习，看作哲学家们所说的东西，而且仅仅和他们有关。但是，如果我们从和哲学上的争论相应的心理倾向出发，或者从这些争论在教育实践中所引起的分歧出发来研究哲学问题，那就不难看到哲学问题所表述的生活情境。如果一种哲学理论对教育上的努力毫无影响，这种理论必然是矫揉造作的。这种教育观点使我们能够做到：哲学问题在哪里产生和泛滥，就在哪里研究它们；对哲学问题的承认或否认在哪里产生了实际影响，就在哪里研究它们。”①哲学的研究与讨论要有意义，这种意义要通过教育才能实现，即通过教育改变人的理智的和道德的态度，形成一定的行为倾向。“凭借教育的艺术，哲学可以创造按照严肃的和考虑周到的生活概念利用人力的方法。教育乃是使哲学上的分歧具体化并受到检验的实验室。”②

教育需要哲学。“教育和哲学的联系是天然的，这种必然性不以哪个人的意志为转移……如果教育学的研究没有和一定的理论哲学观建立起联系，那末教育的实践和经验就不可能上升到科学的水平。”③教育离不开哲学。费希特说：“教育的艺术离开哲学，自身永久不能达到完全清晰的境界。因此，两者有交互的作用，彼此相离，则均不完全，均不能生效。”④富耶(Fouilthe)说：“我不和柏拉图一样梦想哲学家一定要做帝王，我却希望哲学家必定做教育家。在教育的门墙，必要写着：‘不懂哲学者免进’。”⑤哲学是理解教育的前提，若要探寻对教育本体、教育目的、教育价值、知识形态、教学方式等方面的理解的合法性与有效性，必定离不开哲学中已经总结的知识成果。“如果我们愿意把教育看作塑造人们对于自然和人类的基本理智的和情感的倾向的过程，哲学甚至可以解释为教育的一般理论……除非对学校教育在当代生活中的地位能进行像哲学工作所提供的那种广泛的和同情的考察，使教育的目的和方法富有生气，否则，学校教育的工作往往成为机械的和经验主义的事情。”⑥

三、哲学与教育的应然关系

教育应通过哲学把握时代精神。哲学是时代的思想，“它是精神的整个形态的概

---

① [美]杜威：《民主主义与教育》，王承绪译，344页，北京，人民教育出版社，1990。

② [美]杜威：《民主主义与教育》，王承绪译，346页，北京，人民教育出版社，1990。

③ [南斯拉夫]鲍特考涅克：《教育科学和其他科学的相互关系》，见赵荣昌、张济正：《外国教育论著选》，933页，南京，江苏教育出版社，1990。

④ 吴俊升：《教育哲学大纲》，25页，福州，福建教育出版社，2011。

⑤ 吴俊升：《教育哲学大纲》，26页，福州，福建教育出版社，2011。

⑥ [美]杜威：《民主主义与教育》，王承绪译，345页，北京，人民教育出版社，1990。

念，它是整个客观环境的自觉和精神本质，它是时代的精神、作为自己正在思维的精神”[①]。尽管教育是一种保守的力量，但教育并不能脱离社会的要求而独自成为系统，教育需要跟随社会的进步调整内部系统，这就是教育改革的意义所在。教育改革的关键问题就是社会的时代问题，教育改革成功之关键在于教育对时代问题的把握。比如，现代性是社会科学的第一大问题[②]，当前中国的教育问题是围绕着社会主义现代化的问题曲折展开的。从问题到课题，从价值到方法，从内容到形式，社会主义现代化都是贯穿中国教育哲学发展的主导力量，支配性地影响中国教育改革。而对于何为现代性的问题，人文社会科学在不同的学科层面进行了界定，但若要从核心层面理解现代性问题，就需要教育从哲学对时代的反思与把握中获得启示。再如，构建人类命运共同体是当下的时代潮流，是中国为世界提供的新时代国际交往的思想方案，教育既要推动构建人类命运共同体，又要建构符合人类命运共同体要求的教育制度，教育有必要从哲学对人类命运共同体的研究中获得启示。可以说，教育改革问题意识的清晰程度很大程度上取决于教育对时代精神的领会，若要领会时代精神，教育就必须从哲学思想中汲取营养，让哲学为教育改革与发展提供价值引领。

教育为衡量哲学的理论效力提供“实践场”。“人的思维是否具有客观的真理性，这不是一个理论的问题，而是一个实践的问题。人应该在实践中证明自己思维的真理性，即自己思维的现实性和力量，自己思维的此岸性。”[③]理论不仅要有解释力，还要有诱惑力。哲学理想的价值需要通过教育来实现，然后根据实现的结果去判定哲学理想的价值。赫尔巴特认为伦理学为教育提供目标，但目标的价值依赖教育的结果来判定，如果在教育实践中的结果不佳，就需要考虑进行目标的修改或判定。

教育与哲学的关系并不是从属关系，而是相互依赖的关系。教育哲学不是简单地将哲学移植应用到教育上，它本身就具有相对独立性。布鲁巴赫尔在1963年修订《现代教育哲学》时进行了深刻反思，他提出：“重新编拟的重要原因，是由于我越来越相信，一般教育哲学的叙述，重点方面多有所偏差……多以哲学范畴为主而牺牲所谓真正的教育问题。比如一些作家，在讨论教育哲学时，总是围绕着实在论、唯心论、实用主义、存在主义类似的哲学派别打转，其他的人，包括我自己在内，则依照哲学的分类——形而上学、认识论与价值论来编排。这两种情形，都是将教育问题……附属于哲学范畴之内，而教育反倒像是附属在哲学骨骼上的皮肉一样。”[④]教育不是哲学的附属品，正如杜威所言，教育是哲学的一般理论，哲学是教育的实验室。[⑤]

---

① [德]黑格尔：《哲学史讲演录》第一卷，贺麟、王太庆译，56页，北京，商务印书馆，1959。

② [加]泰勒：《现代社会想象》，林曼红译，1页，南京，译林出版社，2014。

③ 《马克思恩格斯选集》第一卷，134页，北京，人民出版社，2012。

④ 张家祥、王佩雄：《教育哲学研究》，11～12页，上海，复旦大学出版社，1990。

⑤ [美]杜威：《民主主义与教育》，王承绪译，344～346页，北京，人民教育出版社，1990。

第三节
教育哲学的学科性质

学科性质是对学科特质的提炼与概括，教育哲学的学科性质在于思想性、规范性、实践性、批判性、时代性。

一、思想性

教育哲学的思想性可以从教育哲学的研究方式、研究对象和工作语言三个方面进行理解和把握。

首先，思想性指教育哲学的研究方式是反思。对于教育问题，教育科学做的工作是“知其然”，而教育哲学要“知其所以然”。教育科学采用的是实证的方法，如实验法、观察法、调查法、统计测量等，通过这些方法解释教育场域中实际发生着什么，抑或解释教育领域特有的现象及规律，从而提供操作性知识与描述性知识。教育哲学则属于规范研究，教育哲学采用的方法是非实证的，如思辨法、比较法、现象学的方法、解释学的方法、概念分析法等，这些方法都侧重于从应然的层面关注教育问题。教育哲学的讨论包含教育的方方面面，但教育哲学从来不告诉教育应当在具体问题中如何做，而仅仅陈述教育的应然性与可能性。教育哲学通过反思为教育提供反思性知识，这种知识并不能像操作性知识一样能够直接改变人们的行为，也不能像描述性知识一样直接增加人们对具体事物的认识，但是它能够唤醒人们在程式化生活中麻木了的意识，从而激发人们重新认识自己的认识框架和行为模式。①

其次，思想性指教育哲学的工作是“思想”教育思想，教育思想是教育哲学的研究对象。教育哲学主要通过教育思想层面的反思来关注教育问题。比如，就教育现代化问题而言，教育现代化一般包括从传统教育向现代教育、从学历教育向终身学习的两次转变，教育效率和质量的提高，教育思想和观念的变化，教育普及率和国民素质的提高，教育公平，学生素质，国际教育地位的变化，等等。从政策角度看，教育现代化是现代教育的先进水平以及追赶或保持这种先进水平的行为和过程。② 教育现代化的灵魂是教育观念的现代化，而教育观念的现代化包括且不限于教育的民主性和公平性、

---

① 石中英：《教育哲学导论》，35页，北京，北京师范大学出版社，2002。

② 何传启：《世界教育现代化的历史事实和理论假设》，载《教育学术月刊》，2013(8)。

教育的终身性和全时空性、教育的生产性和社会性、教育的个性和创造性等。[①] 与社会学在制度意义上使用现代化这一概念不同，教育哲学主要关切的是现代化的教育思想与教育观念，现代化的教育知识与教育价值，通过反思教育观念，为教育现代化提供价值引领。教育哲学为教育现代化提供策略性方案，这种思想层面的方案是不可缺少的。杜威在《经验与教育》中说："假如以为抛弃旧教育的观念和实践就足够了，并且走到对立的极端上去，那么，这些问题不仅谈不上解决，甚至还没有被认识到。"[②]这对教育改革的启示是巨大的，今天，一些追求"务实"的教育改革仅重视行动上的功效，聚焦于策略性改革，颁布不同的教育政策，提供许多量化指标衡量教育，引进各种所谓先进的教学方法，却轻视看似"务虚"的教育哲学讨论。这会带来一系列危险，胡克(Hook)曾描述这种危险："可以理解，专业的教育工作者首要关心的，总是教育哲学的直接应用，而不是作为其基础的观念和价值。简言之，就是令其成为一种哲学的那些东西。但是，若干年后，对无关日常实践的哲学假设的陌生或者漠视，将让这些教育技术派付出代价。历史情景总是在改变，昨日的实践再也不是圆满的了，因此必须找到新的侧重点，必须做出新的调整。如果不能把握哲学原理，不能对科学方法的逻辑获得洞见，仅仅采用最明显的教育理论应用，这些教师将难免感到困惑。尤其是在他们遇到新的教育哲学时，这种困惑将更加明显。在纷扰的时代，新的教育哲学总会出现。它们将指引教育工作者攻击过去盲目接受了的但从未理解其哲学根基的那些教育理论。"[③]

最后，教育哲学的工作语言是概念和范畴。概念和范畴是教育哲学研究和表达的基本工具，任何一种教育思想、教育观念都需要通过概念和范畴这两个"脚手架"得以建构和表达。因此，教育哲学要比教育学的其他学科更关注概念分析。用概念和范畴进行教育哲学研究工作有三个比较清晰的特点：一是概念使用的准确性，这要求研究者对概念既是敏感的，又不乱用、混用概念；二是范畴的组织要严谨，教育哲学是思想、观念的学问，它与日常观念最大的区别在于论证的清晰与严谨，提出一个观念是一回事，把概念和范畴进行组织以形成清晰有序的思想框架是另一回事，教育哲学研究最关键的能力就是论证能力，也就是要把观念说通说透；三是观念的创新要新颖，教育哲学观念的标志性贡献就是提出新概念、创造新范畴，这也是教育哲学家最伟大的创造。

---

① 顾明远：《试论教育现代化的基本特征》，载《教育研究》，2012(9)。

② [美]杜威：《我们怎样思维·经验与教育》，姜文闵译，251页，北京，人民教育出版社，1991。

③ 丁道勇：《和优秀教师一起读杜威》，17～18页，北京，中国青年出版社，2011。

二、规范性

规范研究区别于实证研究之处就是要做出价值判断。教育哲学属于规范学科，教育哲学的价值性就是教育哲学的规范性。简单地讲，教育哲学的价值性即教育哲学的研究不是“价值无涉”的。教育哲学是规范性学科这一命题可以从两个话题切入来理解：第一，教育哲学是一种应然研究，这种研究致力于确立与反思何为值得追求的教育理想，何为这种教育理想应当坚持的价值取向；第二，教育哲学的知识总出于特定的价值立场，即教育哲学的研究不能摆脱先于其存在的社会价值谱系的规范。

“20世纪中外不少的教育哲学家都把提供教育一般目的和原则、指导教育科学和教育实践作为自己的治学目的。甚至有的教育哲学家干脆把教育哲学视为‘价值哲学’。”①这种教育哲学范式也被称为规范教育哲学。规范教育哲学主要基于对教育内在构成的相互关系和功能的考察提出教育的目的、目标和规范。教育中的价值问题是关于某一教育制度、教育形式、教育活动是否值得追求的重要问题。追求教育理想的教育实质就是教化，教育不仅教人知识，同时也对德性的提升负责。这种教育的应然研究在今天更为重要，因为今天的教育缺乏对教育理想追求的理性自觉。如果一个时代是无思想的经济化、技术化时代，如果人的生活放逐了精神理想，教育便会抛弃自身崇高的目的，以培养追求功利的经济人和技术人为目标，教育的教化意义就消失了；教育失去其本体价值，教师失去其教育信仰，这在一定程度上就是价值的危机。“现代教育学中许多主张导致教育丧失了对真正的宗旨和目的的信念，导致了现实的随波逐流、盲目信从以及庸俗市侩、追名逐利的盛行。教育学放弃了对人类教育的理想目标的思考，不再对教育中的好坏、善恶、正义与不正义之标准进行探寻和思考，否定了关于这些价值的真正知识的必要性。”②因此，教育哲学有存在的必要，教育哲学的首要意义就是为教育寻找理想，寻获教育本体，为教师树立教育信仰。

如果教育哲学的任务在于为教育寻找价值，那么教育哲学家应当为教育中的何种价值做辩护？这一教育哲学中的认识论问题源于后现代哲学对知识与权力的关系的研究。在现代哲学观中，知识是对世界静态的“镜式”反映，后现代哲学家对此观点进行了批判，传统认识论的终结在于后现代哲学家从知识论外部而非内部进行批判，哈贝马斯(Habermas)曾指出：“彻底的认识论批判只有作为社会理论才是可能的。”③教育哲学的知识去体现特定社会或文化中价值谱系所追求的价值理想，教育哲学家在研究教

---

① 石中英：《教育哲学导论》，31页，北京，北京师范大学出版社，2002。

② 金生鈜：《为什么需要教育哲学——为教育的应然研究做一个哲学辩护》，载《教育理论与实践》，2004(1)。

③ ［德］哈贝马斯：《认识与兴趣》，郭官义、李黎译，1页，上海，学林出版社，1999。

育哲学、阐述自己的见解时总受特定的生活方式以及历史文化赋予的有色眼镜的影响，因此，教育哲学家有必要澄清自己的历史文化生活背景，以使人们在面对他们的理论知识时能够自觉保持批判的眼光。因此，教育哲学家捍卫的价值不是不证而明的，教育哲学家也必须为自己的观点做价值的辩护。

三、实践性

对于如何理解教育哲学的实践性，学界达成共识的方式是通过“教育哲学在性质上是一门实践哲学”这一命题来进行澄清，因此，思考何为实践哲学、实践教育哲学的特征为何等问题有助于我们理解教育哲学的实践性。

从理论与实践的关系看，教育对于实践的认识，即教育的实践观，经过了一个历史的演变过程。教育是一种实践，教育哲学的存在自然也是为了进行更好的教育实践，只不过教育哲学对教育实践的影响方式不同于教育科学。不同范式教育哲学的实践观一定程度上体现出教育哲学试图通过何种手段改善教育实践。首先，规范教育哲学的教育实践观是理性化教育实践观，这一教育实践观的基本内涵是教育实践受认识理性支配，是理性教育主体的规范化行动。因此，规范教育哲学试图通过理性认识改善教育实践，这类教育哲学更多地做形而上学式的探讨。其次，分析教育哲学的教育实践观认为人的实践虽然指向行为，但人的行为是受语言实践支配的，语言实践是人类最基本的实践形式，改变行为实践的前提就是做语言分析。因此，分析教育哲学通过对语言的澄清与分析来解决教育实践问题。尽管这两种范式的教育哲学提供的理性化实践观或理性化语言实践观都是为了改善教育实践，但其实质上并不关注教育实践。“在传统教育哲学的这两种范式看来，人们对教育的认识或概念有可能是含糊不清的，但这只需通过逻辑的推理，并借助具有基础主义取向的认识资源来规范就可以了。所以，这两种传统的教育哲学研究并不真正关注教育实践，而更多表现出的是形而上的‘高高在上’。”[①]传统教育哲学的弊端呼唤一种面向生活世界的教育哲学研究范式，“教育哲学是一种实践哲学”的命题由此而来。这种实践哲学的内涵仍需要进一步讨论。

实践哲学有广义与狭义之分。狭义上的实践哲学就是伦理学；广义上的实践哲学是指人们从事历史性的社会活动的哲学，这种实践哲学最早由亚里士多德提出。亚里士多德将人的活动分为理论、实践、技艺三种。理论即理论性科学，包括数学、物理学、形而上学等；实践即实践哲学，包括政治学、伦理学等；技艺即创制性科学，包括诗学、修辞学等。[②] 在亚里士多德看来，这种实践哲学的对象是人类实践的生命活

① 余清臣：《教育哲学的实践观演变与实践教育哲学》，载《教育研究》，2011(2)。
② [古希腊]亚里士多德：《形而上学》，吴寿彭译，118页，北京，商务印书馆，1983。

动，即人的政治生活，或者说人在城邦中的生活。实践哲学的目的就是获得生活的知识，这种知识不能追求完全的确定性，只要达到这一题材能够容纳的确定性即可。获得生活的知识是为了过有德性的生活，过有德性的生活就需要明智，即在一定程度上能够获得确定性的知识。可见，这种知识的特点在于其是逻各斯这一具有永恒性的知识与复杂的实践相结合的产物，是形式与质料的结合。可以说，亚里士多德的实践哲学把人的实践提升为独立的科学领域，但这一实践哲学传统在近代几乎被遗忘，近代自然科学的发展仅重视古希腊文化中以数学为代表的理性科学原则。杜威在其《确定性寻求》中以人对不确定带来的后果的恐惧为起点，阐述了确定性在人认识世界中的重要地位。近代以来，这种确定性只能在自然科学中找寻，因而不难理解为何亚里士多德的实践哲学传统被忽视。20 世纪以来，这种传统被回忆起来，以马克思的实践哲学和加达默尔的哲学解释学为代表。

作为实践哲学的教育哲学首先承认实践有不同于认识的规则和逻辑，实践具有自在性。作为实践哲学的教育哲学与传统教育哲学的本质区别是实践观的区别。有学者认为，实践教育哲学的实践特征体现在三个方面：第一，实践教育哲学的理论资源没有理性主义信念，实践教育哲学的理论资源具有情境性、历史性与复杂性特征；第二，在研究路径上，实践教育哲学并不相信理性的万能，同时尊重直觉、激情、情感的价值，综合人类多种素质进行研究；第三，实践教育哲学的研究对象是教育实践中的问题，实践教育哲学不进行本质探讨或勾勒教育实践之外的理想教育，而是通过反思来获得一种整体性的综合认识。因此，实践教育哲学的发展路向可以表现为三个方面：一是通过教育事务的理性秩序与实践复杂性秩序进行持续互动，形成包容复杂性的整体理论；二是批判合理化封闭取向，坚持开放的态度；三是坚持实践世界的研究对象以及解释和建议的研究取向。①

四、批判性

批判性是哲学最重要的性质，同样是教育哲学最重要的性质。没有批判性就没有哲学，也就没有教育哲学。从词源学上讲，在英文中“批判的”(critical)起源于拉丁文 criticus，主要指“能够识别”(capable of discerning)、“能够区分”(capable of distinguishing)、“能够讨论”(capable of discussing)、“能够判断”(capable of judging)。在汉语中，批判可理解为解读原文，发表意见，辨明源流，做出评价。教育哲学的批判性的基本含义就在于识别、区分、讨论、评价教育思想。在人类思想史上最早从哲学视角对批判进行界定的是康德，康德所言的批判是“理性批判”，即对理性的来源、范

① 余清臣：《教育哲学的实践观演变与实践教育哲学》，载《教育研究》，2011(2)。

围及其限度进行界定。康德的界定在教育哲学的批判性上表现为寻找教育思想的界限。

教育哲学的批判形态主要分为两种，一是精神形态的批判，二是物质形态的批判。[①] 就精神形态层次而言，教育哲学的批判就是对教育思想的揭示、辨析、鉴别与选择。通过揭示，模糊的教育思想得以在人的观念中澄清；通过辨析，众多的教育思想得以进行多样化分类；通过鉴别，混淆的教育思想得以澄清源流、相互区分、划定界限；通过选择，有用的教育思想得以凸显其解释力与诱惑力。就物质形态层次而言，教育哲学的批判性就体现在教育哲学始终对现实的教育进行反思，通过这种反思来强调现实的教育要始终向更好发展，人作为目的就是教育的绝对价值，就是更好教育的发展方向。教育哲学的批判性就在于以一种可能性看待现实。马克思曾经说过："批判的武器当然不能代替武器的批判，物质力量只能用物质力量来摧毁；但是理论一经掌握群众，也会变成物质力量。而理论只要说服人，就能掌握群众；而理论只要彻底，就能说服人。"[②]教育改革是教育现代化的主题，教育现代化即用现代教育理念批判传统教育，建立现代化的教育体系，这一批判虽然需要物质力量的参与，但教育哲学作为一种思想力量对教育现代化的价值引领作用也是不容忽视的。

批判的实质是一种比较，正是通过比较，现实的教育和理想的教育、教育思想之间的异同才得以显现。但是，这种比较不能出自教育哲学家的偏好，而应当力求客观公正，这一比较上升到方法论的层次就是一种立场，即"无立场的立场"。霍克海默说："哲学的真正社会功能在于它对流行的东西进行批判。这并不意味着对个人观点或品质浅薄的吹毛求疵，好像哲学家就是爱逞能的人一样。这既不是指哲学家对这个或那个孤立的情况大发牢骚，也不意味着哲学家要提出纠正的方法。这种批判的主要目的在于，防止人类在现存社会组织慢慢灌输给它的成员的观点和行为中迷失方向。必须让人类看到他的行为与结果之间的联系，看到他的特殊的存在和一般的社会生活之间的联系，看到他的日常谋划和他所承认的伟大思想之间的联系。"[③]这体现出批判的前提是一种全面的态度。"无立场的立场"实质上就要求这样一种全面的态度，正如荀子所言："兼陈万物而中县衡焉。"这种全面的态度自有其意义，杜威在《民主主义与教育》中曾提到这种全面态度的重要性："我们所以特别要求'全面'的态度，是因为在人生许多互相冲突的兴趣中，需要行动的一体化。哪里兴趣还是表面的，彼此容易变化，哪里兴趣还没有足够的组织，彼此尚未达到冲突的地步，哪里就看不出哲学的需要。但是，如果科学的兴趣和宗教的兴趣发生冲突；或者经济的兴趣和科学的或审美的兴趣发生冲突，或者对于秩序的保守的关切和求得自由的进步的兴趣发生对抗，或者制度主义和

---

① 庞学光：《教育哲学的本质与特点新论》，载《天津市教科院学报》，2001(4)。

② 《马克思恩格斯选集》第一卷，9～10页，北京，人民出版社，2012。

③ [德]霍克海默：《批判理论》，李小兵等译，250页，重庆，重庆出版社，1989。

个性彼此抵触，在这种时候，我们就有一种刺激，要发现某种比较全面的观点，弥合分歧，恢复经验的一致性和连续性。以上种种冲突，个人常能自行解决；各种目的的斗争范围是有限的，一个人能自己做出大致上的和解。这种朴素的哲学是真实的，而且常常是适当的。但是，它们不能形成各种哲学体系。如果不同行为理想的不同的要求影响整个社会，并且普遍需要调整，哲学体系就会发生。”①

就工具意义来讲，批判是哲学思想发展的内在逻辑，但说到底，教育是人的活动，因此，教育哲学之批判性的价值意义就在于它是对人生命的自由和丰富的辩护。从教育哲学的根本价值旨趣讲，教育哲学的批判不是一种损毁，而是对生命的自由与丰富的彰显与尊重。

五、时代性

哲学是思想对时代的把握。② 根据马克思的历史唯物主义，作为一种思想与观念的力量，教育哲学无法超出其所在的时代。教育哲学的产生与发展与时代的发展具有明确的自相关性。时代精神不仅塑造教育思想、观念的生产方式，也支配性地形塑这一时代教育思想和观念的精神气质、价值系统、话语体系、世界观念和行为活动。“一种真正为时代所接受的理论往往会发生很大的力量，造成一个新的局面。一方面是时代影响着理论，另一方面是理论影响着时局。实际和理论一方面是互为因果，另一方面却又是同时并进的。教育的实施和理论也不能例外。从教育的本身而论，由于教育实施的不能使人满足而产生新的教育理论；再由教育理论的产生而改造实际的教育状况。从教育对于一般生活而论，由于时代背景的趋势和需要而产生一种新的教育理想；再由这种新的教育理想而使当时的时代发生很大的变化。”③时代与教育哲学相互促进，时代塑造其教育哲学，教育哲学反思其所在的时代。

教育哲学发展的每一步都与它如何“思入”它所处的时代、解决时代提出的问题息息相关。西方哲学从自然本体论发展到本质论、语言哲学和方法论，从古代哲学发展到近代哲学、现代哲学及后现代哲学，不是哲人的心血来潮，而是哲学对于时代问题的理性把握。东方哲学在现代性催逼下所产生的创造性转化本质上也是应于时势。教育哲学发展的每一步其实都是“道”与“势”的结晶。舍于“道”，教育哲学则无其内在合理性；失于“势”，教育哲学则无其时代的合法性。因此，所谓教育哲学，说到底也就是对时代精神的“课题化”，唯当教育哲学把时代问题视为自身的课题，教育哲学才能

---

① ［美］杜威：《民主主义与教育》，王承绪译，342～343页，北京，人民教育出版社，1990。

② ［德］黑格尔：《法哲学原理或自然法和国家学纲要》，范扬、张企泰译，12页，北京，商务印书馆，1961。

③ 傅统先：《教育哲学讲话》，20页，上海，世界书局，1947。

真正产生并不断发展。

“问题是时代的格言，是表现时代自己内心状态的最实际的呼声。”①教育哲学的问题源于时代的发问和教育哲学对时代发问的理性把握，时代是教育哲学的“问题域”。教育哲学与教育科学都可以面对时代提炼出符合其学科规范的课题，并进而解决这一课题。但教育哲学的问题仍区别于教育科学的问题，其特殊性在于教育哲学总是一种对人类生存处境和命运的反思，即教育哲学是一个规范性学科，其问题当然也体现出对价值问题的关涉。因此，教育哲学对时代课题的把握总是从思想层面抽象提炼出呈现一个时代的人的生活状态的整体性问题。杜威曾说：“‘教育哲学’并非把现成的观念从外面应用于起源与目的根本不同的实践体系：教育哲学不过是就当代社会生活的种种困难，明确地表述培养正确的理智的习惯和道德的习惯的问题。所以，我们能给哲学下的最深刻的定义就是，哲学就是教育的最一般方面的理论。”②

本章小结

教育哲学的定义，尽管众说纷纭，但通过对众多定义的辨析，可将众多教育哲学定义划分为几类：从教育哲学与哲学的关系进行界定(如教育哲学是哲学的应用学科等)；以不同的认识世界的哲学范式为出发点，从教育哲学的学科基本要素(如研究对象、研究方法等)出发对教育哲学进行界定；从哲学的学科划分出发界定教育哲学(如教育哲学即根据价值论讨论教育价值问题、研究教育概念问题等的学科)。英语对教育哲学的表述有两种：一是 philosophy of education，强调从哲学的观点论教育；二是 educational philosophy，强调对教育问题的讨论上升到哲学的高度。本章将教育哲学界定为思想性地“思想”教育问题。关于教育哲学的研究对象，也有诸多说法，仍需要用历史的观点去考察，辨析对不同的教育哲学研究对象的界定是出于何种立场，以及其背后的哲学观。本章将教育哲学的研究对象界定为教育思想。作为一门学科，教育哲学有其界限，教育哲学的研究不能超过其研究范围，邱椿总结出十种教育哲学的讲法，今天教育哲学的研究或许仍可拓宽自己的范围，但此时这十种讲法仍然较为周延。

只有当教育与哲学关系密切时，教育哲学才有其意义。从历史的角度看，哲学的诞生源于教育的需要，教育理论跟随哲学思潮发生变化。教育与哲学之所以有密切关系，首先是因为教育的诞生是哲学的需要，其次是因为教育

① 《马克思恩格斯全集》第一卷，203页，北京，人民出版社，1995。
② [美]杜威：《民主主义与教育》，王承绪译，347页，北京，人民教育出版社，1990。

的发展需要哲学的价值引领。当下，在应然层面上，教育要理解时代精神，并为衡量哲学的理论效力提供检验的实践场域。要把握教育哲学的关键特征，就要了解教育哲学的学科性质，包括思想性、规范性、实践性、批判性与时代性。

章后练习

1. 案例分析

乔治·奈勒说过一段发人深省的话："无论你干哪一行业，个人的哲学信念是认清自己的生活方向的唯一有效的手段。如果我们是一个教师或教育领导人而没有系统的教育哲学，并且没有理智上的信念的话，那么我们就会茫茫然无所适从。于是，学生们除了无目的地追随我们或者求助于他人来解决青年时代的重大问题之外，就没有别的选择了。"

请结合实际谈一谈：教师与教育哲学的关系是什么？

2. 简答题

(1)阐述教育哲学的定义、研究对象与研究范围。

(2)阐述教育与哲学的关系。

(3)阐述教育哲学的学科性质。

延伸阅读

[1]吴俊升．教育哲学大纲[M]．上海：商务印书馆，1935.

[2]黄济．教育哲学[M]．北京：北京师范大学出版社，1985.

[3]石中英．教育哲学导论[M]．北京：北京师范大学出版社，2002.

[4]董标．教育哲学学科起源考辨：从低位关注论高位观照[J]．教育学报，2018，14(3)：3－20.

[5]丁道勇．教育哲学是什么：基于民国时期相关讨论的分析[J]．北京大学教育评论，2019，17(3)：130－146；191.

第二章

知识与教育

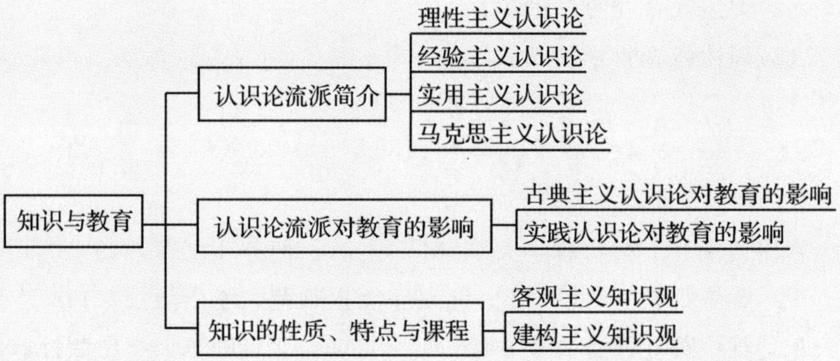
知识与教育
认识论流派简介
理性主义认识论
经验主义认识论
实用主义认识论
马克思主义认识论
认识论流派对教育的影响
古典主义认识论对教育的影响
实践认识论对教育的影响
知识的性质、特点与课程
客观主义知识观
建构主义知识观

章前导语

知识问题是教育的中心问题，教育对人最重要的影响主要是通过知识传授产生的。学校教师最重要的任务就是教书育人，而课程的载体就是人类在历史中积累传承的知识。杜威在《民主主义与教育》中提出，教育的形成源于社会延续的目的，只有当年长的人、经验丰富的人对年轻人、缺乏经验的人进行社会积累的间接、抽象知识的传授时，社会才能延续。对知识的发生、性质、类型等问题的讨论深刻影响着我们对教育价值、教学手段、课程的选择。

第一节
认识论流派简介

认识论问题是近代哲学的中心问题。认识论是一门以知识为对象做理论陈述的学问，其主旨是理解知识。① 认识论的思维方式对人文社会科学产生了支配性影响，对教育的影响尤为深刻。“在某种意义上说，认识论是近现代教育的理论，近现代教育则是认识论的实践。教育作为一种综合的文化、伦理实践活动，典型而深刻地体现了认识论的特征，同时也呈现出了认识论哲学的一切问题。”②恩格斯说：“全部哲学，特别是近代哲学的重大的基本问题，是思维和存在的关系问题。”③恩格斯之所以有这样一种判断，是因为近代以来西方哲学的认识论转向。这种认识论转向实质上是西方哲学对存在的遗忘，即原本追问存在的哲学变成了对有关存在者的知识的考察，并认为通过这种方式哲学就得以认识存在。从认识论问题诞生起，对知识的追求背后有一套价值理念，用于追求真善美统一的实体。这种认识论的特点在于形成了一种西方近代哲学特有的知行关系传统，即理论高于实践的沉思传统。这一传统深刻地影响了我们对教育的思考。这种认识论的代表是理性主义和经验主义。随着自然科学的发展，传统知行关系下的认识论模式逐渐被打破，实践越来越受到重视，从实践出发建构克服主客二分思维模式的认识论代表是实用主义认识论和马克思主义认识论。

---

① 金岳霖：《知识论》，1页，北京，商务印书馆，1983。

② 高伟：《知识论批判：一种教育哲学的反思》，载《自然辩证法研究》，2012(4)。

③ 《马克思恩格斯全集》第二十八卷，331页，北京，人民出版社，2018。

一、理性主义认识论

对于理性主义，拉朗德(Lalande)编写的《哲学词典》(*Vocabulaire de la Philosophie*)的解释是："一种学说，依此学说，一切确定的知识，来自不可否认的、先验的、显然的原则，而知识乃此等原则的必然结果，并且一切确定的知识仅从此等原则而生，至于感官对于真理，仅能提供一种混杂的和临时的见解。"[①]通过这个定义可以看出，理性主义认为知识源于理性。

知识源于理性，这种见解在古希腊就已经出现，只不过当时这种对知识的讨论具有存在论的特征，或者说就是存在论。古希腊哲学源于对世界"始基"的追问，即变化背后的不变是什么。在前苏格拉底时代，这种追问的存在形态是自然哲学，在毕达哥拉斯将万物的本原视为数的时候，这种追问上升到一种抽象的形态。至巴门尼德时，世界的本原成了抽象的存在，不再是具体的自然物。但是，用什么方式追问存在成为一个问题。苏格拉底强调概念知识对认识世界的可靠性，通过对知识的研究达到对存在的认识就是哲学对存在的认识方式，世界的本质就在知识中。柏拉图进而提出，对于存在的认识是通过对存在者的认识实现的，因此，对存在的认识就等同于对存在者的认识。怀特海认为，西方哲学不过是柏拉图的注脚；海德格尔认为，西方哲学从源头便遗忘了存在。亚里士多德继承并提出了存在论，他进一步将对存在者的认识方法科学化，存在的把握在于将其"对象化"，要通过形式逻辑的科学方式；他将哲学表述为："自古至今，(哲学)所常质疑问难又一再没有找到通道的问题是：存在者是什么?"[②]他们的哲学虽然有差别，但都主张灵魂的正义在于通过理性驾驭灵魂中的激情和欲望，足以见得理性的地位。而对于知识来源的问题，柏拉图的"洞穴比喻"指明灵魂是不死的，知识已经在人的灵魂中，人需要通过不断对话来回忆起灵魂中已经有的知识，知识——也即真理——与灵魂中的理性部分联系得最为紧密，人只能依靠理性进行沉思才能尝试把握真理，但这也只是一种尝试，因为束缚在肉体中的灵魂是没有办法完全回忆起真理的。

古希腊哲学对基督教神学的发展具有重要的影响，中世纪哲学发展了这种重视理性的传统。经院派的知识乃凭借理性对上帝的冥想，而这一理性活动的形式借助了亚里士多德的三段论，这一方法决定了知识是从理性本身演绎出来的，而与尘世生活的经验无关。笛卡尔是近代哲学中理性主义的代表人物。对于知识的追求，笛卡尔的价值标准是真，即知识必须是具有确定性的可靠的知识。古希腊哲学家皮浪的怀疑主义

---

① 吴俊升：《教育哲学大纲》，98页，福州，福建教育出版社，2011。

② [古希腊]亚里士多德：《形而上学》，吴寿彭译，126页，北京，商务印书馆，1983。

取消了知识的可靠性，因为人对外在事物的感觉都具有不确定性。笛卡尔并没有追问存在者是什么，而是首先问：能够实现对存在者的确定性的知识的基础何在？在笛卡尔看来，这个基础是“我思”。“我思”的前提是“我在”。只有从这个没有问题的基础(主体)出发，才能够认识其他。通过“我”(主体)认识“其他”(客体)的方式使主客体对立的二元论思维形成。同时，通过对“我思”的不可怀疑地位的确定，笛卡尔确立了近代主体性哲学。

海德格尔认为，笛卡尔之后的哲学是“栖居在自我意识的陆地上的近代哲学”①。也就是说，只有理解了主体是如何认识的，才能进一步认识世界。对于把握世界的知识而言，笛卡尔认为这种认识就是数学物理意义上的认识。“数学认识被当作这样一种把握存在者的方式——它始终可以确信自己肯定占有了它所把握的存在者的存在。什么东西就其存在方式来说满足于数学认识可得以通达的存在，什么东西就在本真的意义下存在。这种存在者就始终是它所是的东西。”②“这样一来，笛卡尔就在哲学上明确地把传统存在论的影响扭转到近代数学物理及其超越基础之上。”③数学知识之所以是最正确的是因为它的方法——直觉和演绎。一切数学知识皆从直觉观念开始，通过演绎产生这些简单观念的必然结果。笛卡尔认为，一切科学的知识生产都应类似于最具有确定性的数学，通过对数学知识生产的模仿，产生的知识才能被称为真理。同样，任何学科中简单自明的观念乃与生俱来的，笛卡尔称之为“先天的观念”(les idées innées)。先天的观念为上帝的观念、灵魂的观念、物体的观念以及种种数理的观念，笛卡尔甚至承认人们关于外界事物的一切观念均是先天的，经验只提供给人们应用这些先天观念的机会。但是，在笛卡尔看来，这种先天的观念并非在人出生的时候就已经形成，人们的心灵只是具有形成这种观念的潜能，而理性为上帝所赋予，人人具有，是发生先天观念的倾向。

理性主义在发展的过程中一直遭受经验主义的攻击，经验主义者洛克以儿童、野蛮人、残疾人等不知笛卡尔所说的先天观念为论据来攻击理性主义，作为理性主义者的莱布尼茨做出回应：这些人虽然没有先天完成的观念，但具有形成先天观念的倾向；人心不像一块平滑的大理石可以组成任何肖像，却像一块有特殊的、适宜塑成某种肖像的纹理的大理石，需要假以时日的雕琢才能形成肖像；虽然这一过程依赖外界的经验，但其仍然是一种先天倾向。

从柏拉图到笛卡尔的理性主义都有一种独断论的危险，直至康德企图调和理性主义与经验主义的冲突。在康德看来，唯理性论与唯经验论之所以企图从各自的角度建

---

① 王为理：《论海德格尔对笛卡尔哲学的批判》，载《复旦学报(社会科学版)》，1997(1)。

② [德]海德格尔：《存在与时间(修订译本)》，陈嘉映、王庆节译，119页，北京，生活·读书·新知三联书店，1999。

③ [德]海德格尔：《存在与时间(修订译本)》，陈嘉映、王庆节译，120页，北京，生活·读书·新知三联书店，1999。

立一个无所不包的知识体系却未能成功，是因为他们未经考察人的认识能力就去探索必然性的知识，而只有明确了人的理性能力的界限，才能知道人能知道什么，据此，康德展开了对理性的批判。康德承认知识产生于经验，但经验依赖于心灵将感官印象进行一番整理，之后才能形成知识。因此，知觉呈现给我们的现象由两部分组成，一部分是感觉的经验材料，另一部分是现象的形式，即我们先天具有的排列事物的时空形式和解释经验的“十二范畴”①。

依据康德的分析，先验的知识形式有三种。第一种是感觉的形式，即时间和空间。认识外界对象离不开空间，认识内心离不开时间。第二种是悟性，或者说知性。悟性的职能在于联络和总括外来的表象而形成系统知识，这种作用依赖于诸如因果概念等概念，康德称之为范畴(categories)。康德把范畴分为量、质、关系、模态四大类，共十二种。康德在《纯粹理性批判》第二版的序言中称自己完成了哥白尼式的革命，革命的意义在于将之前认识论努力实现的对客观事物的真正的认识转变为主观符合论。这一符合论的最后一个漏洞，即人的先验范畴如何通过康德所说的想象力恰好与客观事物吻合的问题，被理性主义的集大成者黑格尔用辩证法填补。通过划定理性的边界，康德澄清了人的认识本就不能实现对“物自体”的认识，科学不能进行形而上学的研究。这里就需要提及康德分析的第三种形式，即理性的超绝的观念(transcendental ideas)。认识论部分的理性被称为理论理性，这里的理性是指实践理性。实践理性探求本体，应用三种超绝的观念：一是灵魂的观念，二是宇宙的观念，三是上帝的观念。康德认为这三种观念是人类主观共有的，是客观的、真实的，但不能形成知识，因为经验中没有任何对象与这些先天形式对应。

对于信仰的部分，尽管理论理性不能为信仰做辩护，但康德并没有排斥形而上学，而是通过对实践理性的论证将道德作为形而上学的基础。正是因为有了道德的需要，人才有了信仰存在的必要。正如他在伦理学中论证的“德福一致”问题，幸福和道德在现实生活中属于事实真理，即幸福与道德之间的关系具有或然性。人生在世难免遇到有德之人没有福、有福之人没有德的情况，其原因在于人的理性的局限性使人不能看到幸福与道德之间的必然联系，幸福与道德作为必然真理只有在上帝那里才有可能。因此，拥有道德才能配享幸福是作为一种信仰存在的，这种信仰有其必要性。但同时，这种理性仅具有形式，并无实质的经验与之对应，因而不能构成知识，只代表心灵的主观需要。基于以上的介绍，我们可以找到理性主义者的共识：知识源于先天的理性范畴而不是源于经验，单独依靠经验是不能形成知识的；心灵是主动摄取知识而不是被动吸收知识，心灵对于知识的构成就在于将先天的理性范畴如同模型一般施加于外界的经验。

---

① ［英］罗素：《西方哲学史》上卷，何兆武、李约瑟译，265页，北京，商务印书馆，1963。

二、经验主义认识论

拉朗德在《哲学词典》中为经验主义下的定义是："凡一切哲学学说，否认有别于经验而为知识原则之自明之理存在者，通名经验主义。"[①]经验主义对人的理性认识能力持更为慎重的看法，认为我们仅通过概念获得的知识是充满问题的，对知识的恰当获得应当是通过经验完成的。在古希腊哲学中，理性主义与经验主义的区分并不明显，比较重视经验的有普罗塔哥拉及斯多葛学派，但古希腊哲学从总体上仍然以理性为重。

洛克为近代哲学奠定了经验主义基础。洛克认为，我们的一切知识均源于经验，即我们推理和认识的材料是源于经验的。经验分为两部分：一是外界事物在人的外部感官上的印象；二是人的内省的经验，即对自己的内在心理活动和状况有所知觉。这些经验都是消极获得的，需要心灵进行积极加工来形成更为复杂的观念。简单的感官经验和内省经验作为知识的材料，代表了知识的必要不充分条件，如果缺少这一必要条件，我们就没有知识。由于我们的知识依赖于我们的经验，因此，洛克认为我们在出生的时候心灵就像一块白板，这就是著名的"心灵白板说"。我们的心灵没有任何天赋的观念，外部事物加在我们感官上的经验具有两种属性：一种是直接源于事物本身的属性，另一种是我们加在事物上的内省观念。前者被称为第一性，如广延、形状、硬度等类似的属性；后者是第二性，如滋味、气味、颜色等属性。贝克莱通过批判洛克的两种经验属性发展出经验表象论，用一句话描述就是存在即被感知。存在即被感知，就是所谓物质即不同性质的东西，而性质即具有主观相对性的感觉印象。这里必须解释一下具有感觉印象的主观相对性，这是不同于洛克的感觉属性。在洛克看来，感觉印象一部分来自外部事物，一部分来自内省。但在贝克莱看来，感觉印象只源于人而非事物，我们对于物质实体的观念只是一种形而上学的构造。贝克莱是拒绝物质的，这里说的物质是不可见的实体之物质，即过去的认识论都是企图认识物质实体的认识论，包括洛克在内的哲学家们都希望最终把握实体。贝克莱则扭转了认识论的抱负，认为我们无法认识到实体本身，我们认识到的所谓实体只能是我们的主观感觉印象，感觉印象是知识唯一的终极基础。这就是贝克莱的经验主义，即某物的存在在于某物被心灵掌握，这种认识论拒绝普遍概念。但问题在于，将实体理解为感觉印象是否意味着我们无法区分实在和幻觉呢？贝克莱对感觉印象加以规定，有规则地出现而非由我们的意志产生的感觉印象才是实在。在这里，贝克莱引入了上帝，因为只有上帝的感知才能保证永恒的必然的规则性、有序性。贝克莱拒绝物质实体的存在，但接受上帝这一精神实体的存在。休谟进一步发展了经验主义认识论。休谟认为有两种知

① 吴俊升：《教育哲学大纲》，109 页，福州，福建教育出版社，2011。

识：一种是“综合”的，在一定程度上能够解释实在；另一种是“分析”的，这种知识只能代表概念之间的关系，不能说明实在。总之，形而上学的物质实体和精神实体因为不能被回溯到印象，所以只能是一种幻想。因为我们无法对印象背后的自我进行感知，所以所谓知识也就是印象。印象包括如视觉、听觉的感性知觉，也包括人的心理经验，如愤恨、喜悦；观念就是建立在印象之上的心灵图像。休谟认为，我们只能知道我们经验的，对于过去的经验我们并非全都经验，对于未来的经验我们无法经验，因此，我们知道因果性这件事是不能成立的。这里应说明的是，需要把逻辑性洞见和经验性洞见区分开来，因果性是一种逻辑性洞见，而只有经验性洞见是我们能知道的，归纳的知识多于我们实际知道的。逻辑知识不是关于世界的知识，而是有关概念之间的关系的知识，只有经验知识才是关于世界的知识。

经验主义在发展过程中呈现出比较一致的特征。经验主义把人的心灵看作一块白板，没有内容，因此，经验主义者反对理性主义者倡导的先天观念。正因为没有天赋的观念，在经验主义视野下，心灵在形成知识的整个过程中一直是被动的。

三、实用主义认识论

17 世纪的科学革命引发了知行关系的巨大变化，这一显著变化就是真善美的分离，尤其是对真的寻求被自然科学的知识占领。科学借助数学将证明性的知识体系带到自然对象的研究领域，科学确定的自然界的“法则”也具有了旧体系中理性形式和理想形式的固有特性，即一种永恒性和确定性。因此，用机械论术语表达的关于自然界的数理科学自称为唯一正确的自然哲学，旧体系哲学就丧失了其与自然知识的联系，同时自然科学产生的“法则”也就不支持哲学了，哲学与自然科学之间形成了敌对关系。这时候，旧体系哲学又浸入基督教的神学，通过宗教教育变成了不懂专门哲学的人传承下来的文化，“于是哲学与新科学在认知实在方面的对抗便变成了为旧哲学传统所保证的精神价值和自然知识的结论之间的对抗”①。科学越进步，就越侵占哲学的领土，“因此，古典的哲学便变成了一种专门为相信最后实在的这种信仰进行辩护的一种学问了，而在这个最后的实在领域中便有着调节生活、控制行为的各种价值”②。因此，近代以来哲学只剩下形而上学，然而，在许多人看来，用形而上学构想的理想生活似乎已经失去对生活的指导意义。

实用主义知识的概念和实验科学的知识相符合。杜威认为，实验探究有三个基本特征：第一，所有实验都包含外在行动，明确地改变环境，或改变我们和环境的关系；

---

① [美]杜威：《确定性的寻求：关于知行关系的研究》，傅统先译，20 页，上海，上海人民出版社，2004。
② [美]杜威：《确定性的寻求：关于知行关系的研究》，傅统先译，20 页，上海，上海人民出版社，2004。

第二，实验不是随机任意的活动，它受观念的指导，这些观念必须满足引发积极探究的问题所提出的需要；第三，受指导的活动的结果是建构一种新的经验情境，对象以不同的方式相互关联，因此，受指导的操作的结果构成了知识的对象。① 由此不难看出，实用主义的知识具有不同于理性主义和经验主义的特点。

首先，实用主义认为，知识源于实际活动，理性范畴的发生是为了适应生活的需要。理性和经验，观念和感觉，是在认知的过程中相互连接、相互辅助的两种作用。知识实际上是行动的工具。杜威不同意经验主义所认为的经验是知识的来源，他认为人类的原始经验并不能成为知识，成为知识的先决条件是生存适应问题对心灵提出要求，需要知识作为工具来适应生活的发展。实用主义知识生产的动机决定了知识是具有实用性的，其目的是恢复生物与环境之间的平衡状态。实用主义认为知识不是对外界的模仿和静观以期将外界事物原本的样子刻画出来。而为了保证这种事物刻画的准确性，理性主义从先天观念出发寻找最确定性的基础。经验主义认为人们对于事物的经验是人们得以认识世界的前提，激进的经验主义甚至退缩到人的主观领域，认为只有人的心灵印象才是真实的。古典主义的知识并不是实用的，隐含在古典主义认识论背后的价值倾向宣告人与世界之间是二元对立的，即认识是主体对客体的认识，人主体性的确立形成了人作为主体和世界作为客体之间的对立。对于认识的发生问题，逻辑起点就是存在预设主体和客体的分离。笛卡尔开启的这一传统是理性主义和经验主义共有的逻辑起点。而人的主体性的张扬又使得知识的发生实际上取决于主体对客体的摆置，加之主体对实体知识追求的价值取向，这种知识是在客体之外静观的旁观的认识，知识不是为了适应，而是为了其本身，这些认识发生的预设在实用主义这里都被推翻了。在实用主义这里，知识并不发生于主客体对立的二元论思维方式，杜威否认了两个世界的形而上学。

其次，观念在新的知识的形成过程中仍然具有重要的地位，因为实验探究的知识并不是随意展开的，而是在观念的指导下有条理地进行。但是，实用主义的观念不同于传统的理性主义和经验主义的观念。理性主义的观念是天赋观念，经验主义的观念是心灵组织的感官印象，实用主义则强调心灵的主动性。实用主义的观念作为行动的指导是即将实施或已经实施的操作，这样的观念实际上就区别于古典认识论的观念，观念与行动是合而为一的。

最后，适应环境的知识的特点是创新性、前瞻性。实用主义的知识追求的不是永恒存在的实体，这需要通过联系知识的价值问题来解释。杜威认为，哲学的起源有一种人类学解释，即一种对确定性的寻求，通过寻求确定性来逃离不能控制或者改变周围生存环境的危机感。在古代社会，更容易获得安全感的方式就是寻求过一种神一样的

---

① 郁振华：《沉思传统与实践转向——以〈确定性的追求〉为中心的探索》，载《哲学研究》，2017(7)。

生活，比如崇拜或祭祀，乃至哲学家寻求观念的转变和心灵的安慰，这种知识都是关于实在的知识。在经院哲学中，这种知识是关于上帝的知识。随着自然科学的发展，人们对确定性的寻求转而投向实实在在的行为后果带来的安全感。在自然科学引发巨大变化之前，衡量安全感的尺度是知识的确定性，而知识的确定性的衡量标准又是独立于人们生活的实在。但现在，衡量安全感的尺度不再是知识自身的确定性，而是行为的结果，同时，这种知识的确定性要被行为的结果验证，知识的确定性的尺度不是独立于人类实践活动的实在，而是操作的结果。知识的价值是由结果确定的，所有的价值、所有的善都建基于人能更好地处理关于生活的事宜，这些事情是直接和实践相关的。行为的结果验证了知识的价值，与此同时也带来了实践上的安全，这样一种转变将价值置于实用主义中，所以杜威才说教育无目的。无目的不是说没有目的，而是说教育的目的不是预设的，不是独立于教育的，而是在教育之中的，是要通过结果进行验证的。因此，知识并不是后顾的、模仿实在的，而是前瞻的、创造新实在的。知识的前瞻性与创造性同样是实用主义知识观区别于古典认识论知识观的重要之处。

需要注意的是，在实用主义中，“经验”一词的内涵也发生了变化，区别于传统的经验主义。同经验主义一样，实用主义重视经验，不承认一切超于经验、先于经验的范畴。但实用主义对于经验有新的理解。经验主义认为，所谓经验即感官印象；实用主义却认为，经验是生物与环境的交互作用。经验是环境能改变生物，生物也能改变环境的作用。在生物和环境的互动中，知识在这种经验的作用下发生；同样，知识的结果也在经验中得以检验。知识不仅依赖经验发生，也是改造经验的成就。知识在经验中发生、发展、完成，无须借助经验以外的范畴。

四、马克思主义认识论

实践是马克思主义认识论的关键概念，也是马克思主义哲学本体论的核心概念。马克思与恩格斯在《德意志意识形态》中创立了科学的实践论。实践首先是马克思主义哲学基本问题中的本体论基础，进而影响了马克思主义的认识论。不同于古典思辨哲学，马克思主义哲学用实践去解释“人之为人”的根本问题。这种不同是根本的，因为在思辨哲学中，决定“人之为人”的“存在”存在于理念世界而非实践世界。马克思主义哲学同实用主义哲学在精神上的相通之处就在于扭转西方哲学的沉思传统，从人劳作的实践世界中挖掘人的生存基础；进一步，人的世界也经过实践这一转换器在自然界中注入人的目的。实践才是世界的本体，世界也就是人的世界。正是因为这种实践精神，马克思主义哲学将本体论问题的“世界何以可能”转变为“人的解放何以可能”。人能够在何种程度上通过实践改造世界？其限度又如何？这就是马克思主义认识论要解决的问题。另外，也正是因为人有改造世界的实践需要，人的认识问题才凸显出来。

从认识的来源讲，实践仍然是认识的来源。服务于实践而非理论发展也就成了认识的目的，这一点与同样作为实践哲学的实用主义哲学相通。

马克思、恩格斯和列宁全面深刻反思了认识论问题，并且建立了马克思主义认识论，以一种包含能动的反映论、辩证的思维方式的实践思维方式来完善马克思主义的实践本体论。我们称马克思主义认识论为辩证唯物主义，那么，何以辩证又何以唯物主义？马克思主义认识论在何种程度上批判和继承了西方传统哲学的认识论？恩格斯认为，全部西方近代哲学的基本问题是思维和存在的关系问题。① 这一问题包括"物质和精神何者为第一性"和"思维和存在是否具有同一性"两个问题。通过前一个问题划分出唯心主义和唯物主义，通过后一个问题划分出可知论与不可知论。马克思主义认识论是辩证唯物主义，这意味着其认识论的基本观点是唯物主义的，即世界是具有客观实在性的，这种客观实在也被称为物质。物质决定了人的意识，因此，世界是可以被认识的，人的认识过程是辩证的，是螺旋上升的。

我们可以在了解马克思主义认识论如何批判传统思辨哲学的基础上认识马克思主义知识的基本特征。马克思主义认识论何以是唯物主义？唯物主义的建立首先是在我们的认识之外且不以人的意志为转移的"客观对象"。这一客观对象在之前的认识论中就是实体，在唯实论中，这种实体是存在的；在激进的经验主义者看来，这种实体并不存在，而仅是概念，也就是唯名论的观点。在传统哲学中，其思维方式限制于主客体二分的二元论思维方式，针对实体存在与否进行争论，但是对实体所指的意见是大致相同的。马克思主义认识论承认客观实在是存在的，反对经验主义的主观主义和不可知论，也反对整个传统哲学的两个世界的形而上学。

通过对经验主义的批判，列宁论证了世界的客观实在性。经验主义认为感觉是一切认识的基础和来源，马克思主义认识论也承认人类的认识活动源于感觉。但是，感觉源于何处？经验主义认为，感觉源于人的心灵内部，即内省经验，感觉之外并无存在，列宁将这种经验主义称为内在论，这种内在论的极端就是主观主义和不可知论，因为人无法超出感觉的范围，这被称为主观唯心主义。从马克思主义认识论来看，经验主义者的问题有两个：第一，这种主观唯心主义并不能改变客观世界，马克思主义强调实践的能动性的目的在于改变世界而不是解释世界；第二，这种主观唯心主义取消了世界的客观实在性。列宁认为，这种经验主义实际上是康德哲学认识论的倒退，因为激进的经验主义不承认感觉之外的"物自体"的存在。同样是对于形而上学的批判，激进的经验主义要取消形而上学，而不是同康德一样通过设定人的理性的界限来重新建立形而上学。

这种唯物主义不是以二元论思维方式为基础的唯物主义，其原因在于认识的对象。

---

① 《马克思恩格斯全集》第二十八卷，331页，北京，人民出版社，2018。

既然确立了世界的客观实在性，认识就有了对象，那么人在认识中如何认识这客观实在的世界呢？列宁和恩格斯认为，只有走出认识活动本身，进入实践环节，才能证明这“自在之物”是可以被认识的。因此，马克思主义认识论是“能动的反映论”，这实际上是指人意识中的观念是对客观实在世界的反映，是反映论的。从世界的实践本体来看，人的意识所反映的东西是人的实践活动所构成的东西，世界是“人类学的自然界”。就人的意识反映的客体来看，它实际上不是一个主体与客体分离的世界，而是人参与其中形成的“客观实在”，因此，现存世界是人们在实践活动中生成的人的对象世界。现存世界当然不能被还原成人的意识，同样也不是原本的自然界的世界，人的实践活动是“世界之为世界”的本体基础。就实践活动的能动性来看，这种反映论是能动的，人的心灵并非一块蜡，仅消极反映独立于自身的客体。

同时，马克思主义认识论是辩证的，人对世界的认识是螺旋上升的。恩格斯在论述思维和存在同一性的问题时指出：“我们重新唯物地把我们头脑中的概念看做现实事物的反映，而不是把现实事物看做绝对概念的某一阶段的反映。这样，辩证法就归结为关于外部世界和人类思维的运动的一般规律的科学，这两个系列的规律在本质上是同一的，但是在表现上是不同的，这是因为人的头脑可以自觉地应用这些规律，而在自然界中这些规律是不自觉地、以外部必然性的形式、在无穷无尽的表面的偶然性中实现的，而且到现在为止在人类历史上多半也是如此。这样，概念的辩证法本身就变成只是现实世界的辩证运动的自觉的反映，从而黑格尔的辩证法就被倒转过来了，或者宁可说，不是用头立地而是重新用脚立地了。”①

第二节
认识论流派对教育的影响

认识论影响甚至决定了教育，主要表现为三个方面：一是认识论的发展决定了人们以何种方式认识教育；二是认识论本身构成了教育过程中的知识；三是认识论影响人们对教育价值的理解。

一、古典主义认识论对教育的影响

古典主义认识论主要包括理性主义认识论和经验主义认识论。理性主义注重人的

① 《马克思恩格斯全集》第二十八卷，352页，北京，人民出版社，2018。

理性的培养，重视博雅教育；经验主义在教育方法上更加注重感官训练，更强调后天经验的教育价值。理性主义和经验主义虽然在具体观点上有所差异，但就其预设主客体分离的二元论思维方式而言，其两个世界(现象界与本体界)的形而上学的预设是相同的。这种两个世界的形而上学导致了理论与实践分离，基于这种认识论，传统的教育理论也不免陷入理论与实践分离的困境。因为知识的对象一开始不是实践而是实在，实在通过存在者进行把握。因此，理论的任务在于将存在者视为一种对象进行静态的旁观，这就形成了一种旁观者的认识论。作为理论反思主体的人从来都不是用理论来反思实践的，但不可否认的是，人总想用对实在的认识引导实践，因此，理念世界的观念与现实世界的符合总是一个难题。人认识这个世界与改造这个世界是没有关系的，认识某一事物原本是什么就是人进行研究的最终任务。理论不需要改造世界，改造世界也并非理论的任务，所以在理论世界中，人们信仰一种实在，经过哲学家的努力，对于这种实在的信仰转变为人通过理性去把握这种实在的实际行为。对于人们在其中进行劳作和实践的世界，这些经验并没有被抽象、上升到理论的层次，因为在古人看来，认识并总结归纳这样一些经验在价值上并不具有优先性。一种观念的转变并不会直接带来让实践生活更加安全的手段，人们仍然因为观念自身而欣赏观念、重视观念，所以知识不是为了行动，而是为了知识自身。知识的价值在于知识自身，人们常常为了知识自身赞美知识，而知识也只是在偶然情况下会真的对人的行为后果产生影响。

两个世界的形而上学的认识论传统对教育的影响在于从教育实践之外通过理性演绎出一套合理化的教育方案。对此的反思显示为几个问题：第一，简单的抽象的普遍性不足以把握复杂的生活实践，导致其遮蔽教育本真；第二，永恒的绝对的教育理想模型无力面对生活实践中变化的事物和实践主题，教育哲学的理论效力被质疑。总之，传统教育最根本的问题是脱离实践的问题。杜威在《确定性的寻求：关于知行关系的研究》中把人类学的命题作为逻辑起点，对这一传统进行解释，即人在面对不确定的实践时总处于对不确定性带来的危险的恐惧之中，致使西方哲学企图通过对确定性的寻求来把握生活。

此外，现代教育中文雅教育和职业教育之间的冲突、理论学科和应用学科之间的冲突也是古典主义知识论在教育上的反映。20 世纪 90 年代，中国教育学界曾经掀起一场对教育理论与实践的大讨论，通过对认识论的梳理可以看出，这一问题的困境在于陷入了理性主义和经验主义对立的认识论传统和非此即彼的二元论思维。

二、实践认识论对教育的影响

教育是一种实践，教育学向来是具有实践性的学问，我们呼唤一种关怀实践的教育理论。实用主义认识论和马克思主义认识论具有这种特征，对我们理解教育具有重要的启示价值。

教育实践的逻辑是复杂的。教育作为人的一种特殊生活方式，遵循的是生活的可能性与复杂性原则。因此，基于传统教育哲学的困境和教育现代化改革的迫切需要，我们提倡一种作为实践哲学的教育哲学。作为实践哲学的教育哲学不再重视形而上学式的理想，即杜威在《民主主义与教育》中提及的“教育即预备”“教育即展开”的教育哲学观点：“他们认为，完美无缺的或者完全的理想不仅是一个理想；此时此地它在起着作用……所谓发展，就是逐步地使包着的东西明显外露。”①发展或者说进步的唯一意义在于其过渡性质，而不在于其自身；作为实践哲学的教育哲学与这种观点恰恰相反，实践教育哲学尊重生活本身，而不是将教育视为逻辑模仿的产物。教育哲学是从总体上关怀教育实践的，但这种总体性当下已经被赋予实践哲学的意味，杜威认为：“总体性的意思并不是说我们有一个现成的完整的行动计划，而是指很多不同的行动保持着一种平衡，使各个行动的意义相互补充。无论何人，只要他对新观念感觉敏锐，虚心接受，又能集中注意，负责把新观念联系起来，在这种程度上，可以说他有了哲学的倾向。”②

这种新的实践哲学特征的认识论观点在一定程度上解决了教育理论与教育实践分离的问题。在这种新的认识论中，理性和经验通过实践被联系起来，联络了理论学科和实用学科，统一了思想和行动。知识因实践而起，也为实践而得。知识是解决实践困难的工具，因此，不同于古典主义认识论，实践不再是知识的阻碍，而实际上成了知识的必要条件。理论和实践的关系是相辅相成的，而不是二元对立的。通过理论与实践的联结，古典主义知识论视角下的教育价值冲突被化解。

同时，在教育方法上，实践哲学为推行知行合一的教育方法提供了理论基础。就传统知识论而言，不管是理性主义主张理性能够通过教育回忆起天赋观念，还是经验主义主张心灵被动接受外界的刺激进而掌握知识，教育的方法都是通过教材进行教学，通过教材直接提示儿童。与传统知识论不同，这种具有实践哲学特征的认识论认为教育的方法应当是根据知识在经验中发展的顺序进行学习，即知识的学习离不开儿童的活动，这与传统教育中的教材中心、教师中心、课堂中心模式完全不同。求知不仅是大脑的活动，同时是身体的活动，学生在实践活动中通过与他人和自然的互动不断建构世界并对之进行认识，而认识活动也在不断改变实践活动和世界。

但是，这种做中学的教育模式也有问题。第一，在社会发展的初期，人们积累的经验比较少，知识不丰富，技能比较简单，所以个人更多通过做中学的方式获得生活传递的知识技能。但在文明开化的社会，人类积累的知识复杂且系统，所以人在做事

---

① [美]杜威：《民主主义与教育》，王承绪译，61页，北京，人民教育出版社，1990。
② [美]杜威：《民主主义与教育》，王承绪译，341页，北京，人民教育出版社，1990。

之前不得不有准备地学习，这也是学校教育诞生的原因。倘若继续进行做中学，必定会降低学习的效率。第二，文化进步之后，知识系统且复杂，凭借系统的知识，人可以在做事的过程中举一反三。倘若没有知识，则会使行动机械化，教育不能起到让人适应新环境的作用。第三，做中学意味着不能脱离生活实践进行学习，这限制了学习的范围。主张知识是生活的必需并不意味着忽视理论，并不是仅把知识的真转变为有用，而应该将有用提升为真。

第三节
知识的性质、特点与课程

教育改革的核心是课程改革，课程改革的核心是知识问题。在某种意义上甚至可以说，有什么样的知识，就有什么样的课程；坚持什么样的知识，就会坚持什么样的课程。从历史上看，知识的性质主要有客观主义知识观和建构主义知识观，21 世纪的教育改革见证了知识从客观主义向建构主义的转变。客观主义知识观与建构主义知识观对现代和后现代课程各方面产生了重要影响。

一、客观主义知识观

客观主义知识观具有客观性、普遍性和中立性。正是因为知识具有客观性，我们才能客观地评价和比较教育的成效。

(一)客观主义知识观的性质

1. 客观性

17 世纪以后，客观性被视为现代知识的根本属性。布朗希尔(Brownhill)对知识的客观性给出了比较全面的概括：第一，知识的客观性意味着其所指向的是独立于我们之外的实体；第二，知识是可检验的；第三，经验为这种知识提供证据，知识根植于感觉；第四，这种知识必须自洽，有其独立的体系；第五，这种知识具有非人格性和公共可传达性，以至于任何人在任何情境下都能够对其进行理解。[①] 从第一点看，知识的客观性在于知识认识的对象具有客观性，这一客观的实体不仅为我们提供认识的对象，更重要的是，它还为知识的真假等评价问题提供价值标准。如果说就实体而言的

---

① 石中英：《教育哲学导论》，150 页，北京，北京师范大学出版社，2002。

知识的客观性是理性主义的特征，是形而上学视野下的知识的特征，那么第二点——知识的可检验性——就是经验主义和实证主义对形而上学的批判。知识只有经过客观存在的经验的检验才是客观的。可检验性指向知识的可证实性。第五点指明了知识的一致性，正是因为人们对知识的理解是一致的，人们才能就知识进行对话。

2. 普遍性

知识的普遍性主要指知识“放之四海而皆准”。普遍的可证实性、普遍的可接纳性、普遍的知识生产与辩护标准是知识普遍性的基本内涵。[①] 我们常说“科学无国界”，说的就是知识的这种特征。客观性和普遍性的关系非常密切，一种知识如果是客观的，那么它必定可以被任何社会和个体证实、理解和接受。科学知识就是这样一种知识，如“2＋2＝4”这样的知识，是“放之四海而皆准”的，人们不会因为属于不同的社会、国家、种族而产生不同的理解。最后，只有当知识评价的标准是普遍一致的，知识才能是普遍的。

对知识普遍性的信仰形成了现代生活中的普遍主义(universalism)。普遍主义企图设计出一劳永逸的解决知识问题的方案，同时用这种知识指导人的生活。对于不同文化下的地方性知识(local knowledge)和本土性知识(indigenous knowledge)，其内涵与特征会在后现代知识观中被提及。普遍主义与现代化进程中的西方中心主义有密切联系，正是这种知识观导致了现代化进程中的“现代化就是西方化”“单一现代化”的观点，造成文明的“中心—边缘”结构，这种结构会危害人类知识形态的多样性。

3. 中立性

知识的中立性主要指知识的价值无涉。知识的客观性和普遍性以知识的中立性为前提。知识被看作纯粹经验和理智的产物，遮蔽人的文化性差异，知识仅与人的认识能力有关，因此知识是价值无涉的。知识的中立性之所以可能，是因为人的感觉和理智相对于社会结构和文化传统具有独立性，是人之为人所具有的共同性特征。同时，人的感觉和理智是“纯粹”的，这意味着其不受文化传统、意识形态等的影响。此外，无论是概念连接的逻辑规则还是验证知识的经验证据，这些都超越个体和社会而具有普遍性。

(二)客观主义知识观对课程的影响

1. 课程的核心内容是科学知识

当我们对知识的基本特征有所界定，则意味着我们已经认定某种知识在价值上为真且应在课程中进行传授。斯宾塞曾提出“什么知识最有价值”的问题并给出了回

---

① 石中英：《教育哲学导论》，151页，北京，北京师范大学出版社，2002。

答——科学知识最有价值。[1] 之后，英国和其他西方国家的学者进行了学校应当重视古典课程还是现代课程的辩论。19 世纪末，科学知识在学校课程中占据了核心地位。

2. 课程中的知识霸权问题

从知识的内部讲，现代课程中知识的客观性、普遍性决定了能够称得上“知识”的知识在与其他知识的较量中获得了优先地位。知识霸权反映的是科学知识与人文知识之争，科学知识获得了高于人文知识的地位。将真知识的标准设定为客观性、普遍性和中立性，科学知识便拥有了“真”的价值而获得了神圣性、终极性和绝对性，一切不能被经验检验并证实的知识都是没有太大价值的知识。进而产生的影响是在学校中科学知识课程的地位高于人文知识课程的地位，科学知识课程在参与学校资源分配的过程中获得了明显的优势。比如，科学知识课程在学校中得到了更多的时间、师资等人力物力资源。不仅在学校内部，在“影子教育”中，学生和家长也会把更多的时间和金钱投入科学知识课程。

从知识的外部讲，知识和权力具有密切的联系。知识霸权存在的最终目的是维护知识所建构的社会秩序以及保护这种社会秩序中的最大受益者的利益和地位。这在课程编制的过程中具体体现为应用客观性、普遍性、中立性的标准排斥本土知识、个体知识、缄默知识。从文化之间的关系讲，科学知识是西方知识的代名词，西方文化凭借科学知识最高价值的确定而获得了中心地位，并贬低其他文化；其他文化要实现现代化就要从接受和学习科学知识开始，现代化就是西方化。从文化内部讲，知识霸权促成了主流文化与边缘文化的区分，最终通过文化认同进行知识霸权的保持与传递，进而维护知识建构的社会秩序。

3. 教学过程是一种知识控制过程

教学过程创造的环境、提供的内容能够对学生产生多种影响。教学过程传授知识、评价学生，进而促进学生的全面发展。而现代课程中的知识霸权决定了现代教学过程的实质是一种知识控制，学生的全面发展问题不是教学的主要矛盾。教学通过传授特定的知识，让学生接受、消化这种知识，这种知识进而成为学生自我认同的重要组成部分。现代教学过程实际上消解了学生对知识的批判能力，同时维护了现代课程的知识霸权和现代社会秩序。

这种知识控制通过两种形式进行：一种是制度化的，即教学大纲、教科书制度、教学制度等，通过制度化的方式，教育可以对学生的知识掌握情况进行评价，实际上就是评价学生对知识的理解、掌握和认同情况；另一种是非制度化的，包括教师在教学过程中使用的诸如“真理”“本质”等语言在潜移默化中实现学生对课程知识的认同，进而实现知识控制。

---

① [英]斯宾塞：《斯宾塞教育论著选》，胡毅、王承绪译，41 页，北京，人民教育出版社，2005。

二、建构主义知识观

近代西方哲学的问题在于：第一，对理性的倡导由于走向极端而产生了对理性的迷信；第二，近代西方哲学主张的主客、心物分离的二元论思维使人们忽视了它们之间不可分割的联系，最终导致与理性精神相悖的独断论或怀疑论。[①] 19世纪末20世纪初以后，人们不断反思近代知识的客观性、普遍性和中立性，进而对之进行批判，形成了与现代知识对比鲜明的后现代知识观，我们称之为建构主义知识观。建构主义知识观是当下课程改革的知识观基础。理解了建构主义知识观，就能够从核心理解当代教育改革的精神。建构主义知识观具有文化性、境域性和创造性。

（一）建构主义知识观的性质

1. 文化性

后现代哲学认为知识不可避免地受到其所处的文化传统和文化模式的影响。进言之，知识实际上并不是客观的，而是特定文化、特定价值体系的产物，并不是价值无涉的。来自认识论、知识社会学、科学哲学、女性主义等领域的大量研究推翻了知识客观性的预设，比如，独立于认识者的实体并不存在，能够检验和证实知识的证据也不是完全没有问题的。所谓知识是主体对客体的“符合”，或者客体“符合于”主体，所指的不过是知识与特定文化的认识规则相符合的产物。因此，在人文社会知识领域中，特定的视角决定了知识的形式和内容，这种知识观被称为历史主义（historicism）、视角主义（perspectivism）或相对主义（relativism）的知识观。[②]

牟宗三区分了两种真理，分别是外延真理和内容真理。[③] 外延真理即科学真理，具有客观性、普遍性、中立性的特征。内容真理是属于人的主观态度的真理，是对于人生问题的思考。作为现代知识观的代表者和捍卫者的逻辑实证主义并不认同内容真理的成立。但在黑格尔的先验哲学中，作为先验观念的恰恰是带有历史和文化特征的知识与概念，每种文化自有其看待生命的角度，正是因为人的有限性且必然受到感性的限制，所以关于人的反思生活的真理必然受到感性的限制，同时也受到历史传统的限制，知识就不可能是客观、普遍和中立的。

2. 境域性

知识的境域性是指任何知识都受制于特定的文化视域，是从一定的文化立场出发

---

① 刘放桐等：《新编现代西方哲学》，5页，北京，人民出版社，2000。

② 石中英：《教育哲学导论》，158页，北京，北京师范大学出版社，2002。

③ 牟宗三：《中国哲学十九讲》，16页，上海，上海古籍出版社，2005。

的，文化立场包括特定的价值体系、理论范式、时空形式、语言符号等因素；知识的价值与意义不是通过普遍的标准加以评价的，而应当被放置于其诞生和发展的文化系统和历史背景中接受评价。

后现代知识的境域性与现代知识的普遍性相对。得益于解释学、知识社会学、科学哲学等学科的发展，后现代哲学用知识的境域性解构了知识的普遍性。正是因为这种解构，人们开始对西方中心主义进行批判，通过这种批判，人们呼吁以一种公正、尊重的态度对待人类知识的多样性，进而消解文化的“中心—边缘”结构，解构西方中心主义、单一现代化的知识态度和信念，尝试打破文化帝国主义，促进非西方文化的文化主体性的确立和文化自觉。当下，人们越来越认识到本土知识的价值，越来越认识到教育与文化之间的重要关系，因此，以联合国教科文组织为代表，当下基于文化多样性的多样文化教育和跨文化教育得到大力提倡，不同地方知识之间的互补性越来越受重视。

3. 创造性

尽管从极端的角度看，建构主义内部存在诸多分歧，“有多少研究建构主义的人，就有多少建构主义”①。但作为一种思潮，建构主义的总体精神是可以把握的。就知识的来源而言，建构主义认为知识是人创造的，是在主客体相互作用的活动中建构起来的。就知识的真假而言，对真理和谬误的分辨不再基于超验的理性评估，知识全是境域化的；就社会建构主义的观点而言，知识的标准依赖于社会的需要。② 无论从事哪种建构主义的研究，总会体现出建构主义的总体精神。可以说，在康德时就已经有建构主义的影子，但康德在人的理性认识能力方面更重视先天形式，对于康德而言，尽管知识具有创造的意味，但创造性并没有成为居于理性之上的最高价值，知识的客观性就在于人类共通的先天形式。对于建构主义而言，创造恰恰是最高的价值。“无论是社会(学)上的建构主义，还是心理(学)上的建构主义，离‘人类是创造者’一端越近，就越是极端；离这一端越远，就越是微弱，到达一定界限时，就不属于建构主义了。”③建构主义转变了认识论的问题，对创造作为最高价值的认可意味着关于真假的问题不能被讨论，能被讨论的是人如何进行认识的加工过程。换言之，建构主义更“科学”，它已经不再寻求确定的基础，而仅仅讨论知识的加工过程。

---

① [美]斯特弗、[美]盖尔：《教育中的建构主义》，高文、徐斌燕、程可拉等译，351页，上海，华东师范大学出版社，2002。

② 刘儒德：《建构主义：是耶？非耶?》，载《中国电化教育》，2004(1)。

③ [美]博格西昂：《对知识的恐惧 反相对主义和建构主义》，刘鹏博译，6页，南京，译林出版社，2015。

(二)建构主义知识观对课程的影响

1. 人文课程受到重视

人文社会科学的知识往往是没有答案的，在现代哲学知识观下，这种知识并不是严格意义上的客观知识，因为客观意味着答案是固定的、唯一的，是具有绝对性的。随着后现代哲学的兴起，建构主义知识观认为知识之客观性标准被打破，科学知识与人文知识的等级性也随之被打破，人文社会科学知识并不是低科学知识一等的知识，而是有与科学知识不同的研究对象、研究方法和价值的知识。人文知识关心的不是对外部世界的控制和征服，而是人生问题。科学解决不了人生的价值问题，要解决价值问题，就要博采中西、并览古今，从而形成对价值问题的全面思考，这是以白璧德为代表的新人文主义者的共识。凭借科学知识，人们在征服自然的过程中也被“异化”，知识的发展和对自然的征服并没有带来人的全面发展，反而让发展丧失了以人为本的根本目的，人被工具化了。而从应然的角度讲，人是目的而不是手段。面对教育中的功利主义，教育学家开始重新反思教育的价值取向，呼吁教育中人文精神的培养和完整人格的培育。

2. 反对知识霸权，提倡教育民主

后现代哲学强调知识是建构的，这意味着知识是可以通过批判和怀疑进行发展的，因此，通过课程知识培养学生的怀疑意识、批判意识和探究意识是十分重要的。现代教育的基本价值追求是呼吁教育民主，反对知识霸权。这种价值追求的具体体现之一就是从受教育权到学习权、从受教育者到学习者的转变。受教育权意味着学生对知识并没有选择的权利，学生进入学校只能接受学校提供的知识。建构主义知识观通过对个体创造知识权利的承认来对学校教授的知识的合法性提出质疑，这对在学校接受教育的非主流文化群体的学生的意义是重大的。过去，非主流文化群体的学生在接受教育后，回到自己的文化时却得不到文化认同，产生了对自身身份感的质疑。在建构主义知识观的视角下，所有人都能够获得对自身文化的认同感，在民主社会中，建立在对自身认同的基础上的对话尤为重要。

同时，既然知识是建构的，那么建构知识的过程也是需要合作的。通过合作，知识的建构能够有更加丰富的经验来源和思想资源，知识的开放性和包容性更强。这体现在教学组织形式上为进一步改革班级授课制，提倡合作学习，教师指导而非教师主导，从而将教学过程打造成质疑、辩难的过程而非知识灌输的过程。我们看到，在当下的课堂教学中，讨论法、实验法等正在被提倡。通过形成民主开放的教学环境，教育民主的价值得以凸显。

3. 本土课程的开发

随着建构主义对知识文化性、境域性、创造性的揭示，本土知识的价值凸显出来，选择、保存与传承本土知识也成为后现代教育非常重要的方面。本土课程的开发是课程改革的重点内容，其背后的知识观基础就是建构主义。我国在课程改革中将课程分为三级，即国家课程、地方课程、校本课程。之所以将课程设为三级管理，是因为基于建构主义知识观，国家课程在地方的适用性是具有局限性的，不同的地区有不同的地理人文环境，将统一的课程实施于具体的环境中需要考虑知识的建构问题，否则会影响学生的理解以及教育的评价。比如，当我们用所谓“城市知识”教生活在农村地理人文环境中的学生时，学生往往会难以理解，以至于在考试等多种形式的评价中得到不公平的评价结果。为了促进教育公平，本土课程的开发尤其重要。又如，一些国家在常见的移民问题、种族问题背景下，将统一的知识教给不同种族的学生，往往会导致种族文化歧视，产生文化认同问题，进而产生一系列社会问题。再如，前文提到了西方中心主义和文化帝国主义，随着建构主义知识观的流行，20 世纪 80 年代之后，曾经被边缘化的或被殖民的国家重新重视本土知识体系的价值，并重新挖掘本土传统文化的价值，重新建立文化自信，积极采用本土文化参与现代化的进程，并通过开发本土课程加强青少年的文化认同，改造源于西方的知识课程以适应本土发展。

本章小结

从认识论流派来看，理性主义认为知识源于理性，知识是天赋观念；经验主义认为知识源于经验，知识是心灵被动接受感官印象组织起来的观念；实用主义认为知识源于生物适应环境的需要，经验是生物与环境之间的互相作用，知识也是适应环境的结果；马克思主义认为实践是世界的本体，通过实践，人与自然界进行互动，将自身的目的注入自然界，形成了人的世界，知识的对象是人发挥能动性构成的对象。理性主义和经验主义作为传统认识论建立了两个世界的形而上学预设，造成了教育理论与实践脱离的结果。实用主义和马克思主义重视实践的作用，推动了教育实践的知行合一。从知识性质的角度来看，知识的发展经过了从客观主义到建构主义的发展，知识的性质影响了课程的设置，课程的发展也经历了从重视科学知识到重视人文知识、从知识霸权到教育民主的过程，开始尊重多样文化的特点。

章后练习

1. 案例分析

知识作为人类认识的产物随人类的出现而产生，知识的种类庞杂多样，知识的形态千差万别。教育的传承以知识为载体，在有限的时间里，为了更好地开展教育，人们必然会对知识进行筛选，这也引起了对知识价值问题的讨论。文艺复兴以来，随着西方科学文明的蓬勃发展，知识量的积累和质的分化向教育提出了知识价值的难题。教育的发展史也暗含关于知识选择的历史，从西欧中世纪对古典知识的推崇，到斯宾塞提倡的“科学知识最有价值”，再到批判教育学代表阿普尔倡导的“谁的知识最有价值”，可以看出不同时代对知识的同一问题进行了不同思考。

结合材料，谈谈你对知识与教育的关系的认识。

2. 简答题

(1)简述理性主义、经验主义、实用主义和马克思主义认识论的基本观点。

(2)简述古典主义知识论和实践认识论对教育的影响。

(3)简述客观主义知识观和建构主义知识观下知识的性质、特点和对课程的影响。

延伸阅读

[1]范寿康．认识论[M]. 上海：商务印书馆，1930.

[2]齐硕姆．知识论[M]. 邹惟远，邹晓蕾，译．北京：生活·读书·新知三联书店，1988.

[3]金岳霖．知识论[M]. 北京：商务印书馆，1983.

[4]波洛克，克拉兹．当代知识论[M]. 陈真，译．上海：复旦大学出版社，2008.

[5]陈嘉明．知识与确证：当代知识论引论[M]. 上海：上海人民出版社，2003.

[6]刘庆昌．教育知识论[M]. 太原：山西教育出版社，2008.

第三章

价值与教育

- 价值与教育
  - 价值概说
    - 哲学意义上的价值概念
    - 价值的基本类型
  - 教育价值与教育价值论
    - 教育价值
    - 教育价值论及主要流派
    - 现代教育价值偏误的价值论根源
  - 价值教育：人类价值实践的教育自觉
    - 价值教育提出的价值境遇
    - 价值教育的本质
    - 价值教育与教育价值的统一：人的自由全面发展的价值实现

章前导语

价值和教育都是以人为主体的，教育需要价值自觉，价值自觉也需要教育，教育的价值问题和价值的教育问题是教育哲学研究的基础性问题。人类世界日新月异，在经济全球化、文化多样化时代，人们的价值处境日益复杂多变，教育的价值基础不断接受新的挑战，教育以怎样的价值规范引导人的价值发展是教育实现自身价值始终面对的课题。

在实际的教育生活中，人们对教育的价值认识往往是模糊的，教育实践本身的价值基础和价值面向往往是不充分的、乏力的，甚至是偏误的。因此，面对教育的价值问题和价值的教育问题，人们需要进行审慎的思考，正如苏格拉底所说："未经理性审慎的生活是不值得过的。"①对价值、教育价值和价值教育等基本问题的学理性思考，有助于我们更深入地把握价值与教育关系的实质，进而为人的主体性地位提供更充分的价值论根据。

第一节 价值概说

一、哲学意义上的价值概念

在哲学的意义上，我们经常说，人的存在是价值存在，人的活动是价值活动，人的生活是价值生活。价值追求是人的本性，人受价值观支配，价值构成人类实践活动和历史运动的基础与根据。社会越进步，人的价值追求就越多元，价值创造力就越强盛，价值实现形式也就越多样。人类文明的发展史正是人类的价值与价值观不断觉醒、建构与超越的历史，体现为人类不断推进自我价值创造与价值实现的历史。

在日常生活中，人们经常把"价值"一词用于对具体事物和人的行动是否有意义或是否有用所做出的判定。特别是"价值观"一词，越来越多人将其与世界观、人生观并用。价值真实存在于我们广泛生活的世界中，作为一种话语，它越来越日常化表达，成为一种普遍的语言现象。尽管"价值"一词在今天已被广泛使用，但是，对价值的概

① [古希腊]柏拉图：《游叙弗伦 苏格拉底的申辩 克力同》，严群译，76页，北京，商务印书馆，1983。

念进行确切的界定是件非常困难的事情。从价值哲学发展史看，价值哲学包含主观主义、客观主义、实践哲学及过程哲学等诸多价值论派别，它们对于“价值是什么”这一问题都在不同立场上给予了一定的确定性回答，进而建立了各具特色的价值理论体系。价值哲学研究的一个根本问题，也是很棘手的问题，就是如何解释价值的内涵，给价值下一个确切的定义。价值哲学发展到今天，为我们理解价值提供了诸多的视角和思路，为人类的价值进步事业也做出了历史性贡献；但同时，由于人类价值活动本身的复杂性，以及价值哲学对价值存在的本质性阐释及方法论遵循不同，人们对价值内涵的把握、价值观念的确立和价值行动也多了很多困扰。

从词源上看，在英语中，“价值”(value)一词源于“古代梵文 wer(护栏、掩盖、保护)、wal(围墙、掩盖、加固)和拉丁文 vallum(堤)、vallo(用堤护住、加固、保护)，其本义宽泛而模糊，大体包括‘可宝贵、可珍惜、令人喜爱、值得珍视’的意思”①。由此可以看出，“价值”一词是从对人有维护、保护作用的本义引申演化而来的。在中国，“价值”一词是后来使用的一个概念。在古汉语中，“价”和“值”是分开使用的。《辞源》中的解释是：“价”通“介”，其本义有“披甲之人”和“在宾主之间传话之人”的意思；“值”有“相遇、相当、物价、执持”四种意思。由此可以得出，在古汉语中，“价”和“值”都有人与人之间发生交换、交流、联系的中介或纽带的意思。无论是在西方还是在中国，词源学意义上的价值都与事物的实际用处相关联，其本义指向事物的有用性。

价值的概念发展到今天，语意十分丰富和宽泛，不仅用于有用(效)或无用(效)、利或弊、好或坏、得或失、贵或贱、雅或俗、应该或不应该等一般性表达，还用于真或假、善或恶、美或丑、正义或非正义、正当或非正当等思想性表达。总之，价值关系到人生活的方方面面，人们基于个体、群体和社会总体等不同层次的生存与发展需要，去寻求和创造属于自己的意义世界，这就为哲学性的价值概念提供了一般性内涵，概念化的价值正是对人的生存与发展意义的抽象性表达。

在价值哲学领域，哲学家们给予了价值诸多定义，但是，一直存在立场性及理论性的争议。事实上，在任何学科领域，试图给本学科最基本的概念范畴做出满意的划定都是一件很困难的事情，而这也正是学科生命力所在。以今天的复杂性思维来审视，这也是再正常不过的学科研究问题。下定义事实上就是为了确定主词的“真质”和“真值”，反映研究者找出概念的本质性含义的意图，这种努力对于学科研究来说应该值得肯定。但是，正是因为这种在主观上的绝对性要求，完全意义上的定义是个难题。

从价值哲学史来看，价值的定义主要有观念说、实体说、功能说、意义说、关系说等。特别是关系说，它在一定意义上突破了传统的主观主义、实体主义的局限性，从主客体间、主体间的关系中定义价值，更进一步把握价值的实质问题，价值问题的

① 孙伟平：《价值哲学方法论》，52 页，北京，中国社会科学出版社，2008。

复杂性正是因为价值关系的复杂性。以一种关系性思维来考察价值的根本含义是今天价值哲学研究的主导趋势。"'价值'这一哲学概念的内容，主要是表达人类生活中一种普遍的关系，就是客体的存在、属性和变化对于主体人的意义。"①肯定价值的关系属性就进一步触及价值的历史生成性，因为人的社会关系具有历史生成性的特点。自从人类社会出现，人与自然之间就形成了一定的价值关系，人通过劳动不断创造一个属人的"人化"世界。人在劳动发展中不断创造物质财富和精神财富的历史过程即人的价值创造和价值实现的历史过程。

那么，要以怎样的立足点来定义"价值"？这里首先在哲学的意义上给价值概念大体做出如下的义项归纳，这也是理解复杂价值概念的一种方式。

第一，在人类的活动中存在一个复杂的价值维度或价值世界，这是价值认识的前提。第二，价值世界不是自然而然的实体世界，而是人自身创造出来的世界，确证了人的自由精神。人之所以能够创造价值世界，是因为人对生存物质性基础有精神自觉，即人的生存需要生存能力。人通过对生存的物质基础有所求的自觉活动创造物质性的价值产品。人在创造物质性价值产品的同时，还不断内向性地自觉自身精神性生活的需要，进而创造精神性价值产品。所以说，价值是人有目的的创造结果。第三，价值创造活动是一种主客体之间的关系性活动，是在主客体之间的认知关系基础上的价值关系性活动，其客体不仅是外在的实体，也包括自我对象化客体。第四，价值创造活动从人类产生开始就是人的实践活动尤其是劳动实践活动的结果。一方面，人通过劳动不断创造物质财富和精神财富，这就是人的价值财富；另一方面，人在劳动过程中创造促进人自身发展的内在价值。第五，价值是属人的，是人在生活世界中可以直接体验到的意义。第六，价值具有人类共同的普遍性内容，指向人自身追求的普遍意义，同时具有多元的、相对性的规范内容，两者共同构成了精彩纷呈的价值生活世界，并引导人们不断超越现实走向理想的价值生活世界。

如此一来，我们可以哲学性地对价值做出这样的概括：价值是人作为主体在与对象化的客体所构成的实践关系中创造出来的、合目的性需要的一切成果。人之为人的存在性就在于其价值性。价值表征了人的存在方式。人的价值活动从根本上说体现为人的创造性活动。

二、价值的基本类型

价值类型是价值哲学的重要研究内容。价值类型的划分有不同的标准，反映了人们对价值认识的不同理解。价值基本类型的划分围绕人的价值主体地位，即以人为中

---

① 李德顺：《价值论：一种主体性的研究(第3版)》，6页，北京，中国人民大学出版社，2013。

心在不同纬度上归纳出的价值结构体系。由于现实中的人在价值关系上具有丰富性、多重性、复杂性等特点，因此，人作为价值主体的价值结构体系也是复杂多样的。在我国价值哲学的著述中，李德顺的《价值论：一种主体性的研究》比较鲜明地突出了人的价值实现在主体性发展意义上的理论蕴含，这对于教育哲学关注人的发展价值来说具有很好的参考性。

（一）物质价值与精神价值

价值体现为主体需要的满足，主体需要可以一般性地分为物质需要和精神需要，抑或自然需要和文化需要，因此，价值在类型上就可以分为物质价值和精神价值。进一步分析，主体需要的满足是通过实践活动来实现的，从主体实践活动多种多样的方式、内容及结果来审视，人类实践活动满足主体需要的形式也多种多样。人本主义心理学家马斯洛为我们细致、翔实地区分了人类不同层次的需要。依据人类实践的方式与内容，可以更具体地划分价值类型。

物质价值以自然客体为条件，是满足人的物质需要的价值。物质满足的前因是生存性需要，进而追求更高更充分的享用性物质满足及其个性化内涵。物质价值具有物化性质或功利性质，主要用于满足人们在衣、食、住、行、用等方面的物质消费以及物质产品的生产和再生产。物质价值的经济生产属性和日常生活消费属性是其主要属性。物质价值的物质性主要依靠人们的生产，包括投资生产与劳动生产。物质价值只有物质被使用或交换才能实现其价值，因此，人们的日常生活实践是物质价值实现的主要方式。

在今天，物质价值还包括一种特别重要的价值，即自然生态价值。自然是一个生态系统，包含物质、能量在系统中既相互联系又相互制约的循环和演化。生态学的发展推动了生态哲学的发展，为人类确立生态世界观、生态价值观及生态方法论奠定了思想性基础。生态伦理学更是把人类的价值关怀扩展到整个自然界，强调自然生态系统是具有内在价值的。霍尔姆斯·罗尔斯顿(Holmes Rolston)是生态价值论的重要创始人。罗尔斯顿认同自然生态系统各个组成部分的相互依存、相互作用关系是一种价值关系，强调自然价值本身也可以分为工具价值、内在价值和系统价值三个部分。自然最伟大的价值就是创造了人。自然作为物质性的载体，对于人类而言不仅承载了物质价值，而且为人类提供了更为系统的价值支撑，人类的全面价值实现在一定程度上以自然价值为前提。①

精神价值是相对于物质价值而言的，也可以被称为文化价值，因为文化是以人的精神性内涵为根本的。精神价值是满足人的精神文化需要的价值，精神文化需要具体

---

① 王国聘、曹顺仙、郭辉：《西方生态伦理思想》，136～137页，北京，中国林业出版社，2018。

体现在认知、情感和意志等精神发展上。“知识的增长、思维能力的提高、情感的发育、信仰和理想的实现、精神文化生活的效果、人们相互之间的情趣联系等属于这一类。”①精神价值主要体现在真、善、美方面的价值，也即知识价值、道德价值和审美价值，“是人类走向全面发展的标志”②。

(二)目的价值与手段(工具)价值

人类有意识的活动中总存在目的与手段(工具)的关系，以此作为区分价值类型的维度，就分出目的价值和手段(工具)价值。目的价值是客体对象在与主体构成的价值关系中体现在目的实现上的价值。客体对象满足主体需要，而且这是主体活动的目的所在，因而客体体现为目的价值。如果客体满足主体的需要是主体实现特定目的的手段，那么客体就体现为手段价值。然而，目的具有相对性，人的不同目的性活动之间有目的价值与手段价值之间的转换，也就是说，在某一特定活动中的目的价值可以是另一活动中的手段价值。

在人类活动中，有一种目的价值是至高无上的，这就是人作为人自身的存在价值，即人的一切活动都以人自身发展为目的，以“成人”为目的。也就是说，人的发展就是为了人自身，除此之外，没有其他目的。因此，人的发展成为人的存在的最高价值。进一步说，人的发展目的体现了对人性精神的根本关怀，其他一切活动及其事物都体现为人的发展的手段价值。以人自身发展为目的的价值的实现是内向性的，是人自足的价值。正如康德所言：“一切目的的主体是人。”③这种目的价值的根本点在于人的本质意义，即生成和发展人性的价值。人性的本质是精神性的，其最高指向是关于人的存在的终极关怀，指向人的精神超越性。

人总是在对象化的实践活动中，即在一定的价值关系中，来追求价值。人是关系性存在，也正是在关系的多重性中形成了人们建构世界和建构自我的多样性。④ 需要指出的是，在人与人之间构成的价值关系中，由于理论性地强调人是主体，这种价值关系也可以说是主体与主体之间形成的一种价值关系。这种价值关系的构成是极其复杂的，由此就出现了一个价值区分、价值认同和价值正当性问题，取决于主观目的性的一致性及其正当性依据，可以是互目的性或互手段性的，或者“目的—手段”性的。例如，在教育活动中的师生关系作为一种价值关系，可以是目的性的，也可以是工具性的，这就取决于在发展人的价值目标上的认同及其正当性。在人的价值实践中，目的价值与手段价值是具有必然关联性的价值类型。

---

① 李德顺：《价值论：一种主体性的研究(第3版)》，88页，北京，中国人民大学出版社，2013。
② 李连科：《价值哲学引论》，241页，北京，商务印书馆，1999。
③ [德]康德：《道德形而上学原理》，苗力田译，83页，上海，上海人民出版社，1986。
④ [美]格根：《关系性存在：超越自我与共同体》，杨莉萍译，1页，上海，上海教育出版社，2017。

(三)人的本质属性与人的价值

1. 人的本质属性

人的本质属性与人的价值是统一的。理解人的价值，首先需要在一般人性论的意义上考察人是怎样的存在，即人的本质属性。由于对人性考察的视角不同，对人的本质属性的概括便有很大不同。

第一，人的自由性。根据进化论的观点，人从自然界进化而来，所以人具有自然性，或者说具有自然实体性。但仅仅如此人还不能被称为“人”。人实现了在自然本能基础上的超越，具有了自由性，这是人与动物相区别的本质。自由性是人的自然有限性的超越。作为物种生命的一部分，人是一种有限性的存在。首先，人的物种生命从起源上说是大自然长期演化的作品。人作为“自然机器”，无论多么精巧，都必须服从自然逻辑，为自然逻辑所控制。其次，人类早期的生存物质性基础是极其有限的。早期人类是直接使用自然工具和直接采集食物来获取生存物质资料的，依赖大自然的馈赠，而且要面对激烈的自然竞争与环境威胁。再次，人生存于整体性的自然时空中，由于时间有不可逆性，人无法超越时间的限定。人生命时间的有限性决定生命空间的有限性。虽然人类通过自身创造性的发挥不断扩大自身生存的时空，但是，至少从目前来看，死亡还是人类必须面对的自然命运。正如保罗·蒂利希所言：“时空是所有实在之物和整体有限领域所依附的主要实存结构。实存意味着有限，意味着处于时空之中，这一点适用于我们这个世界中的一切事物。”①最后，人作为物种生命的自然本能是生命存续的物质基础。本能是感性的，感性生命的需要满足必须接受来自自身的限定与约束，否则，人依然生活在赤裸裸的动物式的弱肉强食中。

然而，人之所以能够成为人，是因为人有生命自由性。自由性是人的生命对自然有限性的超越。正是人在自然生命构成上的有限性，使得自由性构成了人的生命的本质力量。生存物质性资料的不足和不确定使人在学会制造、保存和使用工具的劳动过程中不断开启自身的智性，人的认知理性能力和自由劳动能力不断提升，这就是人的智性自由精神。同时，人在面对群体中个体与个体之间的生产与生活关系的时候，超越自然生命的感性本能冲动中固有的恶的倾向走向善的自觉。在自然生命意义上，人的感性本能是无善恶之分的，但是，在人的意义上，感性生命正是恶的人性产生的一个根源。因此，在人的生活世界中，感性本能需要加以约束或自律。康德说：“自由概念是阐明意志自律性的关键。”②这就是人的德性的理性自由精神。人的自由性在初始的意义上还体现了一种审美的自由精神。审美自由是情感性的表达，是人复杂的、深沉

---

① [美]蒂利希：《文化神学》，陈新权、王平译，36页，北京，工人出版社，1988。

② [德]康德：《道德形而上学原理》，苗力田译，69页，上海，上海人民出版社，2002。

的、多样化的情感运动，源于人在生产生活中获得的独特的精神体验。人对这些精神体验加以想象性、创造性的关照和精神构造，于是就有了体验美、表现美和创造美的艺术活动形式。情感性的艺术化审美活动以“一种自我解放的手段，从而给了我们一种用任何其他方式都不可能达到的内心自由”①。

如果说人类发展是自由事业的不断进步，那么这种自由就是人在感性生命基础上的智性、德性和审美性的不断自觉，是对真、善、美的价值追求的自觉。所以说，人的生命的类特性在于其自由性，人是自由的存在。

第二，人的社会性。人进化于自然界，人具有一般动物所没有的优越性特征，特别是人有发达的脑。人的机体构造及活动的灵巧性只是在生物性意义上超越其他动物，作为生物性的人在大自然的竞争法则中具有更强的适应能力。但是，对于人被称为人的本质属性，亚里士多德曾说：“人天生就是政治动物。”②马克思则说：“人的根本就是人本身……人是人的最高本质。”③从生物意义上的人转变为真正意义上的人是在共同关系性活动中实现的，人“在社会意义上总是这些关系的产物”④。黑格尔在《精神现象学》一书中阐述了人通过劳动在自我意识的独立形成和依赖关系的转变中所发挥的决定性作用。马克思则进一步阐明了劳动关系形成社会关系，劳动促进了生物性的人向社会性人的转变，所以马克思说：“人的本质不是单个人所固有的抽象物，在其现实性上，它是一切社会关系的总和。”⑤

人的社会性是人所具有的特殊属性，正是因为人有社会性，人才能够对自然性产生制约作用。人的自由性与社会性是内在一致的，自由性构成了人的本质的精神内容，社会性是构成人的本质的关系形式和根据。

第三，人的文化性。文化作为文化哲学以及人类学的研究对象，关涉人们究竟怎样理解文化。历史上文化的概念五花八门，大体上有这样几个路向：一是把文化视为人类的一切创造性成果；二是把文化视为特定人群所特有的生存生活习惯与具体样态，文化人类学就循着这样的思路；三是把文化视为人类的自我教化，强调文化是人成为人的教化方式；四是把文化视为满足人需要的各种习俗、环境和制度体系等；五是把文化视为符号系统；等等。文化概念很难确定，因为文化“是内在于人的一切活动，影响人、制约人、左右人的行为方式的深层的、机理性的东西”⑥。

文化是指人的文化，人是文化的存在，这样的表达有特别的意涵，即指向人的存

---

① ［德］卡西尔：《人论》，甘阳译，190页，上海，上海译文出版社，1985。

② ［古希腊］亚里士多德：《政治学》，颜一、秦典华译，4页，北京，中国人民大学出版社，2003。

③ 《马克思恩格斯选集》第一卷，10页，北京，人民出版社，2012。

④ 《马克思恩格斯全集》第四十三卷，19页，北京，人民出版社，2016。

⑤ 《马克思恩格斯选集》第一卷，135页，北京，人民出版社，2012。

⑥ 衣俊卿：《文化哲学：理论理性和实践理性交汇处的文化批判》，6页，昆明，云南人民出版社，2001。

在的文化性或人文性特质。所以说，文化这个概念特别强调人之为人的人文意义，内在地反映人性的本质内涵。无论人们怎样定义文化，都是对人的存在的意义性概括。人的存在意义显现在人自身自觉自为的对象化活动过程及结果中。因此，在最一般的意义上，人的一切活动都可以被称为文化活动，反过来说，文化活动就是指人的活动，是属人的、成为人的活动，确证人之为人的存在意义，体现为人在各种具体活动中所追求和实现的价值。由此可以得出，文化概念在价值论上特别指向人的存在的价值内涵，包括人为了更好地生存而创造价值以及为了人自身的发展而创造价值。文化是“人化”和“化人”的价值创造活动的统一。

第四，人的个性。人性就其现实性来说指向一定社会关系的人，进一步则指向一定社会关系中每个具体的人。说到个性，人们很自然会认为是每个具体的人的个性，是每个个体都具有的自我独立性、独特性，或者说是每个个体所表现出的与他者的不同性。社会正是由每个具体的、有鲜活个性的人构成的。

对于个性，哲学、心理学、伦理学、社会学、教育学等学科都有探讨，心理学的研究更为集中和突出。对个性概念的理解有不同的侧重点，例如，把个性理解为个人的特立独行，把个性理解为社会结构关系中的个别存在形式，把个性理解为个体在社会活动中的自主性、能动性和创造性的表现，等等。人们理解个性是有不同层次和不同视角的。在哲学的意义上把握个性概念，需要从人的存在性角度做出一定的全面性概括，其概括性有不同的维度：一是在人与动物相区别的维度上，人的个性是指人的自由自觉性，这就是作为人的存在的总体个性或主体人的倾向性；二是在一定的社会关系结构和文化样式的维度上，人的个性是指人的不同关系性和文化性，具有特殊社会特征和地域特性的个性，如不同社会关系和文化差异导致人的个性的地域性、群体性和民族性；三是在个体与他人相区别的维度上，特别指向个体的独特性，即个人与众不同的倾向性，正所谓世上没有两个完全相同的人。

2. 人的价值

基于对人的本质属性的认识，人的价值可以从以下三个方面概括理解。

第一，人的类价值。人的类价值是人的类特性意义上的，表明人的价值具有人类性，即作为人的存在的自由自觉性，蕴含了重大的历史文化意义和人类共同体意义。首先，从人的意义上肯定了每个个体作为人类社会的成员，都有在智性、德性和审美性等方面的自由性，具有作为人的存在价值和做人的自然权利。因此，在此种价值意义上，人们需要真正确立不分种族、地域、社会地位、职业等的相互尊重、相互支持的价值取向，肯定每个人都有平等的做人的尊严。其次，为每个个体提供自由发展的合法性依据。自由性是人自我发展的结果，是对人的自然性与社会性的历史性超越。个体的类价值的发展是人的自然权利，从这个意义上说，每个个体都有接受教育、发展自我的权利。最后，类价值是人类共同的价值创造和价值体现。类价值的实现需要人类全体的共同活动。因此，人类需要确立共同体意识，确立共同的价值准则，以实现共同的价值精神。

第二，人的社会价值。人是现实性的社会存在，是在生活世界中活生生的存在。人的社会关系决定了本质生成。每个个体都需要在社会关系中实现生命的"在场"，在主动建构社会关系、参与社会活动中发展自己，实现个人的价值。人类为了生存与发展，在生产物质的劳动活动的基础上不断推进劳动的分工和职业化、专业化，人类社会实践活动领域的扩展与深入推动了人类社会的发展。人类社会的关系体系也日益丰富、多元、深刻和复杂，个体的人也越来越嵌入社会关系结构，这一方面为人的生存发展提供了更充分的价值实现的场域，另一方面也为人的生存发展提出了更高的要求。因此，作为个体的人必须进入社会关系并接受其规范制约或制度约束，通过承担一定的社会职责、扮演一定的职业角色，为社会做出自己的贡献，即实现一定的社会价值。随着人类社会的进步，表面上看，每个个体获得了更大的自主性、能动性和创造性，即个体的主体性提升。但是，由于社会关系越来越结构化和制度化，人不得不接受社会关系对人的规训。因此，个体必须面向社会、走进社会，去实现社会价值。个体的社会价值总体上看是工具性的，但是，社会是人生存发展的基础，人的工具价值成为人的整个生命价值的必然构成。越良善的社会，人的社会价值的实现就越具有合理性与合法性根据，而对民族与国家的贡献一直以来都被视为人的社会价值的至高体现。

第三，人的个体价值。人的个体价值是指人作为独立个体的自我存在价值，是个体按照恰当的方式在激发自己的潜能、发展自己的能力和个性方面所体现的价值。个人价值是个人的自我独特性价值，在一定意义上可以说，个体越具有独特性，也就越具有个人价值。因为个体的独特性是个体自我发展的结果。每个个体的生命都是独一无二的，都具有不可替代性，这是每个个体存在的基础，也是每个个体价值得以肯定的根据。个人价值的独特性还体现为个体具有特别的个人体验和人生感悟。

个人价值在西方个人主义那里得到了充分强调，但是，不可否认的是，个人主义只限于抽象地讨论人性、人的个性和个人价值。那么，现实性的个人价值在哪里？这就有必要从个人与社会的关系中去考察。因为个人不是抽象的人，个人总是一定社会关系、一定文化背景中的个人，所以个人价值表现在个人与社会的双向关系中。个人价值问题的实质是个人价值实现问题。个人价值实现需要一定社会价值的支持，可以汇聚于个人的精神与活动领域，但也需要在一定社会领域中展现。个人价值实现能够投射到社会活动领域，取决于个体的自我意识（觉悟）和价值关系的认同。个人价值实现如能被个体和社会认同，那么个人的价值在个体和社会之间就实现了统一。

第二节
教育价值与教育价值论

一、教育价值

(一)教育是一种引导人的发展的价值实践活动

价值问题并不仅仅是抽象的理论问题，它也是鲜活的实践问题。人类活动从根本上说都属于价值活动，体现在各个不同的实践领域。其中，教育是人类价值实践中极具人性价值的一个重要领域。教育以发展人为价值旨归，发展本就是一种价值，发展人则更具有价值自身的本体论意义，这表明人是由发展而来的，人需要发展。教育是人对自身发展的自觉，也就是说，人以自身为对象实现发展的目的，这就是教育。正如夸美纽斯所言："实际上，只有受过恰当的教育之后，人才能成为一个人。"①赫尔巴特则基于伦理学的价值原则明确地指出："道德普遍地被认为是人类的最高目的，因而也是教育的最高目的。"②

教育从产生时就承载了特定的引导人发展的价值，教育价值的发生源于生产和生活的需要，并不是人本身精神丰富性的需要。所以说，起源意义上的教育，或者说还没有与生产劳动形式化分离的教育，所承载的价值是工具性的，为满足通过生产劳动获取物质性生活资料的需要，教育直接服务于人的生产生活活动。随着人类生产力水平的发展和私有制的出现，教育形式化地从生产劳动和日常生活中分离，教育也发生了性质上的变化。教育的价值逐渐走向教育本身，具有了更内在的人文性精神内涵，并具有了阶级性。

教育的阶级性是具有价值性基础的，因为在古典的人文意义上，其人文性是属于自由民的。奴隶和手工劳动者承载了全部工具意义的劳役活动，这就是亚里士多德所说的"创制"的生产劳动。生产在初始意义上是人对自然物的利用，通过制作来提供人生存所需要的物品，是谋生性的。但是，在阶级社会里，生产和谋生被贵族和自由民强加于奴隶，于是他们就有了充分的闲暇来从事更具自由性的精神发展活动。因此，教育的价值在最初的人文意义上是属于少数人的，具有鲜明的阶级性。古典的自由教

---

① ［捷］夸美纽斯：《大教学论》，傅任敢译，24页，北京，教育科学出版社，1999。

② 张焕庭：《西方资产阶级教育论著选》，267页，北京，人民教育出版社，1979。

育被认为是真正的属于人的教育。如果说发展自由人性的教育是教育的根本价值，那么教育的历史性发展就是教育在自由人性发展的价值取向上不断走向更大范围的人，即实现教育解放的历史运动。

与自由教育相对应的是服务于生产劳动或职业活动的教育，这种教育的工具价值取向是突出的。在获得更充分、更好的生产生活资料的目的上，人类全体的意愿是一致的，这需要劳动生产力水平不断提高，所以对劳动者的教育要求也不断提高。提升劳动者劳动知识和劳动工具的使用水平是教育价值发展的必然，而这离不开人类对自然更深刻的知识性把握，于是，在自由教育基础上的现代科学及技术成果成为职业教育的重要内容。科学及技术进步推动劳动发展和教育价值提升。由此，现代科学教育和现代人文教育成为现代教育的两个基本形态，各自承载了不同的主导性教育价值。从人类的自由性或自由价值精神发展的历史趋向来看，科学教育与人文教育相融合而走向真正的人的自由全面发展教育是人类教育的价值理想所在。教育的起源与历史发展表明，教育是一种价值承载的人类实践活动，而且是越来越走向共同理想的人类性价值活动。

（二）教育价值：教育活动价值性的概念化

教育承载发展人的价值，这是对教育活动价值性的一般表达，也是研究教育价值的逻辑前提和事实根据。教育的价值问题是教育理论研究的一个根本性问题。教育理论研究作为一项严肃的专门性研究活动，必须在认识论上不断追问教育的价值性问题，并以教育价值为概念化的指称来进行专业性讨论。教育价值是人类价值活动在教育实践领域的体现，而价值问题是哲学价值论的学科性问题，教育价值就成为教育哲学深入研究的论题。

教育价值在今天的教育学学科体系中业已概念化。概念化的思维重在清晰的概念界定。在教育研究的表述中，人们往往将理所当然的语言判断与事实等同起来。理所当然的语言判断往往是常识性的，或者带有很强的主观性，并不能指证为实事本身或具有一定的普遍性意义。教育活动丰富、复杂的价值性使得人们对教育的价值判断充满了歧义，这很容易导致人们因语词的泛化使用而并不能确证价值事实到底何在。概念化是学科化的标志，也是学科走向成熟的基础。

概念化的教育价值离不开教育理论研究中的一个概念化基础，这就是教育概念。无论是“教育是什么”的问题，还是“教育应该是什么”的问题，都与价值问题息息相关。“教育是什么”的问题不过是对教育的价值事实的肯定，而“教育应该是什么”的问题凸显了对教育的价值赋予（赋值）。教育概念是对教育的价值性在本质意义上的确认。虽然我们反对本质主义的教育研究认识论，强调教育本质的历史生成性，然而，这并不妨碍人们对教育在概念化思维中的本质确认或本质承诺。学科研究中的概念化是一个概念演化的历史性过程，也就是说，概念化流淌在概念史中。教育学研究中的教育概念问题实际上已成为概念史问题，汇聚了对教育的本质追寻与理解。教育思想史的核心问题就是对教育的概念性理解，契合不同时代的人们对教育本质的探寻和价值期望。随着对教育本质认识的不断深入和教育理论的发展，对教育的价值进行理论性探究越发必要。概念性地提出教育价值并予以系统化和结构化研究，专门的教育价值论研究论域形成，并区别于教育认识论和教育实践论。

概念化的教育价值以哲学价值论为基础。价值哲学中的价值概念往往成为教育理论研究者界定教育价值概念的依据。因此，教育价值的概念界定有“教育价值就是教育的功效”“教育价值即教育对人的需要的满足”“教育价值是指教育这一社会现象相对于其他事物所固有的某种意义或属性”①，以及教育价值在本质上是“主客体之间的一种特殊关系，指教育这一事物、现象对其他事物、现象所具有的某种意义”②几种表述。

教育价值的概念化标志着其被教育学科进行对象化研究，特别是成为教育哲学研究的一个重要主题。概念化过程是一个形式与内容都得到深化研究并被历史性确认的过程。早在19世纪，英国实证主义哲学家、社会学家和教育家斯宾塞就提出了“什么知识最有价值”的问题，这是明确提出教育价值的开始。此后，具有代表性影响的是美国实用主义哲学家、教育家杜威。他把教育的价值分为内在的价值和工具的价值(或外在的价值)。杜威说：“当我们说一件东西具有内在价值，就是说它本身就是人的活动目的——仅仅它本身就值得人们去重视、去追求。相反，说一个东西具有工具价值，就是它是达到某个目的的手段——它之所以重要，只是因为它是达到这个目的的手段。”③德国文化教育学派特别注重教育的文化价值。在我国，范寿康在1922年所著的教育哲学著作《教育哲学大纲》中也指出：“教育为文化生活的经验或现象的一种……有它的形式价值及内容价值。”④内容价值体现为各课程的价值；而形式价值是人对教育的客观需要，与追求真、善、美的价值作为人类客观的形式需要没有区别。1949年出版的张栗原的《教育哲学》以“教育价值论”专章讨论教育的价值和教育的效能。1985年出版的黄济的《教育哲学》通过“价值论概述”从马克思主义的价值立场出发，明确提出了教育价值论问题，并把教育价值的确切内涵描述为：“把真、善、美贯串在全面发展的教育中，体现在一个人的身上，就可以把新的一代培养成为德、智、体诸方面和谐发展的和知、情、意比较完美的人。”⑤现如今，教育价值概念已经被教育基础理论和教育哲学确认为其概念体系中的一个核心概念。教育价值的概念史表明，以教育价值为概

---

① 王卫东：《教育价值概念的历史考察与理论分析》，载《北京师范大学学报(社会科学版)》，1996(2)。

② 冯建军、周光国、梁燕冰等：《教育哲学》，91页，武汉，武汉大学出版社，2011。

③ 周辅成：《西方伦理学名著选辑》下卷，723页，北京，商务印书馆，1987。

④ 范寿康：《教育哲学大纲》，15页，福州，福建教育出版社，2007。

⑤ 黄济：《教育哲学》，241页，北京，北京师范大学出版社，1985。

念对象的理论思维具有充分的合理性根据。

二、教育价值论及主要流派

(一)当代教育价值论研究的基本逻辑及其理论趋向

教育价值作为教育理论研究的一个概念化表达，已经被结构化地嵌入整个教育学科知识体系，并成为教育哲学的一个专门研究论域，即教育价值论。“教育价值论问题，是教育哲学中的一个重要问题，也是一个极为复杂的问题。”①其概念化和理论化研究的内容主要体现在四个方面。

第一，人类教育活动的主体是人，以人自身为对象，以人的发展为价值取向，所以教育价值论研究的价值论基础必然要切入人和人类社会发展的价值理论，人的发展和社会发展的价值取向是教育价值论研究的核心主题。历史上复杂多样的教育思想和教育理论流派大体上都是围绕这样的价值主线展开的。

第二，“教育是一个复杂、开放的社会系统”②，社会、教育、人三者之间的内在联系在宏观和微观层面上构成了复杂的教育价值关系，由此决定了教育价值论是一个复杂的研究领域，正是其复杂性显示了其理论研究的广阔性和深刻性。

第三，对教育价值的认识和教育价值论研究离不开一定的历史文化背景，教育价值论研究体现了鲜明的历史性与时代性特点，反映了不同时代人的发展和社会发展的不同价值精神。因此，教育价值论研究既是切入现实的研究，又是向未来开放而不断拓展新论域的研究，是随着人类价值文明的发展而不断焕发活力的研究。

第四，在教育与人的发展及与社会发展的价值关系中，教育本身的价值实现反映了教育自身的发展程度。随着人类社会的发展和个体的发展，在社会教育化和教育社会化的教育发展过程中，教育价值论研究在今天已经显现出在个人主体和社会主体不同取向上相融合的趋向，以强调走向人类共同利益的人类性主体的教育价值实现。

(二)现代教育价值论的主要派别

教育价值论研究是从教育价值关系出发的，因此，教育价值关系决定了研究教育价值的理论趋向。但是，历史性地审视，由于对教育价值关系中价值主体的强调不同，教育价值论随着人类社会发展中价值主题的演变而呈现出不同的理论品性，大致可以归纳为以下三个理论派别。

---

① 黄济：《教育哲学》，122页，北京，北京师范大学出版社，1985。

② 叶澜：《教育概论》，299页，北京，人民教育出版社，1999。

1. 个人主义教育价值论

(1)个人主义的思想实质

个人主义思想及其实践在教育领域体现为教育个人主义。个人主义教育价值论则是教育个人主义的核心理论构成，是在个人主义价值理念基础上形成的教育价值理论。理解个人主义是理解个人主义教育价值论的基础。个人主义有其历史源起与流变，是一个复杂的哲学思想体系。在中国古代汉语中并没有"个人主义"一词，它是在近代随着西学东渐传入中国的，因此，确切把握个人主义的思想实质需要世界史的视野。

在西方，个人主义思想体系与资本主义的兴起与发展密切相关，不过，早在古希腊时期就有了个人主义的观念意识。智者派领袖普罗塔哥拉提出的"人是万物的尺度"的命题就被认为是西方近现代个人主义思想的观念发端。智者派把人确立为哲学的对象，并进一步把人的问题归结为个人的问题，视个人为一种价值尺度，进而推动了古希腊人文主义的发展。在文艺复兴时期，个人主义思潮开始在文学、哲学、艺术等文化领域展现，肯定人自身的价值与尊严，倡导个人的精神自由与发展自由，为一个"人的发现"的时代的到来做好了思想预备。17、18 世纪是西方个人主义全面兴盛的时期，最主要的代表人物有英国的托马斯・霍布斯、约翰・洛克、亚当・斯密和法国的让-雅克・卢梭。18 世纪向 19 世纪过渡时期的代表人物有英国的约翰・穆勒、杰里米・边沁等。到了 19 世纪，在法国思想家阿里克西・德・托克维尔等人的影响下，个人主义这一概念开始产生世界性影响。自此，个人主义乃至个人主义的自由主义成为整个西方世界的意识形态，主导了整个西方的思想文化和制度体系。

个人主义究竟有着怎样的思想实质？从价值论方面看，英国的《不列颠百科全书》将其解释为："一种价值体系……可以表述为以下三点主张：一切价值均以人为中心……个人本身就是目的，具有最高价值，社会只是达到个人目的的手段；一切个人在某种意义上说在道义上是平等的。"[①]作为一种政治哲学，个人主义在整个资本主义世界中具有社会意识形态意义，"强调个人的民主与自由，强调自我支配、自我控制、不受外界约束"[②]。个人主义作为西方近现代以来的思想文化主导，在不同时期和不同国家有着不尽相同的思想含义，但基本思想大体是一致的。在人性观上，自然人性论是个人主义人性论的一个依据，肯定人的感性生命，并将之视为天赋权利，但同时强调人是理性的生命存在，强调人性的自然差异性。在价值论上，个人主义认为个人价值至高无上，强调人是自我价值的立法者，自己规定自己的价值实现。理性为人的生命确立自由的价值原则，是人的尊严所在。一旦有人性的感性和理性的发挥，人就能够

① 美国不列颠百科全书公司：《不列颠百科全书 国际中文版 8》，356 页，北京，中国大百科全书出版社，1999。

② 夏征农、陈至立：《大辞海 第 5 卷 政治学社会学卷》，158 页，上海，上海辞书出版社，2015。

确立自己的地位，确立个人的自然权利，在“人的发现”中实现“人的解放”，实现人性的完美，自由地追求幸福。因此，个人的自由和平等权利具有至高无上的正当性。在人的发展上，个人主义强调每个人都是有个性的，有个体的独特性，个人是自我发展的目的；要充满自信，激发自己的潜力，发展自己的独立人格，充分展现自己的能力；敢于面对竞争，具有强烈的个人权利意识，同时也尊重他人的权利。人的发展就是一个从自然的生命状态向自我的自由生命状态发展的过程。

(2)个人主义的教育价值论

近现代以来，个人主义对于教育思想和教育理论的影响很大，特别是在教育价值论上。教育价值指向人的发展价值，所以对人性及人的价值所持的立场就决定了教育的价值立场。教育价值并不仅仅体现在应该发展人怎样的价值，它还体现在发展人的价值的根本出发点上。个人主义教育价值论遵从个人主义的个人价值原则，其主要内容包括三方面。首先，教育的出发点和目的是个人。教育要从个体生命的自然性及个体的潜能、兴趣、需要等方面出发，使个人的本性得到发展与完善。卢梭将教育区分为自然的教育、人的教育和事物的教育。自然的教育是我们的才能和器官的内在发展。人的教育和事物的教育需要配合自然的教育。卢梭提出了培养有见识、有性格且身体和头脑都健康的自然人的设想。卢梭认为，人具有自由的、善的天性，教育需要保持儿童这样的天性，这就是卢梭说的“我的第一的基本原理”①。其次，个人主义教育价值论强调发展个体的独立个性。人的个性本身就是价值。穆勒说：“个性的自由发展乃是人类福祉的主要条件之一。”②哈耶克指出，“人性有着无限的多样性，个人的能力及潜力的先天差异性”，这使得每个人都“具有成为一个特立独行的个人的素质”③。个人主义教育价值论特别强调成为自我的教育。个体需要自我意识的觉醒，发展自我的独立性和独特性。最后，个人主义教育价值论强调社会发展的价值在于促进个人价值的发展。个人主义具有对社会价值的内在愿望。但是，在个人与社会的关系上，个人主义强调个人价值高于社会价值。社会既然是每个个人的共同构成，社会价值就应该体现在服务于个人价值的发展。社会及教育不能压制人的天性和自然权利，教育要关心个人自由和个人幸福的价值实现。裴斯泰洛齐提出，要建立民主的社会政治制度，使每个儿童都能够得到合理的、符合他们自身需要的教育，教育价值在于实现人的一切天赋力量和才能的和谐发展。

个人主义教育价值论与整个西方社会发展密切关联，在不同历史时期有着不同的文化背景和思想针对性，其理论建构体现了一定的反思性与开放性，但在总体上保持

---

① [法]卢梭：《爱弥儿 论教育》上卷，李平沤译，7页，北京，商务印书馆，1985。

② [英]穆勒：《论自由》，彭正梅、柏友进译，56页，上海，上海人民出版社，2012。

③ [英]哈耶克：《自由秩序原型》上卷，邓正来译，103页，北京，生活·读书·新知三联书店，1997。

了教育在促进个体发展价值观上的个人主义思想实质。因教育活动与人的发展有直接相关性，或者说，教育过程是对每一个个体的发展直接产生影响的过程，教育价值实现首先必然是个体性指向的，需要突出促进个体发展的价值。因此，个人主义价值理念易于在个体的层面切入教育理论研究和教育实践活动，个人主义与教育具有天然的亲缘性。个人主义在其思想产生过程中具有打破专制制度和专制思想束缚的革命性意义，在一定意义上体现了人类追求自由与解放的历史逻辑，而指向人类自由和解放的教育价值活动则成为个人主义社会行动的实践逻辑。近现代以来，教育理论发展中的个人主义理论逻辑主线非常鲜明，说明个人主义在教育理论与实践领域具有非常突出的影响意义。

然而，人类进入现代文明以来，人的价值问题依然突出且严重，今天的人类甚至面临着更趋严重的个体性与人类性的价值问题。价值及教育价值问题始终都是现实性的问题，是基于人类价值境遇而实现价值解放和价值创造的问题。个人主义的价值理念从其产生来说，在理论上更多是从抽象的人性论上对个体性的先验把握。具体地说，个人主义中的个性发展价值更多是抽象的设定，并没有很好地切入社会现实，没有很好地切入人的具体生活世界来考察人的价值问题的社会性根源与人的价值实现的现实性方案。持有个人主义思想立场的人对个体、个体性的理解往往是偏执和绝对化的，虽然他们非常强调个体，但他们并不能真正走进个体的现实。因此，个人主义教育价值论就不免带有很强的主观主义色彩。事实上，个体总是现实性、活生生的存在者，需要克服个人主义教育价值论中普遍化、抽象化的个体与个体性理解。而且在现当代人类社会，价值问题越来越关涉人类整体性的生存命运，在人类的教育价值关怀上，更需要走出个人主义教育价值论的极端片面性，在个体与社会乃至个体与人类的价值关系中重构其价值理论体系。

2. 社群主义教育价值论

(1)社群主义的理论要义

社群主义理论的产生与现代西方社会的处境密切关联。近现代以来，在以启蒙个人主义为立论基础的自由主义社会哲学理论的主导下，整个西方社会暴露出越来越严重的发展性问题。社群主义就是在以自由主义为批判对象的基础上发展起来的一种政治哲学思想。

社群主义的核心概念是社群，其思想渊源可以追溯到古希腊。亚里士多德在《政治学》中给城邦下的定义是："我们观察到的每个城邦都是某种社群组合，而社群建立都是为了某种善。因此，所有社群都在追求某种善，而其中包含最广的社群当然就会追求最高最广的善。这个社群即所谓'城邦'，也可以被称为政治社群。"[①]社群是亚里士多

① Aristotle. *The politics*, London, Penguin, 1981, p. 2.

德政治哲学的一个核心概念。社群主义的产生与现代人权运动有直接联系，对人权主体的强调从个体发展为社会群体。现代社会发展的群体结构与形式的变化也是社群主义产生的一个社会基础。随着经济全球化、信息网络化以及全球性问题的出现，人的公共生活领域日益扩大且向一体化方向发展，新的社群组织不断出现，而且具有鲜明的共同价值认同性，如绿色运动组织、和平运动组织、女权运动组织等。

作为一种理论派别，社群主义理论则是麦金泰尔(Macintyre，也译作麦金太尔)、华尔泽(Valtzer)、桑德尔(Sandel)等人在批判以罗尔斯(Rawls)为代表的新自由主义理论的过程中发展起来的，旨在克服自由主义政治哲学的理论弊端及其对社会造成的破坏。所以说，批判自由主义是社群主义的逻辑基点。自由主义是建立在反抗封建专制对人性压迫的近代个人主义和启蒙精神基础上的，并逐渐发展成为主导资本主义世界建立和发展的意识形态理论体系。正因如此，自由主义的核心价值理念——自由——也成为现代社会的核心价值精神，在促进个体的精神解放、充分激发人的自由创造性方面具有历史性的进步意义。

作为个人主义的自由主义虽然是一个不断发展的理论体系，但不管是传统自由主义还是新自由主义，在价值理念或理论立足点上都以自我和个人为中心，把个人作为分析一切社会政治问题的根本，这就是个人主义的方法论原则和价值论基础。在自由主义理论治理下的西方现代社会，以个人权利至上为主导的价值原则带来了个人主义价值理念泛滥。在垄断资本主义世界，社会中的独立个体变成了追逐个人利益和价值的自我利益体，造成了人的价值观及其价值实现的异化，即人性扭曲的事实，正如泰勒所言："人们失去了宽广的目标，因为他们只关注个人生活……个人主义的阴暗面是把自我放在中心位置，它挫伤和限制了人们的生活，使之缺少意义，并对他人和社会漠不关心。"①个人主义所标榜的个人自由在个人权利至上的价值法则中被追逐个人利益钳制，造成了人内在的真正的自由丧失。在道德实践领域，个人主义的权利至上原则把个人权利与生活的道德目的割裂开来，并且对个人权利价值的推崇导致了道德相对主义盛行。如此一来，人权及法权意义上的尊重个人权利原则的极端化成为保护自私自利的制度公器，因此，资本逻辑统治下的社会政治制度出现了严重的合法性问题。社群主义作为一种政治哲学理论应运而生。

社群主义把个人主义的自由主义理论体系作为批判对象，与自由主义针锋相对。社群主义把社群作为理论阐发的根本，认为社群是由具有共同自我认知的参与者构成的，强调社群价值的优先性。社群是一种"善"，具有共同的价值归属感、情感归属感，因为是共同的认同，所以不是工具性的。② 不同层次、不同方面的社群是解释社会结

---

① Charles Taylor, *The Ethics of Authenticity*, Cambridge, Harvard University Press, 1991, p. 4.

② 俞可平：《社群主义(修订版)》，75页，北京，中国社会科学出版社，2005。

构、价值及制度准则的理论范式，历史运动、社会事件的发生以及政治经济等社会制度的确立的基础动因来自家庭、阶层、国家、民族、群体等社群，要理解个人的一切价值行为，就必须把个人置于社群或与他人的关系中。人总生活在特定的历史文化关系中，也就是说，人总生活在特定的价值境遇中，应该从价值环境中认识人。价值问题实质上是价值认同问题，而价值认同是在社群中发生并由社群决定的。社群规定了人的存在，为人提供了有意义的思想、判断和行动的背景性结构，给人以命运共同感。因此，无论是在认识论还是在价值论上，社群主义都有其理论的进步性。

(2)社群主义的教育价值论

社群主义教育价值论离不开社群主义的理论基础。不过，需要特别指出的是，教育价值论中的社群主义是一个较为宽泛的思想论域。用社群主义指称一种教育理论即社群主义教育理论或教育社群主义，从严格意义上说，它应该是当代社群主义理论在教育理论上的投射。但是，从教育价值论的历史来审视，社群主义教育价值论与历史上的社会本位教育价值论有内在的共通性，两者具有可以互通的思想资源。虽然社群主义是在 20 世纪 80 年代之后才真正形成的一种当代政治哲学理论，但其批判自由主义的价值论立场和思想风格与社会本位的教育价值论立场具有共同的思想旨趣。

社群主义教育价值论的主要观点可归纳为三方面。首先，社群主义教育价值论认定人存在社会性(或社群性)本质，人是在整体性的关系构成中的存在。个人主义教育价值论按照抽象的人性价值标准视个体的发展为发端于个体的、原子式的独立独特性的发展。然而，在社群主义看来，人的发展是在社群文化习俗、历史传统及复杂的群体关系中的发展。人的发展不能离开社群的共同生活，人只有在社群中才能得到发展。泰勒指出："我不能在与他人隔离的孤独状态下而只能通过与他人公开或半公开的交流协商来确认自己的特性……我对自己特性的认识依赖于与他人的对话关系。从本质上说，我的个性与人格的形成离不开社会。"①桑德尔也特别强调人格形成的社群关系基础；麦金泰尔也认为在社群关系中人们获得了人生的统一性完整生活。个人在社群中确认自己是谁，把握自己的人生价值目标。其次，社群主义教育价值论强调共同体价值的第一性，教育要符合社会的共同价值要求，促进个体对社会价值的认同、参与社群的建设、维护共同体的善。教育要引导个人形成价值共识，认同共同价值，把共同体的整体价值作为自己的价值追求。共同体的善是人的发展的最高价值，是统一、有共同活动目的、共同分享的善。最后，社群主义教育价值论注重培养人成为公民的德性教育与品格教育，从国家是最大的政治社群的意义上强调对人的美德实践能力的培养，美德教育价值观是其价值观的核心之一。"政治统一是公民教育的理想目标。学校

① Charles Taylor, *The Ethics of Authenticity*, Cambridge, Harvard University Press, 1991, pp. 47-48.

应该尽最大努力在每一代公民心中重新树立一种民主政治共同体的认同感。”①麦金太尔指出，人在实践中有内在价值和外在价值，内在价值的获得有益于参与实践的整个共同体，因为它是一种精神上的收获；而美德是一种获得性的人类品质，对它的拥有与践行使我们能够获得内在于实践的利益。② 公民的美德教育的一个必要途径是参与社群实践活动，包括学校在内的社群是其教育场所。

社群主义教育价值论以个人主义教育价值论为批判对象，或者说，它以整个西方现代社会文化状况为背景，但并不局限于对个人主义教育价值论的批判性建构。所以说，社群主义教育价值论超越教育自身而具有更广阔的社会价值论意义。与个人主义教育价值论迥然不同的社会本位教育价值论主要是在社会学的立论依据上表达的一种教育价值主张。作为一种教育价值主张，更准确地说，它从社会的角度对人的发展的功能性进行分析。教育必须立足于社会，符合社会在人的发展上的功能性发挥和要求。同时，教育还必须自觉考虑社会发展中的冲突及社会问题，通过自身在培养人的过程中的价值引领及功能发挥来改造与变革社会。在特定的历史条件下，无论是个人主义教育价值论还是社会本位教育价值论，都具有一定的现实合理性。从教育与社会的关系来看，教育从来都不是独立于社会的。在现实性上，教育的社会性立场与目的论导向是非常明确的。个人主义教育价值论似乎更具有对教育方法论的引导意义。然而，在自由主义普遍价值准则主导下的现代西方社会面对着日益复杂的社会价值问题，自由主义日益显现出理论的弊端。社群主义批判自由主义的个人主义实质，凸显了当代社会的历史语境，其理论具有特别的价值论品格。应当承认，社会本位教育价值论是社群主义教育价值论的应有之义，但以社群主义教育价值论包含社会本位教育价值论，就更加突出了教育价值论的历史进步性内涵和现实变革意义。

3．马克思主义教育价值论

马克思主义教育价值论即指向实现人的自由全面发展的教育价值论。马克思、恩格斯关于人的自由全面发展的论述是马克思主义教育价值论的理论基石。

马克思主义哲学是一个完整的理论体系，人的自由全面发展是其理论追求和价值承诺的最集中体现。马克思、恩格斯从唯物史观出发，以现实的人为理论前提，把人的发展与社会的发展统一于历史运动过程中并加以阐述，解释了人的自由全面发展的历史过程性与必然性。“人类的历史是不断丰富人自己的规定性的历史，是生产人自己的全面性、发展人自己的普遍性的历史。”③马克思根据社会历史主体的人的发展状况和程度，提出了三个历史形式学说：“人的依赖关系(起初完全是自然发生的)，是最初的

---

① Freeman Butts, *The Revival of Civic Learning*: *A Rationale for Citizenship Education in American Schools*, Bloomington, IND, Phi Delta Kappa Education Foundation, 1979, p. 74.

② [美]麦金太尔：《追寻美德：道德理论研究》，宋继杰译，242 页，南京，译林出版社，2003。

③ 夏甄陶：《认识的主—客体相关原理》，240 页，武汉，湖北教育出版社，1996。

社会形态，在这种形式下，人的生产能力只是在狭小的范围内和孤立的地点上发展着。以物的依赖性为基础的人的独立性，是第二大形式，在这种形式下，才形成普遍的社会物质变换、全面的关系、多方面的需求以及全面的能力的体系。建立在个人全面发展和他们共同的、社会的生产能力成为从属于他们的社会财富这一基础上的自由个性，是第三个阶段。”①

马克思从现实的人的社会关系出发，从劳动分工中看到了人的片面发展和畸形发展的事实，同时，马克思认为，以资本为基础的、在交换价值前提下的现代社会大工业生产为人的自由全面发展提出了必然要求，为人的自由全面发展创造了客观条件，并在一定程度上推动了人的自由全面发展。人的自由全面发展是劳动的、社会关系的和个性的全面发展。自由时间是实现人的自由全面发展的重要条件。在发展方式上，“人应当通过全面的实践活动获得全面发展”②。自由个性是人的自由全面发展的最高目的，真正的人的自由全面发展只能在共产主义社会实现。

马克思、恩格斯站在历史唯物论的立场上，把“人是人的最高本质”的价值论命题确立为人的自由全面发展的价值的真正实现，为教育价值论的确立提供了极其深厚的理论资源，成为社会主义教育事业建设的重要理论指导。在马克思主义教育价值论的旨趣上，教育价值是促进人的发展价值与社会的发展价值统一的价值，从更深远的历史意义上说，教育价值的根本在于人自身的发展，社会发展的根本目的是人的自由全面发展价值的真正实现。教育在促进人的发展的价值使命上，要实现人的生命的完整性发展、和谐发展和个性发展的统一。促进人的自由全面发展的教育价值论要求把德、智、体、美、劳等方面的价值内容统一和谐地落实到整个教育过程中。从人类劳动发展与人的发展之间的关系看，劳动者教育是通向人的全面发展的最基本教育途径。马克思主义教育价值论不仅是教育的，也是社会的；不仅是现实的，也是通向未来的；是人的自由全面发展由理想不断走向现实的教育价值纲领。

三、现代教育价值偏误的价值论根源

现代文明的宏阔图景不仅让人类惊叹于自身的价值创造力，同时也矛盾性地产生了沉重的价值困惑。自文艺复兴运动以来，人们开创、推进现代化运动，在推崇自由、解放个性的旗帜下，世俗功利主义高歌猛进，人们不断获得物质上的自足，然而，物欲满足过程也给人们带来了关于生存价值和生活意义的越来越深的迷惘。现代社会是现代性价值体系的历史性展开。作为一个学术话语，现代性被用于说明现代社会的总

① 《马克思恩格斯文集》第八卷，52页，北京，人民出版社，2009。
② 《马克思恩格斯文集》第九卷，310页，北京，人民出版社，2009。

体特征，社会学家吉登斯将其解释为：“大约从 17 世纪的欧洲开始，程度不同地在世界范围内产生影响的一种社会生活或组织的模式。”①现代性的价值体系是现代性运动的核心，是对传统社会价值的颠覆，包括自由、民主、平等、理性、科学、法治等。

现代性首先在西方社会开启，展现为西方社会从传统向现代的整个社会结构转型，但今天已扩张为大部分世界史的叙事对象。现代社会的现代化运动就是现代性价值体系不断推进建构的历史运动进程。现代性的价值构成是复杂的、矛盾的。以进步、发展为符号标识的现代文明业已暴露出严重的社会问题。现代教育在价值取向上是以现代性价值体系为基础的，教育现代化是现代性价值体系在教育领域中的展开与实现过程。因此，现代教育问题实质上是教育价值取向及其实现问题，即现代性价值植入教育活动带来的现代教育价值偏误问题。无论是从教育的内在价值和外在价值来看，还是从社会价值与育人价值来看，现代教育价值偏误的根源在于现代性价值体系本身。

工具价值是现代性价值体系的主导。现代人依赖于物，把对物的追求作为价值实现的精神驱动力。教育服从工具价值准则，所以说，教育价值偏植于工具价值。工具价值服务于世俗趣味，满足个体的物欲。现代社会的制度体系建立在人们对物的占有权利的正当性肯定的基础上，源于近代个人主义与功利主义的宣扬。个人主义是现代社会思想文化运动的总根源，包括教育个人主义。个体在物的生存欲望的牵制下，个人主义的精神解放旨趣被消解，个人主义走向了对物的依赖的物质个人主义。教育中的个人主义表面上指向尊重个体的个性发展和价值实现，但不过是形式化的表达或仅存在于观念之中，实质是个体被自我工具化，被资本逻辑工具化，个性发展迷失于本能欲求，个体发展价值是在竞争社会具有更强的追求物的竞争力，或者是财富价值创造力。现代社会个体的发展依赖于教育，尤其是学校教育，因此，个体的工具价值追求也即教育的工具化与功利化。教育具有工具价值，这是教育价值的必要构成，但是，其工具价值必须保证对社会群体的公共正当性以及公共的善的原则。然而，事实是教育的工具性在资本主义社会往往得不到正当利用。从文化上看，现代社会对价值相对主义、文化多元主义的推崇进一步推动了个人主义的极端化，如此一来，教育不得不面对更复杂的文化局面，面临更大的风险和挑战。一方面，教育及其对象面对的是物化社会的精神挤压，人被更多物象刺激，本能激发而难以安顿内心，也难以通向内在的精神教育；另一方面，教育及其个体深陷于价值不确定性社会，变得难以适从，个体的价值认同模糊，出现自我怀疑、信仰缺失、意义危机等。如果教育失去对人的精神生活的价值引导，失去内在的价值根基，教育自身也就被异化了。现代教育价值的偏误导致教育的价值虚无。

工具价值主导的经济原则虽然使人们的利益诉求、自身发展的价值选择与期待有

---

① Anthony Giddens, *The Consequences of Modernity*, California, Stanford University Press, 1991, p. 1.

很大的自主性，但同时教育的公平性问题也日益凸显。市场经济体制及其利益格局在不断分化过程中走向越来越固化的社会阶层的差异化结构，使得教育不得不受制于特定的社会制度架构和阶层结构类别。虽然在抽象的意义上每个个体的发展权利和价值追求是平等的，但是，在现实性上，每个个体都被具体化地嵌入差别化的特定社会情境；或者说，形式上的人的发展和价值实现有一致性与公平性，但在结构化的社会情境中每个个体的发展和价值实现在实质上是不平等的。简单地说，在差异化的教育资源占有、配置和享用中，人不得不在已经结构化的“选择”情境中被迫做出自己的教育选择。从某种意义上说，人被现代性的社会制度选择，人并不能做出真正意义上的个性化自由选择。个人的教育和发展过程在类别化、分层化的制度设计中被规训和牵制，并在之后的社会劳动分工中进一步做出属于自己的规定性的选择。因此，在功利价值环境中，处于相对弱势的社会群体在所谓公平市场规则、平等竞争机制、自我奋斗和自主选择的社会价值观主导下，很难说能够通过教育实现个体公平的、充分的发展；最具有文化本性的教育活动，其文化性精神内核却在退缩，教育失去了正确的路标，教育的本体意义被虚置，满足于工具价值追求，功利主义和工具主义的价值观主导了教育实践。

第三节
价值教育：人类价值实践的教育自觉

一、价值教育提出的价值境遇

现代文明的价值境遇，从消极或负向的方面看，可以被笼统地称为现代性的后果。现代性的后果是人类对现代文明反思的价值觉醒。价值教育的提出是人类在反思现代性运动的历史进程中出现现代性后果时在教育领域做出的应对，也是教育在人类价值发展与价值创造中的价值自觉。价值教育提出的时代感很强，作为一个在现当代建构的话语，它与现代文明的价值境遇密切相关；或者说，现代性的价值境遇催生了价值教育。现代性的价值境遇究竟如何？这就需要从整个现代社会的精神基础和社会运动逻辑上总体性考察现代性的后果。

(一)个体主体性的确立及其后果

个体主体性的确立是现代社会价值体系的一个人类学精神基础。从思想文化的根源上看，现代性的历史进程离不开人作为主体存在的主体性觉醒以及个体主体性确立，其思想实质就是人类中心主义和个体中心主义。

马克思将现代文明的人的主体性概括为“以物的依赖性为基础的人的独立性”①的个体主体性，这句话为我们明确了两个方面的思想旨趣。

一是在人与自然的关系上，人进一步获得了对占有自然物的控制力。生产手段的科学技术变革极大提高了人类的生产力水平，人在自然面前不断建立充分的自信。古典的人类中心主义思想在这一时期逐渐演变为人与自然关系上的唯我主义，这也被称为近代盲目强化的人类中心主义。这一思想认为作为主体的人是占有性的主体，人类自身是自然的价值尺度，在自然面前人具有占有的绝对合法性，人通过自身的科学发现和科技发明实现征服自然和改造自然的目的。很显然，人类今天所面临的生态破坏与生态危机，正是在征服、控制、占有自然的价值行动下的严重后果。

二是在人与人的关系上，人们从古代的人身依附关系中实现了人身的独立。一方面，这依赖于人们对物的生产和占有能力的相对提高；另一方面，个体从形式上获得了对自己的占有，不再是被专制奴役的对象，获得了身份性的自由。个体获得独立的历史过程与近代的个人主义思想运动是一体的，近现代确立的个体主体性原则也即个人主义的主体性原则。个体自主独立和对个体人权的承认是现代性开端的大事件。个体自我的觉醒并从传统依附关系中摆脱出来成为独立人格主体，与资本主义商品经济发展及资本主义制度建立密切相关，推动了人类的历史性进步。商品经济发展需要对人重新估价，需要激活个体的生命力，肯定人感性生命欲求的正当性，肯定个体生命存在的独立性。传统禁欲伦理被打破，人的功利谋划成为生活追求的目标，功利主义伦理学及其政治哲学成为理论的时尚。所以说，个体独立性地位的确立与物欲的释放和追求是同一的，个体在摆脱身份性依赖关系后又陷入了对物的依赖关系，个人主义的抽象人性论假设在现实性的人性生成中被物化了，人被自己的创造物统治，走进了极端的功利主义牢笼。个人主义在实现其基本的人性解放的使命后也不能摆脱陷入片面性的命运，其思想本身的严重缺陷也伴随人类现代化的进程暴露出来，特别是将个体推向本体论地位后，个人主义走向了形而上学的抽象。在人与人、人与社会的关系上，个体主体性的极端强调将个体中心主义推向了唯我中心主义，人与人之间的关系成为互为工具的利用、利益关系，因而无法确证人格之间的真正平等。

(二)资本逻辑的统治及其价值论后果

在现代资本主义社会，资本成为社会的主宰，资本对于现代资本主义社会极具表征意义。资本不仅为一种价值，而且在价值体系中扩展和深化。《牛津英语词典》给资

---

① 《马克思恩格斯文集》第八卷，52页，北京，人民出版社，2009。

本的定义是“用于再生产的财富积累”，虽然很简明，但道出了现代资本主义社会人们价值行动的动力基础。人满足基本生存需要离不开财富，财富积累为人提供生活保障，不断扩大的财富能让人过上更富裕的生活，而富裕生活又被历史性地植入价值世界，让人有地位、尊严、体面和荣耀。财富是资本的基础，如果把财富投入生产和再生产则会带来更大财富，并在流通和交换中增值，表现为货币，这就是资本。所以说，资本就是价值，资本的价值是在以商品生产为关键环节的资本运动中体现出来的。商品是用来交换的劳动产品，凝聚了人的劳动，并且以分工为前提。交换需要肯定个体的自由交换权利，需要自由交换的市场，即自由市场经济形式。现代资本主义社会在科技的推动下，商品生产领域不断扩大，不断激发人类对更充分、更美好物质生活的欲望。所以说，现代资本主义社会是以商品生产和自由市场经济为基本逻辑的社会，进一步说就是资本逻辑统治的社会。

资本逻辑从根本上改变了生活世界。资本的扩张和逐利本性在技术创新的支持下不断通过产品开发刺激消费欲望，在功利主义价值观的驱动下，消费主义盛行。资本逻辑主导下的生产过程变成一个被增值愿望设计的日益抽象化过程。资本逐利变为对货币的扩大占有，变成了一个普遍性的符号表象，打开了占有者的消费想象，进而陷入极度的消费、奢侈甚至浪费。资本逻辑也即消费逻辑，消费从经济活动领域进入文化领域，这就是现代社会作为生活方式的消费主义文化。资本逻辑统治下的消费价值观成为一种普遍的生活价值观，人与人之间的关系异化为物与物的互动关系；对人的认识与认同是通过其对物的占有程度来实现的；人自身的个性品格是不重要的，重要的是人以何种方式占有怎样的物。资本逻辑统治下的人被实质性物化，并造成人的异化。

(三)唯科学主义及其工具理性的蔓延

文艺复兴和启蒙运动以来，科学及技术迅猛发展，创造了人类物质财富增长的奇迹，全面改变了人们的生产生活方式。人类通过科学技术自认为征服了自然，人类对未来越来越乐观和自信，对科学开始盲目遵从。科学认知方式作为典范扩张到各个文化生活领域，科学由此从知识论领域进入价值论领域，科学知识成为最有价值的知识，科学技术成为最有价值的技术。现代文明将传统的共同群体解构，把社会看作个体目的实现的工具条件。近代机械唯物论在科学进步的狂欢中扩展到对人性的解释，主体的人被看作同自然物一样的存在。英国经验论哲学家霍布斯把人比作钟表；法国启蒙学者拉美特利提出一个著名命题——人是机器。人的理性精神活动被认定是符合机械力学原理的活动。

科学及技术在人类的生活领域逐步取得了支配地位，成为一种话语霸权，并在意识形态领域取得最优先的位置。科技不断进步使人类在对物的追求和生产能力上节节攀升，也不断改变人们的生活方式。在今天，人类进入了一个信息化社会，智能化社会也可期待。不可否认，现代科技改变了人与自然的关系、人与人的关系、人与自我的关系，促进了科学、道德、审美等价值观念的创新。然而，科技理性给人类的生存、发展也带来了日益严重的威胁。“这是一个理性与技术的时代……科学和技术进步并不能解决那些在最近如此凶险地威胁着我们的棘手问题……相反，它们正如此可怕地煽动起各民族、种族和文化之间的战火。”①事实上，科学理性不断蜕变为工具理性，仅仅关注事实，以物为尺度。科技理性的极端强调必然导致人性的异化，其自身也必然异化为奴役、压迫人的力量。西方发达的科技文明在一定程度上正是自启蒙运动以来工具理性精神不断扩张的产物。工具理性以讲究实用或实效为主导的价值取向，使人的生命意识和价值屈从于科技的工具目的，一方面导致人的物欲膨胀，另一方面不可避免地造成生命价值被贬低。

近现代的学科制度、社会分工、社会结构及制度体系造成人的生活世界分裂，生存方式单一化；人成为生产过程中“非人”的存在物，人性被分裂。这就是法兰克福学派代表人物马尔库塞所说的“单向度的人”。现代科技生产条件造成了人性的整体性分裂和片面化。

从理性及其价值层面看，唯科学主义及其工具理性的蔓延必然严重压制价值理性。科技理性作为工具理性，成为以实现功利价值为目标的人类思维组织与设计。工具理性是程序性和条件性设计，并不触及比功利价值更深层的内在价值。

（四）文化多样化与经济全球化交织中的价值挑战

回首20世纪，世界范围内民族独立运动兴起，新兴国家政体纷纷建立，不同文化主体的价值观念、宗教信仰和生活方式在交汇、冲突中面临新的课题。20世纪60年代，西方发达国家内部在不同民族间的文化纷争中走向多样。此后，随着民权组织及其运动的深入，文化主体多样化进一步扩展。特别是20世纪90年代以来，随着经济全球化、信息化的迅速发展，人类文化在全球范围内进入了一个综合交错、复杂多元的时代。

经济全球化是与信息化及资本经济的扩张相联系的，改变着人类的生存发展方式。纷繁复杂的多样文化主体在碰撞交锋中不免出现冲突、移变与转换。

尊重多样文化价值主体本身就是一种人类价值，但是，对价值多元主义的鼓吹不免使人们坠入价值相对主义的迷雾。文化多样化向个体层面延伸，难免滑向文化个人主义和价值相对主义，带来价值虚无的困境。20世纪后期，受价值相对主义思潮的影响，西方社会深切认识到这种对价值主体的表面尊重可能带来严重的后果，重估伦理价值、寻求价值共识、重建美德伦理、谋求全球伦理治理共识等正是对价值相对主义

---

① ［美］马斯洛：《人类价值新论》，胡万福、谢小庆、王丽等译，224页，石家庄，河北人民出版社，1988。

带来的困境的回应。

对个人主义极端放任，资本逻辑统治下人性物化，唯科学主义及其工具理性蔓延，以及文化多样化与经济全球化交织中的价值挑战……总之，现代文明思潮、社会组织模式以及价值相对主义泛滥导致了关乎人类生存命运的文化危机和价值困境，需要人类在新的文明发展起点上重估发展价值，重建价值体系，变革价值治理方式。由此，突出价值变迁、价值理想、共同价值态度、价值判断力和美德等方面的价值教育在西方国家受到重视，以回应“现代社会中快速的文化转型所引发的许多社会成员的取向危机”①。所以说，价值教育的提出具有特定的历史文化语境，具有很强的文化针对性和价值境遇性。

二、价值教育的本质

(一)价值教育的概念

对价值教育概念的界定至关重要，涉及价值教育的具体落实。然而，价值教育概念的界定确实很困难，其原因主要在于四个方面。第一，教育活动总是有价值承载的，“没有人只教育而不作价值判断”②。从最宽泛的意义上说，教育就是价值教育，在教育基本理论研究中，教育价值论就是研究教育中的价值问题。从这一方面来看，价值教育似乎并没有多大新意，更像语义重复。然而，价值教育的提出已然是一个概念事实，价值教育必须与教育价值区分开来。第二，价值问题是极其普遍而又复杂的理论与实践问题。一方面，价值浸透人类的全部实践活动，人类的实践活动不可能是价值无涉的；另一方面，价值离不开人的价值判断，具有很强的主观性，不同主体的价值判断标准是有差异的，并且价值判断标准也在不断变化。这为在具体的价值指向上界定价值教育概念带来了困扰。第三，价值教育离不开一定的价值哲学理论基础，而复杂多样且不断深化的教育哲学理论在为价值教育概念界定带来多视角、丰富性的同时，也自然带来了很大的麻烦。第四，从复杂社会背景来看，价值教育在提出的过程中所面对的是当今人类社会复杂多变的价值文化处境，很多国家都提出了价值教育的思想主张，但是，各国面对的具体价值文化处境具有一定的差异性，它们传递了不尽相同的价值教育主题和意趣，这为一般化、概括性地确认价值教育的实质增加了困难。

对价值教育概念界定的困难进行分析，是为了能在一个更加充分的意义下给价值

---

① ［德］布雷钦卡：《信仰、道德和教育：规范哲学的考察》，彭正梅、张坤译，127 页，上海，华东师范大学出版社，2008。

② ［德］布雷钦卡：《信仰、道德和教育：规范哲学的考察》，彭正梅、张坤译，124 页，上海，华东师范大学出版社，2008。

教育下一个较为贴切的定义。价值教育概念界定困难并不意味着价值教育概念是不可界定的。第一，价值教育是针对一定价值现象和价值问题而实施的教育活动，其特定的针对性是显然的，因而是可以与其他教育活动形式相区分的。第二，既然是一种教育活动，就存在一定形式性和内容性要求，这也为价值教育概念界定提供了可能性。第三，价值教育作为一种具有一定特殊性的教育实践活动形式，具有相应的总体性目的指向，因此，对其总体性的目的表述也是区分价值教育与其他教育形式的方法。第四，价值教育的提出有特定的社会文化背景，反映了价值教育在当代人类社会所具有的作为教育活动价值的特别担当，因此，价值教育提出的时代性特征也为界定价值教育提供了可能性基础。

价值教育在提出时只是一个口号性表达，旨在引起人们对价值问题及其教育的重视。作为一种研究对象和实践要求，价值教育的内涵要得到进一步澄清。英国促进价值教育的慈善机构戈登·库克基金会的总裁罗博曾给出这样一个定义："价值教育是一种活动，常常表现为人们在年长者、权威或更有经验者的指导下，得以明晰自己行为背后的价值观原因，评判这些价值观以及相应行为对自己及他人的长久福祉的作用，并认识到对自己和他人长久福祉更有意义的价值观和行为。"①教育学家布雷钦卡认为，价值教育是一个笼统的称谓，"被用作一个中立的集合名词，主要用来指称道德教育和公民教育，常常包括宗教教育、世界观教育、政治教育、社会经济教育和法律教育"②。国外学者并没有给价值教育的内涵一个较为一致的解释，而是划定了一个很大的范围。在我国，对价值教育概念的认识是逐步深入的。王坤庆在《论价值、教育价值和价值教育》一文中对教育价值与价值教育两个概念做出了区分，认为价值教育是"教育实践活动的一种类型，是人们在正确的教育价值观的引导下所从事的教育实践活动的一种称谓"③。王逢贤则指出价值教育需要从价值分类中寻求依据，他进而把价值教育定义为"是促进人的价值素质发展的高级社会活动……尤应将人的价值创造意识和能力作为强项，显示出人的价值可贵之点……价值教育的实质是创造人的价值的教育或真善美的人的创价教育"④。吴亚林将价值教育概括为"旨在发现人、寻求人的归属和提升人的生命意义与人生境界的教育"⑤。以上学者总体上是在较为抽象的价值意义上对价值教育做出一定形式化定义，对于人们认识价值教育的价值性基础是有启发的。石中英在《价值教育的时代使命》一文中首先肯定价值教育是完整教育活动的一个组成部分，区别于

---

① Bill Bobb，"What is Values Education-And So What?"*The Journal of Values Education*，1998(1).

② [德]布雷钦卡：《信仰、道德和教育：规范哲学的考察》，彭正梅、张坤译，132页，上海，华东师范大学出版社，2008。

③ 王坤庆：《论价值、教育价值与价值教育》，载《华中师范大学学报(人文社会科学版)》，2003(4)。

④ 王逢贤：《价值教育及其在新世纪面临的挑战》，载《高等教育研究》，2000(5)。

⑤ 吴亚林：《价值与教育》，170页，北京，北京师范大学出版社，2009。

科学教育、知识教育、职业教育等教育形式。"价值教育所关注的不是学生有关事实性知识、程序性知识或与职业活动直接有关的知识与技能的获得，而是学生价值观念和价值态度的形成、价值理性的提升、价值信念的建立以及基于正确价值原则的生活方式的形成。"①这个定义切入价值、知识、技术等在人的发展中所具有的不同教育意义，侧重于人的价值精神构成方面的内涵，比较具体地指出了价值教育对人的发展的价值目标要求。

价值教育无论是在理论研究还是在实践行动中，都受到了越来越广泛的关注。理论研究和实践要求推动了人们对价值教育内涵的进一步认识。很显然，价值教育概念的定义有很多不同的视角，即使没有给价值教育概念下一个操作性定义，只是对价值教育的范围与实施内容做出一定的概括，也在一定意义上为人们认识价值教育提供了大致的含义。如果一定要给价值教育做一个界定的话，至少需要考虑以下几个方面。第一，价值教育是全部教育活动中的重要内容构成，不管是以怎样的形式或方式，或显性或隐性，价值教育都是不可或缺的，具有特别价值。第二，教育是一种发展人的社会实践活动，价值教育突出的是教育对于人在价值发展上的要求，以人应该具有的价值精神自觉、价值实现与创造能力的培养为目的，价值教育中的价值对于教育活动的目的、内容以及方法方式具有前提性规定作用。第三，虽然价值教育在含义上可以进行历史性的回溯，但是，其作为一个完整的名称被提出来并反映为概念化的致思趋向是 20 世纪后期的事。也就是说，价值教育的提出具有特别鲜明的时代性与广泛共识性，印证了人们对价值问题的时代性关切，表达了人们对一定时代价值主题的自觉和期许。为什么在这个时候人们特别强调针对价值问题的教育行动？很显然，这与在人类文明进程中价值引领越来越显现重大意义有关系。价值自觉、新价值创造需要教育，教育需要有深切且深远的人类命运关怀精神。价值教育的提出是关切人类到底应该追求、创造怎样的新价值以及确立怎样的文明发展方式的重大问题。第四，价值教育概念的界定需要突出教育性，作为教育活动中的体现，还需要反映在人发展变化的心理结构上。

总之，价值教育概念的界定需要看到其国际背景，必须考虑其提出的时代性要求及未来意义，并且要与教育的功能性发挥联系起来。价值教育是对人价值发展的引领，价值性、教育性是其根本属性。基于上述考虑，我们把价值教育界定为：人们在一定的社会文化背景下，针对一定的价值主题、面向人类文明未来的价值需求而实施的旨在促进人的价值自觉、提升人的价值实现和价值创造能力的教育活动。

---

① 石中英：《价值教育的时代使命》，载《中国民族教育》，2009(1)。

(二)价值教育的基本特征

1. 人本性

无论是价值教育中的价值主体，还是价值教育中的教育主体，都是对人而言的。价值主体是指在价值实践活动中主动地作用于对象的人。人是价值的根据，“人是人的最高本质”①，所以说，价值是属人的，人是价值主体。“没有人，在人之前或之外，根本无所谓价值；离开了人，拒绝从人出发，拒绝以人的尺度为尺度，以人的生活实践为依据，价值也不可能得到适切的说明。”②从物质价值和精神价值、目的价值和工具价值的基本价值类型来看，人的价值是内在的、根本的。人不仅是价值活动的出发点，还是价值活动的根本目的，“人的价值就在于把自己创造为真正的人”③。价值是针对人而言的，因此，价值观对于人的价值实践活动来说很重要。价值观是人们对价值的基本看法和观点，价值观的形成离不开人的价值认识和价值判断，而价值判断离不开人的生存发展需要。价值观是人自身在生产生活实践中形成的，是以人为根据的，现代人本主义哲学更加确认了这一点。价值教育作为一种教育实践活动，其教育主体也应该是以人为本的。如果价值教育不能确立人的主体性地位，那么价值教育就失去了人的价值发展的基础和意义。可以说，相较于科学教育、技术教育等各种专业教育，价值教育更体现人性关怀精神，突出人的价值立场和发展价值，突出人类文明的精神内涵。

人本性的价值教育是对工具价值主导下的物本价值观和功利性教育价值观的克服与超越。价值追求被物欲牵制，人的主体性价值式微，因而人的价值发展以及价值教育需要立足于人的根本意义。价值教育需要面对每个独立个体，而个体之间具有一定的个性差异，并且在一定时代中不同个体的价值处境也是不同的，因而价值教育的人本性在具体的教育过程中体现出个体性的尊重原则。价值教育在以个体为教育主体和价值主体的现实意义上要突出个体差异性。当然，强调个体性也是以价值性为根据的，这也是价值教育的本质要求。人本性的价值教育不是极端的个人主义教育，而个人主义教育正是当今价值教育需要警惕和克服的。

2. 公共性

价值教育的公共性凸显了人类价值发展的时代性，是对现代性后果进行反思而产生的教育自觉。“公共性是现代公民社会之公共生活的本质属性，具有开放、平等与社群的特性，通过特定共同体成员理性、自觉的交互主体性行为与结构性互动而得以存

---

① 《马克思恩格斯选集》第一卷，16页，北京，人民出版社，2012。

② 孙伟平：《价值哲学方法论》，111页，北京，中国社会科学出版社，2008。

③ 高清海：《面向未来的马克思》，281页，北京，中央编译出版社，2018。

在。”①公共性一方面体现在个体能够自由地进入社会公共领域，与其他个体能够公平公正地享有公共资源；另一方面体现在社会能够真正确立起接受公众监督的价值理念与秩序原则。所以说，公共性或公共精神实质上是公共的价值体系。价值教育的公共性是对公共社会价值体系的维护、引领，体现在对个体公共价值精神的培养上。现代性的价值体现是以个人主义为基础的，其在反抗封建专制统治对人性的压迫中确实发挥了解放的意义。但是，随着现代资本社会的垄断性确立，个人主义助长了资本的任性和个体的自我中心与任意妄为，越来越远离个性解放的本义。因此，强调价值教育的公共性正是克服现代性文化危机的教育方法。

价值教育的公共性需要凸显公共关怀精神。对于个体而言，价值教育作为全体公民的教育，平等对待每个教育主体是公共性在教育中的体现，也是每个教育主体享有价值发展权利的保证。同时，价值教育在价值立足点上需要凸显共同体的价值准则和整体利益，强调个体对共同价值的认同。对于社会而言，价值教育的公共性体现为对公共价值秩序的引导和对社会公共价值精神及其规范的建设推进，在更高层次上通过共同理想、共同信念的教育来契合时代性的价值发展主题。公共性在当代人类社会发展中越来越显现出其人类性的价值关切。现代性价值主导下的发展是不可持续的，引发人、自然、社会之间的严重冲突。现代科技和资本逻辑统治下的经济生产和消费模式造成了生态危机、社会不平等以及族群之间的冲突。与此同时，在经济全球化发展越来越深入的背景下，人类社会也越来越成为相互依存的命运共同体。因此，社会公共性也走向了更为广阔的人类性。当今价值教育需要有更宽阔的视野，站在人类性的价值发展立场上，为破解当代人类发展的价值困境发挥引领作用。

3. 实践性

实践虽然是一个普遍使用的词语，但从关于实践的哲学史来看，它是一个非常复杂难解的概念。实践最基本的意思就是人的行为或活动，然而，由于人的行为所涉及的是人的全部生活世界，实践被赋予异常丰富的意蕴。人类文明发展到今天，人类的生活世界越来越变动不居，充满不确定性。人类理论思维活动对高度抽象的确定性追求与对现实生活的统一性要求也愈加显得乏力。理论的生命力在于实践，在于人的生活世界。人在不断建构生存与发展的关系活动即实践活动中不断提升自己的认知思维能力和创造生活世界的能力。实践是人的生存发展方式，对实践性的强调就是对人生活世界的现实性、丰富性、创造性的强调。

价值教育作为一种教育实践活动，实践性的意义就在于面对今天日益复杂的生活环境，通过教育与人感性生活活动的紧密联系，及时把握人类面临的生存性问题，推动和实现人的自我认识与价值自觉。“从人类意识最初萌发之时起，我们就发现一种对

① 袁祖社：《“公共性”的价值信念及其文化理想》，载《中国人民大学学报》，2007(1)。

生活的内向观察伴随着并补充着那种外向的观察。人类的文化越往后发展，这种内向观察就变得越加显著。”①自我认识的历史性深化过程就是人类自我价值意识不断觉醒的教育过程，是人类自身在不断创造新价值的过程中实现自我完善的历史使命的过程。价值教育虽然需要价值教育理论，但一方面，理论的生命力需要人的价值生活实践基础；另一方面，理论只有在生活实践中才能检验和发挥自身价值并推动自身的发展。价值教育过程也只有走进生活实践才能真正触及价值的真谛，推动人的价值素养发展。

三、价值教育与教育价值的统一：人的自由全面发展的价值实现

(一)作为历史过程的价值教育与教育价值

人以历史的方式不断延续与发展自身，不断丰富自身生命内涵。历史的运动过程就是人通过自己的实践活动不断创造属人的生活世界的过程。生活世界是意义和价值的世界，可以说，人的实践活动就是价值创造活动。价值创造离不开人的价值创造力，教育作为一种发展人的活动，其价值性就在于不断促进人的价值创造力生成。对于人类而言，价值创造力的发展是一个历史的过程，人以历史的方式不断展现自身的存在价值，这就意味着教育价值的实现也是一个历史的过程。从人类教育史和人类发展思想史来看，人类对自身发展的认识与实践是一个由素朴简单到复杂全面的历史过程，反映了人类的历史进步性。特别是到了现代社会，人的发展的理性取向、个性取向和全面发展趋向日益明显，教育对于促进人的发展也越来越具有全面的价值性。

就价值教育而言，历史性地审视，教育在发生意义上的前提就是把生产生活经验作为人的生存价值基础。教育与价值是同构的：没有价值，就没有教育；没有对人的价值发展要求，就没有教育。教育价值就体现在能够帮助和促进人的价值发展。教育价值实现的历史过程逻辑性地确证了人类价值发展对于价值教育的历史性推动。教育价值活动本身内在地包含了特定的价值教育主题。虽然在20世纪末之前人类教育史上并没有确切的价值教育指称，但是，价值教育已经嵌入教育价值实现的历史过程。价值教育在现当代的明确提出正是人类社会在价值追求与发展上的历史性使然。

(二)价值教育与教育价值的统一

现代社会的历史运动已经证明，现代性价值体系引发了严重的人类生存危机，资本逻辑统治下的异化了的生产劳动破坏了人自由自觉的本质属性和身心健全发展，当代人类社会在快速发展中正面临着全新价值课题。这些对教育更充分地实现推动人的

---

① ［美］卡西尔：《人论》，甘阳译，5页，上海，上海译文出版社，1985。

发展和人类社会发展的价值提出了挑战。同时，价值教育的理论与实践为丰富教育的内涵和扩展教育的价值取向及实践路径带来了生机与活力。在现实的层面，当今人类的教育在促进人的发展的价值取向上不可避免地带有鲜明的时代局限性，人的发展依然是片面的，甚至是异化的。价值教育基于人类在发展中面临的时代性价值困扰，提出教育行动的价值选择。无论是价值教育还是教育价值，都需要以辩证的历史眼光、以人的自由全面发展为最高价值指向。

从马克思历史唯物主义中可以看出，走向“建立在个人全面发展和他们共同的、社会的生产能力成为从属于他们的社会财富这一基础上的自由个性”①的新阶段是人类社会发展的历史趋势。“人以一种全面的方式，就是说，作为一个总体的人，占有自己的全面的本质。”②人的自由全面发展的主要内容包括：“人的关系的自由而全面发展、人的素质的自由而全面发展、人的能力的自由而全面发展、人的个性的自由而全面发展。”③

从价值教育看，价值教育中的价值指向既要看到现实性的人的价值发展面临的紧迫要求，又要看到人的自由全面发展的历史目的。人的自由全面发展的价值实现是一个历史过程，价值教育中的价值理想就在于以实现人的自由全面发展为价值旨归，引领价值教育实践，推动人类价值发展。从教育价值看，人的自由全面发展为教育价值的实现确立了历史性的理想价值支撑，教育在不断促进人的自由全面发展的历史进程中实现自身的价值。人的自由全面发展是价值教育和教育价值相统一的价值纲领。

本章小结

价值是价值哲学研究的最基本范畴。价值哲学主要围绕人作为价值主体来展开研究。人之为人的存在性就在于价值性。人的价值活动从根本上来说体现为人的创造性活动。价值是人作为主体在与对象化的客体所构成的实践关系中创造出来的、合目的需要的一切成果。价值表征了人的存在方式。教育价值是教育价值论研究的基本课题。教育价值概念已经被教育基础理论和教育哲学确认为其概念体系中的一个核心概念。在教育价值论立场上，个人主义教育价值论、社群主义教育价值论和马克思主义教育价值论是其主要的理论派别。现代教育价值有其局限性，现代性的工具价值取向是现代教育价值偏误的价值论根源。

---

① 《马克思恩格斯文集》第八卷，52页，北京，人民出版社，2009。
② 《马克思恩格斯全集》第三卷，303页，北京，人民出版社，2002。
③ 陈志尚：《人的自由全面发展论》，90页，北京，中国人民大学出版社，2004。

价值教育的提出具有特定的历史文化语境，具有很强的文化针对性和价值境遇性。价值教育是人们在一定的社会文化背景下，针对一定的价值主题，面向人类文明未来的价值需求而实施的，旨在促进人的价值自觉、提升人的价值实现和价值创造能力的教育活动。人的自由全面发展是价值教育和教育价值历史性统一的价值纲领。

章后练习

1. 案例分析

《国家中长期教育改革和发展规划纲要(2010—2020年)》明确提出“优先发展、育人为本、改革创新、促进公平、提高质量”的工作方针。习近平总书记在党的十九大报告中也明确指出：“建设教育强国是中华民族伟大复兴的基础工程，必须把教育事业放在优先位置，深化教育改革，加快教育现代化，办好人民满意的教育。要全面贯彻党的教育方针，落实立德树人根本任务，发展素质教育，推进教育公平，培养德智体美全面发展的社会主义建设者和接班人。”

请结合本章教育理论分析回答：我们应该坚持怎样的教育价值论立场？我国学生在价值发展方面存在哪些问题？在教育的社会价值方面需要致力于怎样的教育价值建设？

2. 简答题

(1)阐述现代教育价值论的主要派别及主要观点。

(2)简述教育价值与价值教育的区别与关联。

(3)从现代性的视角阐述现代教育价值的历史局限性。

延伸阅读

[1]布雷钦卡．信仰、道德和教育：规范哲学的考察[M]．彭正梅，张坤，译．上海：华东师范大学出版社，2008.

[2]李德顺．价值论：一种主体性的研究[M]．3版．北京：中国人民大学出版社，2013.

[3]联合国教科文组织．反思教育：向“全球共同利益”的理念转变？[M]．北京：教育科学出版社，2017.

[4]陆有铨．现代西方教育哲学[M]．郑州：河南教育出版社，1993.

第四章

变革与哲学

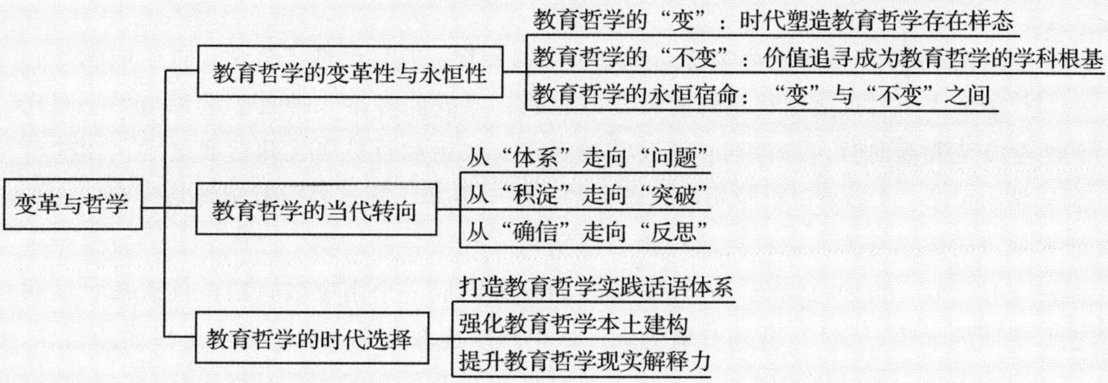
变革与哲学
教育哲学的变革性与永恒性
教育哲学的“变”：时代塑造教育哲学存在样态
教育哲学的“不变”：价值追寻成为教育哲学的学科根基
教育哲学的永恒宿命：“变”与“不变”之间
教育哲学的当代转向
从“体系”走向“问题”
从“积淀”走向“突破”
从“确信”走向“反思”
教育哲学的时代选择
打造教育哲学实践话语体系
强化教育哲学本土建构
提升教育哲学现实解释力

章前导语

任何事物都处于不断变化发展的永恒运动之中，尽管这一论断的正确性大有可议之处，但实践证明，将事物置于发展与变化之中进行审视确实可以推动知识乃至广义上社会的进步。教育哲学作为哲学的一种特殊形式，始终处于时代的滚滚洪流中，它在时代中成长，也在发展中革新，但总体上看，受制于学科本性，教育哲学的革新也非根本性的，它总是围绕着自身关于价值的追问这一根本命题进行反思和超越。教育哲学的时代转向不断驱使研究者将目光从体系转向问题，从积淀转为突破，从确信迈向反思。教育哲学的每次进步都是哲学试图把握时代教育精神的产物，也是个体面对时代诉求不断上下求索的结果。

第一节
教育哲学的变革性与永恒性

“每种哲学并不是凭空产生的，而是时代的产物，时代创造了哲学，哲学能满足它的时代的要求，时代决定和制约着哲学的主题，当我们考察一种哲学学说与一个时代的哲学主流和倾向时，只有把它放在它的经济、政治和科技等文化背景之中，才能得到科学的说明。”[①]如果说哲学是时代精神的总结与升华，那么教育哲学就是教育现实与教育规律的思想凝聚，是灵动的理念与厚重的实践结合的产物。总体上看，教育哲学是一个时代教育精神的代表，它以其特有的方式汇成一个国家教育精神的底蕴，反映教育生活的本质与特点。它虽然能为人们认识和改造教育实践提供方法论层面的指导，但从根本上受所处时代的限制与束缚。教育哲学与变革之间的关系极为复杂，尽管时代的变革催生教育哲学的转向，但教育哲学对教育的价值、本质和意义等理念性问题的追问与反思始终是其最根本的学科属性，也是教育哲学不变的本质追求。身处“变”与“不变”之间的紧张关系中便成为教育哲学的命运。

一、教育哲学的“变”：时代塑造教育哲学存在样态

时代的发展在事实层面决定了教育哲学的发展范围、主导问题和研究层次，换言

① 杨寿堪：《论哲学的时代性》，载《北京师范大学学报（社会科学版）》，1998(2)。

之，时代决定了教育哲学的存在样态。教育哲学是处在一定时代条件下的人在反思教育理念和把握教育现象的相互关系之基础上形成的理论成果，教育哲学的进步不断推动人向真理前进，并且在这一过程中实现研究范式上的转换和理论层次上的飞跃。教育哲学和其他学科一样，是一种充满历史性和时代性的学科，它既是关于人的教育思想与教育发展的最新理论总结，也是历史与现实因素在教育思想领域的厚重沉淀。作为一种特殊的学科，教育哲学深受时代条件的制约。“时代精神只能从属于它的时代，因此每一哲学都是它的时代的哲学，它是精神发展的全部锁链里面的一环，因此它只能满足于那适合于它的时代的要求或兴趣。”[①]每当一个时代的主导精神和现实状况发生重大变化，就会有新的哲学观念形成，新的哲学观念会对其他领域的变革产生指引作用；当它进入教育领域时，往往会引起教育哲学精神的震动，这种震动不仅是对旧的教育哲学的冲击，也会引发人们头脑中教育理念的更替。时代变革是教育哲学理论的生命力来源，只有不断把握新的时代精神，教育哲学理论才能跟上时代发展的步伐，进而发挥其超越性价值。

任何一种有生命力的教育哲学都不是教育哲学家们在书斋中苦思冥想的结果，而是个体基于对时代、社会和世界教育发展与变化的思考而深入理论化与逻辑化的产物，它凝聚于某种哲学范畴，同时用充满哲学气息的词汇和概念表达出来。换言之，所有教育哲学几乎都始终无法逃脱时代的规范和制约。教育哲学的历史并不只是教育哲学观点和相关人物的历史，后者只是教育哲学的外在表现形式和存在依托，其内在的闪光点和特殊价值都源于对一个时代的教育问题的追问与反思，任何教育哲学领域研究问题和解决策略的出现都和社会环境、时代特点及教育主体的发展密切相关。

教育哲学与时代的密切关系还表现在任何一个教育哲学家在学术史中的地位是由其分析和解决自身时代的教育问题的意识与能力决定的，当一个人有能力把教育的问题与时代的问题紧密结合时，其思想的创造性和创新力便会令人信服地展现。从根本上说，这种创造力既源于个体强大的洞察力与能动性，也与时代为之创造的现实条件密不可分。教育是社会生活的重要组成部分。“纯而又纯的教育并不存在，任何教育都不可避免地刻有政治、经济、文化等其他社会因素的深深印记，进一步而言，任何教育中都有政治、经济、文化等其他社会因素近乎天然的‘介入’或‘加盟’。”[②]源于现实生活的教育哲学并不仅是对现实教育生活的经验性描述，也是对教育生活的批判性反思和理想性引导。只有超越感觉的杂多性、表象的流变性、情感的狭隘性和意愿的主观性，从更高层次和更深视角去反映与透视教育现实，并且积极引导教育实践，教育哲

① 邓安庆：《哲学的历史性与时代性——重新思考“哲学史就是哲学”这一命题的意义》，载《河南社会科学》，2007(1)。

② 吴康宁：《教育究竟是什么——教育与社会的关系再审思》，载《教育研究》，2016(8)。

学才能在思想中把握时代教育精神。

人类历史在不同时代接续更迭，教育哲学同样连绵不绝，这种连续并不是简单重复教育历史，而是在不断否定中批判、修正并提升对当下教育生存和发展规律的认知；换言之，教育哲学是面向时代的，也是与时代的发展并行的。如果有人以有限的认识能力试图把握无穷复杂的整个人类时代的教育实践，那么其得出的结果必然是空洞抽象且缺乏深刻性的。从教育发展的规律看，时代性是任何教育哲学理论都不能逃脱的，教育哲学家所能构建的只是属于他那个时代的教育哲学，时代塑造了教育哲学的存在样态。尽管各个国家或地区的发展不是一成不变的，在某个阶段表现出的具体特征也并不相同，而且这一理念在不同国家或地区的演进逻辑存在差异，但总体上看，教育哲学的更新步骤和演进历程是很难进行跨越式发展的，就像人无法揪着自己的头发使自己脱离地面一样。时代性塑造了教育哲学的风格和气象，不同时代的教育哲学家只能认识不同时代的教育的本质，很少或许根本没有人能够摆脱时代的束缚而构思出教育发展的终极认识。如果有人进行这种尝试，那么他或许不是理性的“狂人”，就是道德的“假人”。

二、教育哲学的“不变”：价值追寻成为教育哲学的学科根基

教育哲学学科最根本的属性是对教育价值问题的追问，这种追问在本质上是想得到教育对于人存在于世的价值性这一终极问题的答案。在进行价值追问时，教育哲学强调要穿透在日常生活中显现的教育现象，通过剖析常识、现象和枝节，使人们懂得教育存在的最大价值和根本意义。意义性形成了教育哲学区别于一般教育学科的本质特征。一般而言，教育哲学的价值不是发现教育事实和解决教育问题，而是在对事实进行解析的基础上提出新的追问，同时对教育过程中起着潜在促进作用的真善美规则进行探究和思考。从这一角度来看，尽管教育哲学深受时代性的影响而不断进行多维度的变革，但对教育价值问题的追问奠定了教育哲学的学科之基，无论教育哲学身处哪个时代，这种追问都规范和圈定着教育哲学的发展，这是教育哲学永恒不变的学科属性。

教育哲学是其所处时代既有精神的客观显现，它深受不断变化的教育实践的影响，也因时代的风起云涌而不断发生研究范式与理念上的变革；换言之，教育哲学就像其他哲学观念一样随着时代变迁而不断发生深层次转向。然而，尽管教育哲学的转向无时无刻不进行着，这门学科的核心诉求却始终聚焦于价值理念。“教育哲学的核心是教育的价值问题，它不是既定的知识，不是现成的结论，不是实例的解说，不是枯燥的条文，而是追问教育观念的前提，探寻教育常识的根据，反思历史进步的尺度，推敲

评价真善美的标准。”[①]教育哲学主导精神的变化往往和时代要求的更新紧密相关，每个时代的教育哲学都是对教育问题在特定历史条件下给出的具体答案，这一答案或是实践层面的经验总结，或是对前人的回答进行的反思。随着人们追问力度的加大，针对一个时代的教育问题的思考方式变得更为多元和开放，而教育哲学就永远处于对这些问题的追问之中——教育哲学不断进入问题从而获得自身。[②]教育哲学源于生活实践，源于对一个时代迫切教育问题的理论自觉，每个时代的教育都有时代性的生存困境，真正的教育哲学之所以具有深刻性与生命力，就是因为它自觉地体悟到所处时代教育的生存困境，自觉地捕捉到时代变革引发的教育迫切问题的转移，自觉地把教育的时代性问题升华为理论形态的超越性思考，这种思考真正奠定了教育哲学的学科基础，成为各种表层流变之下的不变根基。

时代精神的变革往往引发社会在价值观念层面上的变化，身处其中的教育哲学必须扎根于教育现实，同时将重点置于对时代教育价值的追问上。价值层面的变革很多时候会引发教育哲学在研究理念和主导精神上的变化。“教育哲学以教育价值命题作为自身独特的研究对象，必然要及时反映时代旋律，准确把握时代脉搏，有效回应当今世界的教育现实提出的重大理论和实践问题，若教育哲学能够对这些价值问题进行反思，必定会促进当代中国教育改革的发展，引领教育实践朝向人们认同的理想目标迈进，教育哲学将成为时代的精神哲学。”[③]受制于时代发展的需要，教育哲学并不仅仅反映和体现时代教育精神，更重要的是塑造和引导教育理念，后者的实现需要教育哲学不断进行理论创新，而这种创新又扎根于个体所处的时代条件。任何一种新的教育哲学理论都凝聚着个体所意识到的时代对人与教育相互关系的外在框定，都贯穿着个性化的对时代与教育相互关系的解释原则和概念框架，都潜藏着用来观照人与教育关系的时代性的价值观念、审美意识和终极关怀。教育哲学总需要创新，这种创新实质上就是教育哲学家以新的教育哲学理念和思维方式为人类展现新的教育世界、提示新的教育理想、提供新的教育理念，而所有创造活动的基础就是创新者对时代特别是时代精神的把握，这也是教育哲学作为一门独特学科的根本价值所在。

教育哲学既反映教育价值的新发展，也体现时代对教育的新需求。教育哲学不只是教育的哲学，也是时代的哲学，当个体选择进入教育哲学时，也不自觉地进入他所处的时代。教育哲学思想的产生是人反思教育并将自我的教育认识与客观的教育对象相结合的结果，它超脱于一般的教育技术性问题，但又是以服务人类教育活动的生存和发展为目标的。尽管从总体上看，教育哲学在进行着各式各样的变革，但教育哲学

① 陆有铨：《教育的哲思与审视》，459页，北京，人民教育出版社，2016。

② 高伟：《论当代教育哲学的“问题哲学”转向》，载《陕西师范大学学报(哲学社会科学版)》，2012(1)。

③ 刘燕楠：《当代教育哲学研究的问题走向：视域、立场与观点》，载《教育研究》，2017(3)。

的使命并没有发生根本性改变，这表现在教育哲学的价值并不在于告知人们客观教育对象的存在样态，而是向人们揭示只有遵循怎样的认识规律和方法才能使教育成为更好的可能，因此，相对于具体学科知识而言，教育哲学具有更高的指导地位和更大的理念引导意义。

教育哲学始终站在具体时代教育环境中思考认识以及认识与对象的相互关系。因此，一定时代的哲学以什么样的内容和方式去调整人们的教育理念从而帮助人们更好地改造教育实践并不取决于教育哲学家的主观构想，而必须从时代的本质和社会的发展趋势中寻找。受限于现实因素，每个时代往往只有一种主导的哲学观念，它是特定历史阶段社会主要矛盾集中体现的时代精神的概括，也是社会主要矛盾中处于主要矛盾方面的阶级或社会势力的利益和意志的集合。① 教育哲学理论的产生总是对历史地发展着的人类思维深层内在结构的具体反映。人的教育观念是伴随人类实践活动的深入而不断演化的，教育哲学思维的任务就是从特定时代教育的诸多具体思维形象和思维过程中揭示这一时代的人们所达到的思维的最高普遍性，因此，所有教育哲学理论都是人们一定教育实践和认识水平的逻辑概括和思维创造。换言之，教育哲学理论永远是具体的和时代的产物，完善的教育哲学理论只存在于人类思想史的愿景之中，而不存在于真实的现实之中。教育哲学要紧紧把握时代脉搏，它既需要通过扎根教育现场来创获具体认识成果，也必须在更高理论层面上对产生它的特定实践和时代进行掌握。由于实践和时代的持续变化，教育哲学理论自身不可避免地产生不合时宜性，因此，唯有牢固确立追寻价值问题的学科视角，教育哲学才能傲然挺立于教育学众多学科之中。

三、教育哲学的永恒宿命："变"与"不变"之间

哲学是知识的特殊存在形式之一，教育哲学是特定时期的个体与群体关于教育知识的理性思考的产物。古今中外的历史表明，任何有价值的教育哲学思想都是对现实诉求的回应。教育哲学思想能够领先于时代，也能创造时代发展的客观条件，但最终难以摆脱时代的枷锁，这是教育哲学的限度，也是整个人类思想的局限。教育哲学理论并不是一成不变的，它须臾不能离开人类社会教育活动的特定内容和方式，也受制于人类认识对教育现实和教育问题的时代性理解和把握。任何教育哲学都可以从它产生的时代中找到自身赖以存在的根据，在不同的历史条件下，人们认识的教育问题和改造的教育世界是不同的，同时，这种认识和改造的深度、广度及最终结果都是不尽相同的，这种差异构成了不同时代的教育相互区别的特殊本质。

---

① 刘永佶：《哲学的时代性与时代的哲学》，载《社会科学论坛（学术评论卷）》，2009(12)。

早在古希腊时期，教育先贤们便已开始争论一个问题：教育是应该反映普遍真理，还是应该反映生活在不同时期不同地方的人具有的不同信念？[①] 柏拉图认为，真理是恒久不变的，而智者派强调任何事情都相对于时间和情境而存在，同样的问题到今天仍存在争议。那些主张应在学校中向学生灌输普遍道德价值观的人和那些希望学生形成自身特有道德价值观的人之间的矛盾仍难以调和：前者强调真理是普遍永恒的，人类在追求真理的过程中会得出相同的普遍观念和价值观，我们应围绕永恒真理和普遍价值来制订教育计划，学校应重视对特定的文化和政治因素的批判与超越，要在哲学、文学和科学等科目中传递普遍真理与永恒价值观；后者则将真理看成人们暂时性的对知识的认识，这种认识或许是"真"的，却是相对的，教育是一种帮助学生满足实际需求的工具，人们应根据需要来筹划教育，建构主义在教育中的流行是这种观点在教育领域的胜利。

实际上，教育哲学的出现体现出教育与时代关系的复杂性，时代在变，教育作为社会的组成部分不得不与之同步，这从根本上决定了教育哲学处于永恒变化中。与此同时，作为一种精神性、理念性和反思性的追问之学，对于教育价值的追问、对于理想教育的探寻、对于更好教育生活的贯彻都是教育哲学不同于其他教育学科的特殊性所在，尽管每个时代的具体情况不同，教育哲学还是不能也不应丢掉自身对价值问题的探索，这是教育哲学不能忘记和丢失的本分。"变"与"不变"是作为学科的教育哲学面临的永恒难题。

第二节
教育哲学的当代转向

每个时代都有其独特的时代精神，而教育精神是时代精神的重要组成部分，时代精神的转变要求教育理念和实践随之进行调整，这种调整又是以客观性和主观性在思维、行动和存在状态等领域的相互碰撞为发展动力的。20 世纪中期以来，随着人类生产方式和生活样态发生深刻变革，作为教育哲学理念土壤的哲学思想正经历深刻的内在嬗变——哲学的研究理念、范式、方法和价值取向都在调整。有学者将哲学理论变化归结为：从"大写"到"小写"，从"贵族"到"平民"，从"认识"到"存在"，从"规范"到

---

① [美]艾伦·奥恩斯坦、[美]丹尼尔·莱文、[美]杰拉尔德·古泰克：《教育基础(第十一版)》，苏娟译，81 页，南京，江苏教育出版社，2013。

“解放”，从“抽象”到“具体”。[1] 当代教育哲学因而呈现出不同以往的发展面貌，在某种意义上，教育哲学正在进行新的转向。

教育哲学的转向从根本上说受到了现代性的影响。作为一种时代思潮，现代性具有不同于以往任何一种社会思想的特征。现代性被看作一种时间向度，它只有在一种不可逆转的历史性时间意识框架中才可以被界说，这种视角的现代性既标示着时间维度上的与其他历史时期的界限，也展示着其在内在气质上与其他历史阶段的断裂。福柯把现代性描述为一种“态度”，他认为现代性并非仅仅是一个具体的历史阶段，“态度”指的是与现实相联系的模式，一种由特定人民所做的志愿的选择，代表一种思想和感觉的方式，也就是人面对现代事物所表现出来的行为和举止的方式。[2] 从哲学意义上看，现代性主要是一套思想观念与行为方式，它促成现代化，同时又在现代化的过程中表现为结果，并相应地形成现代人的特有人格，以及社会在经济、政治、文化等方面的特定属性。理性与批判是现代性最基本的特征，康德概括地表达了启蒙运动的内涵：“启蒙运动就是人类脱离自己所加之于自己的不成熟状态，不成熟状态就是不经别人的引导，就对运用自己的理智无能为力。”[3]康德强调理性的力量，认为人类可以不再依靠信仰主义，而运用理性达成对事物的认识，批判与反思成为认识与改造世界的重要手段，这是对现代性的最深刻表达。现代性的影响已经贯穿人类社会的方方面面，它改变了人们的思想及行事方式，当教育哲学遭遇现代性时，必然会在内部众多方面发生深层次的转向。

一、从“体系”走向“问题”

受到思辨取向的影响，教育哲学在研究问题的选择上曾以追求体系性为指导原则，并不关注来自教育现场的实际或具体的问题。受现代性的影响，教育哲学在研究取向上逐渐告别体系性宏大的研究范式，开始越来越多地强调问题意识与解决问题的能力，教育哲学的“问题哲学”转向已经成为一种不可忽视的潮流。将构建体系视为研究的重点并将具体问题的地位弱化是传统教育哲学长期秉持的价值取向，这种价值观反映出西方哲学“主客二分”与“主客对立”的研究假设。教育哲学一旦接受这种二元对立的设定，在选择研究对象时必然倾向于逻辑清晰、叙事宏大的体系性问题，而对于复杂多样但鲜活的具体问题则缺乏兴趣，结果就是教育哲学与教育现实的距离越来越远。脱离对具体教育问题的研究，教育哲学就陷入“空对空”的论述陷阱。一方面，研究者热

---

① 石中英：《教育哲学》，18～23页，北京，北京师范大学出版社，2007。

② 汪晖、陈燕谷：《文化与公共性》，430页，北京，生活·读书·新知三联书店，1998。

③ [德]康德：《历史理性批判文集》，何兆武译，153页，北京，商务印书馆，1990。

衷于理念问题的探讨，并将哲学上的一般问题，如人性问题、价值问题、认识问题等，作为教育最重要的议题；另一方面，真实教育世界的参与者将教育哲学的理解标签化，许多教师把教育哲学看成一门空洞说教的“无用之学”。

有学者对未来教育哲学的发展做出了预言：“21 世纪的教育哲学研究所有的教育问题，可以以任何一个真实的具体的教育问题为起点，正是这些具体的每日困扰着教育者们的教育问题才是教育哲学研究的对象。”①教育哲学不能回避具体问题的理念目前已经得到越来越多人的认同，从某种程度上说，并没有什么完全超越具体问题的“普遍体系”，只有一个个具体问题叠加起来的“一般问题”。在价值位次上，“体系”也绝不比“问题”更重要，最起码两者之间不存在等级关系。在实际生活中，人们对教育哲学的质疑主要集中于以下三点：第一，教育哲学研究侧重于概念和范畴的思辨，忽视或远离教育实践的需要，现实针对性和实践性不强，教师不清楚教育哲学对教育实践来说到底有何种用途；第二，教育哲学成果的语言太抽象、难以理解，给人以佶屈聱牙之感，这与研究者在文字风格上过分追求哲学化的风气有关；第三，教育哲学在数次教育改革中并没有发挥积极作用，教育哲学从业者也没有亲身参与教育改革一线的尝试，理论与实践的分离使得教育研究在学科上越来越偏向于少数人自娱自乐，其生存和发展空间不断收缩。实践证明，当教育哲学不再讨论那些抽象的“理论体系”，而是探讨与每位教师的教育生活密切相关的“具体问题”时，教育哲学会具有更强的生命力和创造力。

问题对于教育哲学的优先性关涉教育哲学的本性，人们对教育问题的追问并非一劳永逸，教育哲学对教育真理的寻求永远都悬而未决，这正是教育哲学与一切教育科学的本质区别，也是教育哲学的本性。我们对问题的理解并不能超越我们所处的并由此进行理解的具体历史条件，所谓超立场的立场只不过是一种幻觉。哲学意识困惑的典型表现就是当其面对历史主义时躲进抽象的问题概念而看不到那种问题以怎样的方式存在。当下教育哲学常奢谈永恒的理念体系问题，并以拒斥历史主义来占领话语高地。教育哲学对于问题的追问并非马马虎虎的，而关涉教育哲学的安身立命。换言之，教育哲学所追问的问题必须是有意义的具体问题。教育哲学致力于分析和澄清具体教育中的核心概念和问题。对于这些永恒的具体教育问题，教育哲学不求一劳永逸，而是为了人类的福祉和未来做出尽可能认真的回答，面向具体问题的教育哲学意味着面向教育事实本身，而教育哲学愈植根于对具体教育事实的分析，就愈能展现教育哲学之为教育哲学的本真价值。走向问题的教育哲学并不是某种不证而明的东西，现代哲学正发生着一场深刻的变革，以人的转向、生存论转向、价值转向、文化哲学转向、语言学转向等为代表的具有“家族相似”意义的一系列哲学转向都内在地揭示了哲学整

① 石中英：《教育哲学》，24 页，北京，北京师范大学出版社，2007。

体性的范式转换。哲学自身的变革为人们对待哲学的态度即哲学观提供了全新的思考方案。无论这些方案在取向上如何迥异，有一点总是明确的，那就是这些学说的内在关联都指向问题，这一背景无疑启发了教育哲学的自我反思。但走向具体问题的教育哲学并非马马虎虎地依从于这一转向的潮流，而是基于它自身的理论自觉和实践需要。这就意味着教育哲学必须关注社会实践中发生的具体问题，从现实的人及其历史发展出发去看待具体的教育现象。

回归生活世界的教育首先袒露了教育从生活世界中的“脱离”，走向具体的教育哲学不是对教育哲学的“消解”而是“再生”。它是教育哲学重新获得荣耀的涅槃，也是教育哲学真正沉思的担当。① 当教育的种种理论体系大行其道时，哲学可能正从教育中抽身而退。走向具体问题的教育哲学意味着教育哲学的取向是提供新的教育洞见，而不是满足于华丽的说辞或诸种貌似玄虚实则空洞的“奇思妙想”。教育哲学必须走向具体的生活实践，以文化哲学与社会哲学的视野观照当下的文化心理和社会机制。为此，教育哲学必须打破玄思的沾沾自喜而融合具体科学与文化研究，这是现代哲学发展的大势所趋。如果教育哲学仍然对当下人的具体生存状况知之甚少，仍然无力面对教育在文化冲突与文化发展中暴露出来的一系列问题，那么这种干枯的木乃伊式的教育哲学也将失去它的活力，从而失去它在当下的言说价值。走向具体问题的教育哲学意味着教育哲学的生活世界取向，回归生活世界是教育哲学的一次伟大进步。这一理念对教育哲学来说不是说说而已，而是一种深刻的范式转换，它意味着：一方面，教育哲学必须从逻辑问题转向生活世界问题，这关涉对教育根本价值的理解；另一方面，是否回归生活世界决定了教育哲学是否虔诚地对待我们的生活，教育哲学承认教育的使命在于追求人类福祉、促进人类幸福，那么，抽象的幸福只有放在生活世界里才可能找到它的根基。

二、从“积淀”走向“突破”

作为一种与哲学密切相关的学科，教育哲学在源头上就与积淀性不可分割，事实上，积淀性形成了教育哲学不同于其他教育学科的重要特征，也塑造了人们对教育哲学的直观印象。教育哲学的研究者曾将历史研究法和理论沉淀作为教育哲学的指导理念，按照这一逻辑，教育哲学以知识获得和理念积累为根本目标，是哲学在教育领域的具体运用之学，它本质上不关心教育实践，而是从哲学维度来审视和批判实践。受限于哲学的积淀之风，教育哲学研究领域在很长时期里充满有关“历史理论”“名家命题”“基本假设”等概念的探讨，通过这些概念来揭示一般规律成为教育哲学的学科取

① 高伟：《论当代教育哲学的“问题哲学”转向》，载《陕西师范大学学报(哲学社会科学版)》，2012(1)。

向，这种研究风气曾在教育哲学中占据主流地位。受现代性深入发展的影响，教育哲学近年来在研究取向上更加强调尊重教育实践与走向教育世界，试图为教育实践找到更贴合与适用的突破性理论解释，从“积淀”走向“突破”已经成为当代教育哲学最重要的发展转向。

积淀性的规范化教育哲学在研究理念上存在先天局限性，它不仅基本没包括对教育技术的洞察，而且基本没包括具体的和良好的规范。将经验性科学和规范性哲学合并至一个学科是极为困难的，这种困难导致教育计划和实际内容之间的矛盾。[①] 教育哲学的实践突破性主要是指教育哲学主动为实践服务，它既要服务于教育领域和教育世界，也要服务于社会实践和生活实践，要为实践问题的解决寻找真正的理论突破点。当下教育哲学有两种研究范式：一是追求普遍性知识的、充满思辨色彩的理论哲学；二是关注生命价值和现实世界的实践哲学。前者是形而上学的，后者偏重经验性与现实性。形而上学虽然为教育实践的改革提供了思想依据，但是在研究取向上确实倾向于对教育“永恒问题”的追问，至于教育实践，则并不处于较为重要的位置。就发展趋势而言，形而上学的教育哲学取向正遭到越来越多的批判，其影响正逐渐式微，其根本原因有两个：“虚假的形而上学”和“形而上学的虚假”。前者是指我们进行所谓形而上学的研究根本达不到形而上学的高度；后者是指形而上学的确有太多可疑之处。[②] 新时期的教育哲学在继承哲学思辨传统的基础上将目光聚焦于教育实践，目的是帮助教育场域的参与者重建教育生活的知识、能力与信念，从而更好地理解并改造与其密切相关的教育世界。新时期的教育哲学从追求“知识性”逐步走向追求“生活性”，这实际上是要完成从理念哲学向实践哲学的突破性转化，后者追求的最终目标是重塑人们在教育活动中的实践智慧，思辨的演练能够帮助人们以超越者的视角认识教育，实践的介入则能促使人们以主体的视角来解决教育问题。

教育是一种生活，是个体生活和社会生活中的一部分，要受到个体生活和社会生活的制约，也要为个体生活和社会生活服务。教育哲学的实践突破性有其历史必然性。第一，对教育的任何言说都不能离开人的劳动生产实践，这是教育乃至人类文明产生的前提条件与根源。当前教育哲学研究似乎羞于谈及物质生产生活，但这种对“庸俗”的逃避恰恰是对理性的拒绝，因为人类的物质生产生活决定了人类的生活方式。二是无论教育哲学多么玄虚，它总不能有悖于常识，教育中的人以及教育所思考的人是处于现实中的、可以通过经验观察到的、发展过程中的人。如果教育哲学仅停留于概念的、逻辑的思辨，那么教育哲学就只是头脑中的概念风暴，是想象的。教育的真相在常识之中而非在对真理的构造之中。教育哲学思辨不是用来满足理念的逻辑要求（比如

① ［德］布列钦卡：《教育知识的哲学》，杨明全、宋时春译，179页，上海，华东师范大学出版社，2006。
② 高伟：《论当代教育哲学的“问题哲学”转向》，载《陕西师范大学学报（哲学社会科学版）》，2012(1)。

批判)的，而必须是直面现实生活的。教育哲学与政治哲学和法律哲学一样是一种实践哲学，实践突破性正在成为教育哲学的主要特征，这是由实践的根基性地位决定的。教育哲学不但要为教育实践服务，还要以贴近实践为学科特色。只有真正认同教育哲学的实践突破性，才能正确处理教育哲学与哲学的界限，使得前者不至于沦落为后者的附庸。从实践性出发，教育哲学能够真正地理解教育生活，并把自己的研究视野从狭窄的教育领域扩展到个体乃至社会的广阔领域，进而直面各种矛盾的复杂关系。教育哲学在实践中的探索和发觉能够指导教育的价值选择和对教育问题的认识与理解，从而帮助教育实践，使人的社会生活更加完满。

教育哲学的实践突破性转向有着深刻的社会文化背景。“20 世纪 80 年代以来，教育哲学逐渐摆脱对分析哲学范式的方法论依赖，而逐渐向实践哲学靠拢，在此背景下，教育哲学的主流理论形态也从分析教育哲学向教育的实践哲学转变。这样一来，教育哲学理解教育的方式就从对一般性的教育概念、命题的语言分析转向关注教育实践。另一方面，由于社会历史环境的变化以及教育实践本身所面临的挑战，也要求教育哲学从实践的思维和观点出发来关涉总体性的教育实践。”①教育哲学的实践哲学转向意味着我们以实践哲学为基本视域，把实践哲学的基本范畴、概念、思维方式、价值逻辑等作为我们从整体上重新认知教育、批判性理解与反思教育的学理基础。转向实践哲学的教育哲学以实践、教育实践等为教育哲学的核心范畴，教育实践论势必成为一个极具现实意义的课题，进而打破教育目的论、教育本体论、教育价值论、教育认识论对传统教育哲学的分治局面。可以说，教育哲学的突破性转向奠定了教育实践论在教育哲学研究中的重要意义，为可能的新的教育世界观和方法论的产生提供了理论基础。

三、从“确信”走向“反思”

当代社会中的教育哲学理念普遍蕴含以否定性思维去分析和批判教育现实的倾向，这种倾向揭示了教育现实所蕴含的深层意义，以检讨各种教育理论为前提，以现实时代特色为背景，以在现实与理论多种可能性的某种交错点上展现人与世界之间的新的教育意义为特征，以发掘可供人们反省和选择的新的教育理想为目标。“人们对规范描述的教育学在确立教育目的、使其具体化并证明它们这些方面的表现很不满意，对它对教育行动的伦理学贡献同样不满意，原因主要与其在教育方面缺少充分的技术性知识有关。”②教育哲学在近百年的发展历程中有一个始终没有摆脱的主导观念，即作为哲学指导下的研究教育的学科，教育哲学存在的价值之一是要为教育“立法”，要为教育

① 夏剑：《实践哲学视域下的教育实践论研究》，博士学位论文，南京师范大学，2017。

② ［德］布列钦卡：《教育知识的哲学》，杨明全、宋时春译，178 页，上海，华东师范大学出版社，2006。

目的、价值、理念和方法提供牢固根基，这种寻求确信性的教育哲学理念已经很难获得人们在实践中的认同，越来越多的证据表明，反思性正取代确信性成为教育哲学的主导理念之一。

一般性的哲学学说很难获得“立法”的资格，许多教育哲学家试图通过从其他领域借来的理论来为复杂多元的教育场域寻求确定性的根据，规范的价值取向反映出教育哲学研究者的盲目自信与观念自大。从实践维度来看，各种教育哲学流派力图规范的努力不但没有达到预期目标，反而造成各方之间的冲突难以消除，规范的唯一性造成观念的独断性，在事实上引发教育实践的理念混乱。实际上，教育哲学存在的意义并不是为其他兄弟学科提供价值基石和理论基础，也很少会有学科把自身的价值根基溯源到某种教育哲学流派上，教育学科在现实中几乎演变成一种技术性学科，教育技术学、教育经济学、教育统计学等学科的出现绝不是因为技术与统计等回答了某种亘古不变的价值难题，未来的教育哲学应从规范的教育哲学走向反思的教育哲学，教育哲学的价值不是提供某种规范与指导，而是不断进行高质量的反思与批判。

教育哲学在研究路径上主要有两种：一是走思辨哲学和理论哲学之路，其基本特征是注重逻辑推理，目的则是建立一个具有内在逻辑一致性的教育哲学体系；二是走行动哲学和实践哲学之路，它并不试图建构新的教育哲学思想体系，而是引导人们通过反思去现实地改造教育世界。第一条路径是传统理性主义哲学的发展路径，第二条路径则是当代受人们推崇的行动哲学。“传统哲学路径试图以观念引导人类的发展方向，但是它所指引的路径和构建的逻辑体系是‘人为’的，其本身的前提及可靠性是可以被推敲和质疑的，甚至可能因为理念的高远而可望不可即。”①相较于这种试图“确立规范”和“指引方向”的努力，强调反思和实践取向的研究路径反而赋予教育哲学更强的生命力。反思性之所以重要，是因为教育哲学本身就是一种反思性的知识，它既不能指导人们的实践，也不会增加人们的认识，它的作用在于唤醒人们的意识，使人们重新审视自己已有的认识框架和行为模式，从而改变自己原有的教育生活，提升教育的质量。

哲学与反思之间存在复杂联系。“哲学所追究的本体并不是知识性的‘关于世界的根本观点’，而是构成这种根本观点的根据和标准，在人的思想过程中，作为思想的根据和标准的本体却是思想中的一只‘看不见的手’，揭示和辨析这只‘看不见的手’，也就是揭示和辨析构成思想的前提，并且进而批判和重构思想的前提，这就是哲学意义上的‘反思’，后者在其最直接的意义上，就是思想以自身为对象反过来而思之，也就是黑格尔所说的‘对思想的思想’。”②教育哲学的真正内涵是从哲学角度对教育现象进行

① 刘旭东：《论教育哲学的时代转向》，载《教育理论与实践》，2008(34)。
② 孙正聿：《当代中国的哲学观念变革》，载《中国社会科学》，2016(1)。

理论分析和内在反思，教育现实是教育哲学的地点而不是原材料，教育问题是教育哲学的对象，充满生命力的教育世界为教育哲学提供了永恒的思想来源。教育哲学是对教育现象的批判与反思，而不是规范与总结。

教育哲学的反思性主要有两层含义：一是教育哲学进行的研究并不像自然科学研究一样以追求价值中立和价值无涉为目标，而是把研究者、研究对象和研究场域所涉及的价值立场作为研究活动的重要内容，它们是对研究活动起着一定作用的相关变量；二是教育哲学的研究成果并不是一种描述性成果，而是反思性成果，是研究者不断进行反思的结果。如果没有反思性，教育哲学就很难找到其稳固的存在根基。“由于教育本来就应当是具有一定的理想性的实践活动，而理想是对现实的超越，因此，以质询、反思及否定为基轴的教育批判，便成了促使教育不断实现超越、通往理想状态的一个必要条件。”①教育哲学的研究不同于一般教育学科尝试进行的“科学研究”，真正意义的科学研究中，研究者是目光向外的，是以探求未知的外部世界和存在对象为目标的，研究者自身的观点、立场、态度和利益即使不是无关紧要的，也应处于“隔离状态”。教育哲学在本质上与科学研究的研究取向存在差异，它超越一般的主客两分的认识模式，并且在研究对象选择上不但不排斥个人因素的渗入，反而多由研究者根据自身条件予以选择。在研究过程中，教育哲学并不要求做到绝对的价值无涉，而要研究者不断地批判与反思自身的立场和观念，并且从这种反思中获得进一步研究的资源。换言之，教育哲学的研究并不是目光向外的，而是内外之间不断实行即时互动，反思成为这种活动的必要条件，也为研究者理解力、判断力和洞察力的提升提供基础。

第三节
教育哲学的时代选择

教育哲学的内容以反思的形式对时代的精神进行批判、反思和重建，最终引领时代教育精神。“教育哲学既是作为一般哲学理论应用的教育哲学之实践，亦是提升教育实践品质的基础理论哲学，它以相关的教育实践问题作为逻辑起点，并对教育研究自身进行哲学反思和建构，以便回到学科原点，去找寻教育研究的哲学基础。”②在新的时代背景下，教育哲学必须紧密结合时代发展方向，以新的理念、视角和维度来做好未来路径的选择工作。

---

① 吴康宁：《“教育批判”的困境》，载《教育研究与实验》，2004(4)。
② 刘燕楠：《当代教育哲学研究的问题走向：视域、立场与观点》，载《教育研究》，2017(3)。

一、打造教育哲学实践话语体系

教育实践是催生教育理论的必要条件，脱离教育实践的所谓教育理论无异于无源之水、无本之木，会变得空玄、错谬乃至荒诞。教育理论并非教育实践发生的必要条件，没有教育理论的指导，教育实践同样可以富有生命力和创造性，现实生活中的许多教育实践工作者即使对教育理论缺乏足够的理解和掌握，常常也能凭借良知、天资及丰富的实践经验而取得较好的实践效果。[①] 教育理论工作者既需要具有理论品质，也需要具有实践品质，总体上看，只有将理论紧紧扎根于实践，教育哲学的探索才能有的放矢。

教育哲学要凭借历史的智慧来帮助人类审视今天的教育生活，并将人类的睿智与德行表现得淋漓尽致。这就要求教育哲学研究着眼于当前的教育生活世界，即扎根于教育生活实践，观察了解教育生活，反思探究教育生活，并以哲学的智慧引导教育生活。

首先，教育哲学应扎根于教育实践，生活不断更新着我们的教育理念，教育不断地创造着我们的生活，其中最重要的环节便是教育实践。扎根于教育实践，即教育哲学研究者一定要确立“人类经验各个领域的一切都不是从天上掉下来的，而是从地上长出来的”整体认识，能够意识到教育工作者所坚守的信条或源于自身的体验，或来自他人的经验，均在生活之中。扎根于教育实践，即教育哲学研究要以事实为起点，用事实说话，把丰富多样的教育实践作为认识的依托。因此，扎根于教育实践不是对教育哲学理论的否定和轻视，而是为了教育哲学理论能够随着教育实践的深入得以充实、更新，从而更加有效地指导当前的教育实践。

其次，教育哲学应在观察了解教育生活的基础上进行主动积极的反思和探究，阐明教育发展的规律及价值。事物的发展规律都是从低级到高级、从简单到复杂的渐进演变，教育规律亦然。尽管现实的教育实践包含了我们探究的基本事实，但是如果缺少对教育生活敏感而细致的观察，缺少运用人类的理性思维能力对不同教育问题系统而深入的探究，我们的认识便是零碎、感性而片面的。同样，价值体现的是时代的价值。由于价值认识受到诸多因素的影响，教育的基本价值取向仅反映了当前社会人们对于教育价值的界定和追求，并不能真实地反映在一个更加美好的社会中教育应该有什么样的价值功能。这就需要我们运用理性思维能力，在不断地综合、组织教育经验和认识的基础上积极地自我反省，通过对现实教育问题的不断反思和批判建立一个预设性的价值体系，将之作为引导教育实践不断深入的价值前提。

---

① 吴康宁：《何种教育理论？如何联系教育实践？——“教育理论联系教育实践”问题再审思》，载《南京师大学报(社会科学版)》，2019(1)。

教育理论工作者要具备联系实践的思想品质。一要有改造教育实践的担当。教育理论工作者研究教育理论不能只是为了满足自身的某种认识兴趣和求知欲，或者只是为了过一种无须扰人且不忧人扰的所谓知性生活，而应当出于改造教育实践这样一种“公益”的目的，希望自己的教育理论能够有助于改造教育实践。改造教育实践并不只是教育实践工作者的事，而是教育理论工作者与教育实践工作者的共同担当，只不过两者的主要行动方式不同。教育实践工作者通过置身于教育现场的日常亲身行动而改造教育实践，教育理论工作者则通过对教育实践工作者的影响而改造教育实践。教育理论工作者只有具备改造教育实践的担当，才会认真考虑改造教育实践的需要，才会根据“源自教育实践”这一基本原则去选择理论研究课题，才会在意自己所生产的教育理论是否具有助力改造教育实践的价值。二要有接触教育实践的欲望。教育理论工作者不能仅仅满足于自己生产的教育理论符合个人的需求，不少学者都曾论及教育理论研究者所应具有的研究品质，如从基本理论研究与应用理论研究两个层次进行的探讨。某种价值标准不应只希望得到学术圈的认可与好评，而应寻求教育实践工作者的普遍认同与接受，为教育实践工作者所欢迎。为此，教育理论工作者有必要清楚教育实践中究竟发生着什么，教育实践工作者究竟想些什么，教育实践提升的最大可能空间究竟在哪里，以避免自己的教育理论因为缺少起码的实践感而在实际上成为一种带有浓厚自恋色彩的自言自语、自说自话，进而被教育实践工作者束之高阁。这就需要教育理论工作者对于自己的教育理论与教育实践工作者的距离保持足够警惕，要求自己不仰仗于“道听途说”的间接途径，而是通过必要的亲身接触去了解正在进行的教育实践，适时地充实、丰富乃至反思、更新自己对教育实践的认识，为自己的教育理论研究提供必要的感性经验基础。三要有感悟教育实践的能力。教育理论工作者要能够在置身教育实践现场时，在“印象”的层面上比较清楚所见所闻属于什么教育实践问题，而不是懵懵懂懂地几无所感、几无所知，要有觉察教育实践的能力，即能够在“直觉”的层面上，透过教育实践现场所呈现的形式、样态、方式、言语及行为等种种外显现象，大体觉察到支配这些外显现象的价值取向、运行规则、文化氛围等种种内在因素，而不是完全“听”而不能“闻”，“视”而不能“见”，要有理解教育实践的能力，即能够习惯性或下意识地思考教育实践者的自身条件、所处境遇等多种因素的可能影响，对教育实践工作者之所以采取如此这般的行动以及教育实践之所以呈现为如此这般的样态的原因获得比较真切的理解，而不是成见在先乃至偏见在先。教育理论工作者应基于教育实践问题去判断研究价值，确定研究课题，绝不能痴迷于在自己建造的理论大厦中玩思维游戏，更不应为完成外部评价指标而进行毫无价值的教育哲学理论研究。

倘若缺少接触教育实践的欲望，长期不亲身接触正在发生的教育实践，所谓“教育理论工作者”便会把自己囚禁于“象牙塔”中闭门造车，藏身于“中军帐”里指点迷津。这种所谓指点，或容易指错，或容易指偏，更多的则是无病呻吟式的“指假”。教育实践工作者们显然不欢迎这些疏离、脱离甚至鄙夷教育实践的指点。倘若缺少感悟教育实践的能力，教育理论工作者便无法对正在发生的教育实践获得真切的认知，以至于自己的教育理论研究依然缺少必要的感性经验支撑，最终陷入周而复始的理论游戏。

二、强化教育哲学本土建构

研究者在进行教育哲学领域的创造性思考时应坚持面向本国的实际教育需求，必须着眼于对当前教育实践的改善或改造，扎根于中国大地。“配合‘与国际接轨’的浪潮，社会科学不仅在教育和研究上继续贯彻制度移植的方针，在理论和方法上也继续追踪西方最新研究成果，积极主动地坚持思维移植路线，继续扩大自己的战果。”①然而，实际上很难想象一个国家的教育研究尤其是教育取向研究必须与国际接轨，或者说，在教育取向研究领域中根本不存在一个所有国家均须奋力推进或跟进的由某些国家引领的国际学术潮流。当然，我们反思这种取向的正当性并不代表教育就要“闭关锁国”。要强调的是，就教育取向而言，任何国家都有自己的问题场域和生成途径，很难用所谓“国际先进经验”来解决自己碰到的实际问题；否则，这个世界的教育问题就过于简单化，其他国家的教育被弱化为某些国家教育的“翻版”。一个好的教育研究必须立足于本国教育实际，也只有在本国教育的现实土壤中进行的研究才有可能成为一项有价值的前沿性研究。受制于不同国家教育的发展水平和所处的历史阶段，同一个教育问题在不同国家可能处于不同的位置，在一个国家是前沿性研究的问题，在另一个国家反而有可能已经失去实际意义，因此，在教育哲学研究中并不存在一个各个国家都认同的所谓国际学术前沿和研究热点，也很难存在一个各方均须跟进的所谓国际学术潮流。毕竟从现实情况看，每个国家所处的现实环境存在显著差异，盲目认同“前沿”、跟进“潮流”、接续“轨道”的结果很可能是对教育实践的有序发展产生误导，甚至可能延误当前教育实践的合理发展。对于任何国家的教育研究者来说，思考和进行教育取向研究的逻辑起点应是本国教育的迫切需求与实施条件，进而对本国教育进行脚踏实地的了解与分析，在此基础上尝试对一些所谓具有较广意义的教育问题，如教育机会均等、教育民主、终身教育等，进行探索与解答。

教育哲学研究必然而且必须是本土化的。这种研究必须具有三个基本特征。第一，研究的“课题”必须是关怀本国教育实践的问题意识的产物，必须是审查本国教育需求及实施条件的结果。第二，研究的“语言”必须具有“本土可读性”与“本土可言性”，必须成为沟通研究者与实践者的桥梁，而不是阻隔研究者与实践者的障碍。第三，研究

① 渠敬东：《我们有没有只顾西方理论边边角角，却对中国社会随处的大问题漠然处之》，参见微信公众号“社科大师”。

的结果必须对本国教育的改造具有较完满的解释力与强劲的导引力，必须成为本国教育理论的有效组成部分。① 与此同时，教育取向研究必须反映研究者自身的价值取向，不能因受制于所谓国际话语体系而丢失自身的价值立场和理论根基。长期以来，教育哲学在价值取向上有意或无意地与自身价值取向背离，成为教育取向研究中的一种颇为怪异的现象。教育哲学研究是一种对自律性要求极高的研究，它要求研究者全身心地投入，并且把研究过程视为研究者的心路历程与价值生活史的结晶。它要求作为研究结果的教育取向首先要经得起研究者自身心灵的比照。换言之，所有有价值的教育哲学研究必定既扎根于本国的教育实践，又反映研究者自身的态度和立场。否则，教育哲学的实践性意义便无从谈起，类似于后殖民时代教育话语权的丢失。

三、提升教育哲学现实解释力

受制于传统理念和学科价值取向的影响，教育哲学理论面临难以发挥实际影响的问题，也就是所谓教育哲学与教育现实的契合度不高的问题。在现实教育世界中，很多一线教师感慨教育哲学的众多理论很难发挥对实践的影响力和推动力，这种困境既是因为两者之间本来就存在位阶上的差异，也是因为研究者在进行理论推演时有意或无意地脱离教育生活，理论与实践之间缺乏互动渠道。理论的“悬空化”和“空想化”使教育哲学研究对现实的解释力和参与度持续弱化，其现实场景就表现为从事哲学研究的学者即使在其专业场域是专家，一旦面对教育现实也会显得信心不足。长久以来，教育哲学这种无法介入现实场景的“反常状态”反而成为学界颇为默契的“常态”，那种能够对现实产生影响力的教育哲学理论成为“另类”——很难被学界推崇。仿佛能够解释教育现实的教育哲学理论已经不再是教育哲学成员（最起码不是最重要成员），这是一种极不正常却又日见而不自知的现象。

从传统的教育哲学研究范式来看，一旦研究者通过自身努力提出或批判了关于教育的某种价值理论，他的任务就完成了，于是抽身而去，至于究竟如何去实现或纠正自己所提出或批判的那些教育取向，便不在其考虑范畴之中，导致四种吊诡的现象。一是教育取向研究者对于实现或纠正教育取向的现实可能性无法获得真实、准确的把握，而这种真实、准确的把握对于证实或证伪特定教育取向来说是至关重要的。二是若教育取向研究者提出或批判于教育取向而得不到实现或纠正，他们便常常把责任推到教育实践工作者身上，归咎于教育实践工作者没有确立相应的价值取向或缺少相应的知识技能；而教育实践工作者则通常会把责任推回至教育理论工作者，归咎于教育理论工作者的研究脱离实际。于是，两者相互推诿、埋怨。三是教育取向研究者有可

① 吴康宁：《我们究竟需要什么样的教育取向研究》，载《教育研究》，2000(9)。

能毫无顾忌地提出关于教育的一个个新取向，或对现行教育取向展开一波波批判，以至于一边是教育理论工作者持续不断、愈演愈烈的“狂轰滥炸”，另一边是教育实践工作者愈发无所适从。四是教育研究内部也形成了“取向性”研究与“工程性”研究的区隔，出现了研究的“断裂”，导致教育研究队伍内部也因研究职能的僵硬分化乃至基本固化而形成了“取向研究者”与“工程研究者”的分层，进而出现了研究者的“分裂”，不同类型研究者之间互不关注、互不沟通、各自为政，甚至相互指责，客观上造成了研究力量的浪费及研究队伍的内耗。①这些已成为教育研究中长年累月形成的积习，很多人都对此产生了免疫力，已经不再将其视为一种问题。

教育哲学研究很少考虑落地问题有极为复杂的现实原因，除了研究者的知识结构及研究取向方面的原因，也受研究活动的“角色观”的影响。按照“角色观”，教育理论研究与教育实践落地是两种不同类型的研究，它们在研究假设、研究取向和研究价值上存在根本性差异，需要不同的知识结构与研究方式；“聪明的研究者”应根据自身特点及兴趣所在来确定自己的研究类型，研究队伍应有一定的角色分工，一部分人主要进行教育理论研究，另一部分人主要从事教育实践落地研究。这种观点虽然有一定的道理，但很难从教育哲学研究的历史与现实中找到支持依据。第一，从教育研究的历史事实来看，凡是真正有作为的教育思想家提出的教育取向，无不伴有实现这些取向的技术路径，无不具有这些教育思想家本人亲身经历、亲自设计或亲自指导的教育实践或教育实验的支撑。第二，从教育研究的现实需求来看，教育实践要求教育研究不仅能正确地“指向”，而且能明确地“示范”，并且“指向”与“示范”相互关联而不是相互分离。对于作为研究结果的特定教育取向，最有解释权、最有资格进行技术转换的就是研究者本人，这并不是说包括教育实践工作者在内的其他人不能进行技术转换，而是说由研究者本人进行的解释是本真的诠释，由研究者本人进行的技术转换更容易保证“指向”与“示范”间的关联。研究者本人必须担负将自己主张的教育取向进行示范性技术转换的职责。

当然，在只研究教育取向、不研究相应的技术转换的众多研究者中，确有一部分人是因为受到自身知识结构的限制，他们并不是不想而是不会进行技术转换。在当今时代，只会说应该是什么，不知道究竟应该做什么、怎么做的“单一”的教育取向研究者其实已经是一种“过时的角色”。以“专职”的教育思想生产者自居的教育取向研究者其实一直遭受包括教育实践工作者在内的广大教育工作者的批评。这是一个对于许多教育取向研究者来说多少有点“残酷”但又无法回避的事实。唯一的办法是下决心尽快充实、改善自己的知识结构，使自己既能生产思想，也能探索技术。唯有如此，教育取向研究才能真正成为一种负责的研究。教育取向研究是一种实践性要求很高的研究，

① 吴康宁：《我们究竟需要什么样的教育取向研究》，载《教育研究》，2000(9)。

它不仅要求研究者切实针对教育实践的主要问题与迫切需求明确提出自己关于教育取向的主张，而且要求研究者关注自己的教育取向研究的成果，进行使教育取向指导实践的必要技术转换。

本章小结

和其他学科一样，教育哲学在发展上始终深受时代精神的影响，变革性已经成为教育哲学的基本特征。时代塑造了教育哲学的存在样态，也为教育哲学的现实与未来转向提出无法辩驳的现实要求。当代教育哲学逐渐摒弃传统的思辨性色彩，从理念世界走进教育实践，不但关注具体的教育者与生动的教育现象，也以反思性而不是规范性确立了自身的学科定位与研究取向。教育哲学研究者在新的历史时期不仅要继续扎根于教育实践，而且要善于分析现实需求，通过打通实践与理论的互动路径来发挥教育哲学的影响力。

章后练习

1. 案例分析

人工智能时代的学校面临挑战，它未必会“脱胎换骨”为大小不一的学习中心，但可以肯定的是，学校会在信息技术带来的开放中与外界产生愈加紧密的联系。在学习伙伴上，今日近乎同龄的学习共同体成员将会发生质的变化。学生的年龄差异会加大，来自学前教育的混龄教育将逐步延伸到不同学段的教育。对于课程与教学而言，各种课程资源和课程定制的丰富性、专业性加大，已无须学校和教师过多参与，课程外包或订购也许是主流，课堂教学的人工智能化已是大势所趋。什么是人工智能无法替代的？决定教师能否被替代的不是人工智能，而是教育的本质，是学生的需要，是贯穿其中不变的教育之理、教育之道。

分析以上话语，思考人工智能时代教育本质的变与不变。

2. 简答题

(1)思考“时代性是教育哲学的基本属性”的具体含义。

(2)分析教育哲学的实践性的含义。

(3)思考教育哲学研究者在新时期的研究倾向的选择路径。

延伸阅读

[1]郝文武．教育哲学[M]．北京：人民教育出版社，2006.

[2]杜普伊斯，高尔顿．历史视野中的西方教育哲学[M]．彭正梅，朱承，译．北京：北京师范大学出版社，2006.

[3]古特克．哲学与意识形态视野中的教育[M]．陈晓端，译．北京：北京师范大学出版社，2008.

[4]陆有铨．现代西方教育哲学[M]．北京：北京大学出版社，2012.

[5]于伟．现代性与教育[M]．北京：北京师范大学出版社，2006.

[6]高伟．教育哲学的基本问题[M]．济南：山东教育出版社，2008.

[7]钟启泉．教育哲学指南[M]．上海：华东师范大学出版社，2011.

[8]李长伟．实践哲学视野中的教育学演进[M]．武汉：湖北科学技术出版社，2012.

第五章

教化与哲学

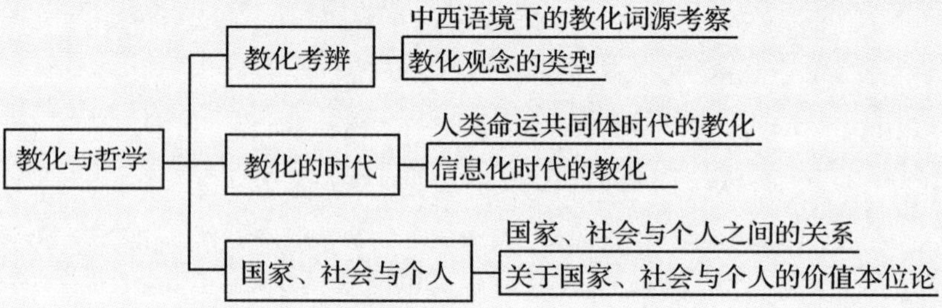
教化与哲学
教化考辨
中西语境下的教化词源考察
教化观念的类型
教化的时代
人类命运共同体时代的教化
信息化时代的教化
国家、社会与个人
国家、社会与个人之间的关系
关于国家、社会与个人的价值本位论

章前导语

教化这一主题从古典哲学开始就已经受到了中西方哲人的重视。中国古代的教化更倾向于“教化万民”，除了祛除野蛮而获得某种社会伦理规范的认可与习俗外，还具有“万邦一体”“家国情怀”等内涵与外延。西方古代的教化则主要是从雅典城邦公民的博雅性意涵展开。到了近现代，从德国古典哲学开始，教化也具有了社会教化、国家教化、民族教化的意涵，强调国民性或国族性。

思考究竟何谓教化，离不开当下的时代背景。我们身处的时代既是呼吁实现人类命运共同体的时代，也是不断要求变革创新的信息化时代。时代在召唤可行、有力的思想方案，当今的教化必须为塑造国民精神意识贡献力量。

第一节
教化考辨

一、中西语境下的教化词源考察

(一)教化在中国主要源自儒家哲学

在中国古代，教化属于“儒家用语，特指以民为主要对象的政治教育和道德感化”①。孔子主张民应“导之以德、齐之以礼”，实行富而“教之”的政策。孟子以为“饱食、暖衣、逸居而无教，则近于禽兽”，强调对民实行德教的重要性。“仁言，不如仁声之入人深也。善政，不如善教之得民也。善政民畏之，善教民爱之；善政得民财，善教得民心。”荀子概括说：“礼义教化，是齐之也。”荀子认为用礼义道德之教才能服人之心，是齐人心之术。《礼记》也提出：“故礼之教化也微，其止邪也于未形。”董仲舒总结秦二世而亡的历史教训，建议汉武帝“退而更化”“复修教化而崇起之”。指出：“夫万民之从利也，如水之走下，不以教化堤防之，不能止者。是故教化立而奸邪皆止也，其堤防完也。”他认为要使民“成性”为善，必待圣王之“外教然后能善”。“天生之，地载之，圣人教之。君者，民之心也；民者，君之体也。心之所好，体必安之；君之所好，

① 金炳华等：《哲学大辞典》，638页，上海，上海辞书出版社，2001。

民必从之……故曰：先王见教之可以化民也。”这反映了“教化”的封建家长制特点。

(二)西方对教化的词源学考察

西方对教化的词源学考察至少有三种。第一种被称为教化哲学，等同于陶冶哲学(edifying philosophy)。[①] 这是罗蒂对以维特根斯坦、海德格尔和杜威为代表人物的哲学观的称谓，与系统哲学相对。罗蒂认为，这三位哲学家对传统哲学的否定态度类似于17世纪的哲学家对经院哲学的否定态度。他们抛弃哲学是一门基础性学科的观点，不再认为哲学要给其他文化领域充当纯粹理性的审判法庭；抛弃知识是一种准确的表象这个观念，认为在思想或语言与外部世界之间并不存在对应或符合的关系；抛弃洛克等人的心灵概念，不再认为心灵是一面通过各种表象反映外界事物的镜子。罗蒂对这种陶冶哲学持肯定态度，认为这种哲学是治疗性的而不是建设性的，是陶冶性的而不是系统性的。

第二种发生在近现代，对此进行较为系统阐释的首先是黑格尔在《精神现象学》里对bildung(教化)的解释。之后，海德格尔与伽达默尔等皆在他们各自的哲学本体论下进行了详细释解。伽达默尔得到的认可更为普遍，他认为：“教化不是一个态度或程序问题，而是一个既成存在的问题。如果我们不事先具备一种对艺术作品或过去的‘他者’的接受性，那么我们就不能对流传物做出更精确的考察和更彻底的研究。我们跟随黑格尔正是把这一点强调为教化的普遍特征，即这样地为他者、为其他更普遍的观点敞开自身。在这种更普遍的观点中，存在着一种对于自身的尺度和距离的普遍感觉，而且在这一点上存在着一种超出自身而进入普遍性的提升。”[②]

第三种则聚焦于派地亚。[③] 按照《不列颠百科全书(国际中文版)》的解释：派地亚(paideia)，指古希腊和希腊化(希腊—罗马)文化的教育和训练体系，包括的学科有体操、语法、修辞、音乐、数学、地理、自然史和哲学。在基督教时代早期，希腊的派地亚在拉丁语中被称作人文学(humanitas)，成为基督教高等学府(如埃及亚历山大基督教学校)的典范。这类学校以神学为它们课程中的最高学科。”[④]另外，paideia同enkykōi(“完整的体系”或“领域”)结合起来便指一般教育的巨大手册，英语中的encyclopaedia(百科全书)一词便由此而来的。派地亚实际上是由encyclopaedia的后半部分音译而来的。沃纳·耶格尔曾以派地亚为名留下了三卷本不朽的巨著[⑤]，述及古希腊人文

---

① 冯契、徐孝通：《外国哲学大辞典》，734页，上海，上海辞书出版社，2000。

② [德]伽达默尔：《诠释学Ⅰ、Ⅱ：真理与方法(修订译本)》，洪汉鼎译，20～21页，北京，商务印书馆，2007。

③ 韦永琼：《教育学生命力研究》，69～70页，北京，中国社会科学出版社，2017。

④ [美]美国不列颠百科全书公司：《不列颠百科全书(国际中文版)13》，514页，北京，中国大百科全书出版社，1999。

⑤ Jaeger W., *Paideia: The Ideals of Greek Culture*, Oxford, Basil Blackwell, 1954, pp. 2-3.

主义教育等内容。摩西在有关此词的注释中提到："'派地亚'一词在希腊文中意为儿童教育。在教育史上：表现了希腊思想中的教育理想，包括个人体力和脑力的一切潜力的发展及和谐的形成。而在《希腊语—英语词典》中的定义是：①儿童的抚育。②培养和教学、教育。③其结果，精神文化，学问，教育。"①总的看来，派地亚一词指的即教育，但含有古希腊人文主义教育传统之意，并且它含有儿童教育这一层意思，与 pedagogy(教育学)一词在词源上相关。西方古典哲学中的派地亚大多被译作教化。②

我们由此可总结出，bildung 是一种文化形态，它的意义更倾向于用文化的力量去化民成俗。首先，教化是指一种"自然造就"。它不仅在形式上是自然的，在价值上也是自然的，即它不以一种反自然、反人性的方式进行。其次，教化与修养密切相关，它是人类发展自己的天赋和能力的特有方式。最后，教化还意味着一种普遍的和共同的感觉。由此，教化是一种基于自然敞开人性的方式。教化的意义在于塑造社会的主流价值。而一个社会将何种价值置于主流，也是衡量社会风气的标准。③

二、教化观念的类型

(一)儒家教化观

儒家哲学自其诞生以来一直与社会教化具有天然的内在联系。儒家的教化观要与时俱进，结合当前时代来进行思考。李景林在这方面做了比较系统深入的研究。从 2006 年出版的《教化的哲学：儒学思想的一种新诠释》一书起，他一直在这一主题上不断耕耘，2014 年又出版了《教化儒学论》一书。这里以李景林的研究为基础，阐释博大精深的儒家教化哲学的当前使命。

1. 中国梦与儒学教化

在近代，在西学东渐的大潮下，"中学"出现迷失的现象，"疑古过勇"带来了文化虚无主义。中华民国初建时即将传统经学废除，一时之间，废书院、建学堂，拆孔庙、办学校，毁中学、兴西学，成为时代潮流。然而，历史的发展表明，当前时代要建设社会主义文化强国。党的十七届六中全会正式发出加强文化体制改革，提升文化自觉和文化自信的号召。党的十八大制定了"国家富强，民族振兴，人民幸福"伟大中国梦战略目标，习近平总书记明确指出："一个国家、一个民族的强盛，总是以文化兴盛为支撑的。"④我们要考虑把这种人类进步的思想如何具体化；它是符合中国国情的思想，

---

① ［摩洛哥］摩西：《世界著名教育思想家 1》，梅祖培等译，5 页，北京，中国对外翻译出版公司，1994。

② ［德］耶格尔：《早期基督教与希腊教化》，吴晓群译，1 页，上海，上海三联书店，2016。

③ 高伟：《良知正义论的重建——现代教育正义论的中国话语》，载《华东师范大学学报(教育科学版)》，2018(4)。

④ 中共中央宣传部：《习近平总书记系列重要讲话读本》，92 页，北京，人民出版社，2014。

应考虑在中国大地上如何更好地推行。①

2. 当前的儒家教化观

教化是儒学的一个核心观念。儒家教化的形而上学基础是理性人文义的“哲理”，而不是单纯信仰义的“教理”。它施其教于社会所依据的仪式系统就是作为古代中国社会普遍生活样式的礼乐。儒学作为哲学以教化为旨趣，其思想的视域是实现论的而非认知性的。可以说，儒家教化哲学是一种典型的实践伦理，而且它从一开始就指向了国家与民族的全体人员——从君王到老百姓。

自先秦时期到清代的儒家哲学传统都是一种“制度化儒学”②，这种儒学在辛亥革命后则退出历史舞台。20 世纪初以来，中国学术研究引入西方学院化的学术规范，儒家思想的学术研究也基本上被纳入中国哲学的思想框架。这种研究方式的特点是把儒学作为一种思想学说。20 世纪 90 年代以来，儒家哲学的复兴区别于以往制度化儒学的建制模式，它主要以文化创生及一种社会教化的普遍形式逐渐展开。

对于儒学而言，教化的本义始终有其天道性命之学的根基。天道性命的形而上学之“体”与其教化之“用”相须相入、相即相成；儒学的义理系统(体)与其教化的社会和文化功能(用)是合二为一的。儒学的文化意义是教化，其在哲学思想上亦特别注重一个“化”字。这个“化”的哲学意义，就是要在人的实存之内，并在转变、变化的前提下，实现存在的“真实”，由此达到德化天下，以至“参赞天地之化育”的天人合一。儒家的教化目的在当前仍然是为人的存在寻求真实，实现和建立超越性的基础。③

3. 当前的儒家教化哲学的内容

第一，成德之教。孔子开辟的思想道路的着眼点不在知识，而在人格的成就。这种以成德为根据的人是一种“实现论”的讲法。对道德之理有所知并不表明他真正有德。孔子说：“不知命，无以为君子也。”这个意义上的“成德”同时超越了经验义、规范义的道德，而具有了宇宙论和形而上学的意义。④

第二，精神之教。儒家哲学始终是一种积极入世的治世哲学。它在新时代展现出了新的生命力。孔子讲“义”“命”关系；孟子讲“立命”，又讲“正命”。由此可见，“穷理尽性以至于命”，由“尽性”到“至于命”，所经历的是一个转化和实现的过程。

第三，性情之教。在情感人格的培育方面，儒家所讲的谦谦君子温润如玉是其他哲学教化对人的培育功能所不及的。《礼记》引孔子语云：“其为人也：温柔敦厚，《诗》教也；疏通知远，《书》教也；广博易良，《乐》教也；洁静精微，《易》教也；恭俭庄敬，

① 李景林：《教化儒学论：李景林说儒》，3～4 页，贵阳，孔学堂书局，2014。

② 李景林：《教化儒学论：李景林说儒》，5、7 页，贵阳，孔学堂书局，2014。

③ 李景林：《教化儒学论：李景林说儒》，13～14 页，贵阳，孔学堂书局，2014。

④ 李景林：《教化儒学论：李景林说儒》，23～24 页，贵阳，孔学堂书局，2014。

《礼》教也；属辞比事，《春秋》教也。”这些着重的都不是知识，而是身心的教养。[①]

总的来看，儒家教化哲学的学问工夫是最有深度的，我们尚不能全面地掌握所有儒学教化论。当前，儒学在海外的传播并得到国际的认可，某种程度上也是儒家教化哲学的一种公度体现(这里借用理查德·罗蒂“哲学作为一种公度必然具有全球性”的观点)。

(二)古希腊教化观

在学术史上，对古希腊的教化主题进行系统研究的是德国古典学学者沃纳·耶格尔。如前所述，他著有命名为派地亚的关于古希腊教化文化观念的大部头著作。第一卷《教化：古希腊的文化观念》指出，教化一词事实上是一个极难界定的词，因为任何一种事实性的描述都不足以体现其全部的含义，它有着极为抽象的形式。唯当我们把人类的教化史读完并追随它的意图来认识它自身之时，我们才会对它有一个清晰的认识与把握。

在古希腊时期，教化，也就是派地亚，并不仅仅指文明(civilization)、文化(culture)、传统(tradition)、博雅(literature)或教育(education)等。这些词都是一种现代人的语言表达方式，它们中没有一个能真正涵盖古希腊的教化的丰富含义。这些词只是说明了教化的某一个面向，因而它们全部加起来才能在一定程度上较为充分地表达教化的意涵。这或许是由于古希腊时期的教化并非现代社会的教育，后者是分科教学，是分专业、分领域的；而前者则是一种整合的包含了文明、文化、传统、博雅与教育的教化。

古希腊时期的教育与文化并非形式上的人文或抽象性的理论，它事实上框定了一个国家的精神生命之历史结构的客观性。它们显现自身为最高的文教性，即所有高级文明的真实表达。这也是我们总要对谁是受过教育的人、谁是有文化的人进行不断追问的真正原因。[②] 古希腊的教化观是一种普全(亦可以说是全方位、多角度的)教化观，它不同于现代社会的国家教化或社会教化。古希腊的教化即对人的全称的教化，而现代文明以来的教化则是将个人从国家(城邦/社会)之中分离出来的教化，这个时候，个人独立出来反观其所处的国家及社会是何样态，也就是黑格尔在《精神现象学》中所提到的，人的精神意识到它自身是独立于社会与国家的，但同时它又意识到它隶属于这个国家和社会以及它所属于的时代。这种人类精神发展状况是从近代哲学的理性启蒙开始的。

---

① 李景林：《教化儒学论：李景林说儒》，20、33页，贵阳，孔学堂书局，2014。

② Jaeger W., *Paideia: The Ideals of Greek Culture*, Oxford, Basil Blackwell, 1954, p. 1.

(三)近代哲学的教化观

西方近代哲学以文艺复兴与启蒙理性时期为开端。在哲学上对教化进行了具有代表性审视的主要是费希特与黑格尔。

1. 费希特的国民教化观

费希特的国民教化观集中体现在他的《对德意志民族的演讲》中，当时费希特认为："只有法兰西共和国才能是正直的人的祖国，而正直的人也只能为这个共和国贡献自己的力量。"①费希特把自己视为生活在理性王国里的世界公民，甘愿把法兰西共和国当作自己的祖国。正是基于这种世界公民的立场，他曾经赞扬过拿破仑。而之后，基于同样的立场，他又对拿破仑的侵略行为进行了猛烈的抨击，并暗示拿破仑属于暴君之列，并不尊重人类。费希特的爱国主义不仅见诸文字，而且诉诸行动。他去往哥尼斯堡(今加里宁格斯)，以便在那里能够继续自由地思考。他在哥尼斯堡大学任教的时候，相继研究了马基雅维利和裴斯泰洛齐。概括起来，他的国民教化内容主要包含以下几个方面。

第一，关于爱国主义与世界主义。费希特把世界主义规定为一种认为人类生存的目的会在人类中得到实现的信念，把爱国主义规定为一种认为这个目的首先会在我们是其成员的民族中得到实现，然后将所得的成就从这个民族传遍全人类的信念。他所说的人类生存的目的，就是人类在自己的世俗生活中自由地、合乎理性地建立自己的一切关系，换句话说就是理性王国。

第二，关于民族复兴的途径和意义。他认为德意志民族的复兴并不单纯是这个民族的事情，它也是人类如何从发展的病态阶段进入健康阶段的问题，即人类如何从利己主义占统治地位的时期进入自觉地理性占统治地位的时期。他的基本主张是：科学是治愈病入膏肓的人类的唯一手段，科学的目的是让人自由地获得真理和实在的根据。当一个民族能以这样的理性科学塑造他们自己的一切社会关系时，这个民族也就得到了复兴，亦即进入了理性科学昌盛的时期。②

第三，一种需要从根本上重新建立的、有计划地实施的民族教育，即国民教育或对国民的教化。这个民族的人在接受了新教育之后都能自主自觉地进行自我塑造。费希特诚然是民族主义者，但他的民族主义不要求德意志人征服、统治和掠夺欧洲的其他民族，而要争取和维护德意志民族的独立，使它从外族的压迫中解放出来。这一点在我国近代中华民族处于危亡的时期也为梁启超、张君劢等有家国情怀的现代"士大夫"所看重。贺麟曾在当时的《大公报》副刊上连续发表了关于费希特处国难时之态度的

---

① [德]费希特：《对德意志民族的演讲》，梁志学、沈真、李理译，2页，北京，商务印书馆，2010。
② [德]费希特：《对德意志民族的演讲》，梁志学、沈真、李理译，4、7页，北京，商务印书馆，2010。

长文。但费希特的教化思想除了这方面，更重要的是他既热爱自己的祖国，又坚持世界大同的理想；既反对狭隘的民族主义，又反对列强的霸权主义。

2. 黑格尔论教化

黑格尔的教化概念则是与异化(entfermdung)概念相对的。他在《精神现象学》的第三部分专门对之进行了讨论。其中提到，伦理实体分别表现为家庭、社会、国家。《精神现象学》的译者先刚概括性地指出：黑格尔分析了伦理世界和伦理行为里面的个别性与普遍性的冲突及其各自的合理性。人的自我意识认识不到自己的普遍效准，这就是异化。实际上，就这个概念本身的意思而言，异化(脱离自身，不认得自己)并不是现在才发生的事情，它存在于精神所有层次("绝对知识"除外)，它就是精神的本质，没有什么精神性的东西不是异化的东西。与此同时，与其执着于异化，倒不如把更多的关注放在与之对应的概念——教化——上面。教化意味着自我意识脱离了自己的自然存在，脱离了自己的人格性，并以这种方式产生自己的世界；而自己作为一个陌生的世界与之关联，使得它从现在起可以进入那个世界、掌握那个世界。在这个关系里，自我意识把自己提升为普遍者，并在其中获得自己的现实性。另外，教化与纯粹意识或思维的非现实的世界相对立，进而发展为纯粹识见和信仰相对立。信仰的对象虽然是一个纯粹的思想，但在意识里却是一个位于自我意识彼岸的客观存在，一个属于表象层面的超感性世界。反之，按照纯粹识见，只有当对象具有自我的形式，它才具有真理。因此，纯粹识见向一切意识大声疾呼"理性"。这就是启蒙。①

黑格尔的教化论主要围绕着精神/理性王国(德国古典哲学的经典提法)之运动方式展开。其中提到，精神(自我意识)将它的对象与它自身进行了颠倒，即世界是精神把控到的世界，是自我意识到的世界，而精神未能意识到的世界则是不存在的。因此，这种颠覆或革命产生一种绝对的自由，伴随着这种自由，此前异化了的精神既然已经完满地返回自身，于是离开这个教化的王国，过渡到另一个王国，亦即道德意识的王国。接着，在教化及其现实性王国中，这个世界的精神是一个渗透自我意识的精神性本质，这个本质知道自己作为自为存在着的东西是一种直接的当前存在。通过自身异化，自我意识把自己设定为一个普遍者，而它的这种普遍性是它的效准和现实性。也就是说，正是教化使得个体在这里获得了效准和现实性。而每个人的个体性则把自己教化为它自在地所是的东西，只有通过教化，它才自在地存在着，并且具有一种现实的实存。个体性经历了多少教化，就会具有多少现实性和权力。尽管自主体作为个体在这里知道自己是现实的，但它的现实性完全在于扬弃一个自然的自主体。

教化是使每个个体通过社会化而具有普遍性，但这种教化运动是在个体的精神世界里完成的。"个体性的自我教化运动同时也是个体性作为一个普遍的客观本质发生的

① [德]黑格尔：《精神现象学》，先刚译，19页，北京，人民出版社，2013。

转变过程，也就是说，同时也是现实世界的转变过程。现实世界尽管是通过个体性转变而来的，但在自我意识看来仍然是一个直接异化了的东西，在形式上则体现为一种坚定不移的现实性。自我意识通过教化获得了掌控现实世界的权力，从这个方面来看，教化意味着，自我意识在它原初性格和原初天分的力量所许可的范围之内尽量使自己符合于现实性。因为个体的权力就在于让自己符合于现实性，也即摆脱自己的自主体而发生外化，把自己设定为一个客观存在着的实体。就此而言，个体的教化和个体自己固有的现实性是实体本身的实现过程。”①

另外，黑格尔的教化概念与国家的公共善和个人财富等概念相联系。“每个人都认为自己是出于自私自利才行动的。他在这个环节里意识到自己是一个自为存在，从而并没有把享受当作某种精神性的东西。但实际上哪怕仅仅从外表来看，我们都可以发现，每个人在享受着什么东西的时候，也让所有的人得到了享受，每个人在劳动的时候，既是为了他自己，也是为了所有的人而劳动，正如所有的人的劳动也是为了他。因此，每个人的自为存在本身就是普遍的，没有任何人能做什么纯粹只是为了他自己而不是为所有的人带来福利的事情。”②这里要注意区分的是，黑格尔说从来就没有一种绝对意义上的自私自利行为不是说那些丧尽天良作恶的人也等于行善。虽然黑格尔的辩证法总是将善恶作为一个正反两面的统一体来论及，但并非混淆黑白。

在论及国家权力与个人财富之间的关系时，黑格尔指出，与国家权力保持同一性的精神属于高贵意识，与之相反的则属于卑贱意识。“认定国家权力和财富都与自己同一的意识，乃是高贵的意识。高贵意识在公共权力中见到有与自己同一的东西：它认为这种权力即它自己的简单的本质及其具体体现，并且对它这本质，不唯内心里矢志忠诚，实际上也听从驱使，百依百顺。反之，发现另一种关系的、认定国家权力和财富这两种本质性都与自己不同一的那种意识，是卑贱意识。卑贱意识视国家的统治力量为压迫和束缚自为存在的一条锁链，因而仇视统治者，平日只是阳奉阴违，随时准备爆发叛乱。”③但这种对立最终能够得到平衡与统一。“自为存在必须予以扬弃的这种矛盾，是这样一种形式的矛盾：自为存在与国家权力的普遍性互不一致，彼此对立。可是这一形式的矛盾同时又表现为另一形式的矛盾，即特定存在在死亡中所完成的那种外化，本身乃是一种存在着的外化，并不返回于意识的外化，因为意识并不是得免于外化的、自在而自为的东西，它毋宁是在过渡为它的不可协调的对立面。”④

---

① [德]黑格尔：《精神现象学》，先刚译，304页，北京，人民出版社，2013。
② [德]黑格尔：《精神现象学》，先刚译，307页，北京，人民出版社，2013。
③ [德]黑格尔：《精神现象学》，先刚译，57～58页，北京，人民出版社，2013。
④ [德]黑格尔：《精神现象学》，先刚译，61～62页，北京，人民出版社，2013。

(四)当代哲学的教化观

当代哲学中，对教化的哲学考察以两位哲学家为代表，一位是以诠释学著称的伽达默尔，另一位是理查德·罗蒂。其他哲学家与哲学流派虽然多少谈及民众的教育，但仍然有别于黑格尔以来的教化概念，此处暂不涉及，有兴趣者可以将此概念与其他同类概念进行比较(如前面沃纳·耶格尔给出的同义词或近义词)。

1. 伽达默尔的教化论

首先，伽达默尔是在人文主义的几个传统概念中考察教化的。他特别区分了理论教化与实践教化之不同。“实践性的教化就表现在：人们整个地直至一切方面都从事其职业活动。”①这样一种在黑格尔那里已得到规定的实践性教化中，“我们已经认识到历史性精神的基本规定，即自己与自己本身和解，在他物中认识自己本身。这基本规定在理论性教化的观念里得到了完满的表现，因为采取理论性态度本身就已是异化，即‘指望处置一些非直接性的东西，一些生疏的东西，处置一些属于回忆、记忆和思维的东西’。理论性的教化在于学会容忍异己的东西，并去寻求普遍的观点，以便不带有个人私利地去把握事物，把握‘独立自在的客体’”②。

其次，伽达默尔简略梳理了教化的产生背景及后来的发展状况。他认为这一概念主要在中世纪的神秘主义那里起源，后来被赫尔德从根本上规定为“达到人性的崇高教化”③。显然，在费希特那里，当他谈到国民的教化是由最高的目的引领现世的人，去活动、完成他们作为人的使命和意义时④，他就已经在赫尔德所框定的教化内涵的意义上来展开论述了。我们看到，伽达默尔在其德国古典哲学的传统中指出在教化概念里最明显地使人感觉到的乃一种极其深刻的精神转变。伽达默尔再次强调，教化的内容是与“自然造就”这个古老的概念完全脱离的。教化后来与修养概念最紧密地联系在一起，并且首先意指人类发展自己的天赋和能力的特有方式。与此相联系，伽达默尔顺便考察了教化与形式(form)和塑形(formation)的区别与联系：“‘教化’这词对‘形式’这词的胜利看来仍不是偶然的，因为在教化里包含形象(bild)，形象既可以指摹本(nachbild)，又可以指范本(vorbild)，而形式概念则不具有这种神秘莫测的双重关系。”⑤教化与历史记忆和历史遗忘直接相关。

“记住、遗忘和再回忆属于人类的历史构成，而且本身就构成了人类的一段历史和

---

① [德]伽达默尔：《诠释学Ⅰ、Ⅱ：真理与方法(修订译本)》，洪汉鼎译，24页，北京，商务印书馆，2007。

② [德]伽达默尔：《诠释学Ⅰ、Ⅱ：真理与方法(修订译本)》，洪汉鼎译，25页，北京，商务印书馆，2007。

③ [德]伽达默尔：《诠释学Ⅰ、Ⅱ：真理与方法(修订译本)》，洪汉鼎译，19～20页，北京，商务印书馆，2007。

④ [德]费希特：《对德意志民族的演讲》，梁志学、沈真、李理译，55页，北京，商务印书馆，2010。

⑤ [德]伽达默尔：《诠释学Ⅰ、Ⅱ：真理与方法(修订译本)》，洪汉鼎译，27页，北京，商务印书馆，2007。

教化。记忆力必定是被造就而成的，因为记忆力根本不是对一切事物的记忆。”①遗忘不仅是一种脱落和缺乏，而且是精神的一种生命条件。只有通过遗忘，精神才能获得全面更新的可能，获得那种用新眼光去看待一切事物的能力，以致过去所信的东西和新见到的东西融合成一个多层次的统一体。总的看来，伽达默尔对教化概念的理解既基于黑格尔的解释框架，但又超出了其范围。他指出，教化并不完全是从黑格尔的历史理性精神哲学上理解的，“正如我们不把意识历史性的见解与黑格尔的世界历史哲学联系起来一样，我们也不认为教化作为精神的一个要素同黑格尔的绝对精神哲学有联系”②。至于伽达默尔的教化与黑格尔的教化的区别，伽达默尔进一步表述：“我们所说的一种普遍的和共同的感觉，实际上就是对教化本质的一种表述，这种表述使得人们联想到某种广阔的历史关系。精神科学之所以成为科学，与其说从现代科学的方法论概念中，不如说从教化概念的传统中更容易得到理解。这个传统就是我们所要回顾的人文主义传统。这个传统在与现代科学要求的对抗中赢得了某种新的意义。”③因此，伽达默尔将对教化的理解严格限定在他的人文科学——诠释学方法论的框架内，这与黑格尔将教化概念放在国家、财富与个体的关系上来考察不一样。

2. 理查德·罗蒂的教化哲学

在伽达默尔之后，理查德·罗蒂试图在欧洲大陆哲学与英美分析哲学之间搭建起一架有效沟通的桥梁，在其“现代分析哲学的冲动”下写就的“近代哲学”通论式著作《哲学和自然之镜》里，他用专章讨论了何谓教化(edification)与教化哲学(edifying philosophy)。

首先，罗蒂从其哲学镜像的架构框架出发，将教化放在了《哲学和自然之镜》的最后一章“无镜的哲学”里，并分五个部分对之进行了讨论。在第一部分，罗蒂从伽达默尔的解释学出发来说明何谓教化，区分了自然科学与精神科学之间思维方式之不同。在第二部分，罗蒂做出了自己对哲学的区分，一类是系统哲学，另一类是教化哲学。在第三部分，他对萨特的存在主义之教化特别做了阐释，以萨特的哲学为例(“文学必须介入社会”这样一种教化实践观)，来说明“在教化哲学家看来，文化的最终冻结或许就是人类的非人化。因此，教化哲学家同意拉辛的选择，无限地追求真理而非‘全部真理’。对教化哲学家来说，具有‘全部真理’这个观念本身就是荒谬的，因为柏拉图的真理观念本身就是荒谬的”④。在第四部分，罗蒂将教化与自然主义相对举，在一种后哈贝马斯的“认识与兴趣”的框架之下，讨论了语言与人类旨趣之间的关系，同时在后维特根斯坦与海德格尔的语言哲学背景下，说明了“作为一名认识论中的行为主义者，就

---

① [德]伽达默尔：《诠释学Ⅰ、Ⅱ：真理与方法(修订译本)》，洪汉鼎译，28页，北京，商务印书馆，2007。
② [德]伽达默尔：《诠释学Ⅰ、Ⅱ：真理与方法(修订译本)》，洪汉鼎译，26页，北京，商务印书馆，2007。
③ [德]伽达默尔：《诠释学Ⅰ、Ⅱ：真理与方法(修订译本)》，洪汉鼎译，30页，北京，商务印书馆，2007。
④ [美]罗蒂：《哲学和自然之镜》，李幼蒸译，393页，北京，商务印书馆，2003。

是从两个角度来观看我们时代的正常科学话语，既将其看作由于种种历史理由而采取的模式，又看作客观真理的成就，在这里所谓‘客观真理’，恰恰只是我们当前有关如何说明发生的事物的最佳观念之谓”①。在第五部分，他表达了“在人类谈话中的哲学”的哲学观。

其次，可以看出，虽然罗蒂所受的哲学训练主要是英美分析哲学，但他确实也站在美国实用主义的境遇中来学习欧洲大陆哲学。这点尤其体现在他所提出的系统哲学与教化哲学的对举上。“我将把主流哲学家称作‘系统的’哲学家，而把外围的哲学家称作‘教化的’哲学家。这些外围的、重实效的哲学家，首先怀疑的是系统的哲学，怀疑普遍公度性的整个构想。在我们的时代，杜威、维特根斯坦和海德格尔都是伟大的、教化型的外围思想家。极难把他们的思想看作表达了传统哲学问题观，或看作其本身为一种协作的和进步的学科的哲学提出了建设性方案。”“伟大的系统哲学家是建设性的，并提供着论证。伟大的系统哲学家像伟大的科学家一样，是为千秋万代而营建。系统哲学家想将他们的主题安置在可靠的科学大道上。”②

最后，罗蒂认为系统哲学是在传统的哲学认识论上继续走，他们的目的不在于当前时代的文化创建；而教化哲学家则从柏拉图流传下来的传统开始就是在与民众谈话。“我们可以继续柏拉图所开始的谈话而无须讨论柏拉图想讨论的问题一事，对待哲学的两种态度之间的区别，一种是把哲学当作谈话中的一种声音，另一种是把哲学当作一个学科，一个 fach（专业），一个专业研究领域。”③

第二节
教化的时代

一、人类命运共同体时代的教化

谈当前时代需要什么样的教化要从现实出发，而在当前我们所处的这个时代，必然考虑世界利益和国家利益的关系平衡问题。

---

① ［美］罗蒂：《哲学和自然之镜》，李幼蒸译，385 页，北京，商务印书馆，2003。
② ［美］罗蒂：《哲学和自然之镜》，李幼蒸译，386 页，北京，商务印书馆，2003。
③ ［美］罗蒂：《哲学和自然之镜》，李幼蒸译，405 页，北京，商务印书馆，2003。

2013 年 3 月 23 日，习近平主席在俄罗斯莫斯科国际关系学院首次向世界提出人类命运共同体重大倡议。2017 年 1 月 18 日，习近平主席在日内瓦万国宫出席“共商共筑人类命运共同体”高级别会议，发表题为《共同构建人类命运共同体》的主旨演讲，向世界阐释了“构建人类命运共同体，实现共赢共享”的重大国际倡议。2017 年 2 月，联合国社会发展委员会第 55 届会议在其通过的“非洲发展新伙伴关系的社会层面”决议中，明确写入“构建人类命运共同体”的愿景，这也是联合国决议首次写入人类命运共同体理念，体现了广大成员国对这一理念的支持。习近平在党的十九大报告中明确提出“坚持和平发展道路，推动构建人类命运共同体”，并将其列为中国特色社会主义新时代发展的基本方略之一，呼吁“各国人民同心协力，构建人类命运共同体，建设持久和平、普遍安全、共同繁荣、开放包容、清洁美丽的世界”。可总结为五点主张：①坚持对话协商，建设一个持久和平的世界；②坚持共建共享，建设一个普遍安全的世界；③坚持合作共赢，建设一个共同繁荣的世界；④坚持交流互鉴，建设一个开放包容的世界；⑤坚持绿色低碳，建设一个清洁美丽的世界。

人类命运共同体的内涵目前主要有以下几点。

第一，人类只有一个地球，各国共处一个世界。有学者总结人类命运共同体这一理念的内涵是世界各国在追求自身利益的同时应兼顾他国利益，形成不可分割、命运相连的状态，共同发展，共同合作，增进全人类共同利益，共同推动人类进步。具体而言，人类命运共同体是指世界各国形成的具有依存性、平等性、共赢性、包容性等特点的集合体。

第二，人类命运共同体是人类共同价值的体现，人类共同价值具有普遍性，是指事物对于全人类所具有的共同价值，即反映世界各个民族、国家、地区的人民的利益和需要，超越多层次的具体主体(宗教、民族、国家、地区、阶层、党派、群体及具体个人)界限的价值信仰(信念)、价值理想、价值标准以及具体的价值取向。

第三，内在的精神实质是把握共同体理念的关键。就此而言，共同体首先在语言、情感、信念等方面相互认可，甚至是彼此支撑、相互依存的具有某种亲密关系的结合体。在这个意义上，家庭、友谊可以被看作最小意义上的共同体。当文化、信仰、利益、地缘等更多要素加入，共同体就不断向外扩展——地缘共同体、村落共同体、民族共同体、国家共同体。在经济全球化背景下，其最大外延可以表现为习近平主席提出的人类命运共同体。这一理念的提出体现了当代中国领导人高超的哲学智慧和政治智慧，其包含的和平、发展、正义、自由、人权、民主等价值观念是人类命运共同体能够分享的，也是当代国际新秩序的集中体现。①

第四，就严格意义上的文明区分而言，不同文明对命运及共同体的理解有较大的

① 龚群：《人类命运共同体及其正义维度》，载《哲学分析》，2018(1)。

差异，不能一概而论。传统的西方文化重空间，印度文化重时间，中国文化则重整体，简单地套用一种文明去解读其他文明并非明智之举。但就人类命运共同体这一命题而言，不同文明存在共识，即人类命运共同体至少具备拥有共居之地、达成公共观念、实现求同存异三个基本要素，它们集中反映了在历史长河中人们对于自身命运前景的理解与关照。在这个意义上，真善美及正义观念是人类对自身命运最为关切的具有普遍性的价值观念。①

人类命运共同体理念传承了中国几千年的天下情怀，蕴含了中国传统文化中“协和万邦”“天下大同”的政治理念。“大道之行也，天下为公”的理想，传递的是超越民族的责任感；“己所不欲，勿施于人”的观念，表达的是互相尊重、互不干涉的原则；“修身齐家治国平天下”的信条，强调的是运用内在道德修养的力量，通过文明教化去实现天下太平的目标；“和而不同”“和衷共济”的主张，揭示的是求同存异、包容互补、和谐共存的价值取向；“先天下之忧而忧”的抱负，抒发的是中国人的济世情怀；“达则兼济天下”的追求，承载的是负责任的共享意识；“四海之内皆兄弟”的豪情，体现的是朴素的平等愿望。中国优秀传统文化的哲学思想、人文精神、教化思想、道德理念等可以为人们认识和改造世界提供有益启迪，可以为治国理政提供有益启示，也可以为道德建设提供有益启发。

在经济全球化的推动下，世界处于新的历史转折点。环境、能源等全球性问题都日益凸显共同价值的缺失和处理全球性问题的制度性建设效能不足。中华文明为处理人类的困境提供了许多思想资源。各美其美、美美与共的文化自觉不仅是对中华文明自身精神物质的一种阐发，也是处理经济全球化时代不同文明之间关系的价值支撑，基于此，中国提出了构建人类命运共同体的呼吁。人类命运共同体理念的提出是有深厚文化基础的，是中国人整体思维和天下情怀在处理文化之间的关系时的一种体现。中国政府倡导的人类命运共同体理念强调国家与国家之间既互相独立，又你中有我、我中有你，这是中华文明在新的轴心时代为人类提供的“实践性智慧”。我们迫切需要对中华文明进行创造性继承和创新性发展。创造性继承就是以全新的眼光去审视文化传统，而创新性发展则是在新的环境下、面对新的问题做出基于自身文化传统并结合其他文明优秀成分而做出新的回应。人类命运共同体就是创造性继承和创新性发展的理论和实践成果之一。②

中国特色社会主义理论为人类命运共同体理念的发展提供了强大的思想指导。可以说，人类命运共同体这一理念是内外因共同作用的结果，它的出现顺应了时代发展的趋势，迎合了世界人民的利益诉求，是新时代中国的核心外交理念，已成为当前我

① 张法：《新型的世界哲学应当是怎样的——从人类命运共同体谈起》，载《哲学分析》，2018(1)。
② 干春松：《“各美其美、美美与共”与人类命运共同体》，载《人民论坛·学术前沿》，2017(12)。

国外交的关键词。

马克思主义社会历史观认为，人类最终要走向联合，并通过这种联合实现各民族之间的团结友爱与共同繁荣。站在追求人类理想社会的角度，人类命运共同体理念是一种带有鲜明社会主义特性的国际主义。不同于西方国家主导的中心-边缘结构下不平等的国际经济关系，也不同于打着所谓“普世价值”旗号强势推行西方价值观的自由主义解决方案，人类命运共同体理念倡导主权平等和兼容并包，强调尊重多样性，主张国家之间建立平行结构的伙伴关系，共享发展机遇，共担风险成本，致力于不同发展模式之间相互借鉴、取长补短，体现出中国特色社会主义道路对世界发展的积极意义。①

在途径与思路方面，人类命运共同体最初着眼于周边，获得安身立命之所，发展繁荣之基，进而对外谋求扩展性生存，注重“单元强盛”，最后升华到关切全人类命运走向，尊重彼此的发展道路，共建人类美好家园。就目前人类科学技术之所及，人类命运共同体的视野已经超出地球而涉及太空。有学者指出，人类命运共同体的核心要旨是世界命运应该由各国共同掌握，国际规则应该由各国共同书写，全球事务应该由各国共同治理，发展成果应该由各国共同分享。

构建人类命运共同体，既不必刻意为了特色而创造特色，又不宜狭隘地将人类现代文明的共同成果全部拒斥为“西方文明”；既要客观上承认世界各国维护自己利益的合理性，又要高度警惕和防止民族主义的鼓噪，同时坚持“团结—斗争—团结”战略，即从团结、和平的愿望出发，经过各种形式的斗争，实施新的团结与和平，以“最大的诚意、最大的耐心、最大的努力”维护世界和平和地区和平，在发展中国特色社会主义框架下构建人类命运共同体。

构建人类命运共同体作为一种新的世界秩序观、价值观乃至新的哲学，已在思想界引起了广泛的关注与反响。围绕这一伟大的时代命题，面向世界、立足现实，哲学界展开了深入讨论，涉及人类命运共同体话语体系构建的哲学思考，人类命运共同体的正义维度，人文科学与人工智能时代的分野与命运，马克思主义视野的人类命运共同体，警惕价值两极，中国传统哲学中的天下，民族与国家，信息文明的内涵及时代价值，等等。深刻的思想交锋彰显了哲学工作者的社会责任感与历史使命。

当今时代的教化必须与人类命运共同体的理念紧密相连，必须能够回应人类命运共同体的要求，必须致力于使人类具有推动人类命运共同体之完善和发展的思想意识与行为方式。因此，在人类命运共同体时代，教化需要在至少三个方面着紧用力。首先，唤醒人类身为世界公民的责任意识和担当意识。公民并非只是国家的公民、社会的公民，而首先是世界的公民。世界公民必须扛起维护国家间、民族间、群体间的平

---

① 陈岳、蒲傅：《外交卷 构建人类命运共同体》，22页，北京，中国人民大学出版社，2017。

等关系的责任。其次，树立人类自觉自为的文化意识。人类有必要对自己所处的文化有整体的历史观把握，对其文化有“自知之明”，同时对世界文化敞开心扉，然后才能有所为。最后，培养人类共享发展的实践力和行动力。理念唯有落实为实践、行动才有价值，人类命运共同体的教化不能只停留于空想或口号，必须转化为能够真正惠及人类合作共享的普惠行动，为战略性利益共赢格局的新型关系建构提供行动指南。

二、信息化时代的教化

信息化时代是一个需要新教化的时代，之所以如此判断，是因为人类的高科技文明正不断冲破人类伦理的边界。科学创造本身是一种创造，但科学创造在落实为科技文明的时候总与伦理问题相关联，因为后者总指向人类社会的使用问题。

目前，有学者指出我们已经进入了人类的另一个崭新时代。信息技术带来了便利，但它给我们的教育带来的并非都是乐观的可喜状态。不少具有敏锐目光的学者(尤其是来自传播学的学者)发现，人类自进入 21 世纪以来，一种“娱乐至死”的状态在蔓延。[①]以往时代的教育是“大教育观”的教育；信息化时代的教育是“大学习观”的教育，此时是学习无处不在，而不是教育无处不在。但是，学习无处不在的时代只是告诉人们，学习的条件无限丰富——无论何时何地，人们只要想学习，随时随地都可以学习。问题是：你们什么时候才会想学习呢？人们的学习条件越来越丰富，而学习的动机却越来越贫乏。

古代文明与现代文明之不同的状态，此前我们将它视作一种“古今之争”的表现[②]，但是，随着思考的进一步深入我们发现，如果说古代文明的精神气质在现代高科技文明的冲洗之下似乎荡然无存，在现代人的身上再也寻不见古代精神传统，那么人类将去向哪里呢？每一种教化都有其所属时代的特征，这个时代之所以成为这样，是因为施行了这样的教化，所以某一时代是某一种教化的结果，这是人类历史哲学的理解。我们处在比以往任何时候都需要教化的时代。更为迫切地需要我们回答的问题是，在这个信息化时代，我们究竟需要何种教化？

第一，人工智能时代的到来与人的电子化生存常态。当今时代人的生存状态已经上升到具有逻辑必要性、永不过时的媒介行为(médiation)或者说当代影响大众的手段(媒体 médias)时代。雷吉斯·德布雷在《媒介学宣言》中提出，媒介应当被理解为一种组织手段，一种让人进入某一团体的手段。同时，它也作为一种“符号问题”或“文化问

① [美]波兹曼：《娱乐至死》，章艳译，3 页，桂林，广西师范大学出版社，2004。

② 高伟：《良知正义论的重建——现代教育正义论的中国话语》，载《华东师范大学学报(教育科学版)》，2018(4)。

题”深刻影响社会各界。它们很沉重、很严肃，而且是“器质性”的问题。它的宗旨始终如下，那就是“空虚原理”，“集体生活”就是为了解决这一根本性问题的。媒介工作永无止境。哪怕是最小的有组织的团体，也需要一个介质群或教士群将该团体与某种卓越的价值观相连，进而赋予它结构的紧密性和生存的活力。传播是流畅的，媒介则是沉重的。媒介成了权威。媒介决定信息的性质，社会关系超越了人本身。换言之，是团体在思考，而不是灵魂在思考。学校、教会、党派、协会、思想界等介质群和知识机构，它们符合规范，同时又起到规范的作用。媒介学类似于一种以漫长而沉重的群体生活历史为背景的实用思想学。仅仅借助话语是不可能影响他人的。信息的传播也需要手势、图形和影像，需要一整套的符号档案。这是一些意义的具体痕迹。媒体界包括文字(话语圈)、印刷术(图文圈)、音像(视频圈)。在媒介学时代，“人栖居在语言里”的特性愈发凸显，前语言阶段并不存在。①

第二，人文科学如何应对人工智能。随着人工智能时代的到来，人文科学的空间遭到挤压。人文科学如何面对人工智能时代？人类的命运又将如何？针对这些问题，有学者指出：自古希腊以来，哲学与技艺的问题就一直争执不休，如果说古典时代的西方哲学对技术的理解是一种技艺至善论，那么从近代工业革命以来，这种技艺至善的观念已经消解。“在近代自然科学大踏步前进的过程中，哲学逐渐脱离了人文科学范围，甚至在论题和方法上亦被自然科学化。第二次世界大战后，技术加快发展，核能、互联网、基因工程、人工智能等新技术不断推进，成了当代全球人类生活事实上的统治形式。”②在新的时代，面临技术带来的新挑战，人文科学又将以怎样的姿态来为自身、为国家、为世界贡献大智慧呢？“对现实没有反应能力和对未来没有预期能力的人文科学是无未来的，一味地复古哀怨亦丝毫无益于人类自身命运的改进，反而会陷入虚妄。因此，人文科学要重新正视自己的处境，展示面向未来的姿态，重整旗鼓，并需要创造性地用新的文明样式，继续捍卫和保护人类永恒的精神。”③人文关怀作为一种积极的因素，在审判、审核中仍然起着不可替代的作用。因此，相对于人文精神而言，人工智能并不是最终的决定性因素，但它可以丰富和深化人文精神。

第三，自媒体时代的互联共享式教化。当前，以信息技术为代表的新一轮科技和产业革命正在萌发，为经济社会发展注入了强劲动力。同时，互联网发展也给世界各国的主权、安全、发展利益带来许多新挑战。全球互联网治理体系变革进入关键时期，构建网络空间命运共同体日益成为国际社会的广泛共识。我国倡导“四项原则”“五点主张”，就是希望与国际社会一道，尊重网络主权，发扬伙伴精神，大家的事由大家商量

---

① [法]德布雷：《媒介学宣言》，黄春柳译，4～6页，南京，南京大学出版社，2016。

② 尹强：《“人类命运共同体”的哲学反思——第十六届〈哲学分析〉论坛综述》，载《哲学分析》，2017(6)。

③ 孙周兴：《人文科学如何面对人工智能时代?》，载《哲学分析》，2018(2)。

着办，做到发展共同推进、安全共同维护、治理共同参与、成果共同分享。近十年是信息文明全面展开的时期，以互联网普及、人工智能快速发展、大数据分析的规模化展开为主要特征，信息文明剧烈改变着人们生活的每个环节。在信息洪流中，人类对自身文明的走向、关于自由的理解、思维范式的创新、人文与技术的鸿沟以及人类面临的数字化症候群等一系列影响自身生命各个环节的尖锐问题都进行了更加深入彻底的反省，人类对自身的命运亦前所未有地警觉。信息文明至少在四个方面有不可替代的时代价值：一是信息文明有助于打造互动、包容、安全、有边界的全球社区，促进人与人之间的相互理解与互动交流，树立人类命运共同体的发展理念；二是信息文明有助于人们淡化竞争意识，强化共享意识；三是信息文明使人类面临对人性的彻底反思，为人类自觉提高伦理道德素质提供难得的机遇；四是信息文明形成数字化的共享理念，有利于加快社会主义事业发展。

从共享课程、共享图书到共享教育资源，共享教育未来将形成规模。共享的理念会给当前的教育带来哪些影响？共享教育的内涵是什么？共享教育未来的发展方向是什么？这些问题值得思考，“随需所获，学以为己”将成为可能。共享教育不仅在于技术的变革带来的单纯共享，也在于弱化拥有权和强化使用权，还在于强调满足不同年龄段、不同水平的学习个体对于学习方式、教学方式的需求，乃至促使教育观念和教育体制的变革。共享教育强调：在共享教育体系下，人们可以根据各自的意愿和需要选择适当的学习手段和方法，克服囿于知识掌握与技能训练的狭隘性，表现出个人对知识多样性、异质性发展的无限丰富的可能性，并使教育资源得以最大限度地有效利用与共享，即所谓“随需所获，学以为己”。学校教育本身也具有共享的性质，比如，同一个班级、同一个学校的学生可以共享师资、共享班级教育资源及学校教育资源等。共享教育还将作用于教学生态系统的转向，教学生态系统或学习的组织并不囿于学校与课堂。个性化学习以个体发展需求为中心，这意味着在任何地方、任何时间，个体都可以从差异化的需求出发进行弹性学习，都可以自己规划学习的路径。另外，人的学习是跨场所、跨活动的，人生约 80%的时间处在非学校教育的学习状态。在“互联网＋”时代，学习的时空界限被打破，个性化学习越来越重要，非正式学习、非系统知识、非系统能力所占比重越来越大。共享教育更多强调怎样从终身教育到终身学习，强调个体为学习主体以及关注那些非系统知识、非系统能力的获得。因为人的终身发展不局限于学校教育的范畴，不论是儿童还是老年人都是如此。在日常工作和生活中建立经验获得的路径，这对不同年龄、不同水平的学习者的人生更具现实意义。[①]。

---

① 丁钢、苏令：《共享教育将催生新的教育格局：访华东师范大学终身教授丁钢》，载《中国教育报》，2017-10-10。

第三节
国家、社会与个人

一、国家、社会与个人之间的关系

国家、社会与个人既相互独立，又是相互联系的系统整体，其间有着辩证统一关系。

(一)个人

个人在英文中是individual，在哲学上界定，它可被称作个人本位主义，亦称为个人独立主义。在近代中国，“个人”是陈独秀先生对近代西方资本主义社会结构及相应的道德观念的一种概括，是相对于中国封建宗法制的家族本位主义而言的，表明东西民族思想文化的根本差异。陈独秀认为西方民族是个人主义民族，其要旨是以个人为本位；以为社会之向往，国家之祈求，在于拥护个人之自由权利与幸福；思想言论上谋个性之发展；法律之前，个人平等；肯定国家利益、社会利益与个人主义相冲突，实以巩固个人利益为本因。① 陈独秀阐明西方民主共和制下的自由、平等、博爱以个人人格独立为前提，号召青年奋起努力，“尊重个人独立自主之人格，勿为他人之附属品”②。在当时的中国社会，陈独秀提出要抛弃私有制度之下的“利己主义的旧道德，开发那公有，互助，富于同情心、利他心的新道德”③。

“五四运动”以后，对个人的理解便日渐充分和深入了。有研究者指出，西方的文明深深地烙上了个体主义主体论的印记。商品经济的发展、资本主义私有经济的发展凸显了个体的独立人格，要求自主、自尊和自由，从封建的人的依附关系中解放出来。强调个体的主体性，认为主体是个体，这是伴随资本主义市场经济发展的历史进步，西方近代以来的哲学贯穿着适应资本主义市场经济要求的个体主义主体论。现代西方哲学同样沿袭个体主义主体论。④

---

① 陈独秀：《独秀文存・论文》上卷，22页，北京，首都经济贸易大学出版社，2018。

② 陈独秀：《独秀文存・论文》上卷，27页，北京，首都经济贸易大学出版社，2018。

③ 金炳华等：《哲学大辞典》，432页，上海，上海辞书出版社，2001。

④ 邱少全：《人及其世界：马克思主义哲学与现代西方哲学思想比较研究》，56～57页，上海，上海人民出版社，2000。

罗齐克在《无政府、国家与乌托邦》一书中指出：存在的只是个人，不同的个人，以及他们所拥有的个人生存；存在的只是具有分离存在的不同个人，因此，不能为他人牺牲；不存在有高于一切的社会利益，拒绝将“社会利益”归属于“社会整体”的说法。①

从《1844 年经济学哲学手稿》到《神圣家族，或对批判的批判所做的批判》，马克思主义在价值主体上大量使用“个人”“现实的个人”“现实的个体的人”，并未在群体和个体之间做出明确区分。在《神圣家族，或对批判的批判所做的批判》中，马克思和恩格斯在批判鲍威尔及其兄弟时使用“群众”“人民”“工人阶级”“有产阶级”等群体概念，明确且大量地强调“个人”。他们在积极意义上强调个人自由、个人财产权，但他们在强调人的社会性时更多地批判市民社会中原子主义的利己个人。《德意志意识形态》也使用了“现实的个人”“现实中的个人”“有生命的个人”等提法，但强调作为前提的现实的人“不是某种处于幻想的与世隔绝、离群索居状态的人，而是处于一定条件下进行的、现实的、可以通过经验观察到的发展过程中的人”②。

个体就人的意义而言是独立自主的，但它总是生产关系、社会中的个体。而当我们谈到个体时，如前所述，它又总与个体主体相联系，那么个体与主体之间的关系是怎样的呢？在资本主义时代成长起来的个人以交换价值和货币为中介发生着普遍的依赖关系。马克思用“物的依赖性为基础的人的独立性”抽象概括这一社会形态，突出了“独立的个人”作为这一时代人的存在方式的鲜明特征和典型人格。③

当我们从学理上思考个人时，它必然与国家、社会之间形成一个系统里的关系。在这三个因素中，如果强调个人的作用，往往会出现“个人崇拜”(personality cult)，或称为“个人迷信”，还有“个人英雄主义”(individualistic heroism)等，进而脱离人民群众，出现迷信、倚重个人力量而去完成某种社会任务的英雄主义思想行为。与个人的英雄行为不同，它以个人主义为原则，夸大或不适当地强调个人在社会生活和历史活动中的作用，否认人民群众集体的力量和智慧。就个人方面而言，最容易面对的是个人利益问题。它是相对于公共利益(某种程度上亦可称为国家利益)和社会利益而言的。个人利益是直接从个人生活出发，以个人生活名义提出的主张、要求和愿望。公共利益是从政治组织的社会生活角度出发，以政治组织的社会生活名义提出的主张、要求和愿望。社会利益则是从社会生活角度出发，为维护社会秩序、保持社会的正常活动

---

① 邱少全：《人及其世界：马克思主义哲学与现代西方哲学思想比较研究》，57 页，上海，上海人民出版社，2000。

② 张学广：《保持群体与个体之间的协调关系——马克思与维特根斯坦社会价值观比较》，载《人文杂志》，2019(2)。

③ 赵恩国：《马克思“个人解放”思想的历史与逻辑》，140 页，上海，上海人民出版社，2017。

而提出的主张、要求和愿望。个人利益包括个人的人格利益、家庭关系利益、个人的物质利益、外人不得干预的自己与他人的经济利益等方面。就个人方面而言，有一对矛盾关系是个人善与社会善。最早是从古希腊亚里士多德那里做出区分的。他认为个人善指个人的活动符合理性生活。它以中道为原则，顺应理性指导，使感情和行为“适度”，通过训练形成习惯而达到善，同时还依靠理性中的“纯粹理性”的自我活动以达到至善。社会善是求得整个民族和国家的善，是社会政治生活的目的。依靠公正和友爱这两种主要道德，调节社会中统治者和被统治者、不同等级之间和家庭内部成员之间的关系，使之和谐有序。总的看来，社会善是高于个人善的，个人善只有在良好的社会政治制度中，亦即只有依靠社会善才能完善。求得个人善的科学是伦理学，求得社会善的科学是政治学。①

弄清国家、社会与个人之间的关系，是确定教育目的的基础。

（二）国家

国家是维护一个阶级对另一个阶级的统治的机器。② 国家是经济上占统治地位的阶级为了维护本阶级的利益而对被统治阶级实行专政的工具；主要由国家权力机关、国家行政机关、审判机关、检察机关、军队、警察、监狱等组成；属于社会上层建筑，由经济基础决定，并为经济基础服务。国家是一个历史范畴，随着社会划分为剥削阶级和被剥削阶级而产生，是阶级矛盾不可调和的产物和表现。国家的特征有两点：一是按照地域而不是按照血缘关系来划分和维系它的居民；二是特殊的权力的建立。迄今为止，国家的历史类型有四种：奴隶制国家、封建制国家、资本主义国家和社会主义国家。③

对于国家的起源和实质，虽然在奴隶社会和封建社会中“君权神授”的思想盛行，但也有一些学者试图从人的角度来理解国家。古希腊德谟克利特认为，国家是人们长期生活斗争的产物，由于衣食不足陷入贫困和战争，迫使人们联合起来形成国家，代表大家的共同利益。柏拉图认为国家的建立是由于人类需要互相帮助。亚里士多德从“人是政治的动物”的原则出发，认为城邦出于自然的演化。卢梭把社会的不平等和国家的产生同私有制的产生联系起来，认为受富人欺骗的人们为了获得公民自由而放弃了自己的自然自由，并通过社会契约建立了国家。④ 黑格尔在《法哲学原理》一书中提出国家是绝对理性的体现，是社会成员之间的矛盾得到调和为进一步加强相互之间的联

---

① 金炳华等：《哲学大辞典》，433～434 页，上海，上海辞书出版社，2001。

② 《列宁全集》第三十七卷，68 页，北京，人民出版社，2017。

③ 金炳华等：《哲学大辞典》，494 页，上海，上海辞书出版社，2001。

④ 金炳华等：《哲学大辞典》，494 页，上海，上海辞书出版社，2001。

系而形成的。列宁著有《国家与革命》一书，前文对国家概念的界定及对其职能特征的阐释基本上都出自这本书。

20世纪以来，有关国家的哲学思考的代表为卡西尔的《国家的神话》，它于1947年写成，是应学术界要求以其符号形式哲学解释现实的国家状况的著作。该书分为三篇，第一篇讨论神话的意义，认为神话不是人的纯粹理智旨趣的结果，也不是赤裸裸的情绪的宣泄，而是在人的情感与外在环境的冲突得到适当理性控制以后，以符号形式曲折表达出来的。神话是人类第一次文化创造。第二篇讨论从古希腊到文艺复兴时期政治理论上理智反对神话的斗争。卡西尔认为古希腊柏拉图的理想国的政治意义在于统一和组织人们的行为，并使之朝向一个共同目标。古罗马奥古斯丁强调人只有在上帝的意志里才懂得善与恶。国家与教会之争是自然与上帝恩典之争。该书认为理性和世俗政治的权威在中世纪托马斯·阿奎那之后有所恢复。17世纪是极端理性的世纪，而启蒙运动和法国大革命则是这种理性的实践。德国的浪漫主义则反对极端性，强调宗教神话在文化创造中的意义。第三篇以批判的观点考察了卡莱尔和黑格尔等的政治哲学，最后批判了以法西斯主义为代表的现代政治神话，认为这是别有用心的炮制，并利用语言功能的转换和新的礼仪来激起人们的非理性情绪，破坏人们独立思维的能力。①

目前关于国家的哲学类文献普遍认为国家具有共同体的特征，这一特征同时亦是国家的本质，也就是说，它是为了维护人们的利益而存在的。但还有一种关于国家本质的解释也值得我们思考其价值性与启示性意义，费希特指出："意识到自己的自由的人，出于自由(自己的意愿)并且为了自由而平等地联合在一起，形成了国家(staat/state)，这样的国家就是王国(reich/realm)。"②在费希特这里，"王国被赋予一种特殊的含义，指的是基于理性、自由而形成的国家，一种理想的国家的形态。国家乃泛指一切形态的国家，而当它与'王国'对举时，意为立足于个人的生存和财富而形成的国家"③。他在对人类未来发展的方向的分析中指出，人类要超越国家而发展为自由的王国，即理性之邦。在费希特所处的18世纪末19世纪初，"建立自由王国的时机还未到来，现在的任务乃是唤醒人们的对于自由的意识，为了自己的自由而进行一场全面的战争"④。

---

① 冯契、徐孝通：《外国哲学大辞典》，508页，上海，上海辞书出版社，2000。

② [德]费希特：《国家学说：或关于原初国家与理性王国的关系》，潘德荣译，42页，北京，中国法制出版社，2010。

③ [德]费希特：《国家学说：或关于原初国家与理性王国的关系》，潘德荣译，49页，北京，中国法制出版社，2010。

④ [德]费希特：《国家学说：或关于原初国家与理性王国的关系》，潘德荣译，61页，北京，中国法制出版社，2010。

对于“建立自由的王国取决于我们自己，只有靠人类自身的努力才能建立理性王国”的观点看上去属于常识的范畴，但人们未必信任它、践行它。这就涉及对于国家的理解，人们并非仅将它视作一个名词来理解，国家是人民及其政府和领导人共同构建起来的。它的另一个本质特征是必须体现正义，而按照费希特的国家学说，“教育的强制本身就是为了正义且不背离正义之道的，它实际上是人类自我提升的必要方式，通过这种方式，人们才能把握正义的理性概念，舍此别无他途。因之，谁把握了‘正义’观念，他就是人类的教育者”①。

(三)社会

社会是指在一定的物质资料生产基础上形成的由各种关系相互联系的人类生活共同体。人类社会是物质运动的最高形式，在从猿进化到人的过程中，劳动起了决定性作用。历史唯物主义认为，人类社会具有复杂的结构，包括生产力系统、生产关系体系和上层建筑体系。它们之间的矛盾运动推动着社会的发展。普列汉诺夫将社会结构具体划分为五个层次：生产力的状况；被生产力制约的经济关系；在一定的经济基础上建立起来的社会政治制度；一部分由生产力直接决定，一部分由社会政治制度决定的社会中的人的心理；反映社会心理的各种思想体系。虽然在社会历史领域内进行活动的人全是具有意识的、追求某种目的的人，但社会同样具有客观规律性，社会的发展是自然历史过程。人类社会的发展历史兼具统一性和多样性。社会发展的基本动力在于生产力和生产关系的矛盾，以及经济基础和上层建筑的矛盾。社会由低级向高级的发展集中表现为社会形态的更替。②

需要特别强调，社会是人类生活的共同体。这个界定的内涵又包括两点：①社会不是单个个人的堆积或简单相加，它是人们的联系或关系，是人们相互交往的产物，是全部社会关系的总和；②人们的交往首先是在生产、分配、交换与消费中发生的经济交往，因此，人们之间最基本的、决定其他一切的关系是生产关系。

社会的特点则主要分为六个方面：①社会是由人群组成的；②社会以人与人的交往为纽带；③社会是有文化、有组织的系统；④社会是以人们的物质生产活动为基础的；⑤社会系统具有心理的、精神的联系；⑥社会系统是一个具有主动性、创造性和改造能力的活的机体。社会是复杂有机体，由多种成分构成，最基本的三个构成要素是：自然环境、人口、物质生活资料的生产方式。要形成一个社会，这三者缺一不可。在物质资料的生产中，生产力是最活跃、最重要的因素。它的发展变化必定会影响生

---

① [德]费希特：《国家学说：或关于原初国家与理性王国的关系》，潘德荣译，11～12页，北京，中国法制出版社，2010。

② 冯契、徐孝通：《外国哲学大辞典》，433～434页，上海，上海辞书出版社，2000。

产关系的发展变化，进而必定会对教育发展产生影响。[①]

由社会的定义及其内涵和外延我们可以看到，社会对人有一种规范作用，如福柯在《规训与惩罚》(*Discipline and Punish*)中，认为英语中的discipline这个词既可以作名词使用，也可以作动词使用；它具有纪律、教育、训练、校正、训诫等多种释义，还有学科的释义。[②] 福柯正是利用这个词的多词性和多义性，赋予了它新的含义，用以指近代产生的一种特殊权力技术，既是权力干预、训练和监视肉体的技术，又是制造知识的手段。福柯认为，规范化是这种技术的核心特征。

在对教育者(即教师)的社会哲学研究中，齐格蒙·鲍曼的《立法者与阐释者：论现代性、后现代性与知识分子》做出了颇有启发性的阐述。他从两个方面做了分析：一是从政治社会学的视角来看教师社会身份的转变，知识分子的言语、行动不再具有权威性，不再是社会行为的立法者，而沦陷为社会现实的阐释者；二是从微观政治学的视角来看教育者身份的转变，教师在学校领域、课堂教学过程中、学校教室里已失去立法者身份，而逐渐演变成为阐释者，只是阐释规则、知识、价值意义，以供学生做出选择，但无法强行让学生接受。[③]

(四)国家、社会与个人之间的关系

个人、国家与社会三者各有独立的一面，但它们之间又存在辩证统一关系。

费希特在《国家学说：或关于原初国家与理性王国的关系》中提到：个人的生存如果成为第一位的东西，安全、舒适、安逸的生活就成为最高的目标；财富就是保持安逸惬意生活的有效手段，所以人们应勤奋工作，最大限度地获取财富，广聚私有财产；为了防止自己的财产被他人掠夺，便建立了国家，国家纯粹是一种维护私有财产的手段，它原本就是财产所有者的一个机构；但是，有产者建立了国家，而国家权力机器的成员则是非有产者；国家一旦形成，便在实际上变成了凌驾于其主人之上的力量；它保护有产者，同时也向被保护者(亦即仆人)讨价还价，主仆的位置完全颠倒过来了，被雇佣的国家机器之成员取得了一个非常有利的地位，他们是国策的制定者与执行者，并且是事实上的国家统治者或统治者家族。

因此，尘世的生命在多大程度上是自由的，其本身也就有多大的价值；如果不能是自由的，那么就根本没有价值。一切人都因拥有了生命而是自由的，这句话也可以

---

① 柳海民：《现代教育原理》，288页，北京，人民教育出版社，2006。

② [法]福柯：《规训与惩罚：监狱的诞生》，刘北成、杨远婴译，5页，北京，生活·读书·新知三联书店，2007。

③ [英]鲍曼：《立法者与阐释者：论现代性、后现代性与知识分子》，洪涛译，7页，上海，上海人民出版社，2000。

反过来说，人乃因为其自由而获得生命，没有自由的生物躯体之生命无异于行尸走肉。凡有益于自由的便是正义的，人人因具有要求自由的权利而平等。黑格尔的《精神现象学》继承了这一国家、个人与社会之间辩证统一的关系。黑格尔指出：国家权力在某一方面表达了自我意识的本质；国家权力一部分是静止的法律，另一部分是规定着普遍行动的诸个别过程的指示和命令；一部分是简单的实体本身，另一部分是实体鼓舞并保持其本身和一切个体的那种行动。因此，个体发现在国家权力中他自己的根源和本质得到了表达、组织和证明。与此相反，在财产的享受中个体体会不到他的普遍本质，关于自己他只能获得一些转瞬即逝的意识，感受到自己是一种自为存在的个别性，认识到自己与自己的本质的不同一性。

总的看来，个体虽然追求一种特殊性(个体性)，但又必须保持与社会和国家的同一性，没有这种共同身份的认可，人亦无从谈其个体性。在教化论的视域下，我们应更多强调个体的普遍性，以及与国家(民族)和社会的一致性。

二、关于国家、社会与个人的价值本位论

(一)国家主义

国家主义有时也被称为民族主义，国家主义与民族主义在英文中都是 nationalism，但两者之间是有区别的。国家主义、民族主义与社会主义三者可以说是一个系列贯通下来的一体化三重结构要素。也就是说，国家、民族与社会教化同属于一套话语体系。

在近现代教育哲学史上，最先对国家教化学说进行系统说明的是费希特，在他之后，当我们谈到国家主义的教育时，往往联想到职业教育家凯兴斯泰纳。这里仅就教育哲学方面具有影响力的国家主义教育学说展开讨论。

当我们谈到国家与教化时，事实上所说的就是国民教育或民族教育、全民教育，在狭义的范围上则指公民教育。我国有关国民教育思想的文献在民国时期是不少的，余家菊等文化思想界名人还专门向社会公众大力提倡国家主义的教育理念。[①] 20 世纪 80 年代以来，就国民教育思想进行系统研究的专著中较具代表性的是朱旭东的《欧美国民教育理论探源：教育制度意识形态论》[②]，而几乎未见在教育哲学上的探究。但这个问题需要从哲学上进行审思。

国家对人民的教化是属于全体国民性的，而一个科学家所理解的是让自己的国家

---

① 《国家主义讲演集》第一集，2 页，上海，上海醒狮周报社，1925。

② 朱旭东：《欧美国民教育理论探源：教育制度意识形态论》，8 页，北京，北京师范大学出版社，1997。

做正义的事，让正在做不正义之事的国家停下来；科学家所能持有的正确的国家主义应该是用其手中掌握的科学知识和技术来控制局面，使不正义的事停下来——这就是科学家海森伯的国家民族观。马克思说，资产阶级迫使一切民族在他们那里推进所谓文明制度，“它按照自己的面貌为自己创造出一个世界”[①]。民族的教化却与此在某种程度上是相对的力量。

(二)社会主义

就社会教化的主题，在社会哲学史上，卢卡奇关于社会存在的本质和特征的社会本体论一说具有代表性。他在《社会存在本体论导论》中主张社会存在的本体论只能建立在自然本体论的基础上，反对把自然和社会割裂开来。同时，他认为应通过肯定经济过程在社会存在中的本体论的第一性来实现社会本体论向唯物主义的转变。在这种观点之下，他还主张以劳动为本位的真实的本体论，承认实践是物质生产活动。在他看来，人是通过劳动实现计划中的目的、创造出社会存在的；劳动是联系社会和自然的中介，也是社会全部文化的本体论结构的基础，因此，劳动是社会存在的原型。[②]

(三)个人主义

对个人主义，《布莱克维尔政治学百科全书》做出了解释。这一概念包含多种思想、观点和学说，它们的共同要素是都以“个人”为中心。作为与集体相对的个人可以用多种方式表达。许多形式的个人主义依赖这种对立，另一些则否定这种对立。在法国，它的意思总倾向于贬义，表示无政府状态和社会动乱的根源。而在德国，这个词则侧重于强调个性的浪漫主义思想、个体特性、独创性和自我实现的观念；最初用于对天才人物尤其是对艺术家的崇拜，然后发展为关于团体尤其是民族或国家的一种有机理论。在英国，它常用来称呼宗教中的新教徒，用于具有自我信赖品质的特别是中等阶级的英国男子，并用于表示英国自由主义各种流派的共同特征；从这个意义上说，同社会主义和集体主义相反，个人主义意味着最低限度的国家干预。在美国，它起初表示自由经营、有限管辖的个人自由，以及支持这些做法的观点、行为和愿望。[③]

在政治哲学领域，针对个人主义进行的哲学研究成果显著：首先，布克哈特认为文艺复兴时期个人主义成长，伴随自主要求的增长、对私人秘密的崇拜和一种最大限度的个人发展的冲动，此种观点融合了法国和德国的个人主义含义；其次，密尔把受德国影响的个性概念带入他关于自由主义的经典论述《论自由》；最后，托克维尔在考

---

① 《马克思恩格斯选集》第一卷，404页，北京，人民出版社，2012。

② 程志民、江怡：《当代西方哲学新词典》，238页，长春，吉林人民出版社，2003。

③ 邓正来：《布莱克维尔政治学百科全书》，353页，北京，中国政法大学出版社，1992。

察民主美国的个人主义时敏锐地意识到，个人主义削弱了社会联结，对公共生活造成了威胁。

《布莱克维尔政治学百科全书》还提到，这个词的第二种有影响的当代用法是在社会和政治理论中被称为“原子论”的理论——这种理论认为社会由个体组成，旨在实现个人的目标，对个人及其权利给予优先权，这种权利存在于任何一种特定形式的社会生活之前。这个观点起源于17世纪，并且出现在霍布斯及洛克的社会契约理论及后来的功利主义学说中。[①] 当代政治哲学家麦克弗森则认为：“个人本质上是他自身或其能力的所有者，并不欠社会任何东西。”[②]

本章小结

解释何谓教化，自人类诞生以来便是一个难题。一方面，在不同的时代有不同的理解；另一方面，不同地域、国家、民族及社会对人的理解也是有差别的。在时间经线上，教化分为古典文明教化和现代启蒙教化；而在空间纬线上，则有着横跨全球的互相教化的结构。

教化，在哲学的意义上，总体是一个形而上的概念(观念/理念)，而非具体实在物。它既可以是认识论上的教化观，也可以是方法论上的国家意识形态和国家意志(民族意志)的体现，同时也在一种程度上能够展现出社会性(时代、地域之不同的社会性)。尚有一点是此前有关教化的研究著作大多未给予充分重视的，即人(个体与类主体意义上的人)的自我教化，人对自身的信仰在各个历史时期的各个国家、民族与社会中都是不一样的，而所有这些不一样恰恰都不是国家、民族、社会导致的，而是人本身对自己的认识和对自身的信任不一样所致。黑格尔在自我的意义上谈到了教化，但他是把教化放在其辩证法的弧线里来对之进行观审的，这与后现代哲学对人的个体性意义及其主体性哲学的观照方式非常不一样。

从古希腊时期提出“认识你自己”的西方古典教化观和倡明“天行健，君子以自强不息；地势坤，君子以厚德载物”的中国古典教化观，到近现代的启蒙理性教化观，再到21世纪信息科技文明教化观，我们看到对人的信任经历了一个“正—反—合”弧线型阿勒曼德舞步。[③]

---

① 邓正来：《布莱克维尔政治学百科全书》，354页，北京，中国政法大学出版社，1992。

② Macpherson C. B.，*The Political Theory of Possessive Individualism：Hobbes to Locke*，Oxford，Clarendon Press，1962，p. 3.

③ 包利民：《古典政治哲学史论》，1页，北京，人民出版社，2010。

章后练习

1. 案例分析

儒家的教化思想集中体现在《大学》中。之所以有理由把《大学》作为解读儒家教化思想的基本依据，是由于按照“二程”的说法，《大学》是“初学入德之门”，并且朱熹也推崇《大学》为“定世立教大典”，肯定它在学者为学的顺序中所具有的入门地位。《大学》开宗明义的“大学之道”就点明了需要修炼的“道”的内容、方法与过程。“三纲”(明明德、亲民、止于至善)可被视为修道的内容，“明明德”是对己而言的，彰显内在的道德本性；“亲民”是对他人而言的，将德行推及他人，也就是去爱人；“止于至善”则是道德修炼的境界，即成为君子。

中国传统哲学是人文主义的，而西方哲学属于理性主义。这种理性主义也反映在教化观上。黑格尔哲学是其中的一个典型。黑格尔通过将个体的直接性、本能性与理想的理性存在者的普遍性做对比，来分析教化的重要性。教化之所以有其重要性，是因为人就本性来说，原本处于直接性与本能性的状态，但从人作为精神性存在的角度来说，他不能停留于直接性与本能性的层面上，而应当上升到普遍性，因此，哲学应当提供这样的教化作用。教化的本质正是使人成为普遍的、理性的“精神存在”。正是因为教化对于哲学来说如此重要，所以黑格尔甚至把它看作哲学存在的前提条件。当代哲学家罗蒂也谈论看教化的问题。基于对传统镜式哲学(即把认识看作对事物的客观的表象)的反对，罗蒂的教化概念的主要含义是：教化哲学的目的是进行谈话，以发现新的、较好的、更有趣的、更富成效的说话方式。

分析上述话语，思考古今中外的思想家们对教化的不同理解。

2. 简答题

(1)什么是教化?

(2)请谈谈国家主义、社会主义、个人主义之间的关系。

(3)请谈谈当代儒家教化哲学的意义。

(4)国家本位论、社会本位论与个人本位论分别指什么?

(5)黑格尔的教化与派地亚的区别与联系是什么?

延伸阅读

[1]李景林．教化儒学论：林景林说儒[M]．贵阳：孔学堂书局，2014．

[2]罗蒂．哲学和自然之镜[M]．李幼蒸，译．北京：商务印书馆，2003．

[3]费希特．对德意志民族的演讲[M]．梁志学，沈真，李理，译．北京：商务印书馆，2010．

[4]黑格尔．精神现象学[M]．先刚，译．北京：人民出版社，2013．

[5]伽达默尔．诠释学Ⅰ、Ⅱ：真理与方法(修订译本)[M]．洪汉鼎，译．北京：商务印书馆，2007．

第六章

技术与哲学

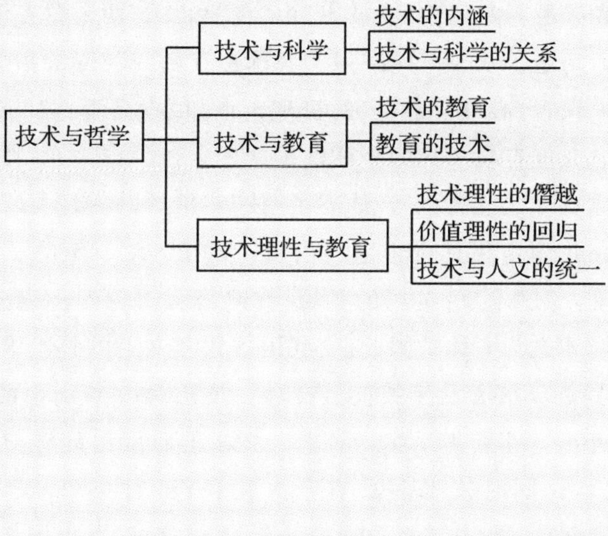

技术与哲学
技术与科学
技术的内涵
技术与科学的关系
技术与教育
技术的教育
教育的技术
技术理性与教育
技术理性的僭越
价值理性的回归
技术与人文的统一

章前导语

在人类发展历史中，技术与教育如影随形。一方面，技术作为教育的目的与内容，推动教育形态的变迁；另一方面，技术作为教育的手段和方式，助推人类文明的进步。面对技术理性的僭越和教育人文价值的呼唤，我们应基于新人文主义的视角，实现技术与人文的统一。

第一节
技术与科学

一、技术的内涵

从词源学的视角来看，汉语中的“技术”由“技”和“术”两个单音词组合而成。《说文解字》中指出：“技，巧也。从‘手’‘支’声。”我国古代的“技”一般指技巧。“巧”是“人的意向性的外在表现，包含‘心理’‘心智’的机理，也即‘心灵手巧’”①，换言之，技巧无法离开个人而存在，只能存在于人的个体经验之中。《汉书》中有“技巧者，习手足，便器械，积机关，以立攻守之胜者也”，体现了“技”与机器的密切关联，凸显了“技”最基础的“物性”。“术”在我国古代具有丰富的内涵，多指方法、策略、知识和学习等人类内在的心理认知活动，且“术”可运用的领域十分广泛，只有与人类的制作活动联系在一起时，“技”和“术”才融为一体。因此，“我国古代意义上的技术维度是二元关联，以外为主的‘内外结构’，其核心在于技能、技巧、技艺”②。英语中的技术(technology)源于希腊语词根techne，主要表示生产技艺。技术的希腊语词源与艺术相联系，体现了技术内在的意向性，同时艺术多具有个人性和经验性等特征，因而古代的技术(techne)不同于现代意义上的技术(technology)，更多蕴藏在个体经验之中。亚里士多德认为技术是人类的制作活动，技术的对象是可改变的事物，且这种改变事物的活动需在人类的能力之内。

长期以来，技术一直是一个模糊的词语，以致法国年鉴历史学派创始人吕西安·

① 顾建军：《技术的现代维度与教育价值》，载《华东师范大学学报(教育科学版)》，2018(6)。
② 顾建军：《技术的现代维度与教育价值》，载《华东师范大学学报(教育科学版)》，2018(6)。

费布弗尔指出技术是未编进历史的众多词汇之一。与科学相比，技术是一个古老的概念。从人类第一次钻木取火、打造石器、制作衣物开始，技术就成为历史的存在，开始它漫长的变迁之旅。但正是由于眼花缭乱的变迁，技术的内涵和概念模糊不清。最早得到广泛认同的技术定义是18世纪哲学家狄德罗在其所著的《百科全书》中的解释，他将技术定义为“为完成特定目标而协作组成的各种工具和规则的体系”①。我国《辞海》对技术的定义为：“泛指根据生产实践经验和自然科学原理而发展成的各种工艺操作方法和技能，如电工技术、木工技术、激光技术、作物栽培技术、育种技术等；除操作技术外，广义地讲，还包括相应的生产工具和其他物质设备，以及生产的工艺过程或作业程序、方法。”②从上述两种解释中可以看出，技术具有工具、方法、技能、工序等诸多含义。

二、技术与科学的关系

在日常用语中，科学和技术通常被放在一起使用，即科技。但对于科学与技术之间的关系，若理性审视，则可发现两者具备多方面的区别。第一，两者的起源不同。技术的产生和人类的起源几乎同时，而科学晚于技术，人类生产力达到一定程度时才产生。第二，科学和技术活动的目的不同。科学活动的主要目的是探索未知领域，满足人类对未知的好奇；而技术活动的目的主要是改造自然，创设适合人类生存的环境。第三，科学和技术的成果表述方式不同。科学成果一般被称为“发现”，而技术成果则被称为“发明”。组合在一起的科技往往遮蔽了两者丰富的内涵。具体而言，科技包含科学和技术这一对关系密切的概念，因为科学活动和技术活动是人类认识自然、改造自然或重塑人工物的两大基本活动。但关系密切并不意味着两者具有相同的内涵，实际上，科学和技术具有明显的区别。一般意义上，科学是指“人类有意识地认识自然、探索未知世界的活动的总称，其成果表现为人类认识自然所形成的知识体系”③。当然，这种有意识的认识和探索活动需要一定的社会生产力基础，即人的劳动价值除可以供养自身外还有剩余，这些剩余的价值又集中在少数人手里，使他们成为“有闲阶级”，这些人中的个别人就会有意识地做一些认识和探索未知的活动，科学因而产生。

技术的进步也受到科学的影响，这主要体现在技术的词源演变和概念变迁上。希腊语词根 techne 在17世纪的英国演变为现代英语中的 technology，意指对多种实用技艺技巧的系统化归纳与研究。在18世纪，狄德罗对技术的定义更为清晰地体现了技术

① [法]狄德罗：《狄德罗的〈百科全书〉》，梁从诫译，140页，广州，花城出版社，2007。
② 辞海编辑委员会：《辞海(缩印本)》，669页，上海，上海辞书出版社，1980。
③ 姜振寰：《技术哲学概论》，73页，北京，人民出版社，2009。

的新内涵，他把“作为物体的工具和人的活动方式的规则理解为一个体系化的存在，而这种体系化的存在构成了技术的第三维度，即技术所蕴含的知识维度”①。技术哲学家拉普在《技术哲学导论》中给技术下的定义为：“指物质技术，它是以遵照工程科学进行的活动和以科学知识为基础的。”②近代意义上的技术认识突破了原初的“人—物”二元结构，形成了“人—知识—物”三维结构，“这标志着技术不再仅仅依靠经验和直觉的把握，其特别之处还在于其基于行为与事物相统一的规则与原理和启蒙思想指引下的技术知识观的发现”③。

总体而言，技术有着更为久远的历史，它的产生几乎和人类的产生同步；科学则晚于技术，只有当人类生产力达到一定程度时才能产生。但是，随着近代科学和技术的飞速发展，两者之间的界限逐渐模糊，科学逐渐成为技术发明的基础和引领，以至于现在人们提到科技时总是想到科学而忽视技术，或者认为技术仅是科学的应用。实际上，与科学的“有思”相比，附着于制作等活动的技术也并非“无思”，技术也不只是科学的简单应用。技术哲学家戈菲认为：“技术，甚至在当代，不光是对科学的应用，而且，科学，在前几个世纪中，从技术中获益颇多，时至今日，这一状况仍在继续。”④因此，科学与技术之间是一种复杂的关系，“有时技术先于理论问世；有时在好奇心的驱使下，新发现促使新工艺诞生；有时技术和理论并驾齐驱；而有时实践与理论多年互不问津，似乎都各自保持着独立的生命，直到他们重新复合”⑤。

第二节
技术与教育

技术、教育与人类几乎同时产生，在人类社会的历史中，技术与教育始终发生着关系。技术一方面作为教育的内容，另一方面作为教育的手段。技术作为推动人类生产、生活文明的工具依赖于教育进行传播，同时助推教育本身的变革，实现教育技术的进步；反过来，先进的教育技术又助推技术的传播，进而推动人类文明的进步。

---

① 顾建军：《技术的现代维度与教育价值》，载《华东师范大学学报(教育科学版)》，2018(6)。

② 姜振寰：《技术哲学概论》，73页，北京，人民出版社，2009。

③ 顾建军：《技术的现代维度与教育价值》，载《华东师范大学学报(教育科学版)》，2018(6)。

④ [法]戈菲：《技术哲学》，董茂永译，27页，北京，商务印书馆，2000。

⑤ [英]齐曼：《知识的力量——对科学与社会关系史的考察》，徐纪敏、王烈译，31页，长沙，湖南出版社，1992。

一、技术的教育

(一)技术教育的内涵

技术教育是指“教授技术理论并以技术应用为目的的知识技能教育”“教育技术的内容比较广泛，如自然科学知识和生产技术知识等”①；是“以学习工农业生产技术为目的的教育”②，又称“综合技术教育”“基本生产技术教育”③。可见，技术教育以传播技术理论知识、技术技能经验等为主要目的和内容。技术教育在不同的时代以不同的形式存在。一般认为，技术教育是近代以来学校形式的技术教育，兴起于产业革命以后，并随着近现代技术的发展不断完善。如法国的技术教育源于1794年设立工艺学院，英国的技术教育肇始于1800年成立机械工讲习所，美国的技术教育起始于19世纪末的手工训练教育。但从技术的发生史来看，技术教育有着更加长久的历史，与人类社会的发生史同时推进，如神农教民农作、后稷教民稼穑、嫘祖教民育蚕等都是原始的技术教育。

(二)技术教育的时代流变

技术教育中的核心概念——技术——是一种历史性的存在，正如拉普所言：“技术是一种历史现象，只有在特定的历史背景下才能使其概念化。”④因此，应从历史的视野深度考察技术教育的时代流变。

1. 原始的技术教育：传播生存技能

“人类的技术史随着人类本身开始，唯一与生命有关不可辩驳的人类标准是工具的出现。”⑤原始社会的技术主要表现为人类制造原始工具的活动，琢石工具的出现可以被视为技术文明的诞生。当然，这些工具主要是为了抵御外敌，如野兽和其他部落。可以说，原始社会的历史分期与原始人类制作石器工具技术的发展密不可分，如凿石时期被称为旧石器时代，磨光石时期被称为新石器时代。除了制作石器这一典型的技术形态，原始社会的技术还体现为掌握生火的技巧、驯化野生动物的技巧以及制作生活用具的技巧等。这一时期的技术虽然可以用技巧概括，但这些技巧多是粗糙、简单和不成规则的，换言之，这种技巧零散、偶然地存在于原始社会的劳动生活中。原始社会的技术与其被称为技巧，不如说是一种生存技能。当这种原始的生存劳动方式在部

---

① 苑茜、周冰、沈士仓等：《现代劳动关系辞典》，625页，北京，中国劳动社会保障出版社，2000。
② 姜振寰、吴明泰、王海山等：《技术学辞典》，123～124页，沈阳，辽宁科学技术出版社，1990。
③ 中国百科大辞典编委会：《中国百科大辞典》，460页，北京，华夏出版社，1990。
④ [德]F. 拉普：《技术哲学导论》，刘武译，21页，沈阳，辽宁科学技术出版社，1986。
⑤ [法]雅科米：《技术史》，蔓莙译，12页，北京，北京大学出版社，2000。

落中通过观察、下意识地模仿和边做边学的朴素形式传递给下一代时，原始的技术教育就诞生了，因而原始社会的教育即技术教育，这种“最初的技术教育也是人类全部的教育，是人类整个教育的表现形态，也是一种自然形态的教育”①。原始社会的技术教育的外在形态是下意识的、无组织的，是为了生存和家族部落的延续而进行的观察模仿实践活动，没有固定的教育内容和方式，与原始社会一样，一切都是混沌的。唯一可以确定的是，原始社会的技术教育是因技术产生和变迁而诞生和发展的，且这种教育的主要目的是个体生存技能的获得，用杜威的话来说，原始社会的技术教育是一种“生活的传递”②。这里说的生活主要限于生存的低级层面。

2. 古代的技术教育：传续技术经验

人类进入农业社会后，随着生产生活等技术实践活动不断丰富，技术在诸多领域取得了进步，不再是一种原始混沌的形态。这一时期人类的技术发明活动十分活跃，多种多样的建筑、交通运输工具、农业生产器械、生活用品以及种类繁多的艺术品出现。农业社会的技术从混沌中开始清晰化，以技巧、技艺等形态出现在人类生产生活的方方面面。从古代西方的技术词源上看，技术主要包括人类的外在作用对象以及人类的自身认识和能力这两个维度。基于古代技术的内外二元结构，古代技术多体现为个体化的技艺、技巧等形态，因而技术的习得也依赖于长期的经验积累和技能训练。在农业社会早期，这种经验的积累和训练主要是家庭中的长辈将自身的技艺、技巧等在家庭中通过口耳相传、言传身教等形式传授给晚辈的活动，让晚辈在观察、有意识的模仿和重复训练下习得技术。农业社会中最初的技术教育形态——家庭学徒制——产生。家庭学徒制以一种家传世学的形态满足了家庭成员的生活需要，使家庭财产得以继承，巩固家庭的经济地位和社会声望。随着生产规模的扩大，一些工匠开始招收他人的孩子，原初形态的家庭学徒制逐渐演变成一般性的、在一定程度上制度化的教育形式，家庭手工作坊也开始向手工工场演进。《汉谟拉比法典》记录了这一形态的技术教育：“为使工匠得到发展，并且传授技艺，任何人都不得反对招收养子。如养父不向徒弟传授技艺，养父必须把孩子归还给亲生父母。”③

随着技术实践的不断深入和技术的演进，手工业技术出现分工，促进了手工业劳动的专业化。同时，社会经济的发展和城市的出现使手工业者的生活处境得到了大大改善，他们基于自身积累的财富建立自己的行会组织，用以加强团结、增强实力和提高地位，如纺织、染布、烘焙、锻造、金属加工、木工、制革、陶瓷、制砖等行会组织。④ 行会建立之后，原本局限于家庭的家庭学徒制逐渐演变成行会学徒制，学徒制度

---

① 陈向阳：《走向澄明之境：技术教育的哲学视域》，60页，北京，高等教育出版社，2015。

② [美]杜威：《民主主义与教育》，王承绪译，6页，北京，人民教育出版社，1990。

③ [日]细谷俊夫：《技术教育概论》，肇永和、王立精译，12页，北京，清华大学出版社，1984。

④ [日]细谷俊夫：《技术教育概论》，肇永和、王立精译，18页，北京，清华大学出版社，1984。

开始具有社会性质，并且不断完善。行会学徒制从中世纪后期开始到工业革命前一直为最主要的技术教育形态。其主要的教育目的不仅在于满足学徒的现实生存需要，还在于促进某一专业领域技术经验的保存和发展。从教育内容和方式来看，行会学徒制是一种以技能为中心技能贯穿全过程的现场学习活动。① 具体而言，古代农业社会还未形成一定的技术理论，因而不需要单独的理论教学，所以师傅多是在自己演示、徒弟反复操作的过程中传授技术经验及行业规范的。

3. 近现代的技术教育：传递技术知识

17、18 世纪，技术实践活动日渐深入和丰富，产生了一系列技术发明，技术飞速发展。例如，1733 年，凯伊发明了飞梭；1769 年，亚克赖特发明了水力纺织机，并于 1771 年开创了最早的机械纺织工厂；1769 年，瓦特获得了改良蒸汽机的专利；1770 年，哈格里夫斯获得多轴纺织机的专利。随着技术生产实践的变迁，技术的内涵也发生了深刻的变革。正如马克思主义主张的："环境改变与自身改变的一致性。""技术在改变人类生活方式、生产方式、思维方式的同时，也在改变着技术自身的内涵、意蕴与维度，以实现改变环境与自我改变的一致性。"②人们在农业社会时期形成的基于个体经验的技艺、技巧等技术认识逐渐被基于方法和原则、蕴含原理和知识等技术认识取代。这一时期技术的知识化、体系化使技术与科学开始结合，两者合力推动了技术实践活动的深化以及技术自身的飞速演进。技术教育在此之前形成的稳定的学徒制形态开始动摇并遭到瓦解，新的技术教育形态——学校职业教育——出现。当然，从传统的行业学徒制到学校职业教育的转变也不是一蹴而就的，中间经历了多样化的过渡形态。比较有代表性的为 19 世纪初在英国大城市流行的机械工业讲习所，其组织者主要是热心于科学技术和教育的中产阶级，对象主要是具有一定技术经验的手工艺人，目的是使受教育者掌握一定的生产原理和科学知识，方式主要是讲座上的教师单向传授。

随着技术的飞快发展，由技术推动的工业革命轰轰烈烈，机器大工业对工人知识的要求提升，生产规模的不断扩大使对劳动工人需求量加大，让学徒制无以招架，传统学徒制效率低下的特点完全暴露。人们开始寻求新的技术教育形态以满足工业生产的需求，高效且能够批量培训学员的学校职业教育应运而生。与此同时，技术逐渐从原始的经验化、模糊化形态转变为知识化、体系化的蕴含着原理和规则的新形态，为学校职业教育的运行提供较为系统的科学知识，之前经验化的不可直接传授的技术变成了基于原理和规则的可直接传授的技术。随着第一次工业革命的完成和第二次工业革命的开展，技术对经济和国家军事实力的作用开始凸显，各国开始重视技术教育，技术教育也因此成为国家事务。19 世纪末 20 世纪初，西方国家通过立法或经费支持的

---

① 石伟平：《比较职业技术教育》，6 页，上海，华东师范大学出版社，2001。

② 顾建军：《技术的现代维度与教育价值》，载《华东师范大学学报(教育科学版)》，2018(6)。

方式逐渐实现技术教育制度化，组建了一大批由国家管控的职业学校，成为与普通教育相并列的教育形式。学校职业教育在培养大批技术工人、促进资本主义国家经济发展中起到举足轻重的作用，甚至成为第二次世界大战以后德国、日本等国家经济腾飞的秘密武器。马克思指出："资产者唯恐失去的那种教育，对绝大多数人来说是把人训练成机器。"[①]"那种教育"便是职业技术教育。

(三)技术教育的整体关照

学校形式的技术教育虽然满足了工业生产的需求，但也滋生了诸多影响技术教育未来发展的深层次问题。具体而言，学校职业教育逐渐从关注个体的生存发展转向单一的以社会经济发展为指引，学校的教学方式和内容都以工业生产所需的片面技能为标准。职业学校由以劳作现场为本位转向以学校为本位，放弃了传统学徒制中全程式、现场式的教学，将整个生产工艺分解为一个个相对独立的工序，然后对这些工序逐一进行教学。具体的教学方式主要是单向的教授法和碎片化的示范—模仿法，虽然这一方法能够在工业时代高效地输出大批量技能工人，但这些技能工人往往是片面发展的、单向度存在的。因此，威廉斯认为："如今没有一件东西是直接做成或用手做成的，一切都通过一定的规则和计算好的机械装置来做……不仅外在与物质方面由机器所取代，内在与精神方面也是如此……人的手固然变成机械，脑和心也是如此。"[②]形象地刻画了技术教育的异化样态。

1. 关照技术生态

进入现代社会，科学与技术的联合带来了技术水平的指数性提升，现代技术的复杂性、迭代性、集成性及广泛性孕育了技术多样化的存在形态。技术的内涵也从工业化时期人—知识—物的三维变成了纳入社会、文化、价值等的多维生态体系。审视20世纪中叶以来的技术变革史，可以发现技术逐渐从生产走向人类的日常生活，成为人类生活中最突出的现象。电子、网络等技术的高度集成使技术产生了前所未有的对自然的干预力，人类建立了一个基于技术的人工世界。在后工业化社会中，许多技术哲学家开始挣脱技术的"工具性"存在，从新的角度来揭示技术的丰富内涵。例如，卡尔·米切姆认为："解决争议的合适方法应该是对技术进行结构化的和现象学的分析，描述其不同类型和内在联系，只有这样的分析才能为评价一种个别解释的相对真理性和重要性提供基础。"[③]基于此，卡尔·米切姆提出了作为人工物、知识、过程及意志的技术的分析框架，尤其是作为意志的技术超越了工业社会形成的对技术的传统认识，

---

① 《马克思恩格斯选集》第一卷，417页，北京，人民出版社，2012。

② [英]威廉斯：《文化与社会》，吴松江、张文定译，108～109页，北京，北京大学出版社，1991。

③ 任玉凤、罗朝慧：《米切姆的技术类型学概念框架解读》，载《科学技术与辩证法》，2006(6)。

将技术与人、社会、文化、价值等融合在一起，发掘技术的全新维度。也就是说，作为意志的技术“不仅以自然法则为基础，包含知识因素，体现人对自然的能动关系，同时它还以人的目的、意向、愿望和文化理想为基础，依赖于人的价值取向和价值选择”①。这一理解将技术从工业社会的“工具性”存在重新拉回农业社会及原始社会的“整体性”存在，不过这种“整体性”存在是更为系统化、清晰化的。换言之，新时期的技术既不同于农业社会技术的肤浅性，也不同于工业社会技术的片面性，但同时保持着农业社会技术的全面性以及工业社会以来形成的技术的深刻性。这就要求新时期的技术教育不仅要关注技术技能、技术经验和技术知识本身的传播，还要关照融于其中的社会文化、价值观的训育，将技术世界作为一个完整的生态体系予以关照。

2. 关联生活世界

技术形态的多样化和内涵的多维性在当下带来了技术教育的生态化变迁，并进而关联人类的生活世界。首先，从教育目的来看，新时期的技术教育开始从单一的服务社会经济发展走向服务经济发展与促进个人全面发展相统一，且以促进个人横向的德智体美劳全面发展为主。这一点不仅体现为在基础教育阶段技术教育追求“技术素养”目标，而且在当前职业教育实践领域开始关注“关键能力”中也可窥探一二。其次，从教育内容来看，新时期的技术教育从单一的以技能为主走向关注技术与人、自然、社会、文化的深刻关系。技术内涵的丰富性，尤其是技术蕴含的社会、文化、价值等维度，指引技术教育回归“整体性”，使技术教育“立基于生活世界之中，因为，生活世界是一个整体性的、相互关联的世界，其自身就蕴含着人的发展的意义，也是人走向自我完善的生成之域”②。再次，从教育方式来看，后工业化社会的技术教育从单向度的传授和碎片化的示范—模仿走向整体性、情境化的学习。普通教育中的STEM(科学、技术工作和数学)教育以及当前许多国家在职业教育中推行的现代学徒制改革等都在一定程度上体现了这种变化趋势。放眼未来，整合性的STEM教育以及其可能的变式——STEAM(科学、技术、工程、艺术、数学)教育将成为基础教育、普通高等教育甚至终身教育领域的重要教育方式。职业教育变革也必然遵循整体性和情境化的要求，从学校本位的“为了职业”的教育走向工作本位的“通过职业”的教育。最后，从实践形态来看，新时期的技术教育开始关照人类的整个职业生涯，超越了单一的职前教育形式，形成从基础教育到职前教育再到职后培训的终身技术教育体系。并且渗透于人类生活的各个方面，具有包括信息技术教育、通用技术教育、STEM教育、社区技术教育等在内的多种形式。

---

① 陈向阳:《走向澄明之境：技术教育的哲学视域》，103页，北京，高等教育出版社，2015。

② 陈向阳:《走向澄明之境：技术教育的哲学视域》，106页，北京，高等教育出版社，2015。

二、教育的技术

(一)教育技术的内涵

就教育技术而言，谢新观在《远距离开放教育词典》中将之定义为“教育活动中所采用的一切技术手段和方法的总和”①。教育技术分为有形的物化形态和无形的智能化形态两类。其中，物化形态是指有形物体中的科学知识，包括从传统教具到计算机、卫星通信等一切用于教育的器材、设施、设备及相应软件；智能化形态则是以抽象的形式表现出来的，如系统方法。② 现代教育技术已有百余年的历史，它源于电化教育的概念，因为起初作为现代教学辅助手段的电视、电影、幻灯片等都是与电相关的技术设备。但教育技术的内涵不限于此，有学者从更加宽泛的定义进行阐释，认为教育技术“科学地利用各种人力、物力、财力条件，以获得最佳的教育效果”③。但这一概念似乎超越了教育技术的本源性边界，将教育方式、方法、策略纳入教育技术的范畴。这里采取折中的方式，将教育技术的发生史放到更加悠久的人类历史中，将非电子的语言、纸张、教科书等也视为教育技术的物化形态。

(二)教育技术的时代流变

媒介的产生和发展与人类社会文明的产生和发展是密切相关的。人们在日常生存、生产与生活中必须借助各种媒介进行信息交流与传播。在教育活动中，随着人类文明的演进，技术愈发在教育活动中发挥重要作用，教育技术随之变革。这里围绕教育技术中最活跃的因素——教育媒介，沿着人类文明演进的历史脉络，考察技术变迁背景下教育技术的时代流变。

1. 原始的教育技术：衍生生存文明

在原始社会时期，人类主要依靠简单的采集渔猎在自然环境中谋求生存。在这一过程中，人们主要依靠自身器官进行交流，口、耳是主要的教育工具。语言在人们日常生产生活中逐渐产生，成为社会交往和信息交流不可缺少的工具，衍生出人类最早的文明形态。语言的产生标志着人类在社会交往，尤其是在记忆和传递生产生活经验以及表达较为复杂概念的能力方面，取得了长足的进步。语言在教育中的具体应用表现为口耳相传这一最简单、最基本的技术，有时伴随动作或实物展示，以便受教育者

① 谢新观：《远距离开放教育词典》，334页，北京，中央广播电视大学出版社，1999。
② 谢新观：《远距离开放教育词典》，334页，北京，中央广播电视大学出版社，1999。
③ 刘蔚华、陈远：《方法大辞典》，593页，济南，山东人民出版社，1991。

理解与模仿。因此，语言在作为教学手段的同时，也是教学的内容。① 不过，语言媒介因其面对面传播的特定形式而受较大限制。随着人类在长期生产生活中取得丰富经验进而形成知识，知识不断积累并形成系统，原始形态的经验传播方式已不能适应社会发展需求。人们要想习得理性化、专门化、综合性、系统性的知识，就必须借助语言媒介之外的其他媒介进行记忆与教育传播。在此背景下，记录知识和传授知识的新工具——文字——应运而生。② 这个过程大致经历了结绳记事、契刻记事、图画文字、象形文字四个阶段。这一时期，文字只能被篆刻在龟甲、兽骨、竹简、金石、木板之类的物品上，书写费用高昂。但恰恰就是这些不同形式文字的出现，折射出人类早期的生存文明。

2. 古代的教育技术：推动生产文明

进入农业社会，人类构建了以手工技术为基础的技术体系，这不仅是人类对于生产生活实践经验及成果的简单凝结，还是一种创造，是基于生产活动的现实反思与超越。在这一时期，造纸术和印刷术相继问世，教育媒介随之革新。大约在西汉时期，中国人发明了造纸术。东汉时，质优价廉的“蔡侯纸”出现，文字有了更为便捷的载体。自此，文字作为记录和表达语言的书写符号，推动了教育由口耳传递转向纸媒传播的革新，促使人类通过手抄教材来保存与传播信息，这在当时极大地突破了时间和地域的局限，促进了生产技术的传播，推动了生产文明的发展。从手抄文字到印刷的演进经历了漫长的几千年。手抄书籍不仅费时费力、效率低下，且极易出错。唐朝时，中国人发明了雕版印刷术；北宋的毕昇又发明了活字印刷术。15 世纪，德国人古滕堡受中国活字的影响，发明了效率及精确度都更高的活字印刷机，用金属活字印刷书籍。③ 由此，印刷书籍成为一种重要的学习资源与途径。印刷术的出现是教育媒介的历史性创举，它使得知识可以大规模地复制、保存并广泛传播，大大拓宽了人们获取知识的渠道，打破了少数人对知识的垄断及受教育的特权，使受教育的群体规模进一步扩大，推动了教育与人类文明的发展进程。标准化的教科书和充足的书写材料为现代学校制度的出现与发展提供了物质基础④，也进而为生产技术的广泛传播奠定了媒介基础。

3. 近现代的教育技术：助长生活文明

随着社会的进步与经济的迅猛发展，技术实践活动渐趋深入与丰富，生产劳动分工进一步专业化，日益增长的生产需求使技术发明迎来一个个高峰，较为典型的即英国发明家瓦特制造出第一批新型蒸汽机并投入生产，随后经过一系列重大改进，蒸汽机成为“万能的原动机”，在工业上得到广泛应用。他开辟了人类利用能源的新时代，

---

① 单美贤、李艺：《技术驱动教育发展序列之：学习辅助工具的沿革历程》，载《电化教育研究》，2013(12)。
② 牛梦琪：《中国古代教育传播媒介与传播技术述论》，载《河南大学学报(社会科学版)》，2006(5)。
③ 尹俊华、庄榕霞、戴正南：《教育技术学导论(第 3 版)》，11 页，北京，高等教育出版社，2011。
④ 郭文革：《教育的“技术”发展史》，载《北京大学教育评论》，2011(3)。

标志着人类进入蒸汽时代，浩荡空前的工业革命揭开序幕。工业文明时代来到，大机器机械化生产与电子技术的时代悄然而至，广播、幻灯片、电视机等电子媒介相继出现并应用于教育领域，引发生活各领域的变革。

1920年，世界上第一家由私人运营的广播电台在美国成立。在接下来的几年间，多个国家相继建立了广播电台，尤其是在第二次世界大战结束后，广播电台如雨后春笋般在全球各个国家相继建立，由此世界进入了广播时代。广播的普及带动了教育的发展，这种“空中课堂”超越了教育教学的时空，促进了远距离教育的产生，缓解了成人学习的工学矛盾，使生活与学习融为一体。投影仪的发展也越来越完善，到第三次科技革命时，投影仪由原来的机械化转向了数字化，应用在教育上的主要表现就是课堂运用幻灯片。在传统教学模式下，教师只能通过语言对知识进行描述，缺乏趣味性，而投影仪可以将知识点以画面的形式呈现，可以提高学生学习的积极性，减少学习过程中的枯燥乏味感。在广播和投影仪逐步发展的时候，电视机也开始了它的快速发展。1923年，兹沃里金首次采用全面性的电子电视收发系统，逐步将电视机带入大众生活。这种通过图像传递信息的方式引起了大众极大的兴趣。相较于投影仪，电视机的分辨率更高，亮度也较好，而且寿命长得多，所以电视机一经发明便快速发展普及，这种图像传输方式也被运用到各个层面，带给人们很多生活乐趣。直到今日，电视机仍然是家庭常用电器。20世纪90年代以来，我国越来越多的学校给教室安装了电视机，电视节目多种多样，涉及新闻、科技、综艺、教育等多个领域，给学生带来智力锻炼和视野拓展。近现代教育技术的发展将教育渗透于生活各领域，拓展教育视野，助力生活文明。

(三)智能时代的生态建构

1946年，世界上第一台电子计算机在宾夕法尼亚大学问世，它标志着计算机时代的到来。1969年，美国国防部高级研究计划局成功组建阿帕网(Advanced Research Projects Agency Network，ARPANET)，实现计算机互联，在当时用于军事领域。后来，阿帕网开始向非军事领域扩展，许多大学接入阿帕网，用于信息共享与交流。进入新时期，伴随着经济全球化的不断推进，互联网在通信等方面的优点逐渐显现，在线开放课程逐渐规模化，智能机器人、虚拟现实(VR)技术等一系列高新技术出现，并且表现出极大的发展潜能，一个改变世界的智能化时代悄然来临。

1. 开放·共享

20世纪末，教育资源通过互联网逐渐向社会开放，学习者可以自由使用和分享教育资源。在这一时期，网络教育媒介主要通过超链接的方式，将原有的教育资源数字化，并在网络平台上分享。比较典型的有麻省理工学院的网络开放课程(Open Course Ware，OCW)，学校将所有课程的教学资料及课件公布在网上，供全世界学习者免费使用。伴随互联网技术的发展，在线开放课程向更加规模化、系统和共享的方向发展。2011—2012年，Udacity、Coursera、edX三大慕课（Massive Open Online Courses，MOOC）平台先后成立，掀起了一场全球性大规模网上授课革命，慕课开始在全球范围内流行。慕课打破了以专业为单位、以校园为场域、只面向少数人的教育服务模式[①]，形成了一种以课程为单位，面向社会全面开放的新型教育服务模式，通过慕课平台聚合课程，形成相对完整的知识传授体系。同时，慕课平台打破单一主体提供教育资源的模式，将世界各地优秀的教育资源聚合到一起，提高优秀资源利用率。

据统计，2018年，全球慕课平台的学员人数突破1亿，有2000万新学员注册了至少一门慕课课程。在中国，慕课的发展势头同样迅猛。2018年，我国获得慕课学分的大学生逾1100万人次。慕课在客观上打破了学习的时空界限，突破了优质教育资源的壁垒。慕课让学习者体验到了新的学习模式。以两种形式为例，一种是集中式平台模式的xMOOC，类似于广播传媒式的学习，其课程内容强调免费、共享和开放，教师往往是“以一对多”，甚至是“以一对万”。这种学习方式让更多人可以“无门槛”地进行在线学习和讨论。另一种是基于联通主义的、具有分布式特点的网络化xMOOC，强调具有自我指导和自主性的网络化、社交化学习。学习者可以在线获得更聚焦、更高效的交流、探讨和协作。慕课站在早期远程教育、网络教学等开放教育尝试的肩膀上，对教育变革的更深层作用就是继续将公平、开放、共享的教育观念深深植在人们心中，为未来教育生态的重塑奠定社会共识的基础。[②]

2. 互动·合一

如果说万维网1.0版（web 1.0）和万维网2.0版（web 2.0）的关键词分别是网络化和数字化，那么万维网3.0版（web 3.0）的关键词就是智能化。目前，人类社会正处于web 2.0与web 3.0交替之际，web 3.0预示了一种全新的技术范式与时代景观。智能化时代的核心技术是人工智能，在新的时代，人工智能的快速发展将进一步推动教育信息化朝着更加智能化的方向发展。在网络化和数字化时代的技术更多地被界定为“工具”的对象物层面，在智能化时代的技术已经与作为主体的人融为一体，进入关涉人类生存和未来走向的主体性层面。[③] 正如尤瓦尔·赫拉利所言：“人工智能已经不仅仅是21世纪最重要的科学进化，而是整个生命创始以来最重要的原则。”[④]通过大数据及云计算等技术，教育平台为学习者推送感兴趣的教育内容，实现教育的精准服务。教育

---

① 陈丽：《“互联网+教育”的创新本质与变革趋势》，载《远程教育杂志》，2016(4)。

② 祝新宇：《技术与教育：深度融合不是简单叠加》，载《光明日报》，2019-04-09。

③ 蒋晓丽、贾瑞琪：《论人工智能时代技术与人的互构与互驯——基于海德格尔技术哲学观的考察》，载《西南民族大学学报(人文社科版)》，2018(4)。

④ 蒋晓丽、贾瑞琪：《论人工智能时代技术与人的互构与互驯——基于海德格尔技术哲学观的考察》，载《西南民族大学学报(人文社科版)》，2018(4)。

人工智能可以运用机器学习与深度学习，利用自然语言处理、图像识别、情感计算等多种技术，扮演智能导师、学习伙伴等角色①，为学习者的学习状态、学习结果等提供分析和测评，帮助学习者掌握学习情况，真正实现因材施教。

人工智能将带来教育条件诸多“质”的变化，学什么、在哪儿学、跟谁学、怎么学的概念将被进一步颠覆。具体而言，人工智能将给教育带来三个方面的改变。第一，改变“长相”——朝向深度社会化。以前借助互联网、移动互联网、大数据，教育从学校拓展到家庭、图书馆、游戏厅、工厂车间甚至任何地方，技术工具延伸了人的身体，也延伸了教育的时空。在人工智能时代，高级阶段的人工智能具有类人脑的学习力和思考力，将来还能进化出“自适应”学习，不但能够完成基础性教学任务，而且能做学生的高级助理，能让学生执行超越他们能力的挑战性工作。在这个意义上，人工智能将进一步改变教育的外形，过去只有在学校才能完成的正规教育，未来可以在其他地方完成。第二，改变“筋脉”——探索“认知智能化”。人工智能将改变教育的生产流程。目前教育实施的程序和路径还是以学校为核心、以教学为中心、以输入方式为主的，教育内容由权威机构选定，教学流程由学校和教师主导，学生只负责接收信息。处于人工智能环境的教育教学中，人机交互将成为主要形态，学习中的陪读、陪写作业、教练、监督大多由机器人完成。当下流行的听网课、“打卡”学习、分享读书等将进一步发展为智能导师系统，有更全面的学习“保姆”。第三，改变“内芯”——追求教育个性化。人工智能将改变教育的内容，重新思考学什么。在大的趋势上，教育内容将越来越具有适切性，真正实现每人一个规划、每人一套课表、每人一个私人定制。因此，在人工智能时代，教育改变的不仅是边界和方式，还触及内核的改变，满足每个人的差异需求，“让每个孩子都成功”不再是口号，教育个性化将真正实现。②

技术与哲学的基本问题是人与技术的关系问题。海德格尔对技术的反思是由工具功能转向目的功能，由主体与客体的两分向主体与世界的连接发展。在智能化时代，人与技术作为一组相互联系的对象处于复杂的智能化网络中。这一关系并非传统的主客体二元论所宣扬的主体对客体的占有和支配，或者客体对主体的压倒式反作用和威胁，而是在多种客观因素的作用下，处于多元关系网络之中的两者之间积极互动、相互作用。③ 也就是说，“技术与人彼此适应相互重构：技术无法还原为离散数字序列或与生活割裂的‘使用’对象，而生活也不复原来的模样”④。海德格尔反对把技术和人分

---

① 闫志明、唐夏夏、秦旋等：《教育人工智能(EAI)的内涵、关键技术与应用趋势——美国〈为人工智能的未来做好准备〉和〈国家人工智能研发战略规划〉报告解析》，载《远程教育杂志》，2017(1)。

② 吕文清：《人工智能时代：课程教学如何以变应变》，载《中国教育报》，2019-04-17。

③ 蒋晓丽、贾瑞琪：《论人工智能时代技术与人的互构与互驯——基于海德格尔技术哲学观的考察》，载《西南民族大学学报(人文社科版)》，2018(4)。

④ 潘霁：《恢复人与技术的“活”关系：对“使用与满足”理论的反思》，载《国际新闻界》，2016(9)。

割，认为技术和人的存在互为一体。我们在考察技术时，实际上就是在考量人的存在。在智能化时代，技术不只是一种工具和手段，它还具备改造和建构社会存在与社会关系的功能；人也不再只是发号施令的主导者，而是与技术共生的有机体。技术与人的这种互为一体，就使得两者之间形成了匹配关系，从而摆脱了二元对立的束缚，从更深刻、更复杂的层面上实现互相建构。① 人与技术的协同建构将从更加立体的层面实现人类社会的生态文明。

第三节
技术理性与教育

一、技术理性的僭越

现代教育的发展离不开技术的支撑。技术对于教育的影响体现在三个层面：第一，技术以知识的形式成为教育内容；第二，技术以工具的形式成为教育手段；第三，技术以理性逻辑的形式支配教育发展。技术通过前两种方式“显性”地推动教育的发展，通过第三种方式“隐性”地决定教育的发展。技术以理性的方式决定着教育发展的实践逻辑。但由于技术理性（工具理性）过度膨胀，实践理性与解放理性被压制，教育的技术性、工具性价值被无限放大，教育的实践价值与解放价值被忽视，技术理性的僭越为教育“现代性”的重要特征。

技术理性（工具理性）的内在逻辑可以从技术哲学家芬伯格的工具化理论中获得理解。芬伯格提出了一个理解技术的整体框架——工具化理论，由初级工具化与次级工具化两个相互对应的理论组成。初级工具化是对技术自然属性及其功能实现过程的描述，主要从工具和手段的层面来解释技术，即认为技术是某种中性的工具或手段。“作为工具的技术，其能力被看作内在于技术（人造物或系统）自身而与外在的使用无关。或者说，技术的属性必然地来自于技术内部。并且，技术的内在属性通常来源于科学的应用或前有技术的线性外推。”②追求效率与手段的有效性是其主要目的，其他的价值性追求则被排除在主要目的之外。具体来看，初级工具化由去情境化、自主化、还原

① 蒋晓丽、贾瑞琪：《论人工智能时代技术与人的互构与互驯——基于海德格尔技术哲学观的考察》，载《西南民族大学学报（人文社科版）》，2018(4)。

② 乔瑞金、牟焕森、管晓刚：《技术哲学导论》，169页，北京，高等教育出版社，2009。

论、定位四个方面组成。初级工具化可以用来描述教育价值领域技术理性僭越的主要逻辑方式。

(一)遮蔽实践理性

技术理性对实践理性的遮蔽主要表现在去情境化与自主化两个方面，在其影响下，教育世界与生活世界相割裂，教育的实践交往价值被遮蔽。去情境化是指人类要想把自然对象构造成技术客体，就必须人为地使其脱离产生它的世界，使其呈现某种去情境化或去世界化的特征，然后经过进一步的加工和处理，再将其整合到一个全新的技术系统中。自主化是指技术行为主体尽可能地将其自身从对客体的影响中走开来，使自身处于不受技术后果影响的自主化境地。这时，技术行为的主体与客体的关系就完全不同于牛顿第三定律中作用者与反作用者的关系，因为技术行为通过耗散或延缓客体对主体的反馈而使主体自主化。这反映到教育领域表现为教育与生活世界逐渐割裂，即教育只关注如何使作为技术主体的学生获得技术能力，而不培养他们对于自身技术行为可能给生活世界造成的影响及它们在生活世界中的价值的感知。在现代之前，技术世界与生活世界浑然一体，人类的技术活动内在参照生活世界的整体要求，在此背景下产生的学徒制通过实在的技艺授受活动连接并构筑两个世界的和谐、统一关系。这一点也清晰地反映在学徒的人工制品中，当时的技术制品不但追求实用价值，还十分看重审美价值，也会考虑到社会意义。总体来看，它聚集了经济、社会、审美、伦理、自然等多种诉求。从这个意义上看，学徒制相较于现代教育虽然不成系统，随意性很强，但它所培养的技术人才既具有实践技能，又具有审美情趣，具有相对完善的人性与完整的人格。但到了现代，尤其是工业革命后，技术世界在技术工具理性的驱动下片面追求经济价值，逐渐与生活世界割裂，也与生活世界的整体诉求相背离。现代教育在技术理性的支配下，将工业流水线式的生产方式移植到教育过程中，热衷于批量生产能够从事生产制造进而创造经济价值的“工具人”。这在客观上加剧了技术世界与生活世界的分裂，从根本上背离了教育使人成为人的根本目的。

(二)抑制解放理性

技术理性对解放理性的抑制主要通过还原论与定位的逻辑实现。还原论即把去除情境的技术对象显现出的无用特性剥离掉，使之能够进入技术网络，成为整个技术过程不可或缺的部分。芬伯格借用洛克的“第一性质”和“第二性质”的概念来说明这个问题。其中“第一性质”是指物体在技术上呈现出的最直接的有用方面，“第二性质”则指物体所具有的诸如美学、伦理及文化价值等方面的特性。这种状况反映到教育中表现为学校过分关注知识的学习和技术技能的传授，忽略了与学生整体素质培养相关的技术伦理教育和技术美学教育。技术伦理涉及技术与人的关系、技术与自然的关系。在现代生活中，技术性因素占据越来越大的比例，人在通过技术工具、手段、策略实现职业目标的过程中，其主体价值和尊严很容易被功利性的技术追求淹没，并时刻面临着由技术无限扩张带来的压迫与统治。技术活动对人的压制与束缚同样存在于教育教学过程中，只不过因为人们的聚焦点在于受教育者对知识和技术技能的学习和掌握情况，所以对受教育者在教育过程中的主体性展现的关注不足。此种现象既是现代性背景下技术活动造成的人之异化在教育中的具体反映，又是教育忽略培养受教育者的主体意识和解放意识的后果。技术的双面性体现为它在造福人类的同时，对自然造成了巨大的破坏，怎样协调与平衡人、技术与自然三者之间的关系成为技术伦理的重要议题。尽管技术伦理教育对此已经有所涉及，但仍显不足。技术美学涉及产品的造型结构、形式与功能的关系、技术设计和应用的关系等重要内容，它对实践的介入主要通过设计活动来进行。它不仅为合理的设计观提供思想基础，也为生活在现代社会的人提供造型美观、功能齐全的产品，还为设计活动提供理论指导，阐明什么是技术美，提供产品审美质量标准，更教会人们创造和实现技术美。但在教育实践中，技术美学教育明显不足，真正意义上的技术美学课程几乎没有，与一般美学教育相关的艺术类教育课程也很少开设。与此同时，一般美学教育又往往被等同于艺术教育，“而艺术教育又被简化为音乐、美术教育，音乐、美术教育又被简化成音乐课、美术课的教学，音乐课、美术课又被简化成教唱几首歌曲、学画几幅图画等最初级的技法教育。功利化的倾向遮蔽了人们对于美的追求，这就使得课程的开设与学生的审美需求之间缺乏实质性的关联，与美育的主旨更是相去甚远，从而造成了各门课程之间缺乏统一的主旨作为统摄”①。

定位是指技术行为主体依据固定的规律和模式来控制和操作技术对象。定位具有两个显著特性：一是遵循固定不变的规则，二是控制和驾驭对象。定位在教育中表现为将学生看作要完全控制的对象，并且按照固定的、一成不变的模式来培养学生，将学生的学习定位在对既有理论知识的记忆、对教师或师傅技术技能的模仿，而忽视学生的主体性展现，尤其是技术创新能力的培养。尽管在当下语境中创新创业教育成为培养创新能力的重要途径，但从实际情况来讲，仍然存在诸多问题。首先，当下很多学校的创新创业课程设置流于形式，课程体系也不够完善。虽然大多数学校都开设了与创新创业活动相关的课程，但也只有少部分学校将其设定为必修课，大部分学校将其设定为选修课，这样就无法保障所有学生都能够接受创新创业教育。其次，有些课程名义上是创新创业课程，但实际上只是请一些企业家做报告、开讲座，课程内容和形式过于简单、不够严谨。最后，创新创业竞赛等比赛形式的教育活动也往往流于形式，比赛本身与创业实践的联系不够紧密，无法真正培养学生的创新创业意识和能力。

① 张成涛：《职业美育的价值及其实现初论》，博士学位论文，天津大学，2011。

学生参加这样的活动通常出于获得奖励的功利化目的，为了比赛而比赛，活动本身应该具有的教育功能弱化。

二、价值理性的回归

技术理性的僭越导致教育价值缺失，引起人们愈发强烈的反思与批判。人文精神的回归成为历史与逻辑的必然选择，也为教育价值的重塑创造了条件。人文精神回归的核心就是用实践理性与解放理性打破技术理性的工具化宰制，重新彰显被遮蔽的教育实践的交往价值与解放价值。芬伯格的次级工具化强调技术的社会属性和功能，秉持技术建构论的理念，主要从人—技术统一体的角度来分析人与技术的相互建构关系及其在社会系统中的存在形式和作用，关注技术应用过程中多元价值的实现，是对初级工具化片面技术观的批判与超越。次级工具化包括系统化、职业、中介、主动四个方面。它从情境化、人与技术的关系的统一性以及价值多样性的角度来分析技术，更关注技术的社会性。

(一)凸显实践价值

实践理性的回归通过系统化与职业来实现。系统化认为去情境化的技术客体必须被组合起来，通过彼此协调、相互平衡以及整体技术情境的构建，促进技术功能的全面发挥与多元技术价值的实现。职业是指技术主体与客体是紧密联系在一起的，技术主体在根本上作为参与技术实践活动的共同体成员而存在，技术客体与主体通过职业化相互卷入，使技术世界与生活世界密切相关，而不是彼此割裂。

从作为教育背景的生活世界的角度看，现代教育培养的人需要面对整个生活世界，需要在生活世界中体现自身价值。现代教育培养的人并非孤立地生存于特定的职业世界，他还必须与生活世界的各个方面打交道。“人类所生活的世界是一个‘具有整体相关性的’经验世界：一方面，组成这一世界的不同要素具有‘整体性’，它们都属于同一个整体，任何要素都不能游离于这个整体之外；另一方面，组成这一世界的不同要素又具有‘相关性’，它们(如价值判断和事实判断、结构描述和功能描述等)是‘具有相关性’地共同发挥作用的，并且相互之间是尚未分化和纠缠在一起的。人类生活世界的最大特点便是各种前结构描述和前功能描述、前价值判断和前事实判断的‘整体相关性’，是不同要素之间的尚未分化和浑然一体。”①现代教育回归生活世界并不是到一个现成的生活场域，而是通过与他人的交往建构起与生活世界的动态且紧密的联系。现代课程与教学等基本环节构成了人技术生存的教育情境，只有将技术、知识、文化、审美等

---

① 舒红跃：《技术与生活世界》，45页，北京，中国社会科学出版社，2006。

因素融合在一起，才能培养人的整体素养。教育的实践交往价值集中表现于课程组织与教学过程，通过相对合理的课程组织及教学模式，培养学生的交往理性，满足其实践兴趣。交往理性指的是学生合理的对话行为、很强的分享愿望及社会交往能力。具体表现为在学习与实际工作相关的知识、技术、技能的过程中，教师与学生、学生与学生之间不断进行探讨、交流、对话，并且随着所面对任务的复杂化、综合化，不断改进旧有的工作环境，制定与完善新的工作规则，选择与更新工作设备，调整彼此的配合方式。

首先，从课程目标来说，应该改变过去将课程目标局限于认知性和技能性目标的状况，将道德、伦理、审美性目标凸显出来。其次，课程实施过程通过整全课程情境的系统设定，建立起学生的学习世界与更广泛的外部世界的联系。再次，对课程内容而言，道德、审美、伦理等内容也应该合理融入技术和技能知识的学习过程。最后，课程还应该融入关于职业精神的内容。在以往的课程学习中，学生被动地接受知识，机械地从事技术和技能训练，并未形成对所学习内容的真正热爱。未来的课程一定要注重培养学生的职业精神，使他们热爱所从事工作并真正投入，培养他们认真做事、精益求精、追求卓越的职业精神。

现代教育需要打破传统的班级组织和授课形式，构建新的适合实践性、情境化学习的组织形式——实践共同体，满足学生交往能力发展的需求。“所谓实践共同体，指的是这样的一个人群，所有成员拥有一个共同关注点，共同致力于解决一组问题，或者为了一个主题共同投入热情；他们在这一共同追求的领域中通过持续不断的相互作用而发展自己的知识和专长。”①在教育教学实践中，实践共同体作为课程组织，支撑相应的教学模式来培养学生的交往、沟通能力，以满足学生的交往理性需求。以随机通达模式(random access instruction)为例，它是根据认知弹性理论提出的一种教学模式。“认知弹性理论认为，学生对学习内容的意义建构可以随意通过不同的途径、不同的方式进入学习内容，从而获得对同一事物或同一问题的多方面的认识和理解。”②对学生交往实践能力的培养主要通过以下几个环节来体现：①创设基本情境，向学生呈现与学习相关的真实职业情境或工作环境；②随机进入学习，根据课程需要，设置能够反映当前学习主题或工作任务不同特点的具体职业情境，学生进入不同的职业情境，需要运用不同的知识、技能、态度来解决复杂的具体问题，在这一过程中，学生的职业能力得到多维度的培养；③小组协作学习，学习不仅是主体自身的建构行为，还是主体间的建构活动，学生通过与他人的交流、协商，共同合作完成特定的工作任务，其知

① 赵健：《从学习创新到教学组织创新——试论学习共同体研究的理论背景、分析框架与教学实践》，载《教育发展研究》，2004(7-8)。

② 赵健：《从学习创新到教学组织创新——试论学习共同体研究的理论背景、分析框架与教学实践》，载《教育发展研究》，2004(7-8)。

识、技能、态度都要在实践共同体的内部进行反思、检验、评判；④效果评价，学生学习的过程就是完成工作任务的过程，因而过程中学生在知识、技能、情感态度方面的表现要得到及时评价，包括学生自我评价、学生互评、教师评价。

(二)彰显解放价值

教育的解放价值是对技术价值和实践价值的反思和超越，它表现为通过培养学生的批判理性来满足其解放兴趣。批判理性指的是对技术统治下的自然被破坏、人性被压制及交往异化的批判性反思。它具体表现为培养学生的技术伦理意识、审美意识、主体意识、价值反思和创新意识等。解放理性的释放主要通过中介与主动的逻辑方式来达成。

中介体现了技术在伦理学和美学层面的中介调解作用，其主要功能是使被简化和还原的技术客体能够获得嵌入新社会语境的多元性质。对教育来说，中介体现为通过培养学生的技术伦理和技术美学素养来消除培养其片面的技术技能的负面效应，塑造学生的完满人格。现代教育大致可以通过两种方式来培养学生的技术伦理与技术美学素养：一种是在教育教学各环节中增加技术伦理和技术美学的内容；另一种是设置专门的技术伦理和技术美学课程来实施教学。可以在教育教学的每一个环节融入技术伦理内容，如在技术设计教学中将涉及技术伦理的环境保护、安全风险消除、技术责任、诚信等内容纳入；在技术使用教学中将环境保护、技术主体性、技术责任及诚信等内容纳入；在技术评价教学阶段重点融入环境保护、技术责任、诚信等内容。技术美学对实践的介入主要通过设计活动，它不仅为最佳且合理的设计观提供思想基础，也为现代社会中的人提供造型优美、功能齐全的产品，还为设计活动提供理论指导；它不仅阐明什么是技术美，提供产品审美质量标准，还教会人们创造和实现技术美。在教育教学中融入技术美学的观念和内容有助于培养学生的技术审美意识和技术审美能力。也可以设置专门课程来分别实施技术伦理和技术美学教学。关于人与技术关系的技术伦理包括技术主体性、技术责任、诚信、消除风险等内容。关于技术与自然关系的技术伦理包括环境保护、技术责任、预防风险等内容。技术美学课程的内容可以概括为两个方面。一方面是生产中的美学问题，它研究审美观念、审美理想等主观因素如何积极地作用于劳动者，从而提高劳动质量和效率。在工作环境中，设备的摆放、座椅的高低、噪声、绿化等，即工作环境的设计、人机和谐性等，都对劳动的效果产生影响，需要技术美学的不断改良来达到人、机、环境的协调统一。另一方面是产业化生产中与美学问题密切相关的艺术设计，它是指在现代科学技术最新成果的基础上，全面考虑劳动生产的经济、实用、美观和工艺需要而进行的设计。此外，技术伦理与技术美学所具有的共同内容就是如何合理地安排与协调人与技术及自然之间的关系。技术美学表明人对美的需求不仅是获得功能美、形式美的产品，而且要深入对生命的建构、对人与自然关系的建构、对人与人以及人与社会关系的建构。这与技术伦理的内在诉求上相契合。因此，可以围绕人与技术、技术与自然、技术与社会的关系等内容，将技术伦理与技术美学的具体议题整合在一起，整体性培养学生的技术伦理与技术审美素养。

主动是指技术主体创造性地运用多种方式来使用技术，甚至给技术以其设计者始料未及的功能与意义。与初级工具化中的定位相对应，次级工具化中的主动表明：在遵循一般规律的前提下，人类可以创造性地进行技术设计与技术应用。对于现代教育来说，若想实现主动性，就必须培养具备技术创新意识与能力的人才。创新性是人主体性的主要体现。技术创新能力是人技术生存的核心能力。对于职业教育来说，培养能够在生产、服务和管理一线运用自己的技术和技能进行实际操作、实现科技成果转化和技术创新的高层次人才是其核心的教育价值。具体而言，可以通过开设嵌入式技术创新课程将技术创新的内容与专业课程整合起来，在专业课程实施的过程中培养学生的技术创新意识与能力。学校还可以通过与企业、政府合作搭建协同技术创新平台，推进技术创新与研发活动，培养学生的技术创新意识和能力。技术创新不仅发生在宏观的制度化、组织化的研发活动过程中，还存在于微观的技术知识学习和实践中。现代企业已充分认识到技术创新与技术知识的意会性特点，以及明言知识与意会知识转化之间的内在联系，通过隐性技术知识的管理来为技术创新活动创造条件。现代教育应该向现代企业学习，构建符合自身特点的技术知识管理体系。比如，通过学习共同体组织的建立促进学生之间进行默会性技术知识和技巧的交流与共享，通过综合性课程整合显性技术知识与隐性技术知识，建立隐性技术知识库，形成隐性技术知识的制度化积累。

此外，为了促进教育解放价值的实现，要特别注重改变教育不合理的评价方式。工业流水线式的教育虽然可以高效、批量地培养社会发展所需要的劳动者，但它着重培养学生对知识和技能的记忆与复制能力，忽视学生合作能力与交往能力的发展。改变不合理的教育评价是扭转教育异化局面的重要一环。从评价内容来看，教育不但要关注学生最终记忆了什么知识、复制了什么动作、制造了什么产品，也要关注学生如何将新的知识和技能整合到原有的知识和技能经验中，以此建构新的知识体系和技能体系，还要关注学生如何在学习过程中与他人合作，如何建构自己的职业情感。从评价主体来看，教育评价需要纳入教师、学生、校外专家，采用教师评价学生、学生互评、学生自我评价等多种评价方式，增强学生的存在感和参与性。从评价过程来看，必须对学生在整个学习过程中的知识、技能、情感建构能力以及与他人合作的能力、分享精神等方面予以全面和及时的评价与反馈。

三、技术与人文的统一

现代教育与现代技术相互建构，它们背后的思想文化基础具有同源性，都是现代性理念的衍生结果。因此，思考现代教育领域技术与人文的关系，可以从现代技术及其背后的现代性理念中找到依据。现代技术呈现出两方面的突出特征：“①技术本身以客观性面貌出现，排除价值；②技术是对自然和人的统治，而不考虑其客体的需要和利益。”[①]这两方面特征可以被看作技术的现代性隐忧。正如海德格尔所言，技术作为人的存在方式，其本质是一种“去蔽”，但现代技术的本质却成为一种“促逼”。实际上，技术的现代性问题根源在于工具理性对价值理性的僭越与压制，表现为技术与人文的割裂。消除技术的现代性隐忧仅靠理性自身难以完成，需要全新的文化来统整失衡的理性状态，调校背后的理念基础，打破传统的技术主义文化范式，用人文主义技术文化来滋养现代技术，凸显技术与人文的统一性，并将之贯彻在现代教育实践中。

(一)技术与人文的内在统一

现代性的核心观念是理性，启蒙理性破除了宗教神学对人的压制，带来了所谓人文精神，确立了人在宇宙中的核心地位。但理性在祛魅的同时却又产生了新的遮蔽，由于理性被偏狭地理解为工具理性，工具理性对价值理性取得压制性胜利，导致启蒙意义上的人文精神并不完整，主客二分的思维方式、人类中心主义的实践逻辑、对自然的统治性行为成为其显著特征。在工具理性的支配下，技术与人文之间割裂且对立。实质上这是种“假象”，是现代性背景下的“异化”。“没有人文情怀关照的科学主义是盲目和莽撞的，没有科学精神融入的人文主义是蹩足的和虚浮的。”[②]要改变两者相互割裂的态势，就要在相互借鉴的基础上实现珠联璧合，走向科学的人文主义和人文的技术主义。人文的技术主义意味着在技术理性至上的社会实践中融入仁爱情怀和人文精神。

技术与人文在本质上具有内在统一性。萨顿指出，科学人文主义化就是要“说明科学对于人类其他活动的多种多样关系——科学与我们人类本性的关系”[③]。以此为基础，技术的人文主义同样要揭示其与人类的各种关系，目的在于使它更有意义、更亲切动人。正如芬伯格的工具化理论所揭示的那样，技术具有整体性特征，既具有本质主义的一面，又具有社会建构的一面。本质主义的一面是指技术本身的运行逻辑与实践方式，社会建构的一面是指技术从来都不是孤立存在的，它处于与社会诸领域的相互作

① 张成岗：《技术与现代性研究——技术哲学发展的“相互建构论”诠释》，139页，北京，中国社会科学出版社，2013。

② 李醒民：《走向科学的人文主义和人文的科学主义》，载《光明日报》，2004-06-01。

③ ［美］萨顿：《科学的生命——文明史论集》，刘珺珺译，51页，北京，商务印书馆，1987。

用中，技术是社会价值与意义的载体，是对道德、伦理、美学、生态等人文价值的聚集。因此，对于技术的理解应该从整体性框架出发，从人、技术、社会与自然和谐统一的角度来思考。可见，技术的人文性并不是外在附加的，而是其本性就蕴含着的价值向度和诉求。

(二)走向人文主义技术文化

现代性背景下工具理性与价值理性的失衡及其导致的技术与人文的割裂也为现代教育埋下了隐患。当现代教育不假思索地接受了现代科学技术及其背后的工具理性思想基础，技术与人文的割裂就成为必然。现代教育要突破这种宿命，就需要重新平衡工具理性与价值理性的关系，需要从整体性角度出发，培育技术与文化相统一的文化基础。教育是文化的有机组成部分，文化则为教育发展提供思想动力与精神资源。教育问题的解决即使不全部依赖文化，也在最本质层面上受到文化基础的影响。因此，若想实现技术与人文的统一，现代教育就需要转变其背后的技术文化基础，走向人文主义技术文化。

现代教育在文化传承与引领方面应该发挥更重要的作用。现代教育对文化的引领是指解决技术主义文化所蕴含的矛盾与问题，通过教育活动实现对和谐的人文主义技术文化的传播与引领。人文主义技术文化以价值理性为先导，强调技术的人文性，追求技术与人、社会、自然之间的和谐关系。现代教育的人才培养以人文主义技术文化理念为基础，培养目标要兼顾技术实用能力与技术人文素养，充分融入技术道德、技术审美、技术伦理、技术创新等素养。课程教学要整合技术伦理、技术美学、技术生态等内容。教育评价要注重对学生技术素养与人文素养的综合评判。需要注意的是，技术伦理文化、技术美学文化、技术创新文化三种文化在现代教育的文化基础培育过程中居于核心地位。三种文化的培育与传播既有联系又有区别。联系在于以下两点：一是三种文化意识和能力的培育都依附于教育教学的整体过程，也就是说，三种文化并非一般意义上独立、抽象的领域，而是与学生能力的形成过程融合在一起的；二是这三种文化都寻求人与技术、环境更加和谐的关系。三种文化的区别在于具体的侧重点不同：技术伦理重点关注技术实践过程中人与技术、技术与自然的伦理关系；技术美学着重探讨技术形成、活动、产品所具有的美学价值和意义；技术创新则聚焦技术实践过程中的主体性和创造力的呈现。现代教育未来的努力方向就是更好地理解人文主义技术文化的内涵与意义，并将其有效融入教育实践全过程，真正为技术与人文的统一奠定基础。

本章小结

首先，本章界定了技术的内涵及其与科学之间的辩证关系。其次，本章澄清了技术教育和教育技术的内涵，并从历史的视角阐释了不同时期技术教育和教育技术的时代变迁与社会价值，进而面对新时期的挑战与机遇，指明了技术教育和教育技术的发展方向。最后，针对技术理性的僭越和价值理性的回归，从新人文主义的视角矫正了两者的关系。

章后练习

1. 案例分析

(1)案例一

在英国工业革命前夕，卢德运动出现：英格兰的水力锯木厂遭到民众的激烈反对，凯伊因为发明了飞梭而被赶出了英国，埃维勒特制造的第一个水力剪毛机被失业者烧毁，哈格利夫斯发明的珍妮纺纱机遭到了手工劳动者的反对与破坏……进入工业革命时期，破坏机器的运动呈现规模化发展。工人卢德因与厂方发生争执，夺取铁锤毁坏了机器，卢德运动进入高潮。

英国工人担心高效的机器会抢走他们的饭碗，因而采取破坏机器的行为，但他们并没有阻止工业革命的潮流，这是为什么呢？

(2)案例二

一名22岁的技术工人正和同事安装机器，不料，与他们一起工作的机器人突然启动，撞击了这名工人的胸部，转眼间，这名工人就被按压在金属板上。虽然他立即被送往医院，但最终仍抢救无效死亡。工厂本计划让这组机器人在安装流水线上工作，它们能在指定空间内抓取并处理汽车零件。

有人认为，智能化机器人在使工业生产更加高效便捷的同时也在威胁着人类的安全甚至伦理。你怎么看？

2. 简答题

(1)请简述技术与科学的关系。

(2)请简述技术与教育的关系。

(3)请简述技术与人类文明的关系。

(4)请简述技术与人文的关系。

延伸阅读

[1]常立农．技术哲学[M]．长沙：湖南大学出版社，2003.

[2]陈昌曙．陈昌曙技术哲学文集[M]．沈阳：东北大学出版社，2002.

[3]陈昌曙．技术哲学引论[M]．北京：科学出版社，1999.

[4]陈多闻．技术使用的哲学研究[M]．沈阳：东北大学出版社，2011.

[5]陈凡，傅畅梅，葛勇义．技术现象学概论[M]．北京：中国社会科学出版社，2011.

[6]陈其容．当代科学技术哲学导论[M]．上海：复旦大学出版社，2006.

[7]陈维维．技术生存视域中的学习力[M]．北京：教育科学出版社，2010.

[8]姜振寰．技术哲学概论[M]．北京：人民出版社，2009.

[9]李文潮，刘则渊．德国技术哲学研究[M]．沈阳：辽宁人民出版社，2005.

[10]李晓元，蒋德勤，吴贵春．工作哲学引论[M]．北京：知识产权出版社，2009.

[11]李永红，赵洪武．技术认识范畴研究[M]．北京：中国书籍出版社，2013.

[12]王能动．技术生存论[M]．北京：中国社会科学出版社，2009.

[13]王前．技术伦理通论[M]．北京：中国人民大学出版社，2011.

[14]王树松．技术价值论[M]．哈尔滨：东北林业大学出版社，2004.

[15]王树松．论技术合理性[M]．沈阳：东北大学出版社，2006.

[16]吴国盛．技术哲学经典读本[M]．上海：上海交通大学出版社，2008.

[17]吴国盛．技术哲学讲演录[M]．北京：中国人民大学出版社，2016.

[18]许良．技术哲学[M]．上海：复旦大学出版社，2004.

[19]远德玉，陈昌曙．论技术[M]．沈阳：辽宁科学技术出版社，1986.

[20]邹珊刚．技术与技术哲学[M]．北京：知识出版社，1987.

[21]贝尔．后工业社会的来临：对社会预测的一项探索[M]．高铦，王宏周，魏章玲，译．北京：商务印书馆，1984.

[22]芬伯格．技术批判理论[M]．韩连庆，曹观法，译．北京：北京大学出版社，2005.

第七章

教师与哲学

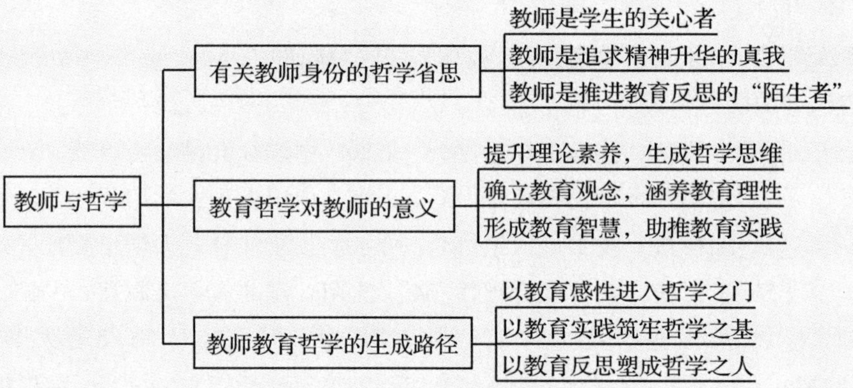
教师与哲学
有关教师身份的哲学省思
教师是学生的关心者
教师是追求精神升华的真我
教师是推进教育反思的“陌生者”
教育哲学对教师的意义
提升理论素养，生成哲学思维
确立教育观念，涵养教育理性
形成教育智慧，助推教育实践
教师教育哲学的生成路径
以教育感性进入哲学之门
以教育实践筑牢哲学之基
以教育反思塑成哲学之人

章前导语

在传统观念中，教育哲学似乎是距离教师群体最远的教育学科，是教育哲学家“自娱自乐”的东西，它时而显得高深莫测，时而显得玄之又玄。实际上，教育哲学并不是远离教育实践的虚空之学，也绝非完全由概念、范畴和逻辑组成的深奥知识，它与教师的教育生活密切相关，可以说，所有教师都在一定程度上实践着某种特殊的教育哲学。教师是教育哲学的参与者与实践者，从哲学角度解读教师被视为理解教师职业的重要维度。另外，接触和掌握教育哲学对教师理解教育及自身职业具有重要意义，它不仅有助于帮助教师提升思维水平和知识层次，也有利于其教育活动的有效开展。把握感性、投身实践和全心反思是教师生成自身独特教育哲学思想的关键环节。

第一节
有关教师身份的哲学省思

“教师是谁”是一个关乎教育理论与实践的重大难题，这一问题之所以难以回答，不是因为这个问题无法回答，而是每个人都对这个问题有自己独特的解读。教师工作并不神秘，然而，正是因为这一工作“日用而不自知”，所以教师群体成为人们熟悉的陌生人。历史上很多哲学家都对教师角色进行过详细解读，20世纪后半叶以降，随着教育活动和教师职业性质的变化，学界对教师职业的哲学审视有了新的成果。围绕教师的哲学思考首先要解决教师本体论问题，这便需要教育哲学。教师本体论问题聚焦于作为教师存在的“在”的本性与具有各种规定性的“在者”之间的关系，也就是教师的主体“在”于现实世界中各种具体的“在者”的显现，这是构建教师教育哲学的逻辑起点。人是社会关系的总和，人的特性是人在活动中作为整体所表现出来的与其他物种不同的性质，这主要体现在人与自然、社会和本身的关系之中。因为人是自然存在物、社会存在物和精神存在物的统一体，所以人的存在可分为自然存在、社会存在和精神存在。从本体论角度探讨教师，可将其分为教师关系本体存在、教师实践本体存在与教师精神本体存在。关系本体存在和实践本体存在静态和动态地表征从事教师职业的人的社会存在，精神本体存在表征从事教师职业的人的精神存在。[①]

---

① 郭芳、朱旭东：《论教师哲学的内涵建构》，载《教师教育研究》，2014(4)。

一、教师是学生的关心者

教育哲学家内尔·诺丁斯最早将关怀伦理系统化、理论化并在教育领域内建立起以关怀伦理为基础的道德教育体系。诺丁斯在1984年出版的《关心——伦理和道德教育的女性路径》中对关怀伦理展开了探讨，并在不断回应外界质疑的过程中对这一理论持续进行丰富与完善。按照诺丁斯的说法，教师是以学生关心者的身份来凸显其根本存在意义的。

在诺丁斯看来，教师是一名处于社会关系网络的关心者，这种关系性具有接受与给予两方面的属性，通过与学生的密切交往，教师既获得外界的承认，也在这一过程中生成作为教师的自己，这种关系性成为教师存在的根本条件。教育中的关系性是由个体在教育活动中的一系列相遇以及在相遇过程中产生的社会互动形成的，也就是说，教师作为关心者的行动逻辑是与学生的相遇，关心者形象的最终完成取决于关系中的另一方，即被关心者对关心者关心的回应与认可。因此，诺丁斯强调教师作为伦理本体的关心者的存在前提是与被关心者(学生)之间的关系，关系成为诺丁斯讨论教师身份的逻辑起点。作为关心者的教师是一种关系本体存在，在本体论意义上，关系是针对教师存在的社会静态规定性，是教师作为主体在与他者的相对应中对自身性质的限定，由于关系在位次上总优先于关系者，因此，关系本体存在意味着教师与他者的共在关系结构先于教师存在的本体论结构。

诺丁斯提出作为学生关心者的教师之理念是基于其对第二次世界大战结束后美国社会总体状况的考察，由于这一时期的家庭很难满足孩子对关心的需求，教师作为社会的代言人如果能够主动走入学生的内心，便能弥补家庭教育的缺失。除此之外，教师作为关心者的形象也与教师的职业属性密切相关。首先，教师作为关心者的形象主要是基于女性经验，女性经验特指一种极强的感受性和接受性，也是一种以关系为本体的母亲式经验。女性对道德问题的处理植根于感受性、关联性和回应性，这是一种以关系为本体，以感受性、关联性和回应性为特征的女性思维方式。其次，作为关心者的教师是一种关系性自我，其本质由一系列接受他者的相遇并不断接受这种相遇所产生的意义影响建构而成。关怀伦理是基于女性经验的道德处理模式，关心者的意识本质上是一种直觉的或接受的模式，这种意识模式具有直觉心理学基础及情感特质，关心本身就是一种情感的迁移。从关心者角度看，理解他人的现实、尽可能感受他人之所感是关心的核心部分。最后，关心始于分享感受，人们直面一件事情时，最开始的想法就是分享感受，即便已进入辨别问题阶段，人们也努力保持其与感受性阶段的交替轮换。诺丁斯认为关心者的接受性意识并不单纯是情绪感受，而是对非理性—主观模式和理性—客观模式的恰当选择和转换运用，这是关心中特有的恰当意识模式。

当我们处于问题解决情境时，我们的意识模式通常具有一种理智的客观性，它是推动自我朝向客体的思维模式。当解决问题遇到困难时，我们就有了情感回应。这时，教师就走出工具性世界进入关系世界。

在道德教育中，培养学生成为关心者是教育的基本目的，教师作为关心者的发生图谱中有两种不同性质的关心，即自然关心和伦理关心。自然关心始自血缘亲情，发生在关心双方的直接交往中，是出于爱或自然倾向的回应，是一种意愿作用的结果，也是关心的根本样态。伦理关心是一种特殊激发的关心，它的建立实际上是为了维护和保存自然关心。教师作为关心者可以同时变成被关心者，而被关心者也可以变成关心者。但在师生关系上，诺丁斯认为两者关系在本质上是不平等的，这是由于教师肩负学生不应该承担的责任。在师生关系中，学生没有能力执行关心的动机移位，也不能感知或理解教师所需要的；如果我们这样要求学生，那么师生关系有可能演变为一种成熟的友谊关系，而正式的不平等的师生关系就会消失。因此，以关心为基本模式的师生关系是一种不平等关系，最好的结局是教师一方通过包容来关心学生一方。

教师作为关心者需要学生的回应与承认，这是因为如果没有作为被关心者的学生的接受与回应，教师拥有再多的关心倾向也不能形成关心关系。学生的回应通常是非理性的，他在回应教师时会感受到被接受和被忽视之间的差别。学生作为主体的自由应得到教师的认可，在完整的关心关系中，学生会感受到认可以及在强大支持下成长的自由，也会在关心关系中成为更加充分完整的自我，这种自我的形成与自然揭示是学生对关系最主要的贡献。诺丁斯指出，要让学生完成教师所坚持的旨在达成目标的预定任务，就要有关心和信任。正是由于教师关心，教师会发现学生参与既定任务的勉强，教师允许学生表达他们的勉强，如果学生信任教师，他们通常会以良好的精神状态来接受这样的强制。① 关系是教育存在之魂，离开了各种关系，教育便无以存在，教育就是各种关系的集中体现，这些关系就是教育者、受教育者和教育影响之间的复杂互动。在过程哲学视野中，这些要素仅以各个实体存在，如果它们之间没有关系，就不会有教育活动发生，真实的教育活动是这些关系之间的相互作用。从这个意义讲，关系既是教育存在的另一个形态，也是教育活动生成的重要根据，教育不仅表现为过程形态的存在，而且表现为关系形态的存在，教育的关系在教育生成的过程中体现出来。

二、教师是追求精神升华的真我

教育哲学家帕克·帕尔默认为，进入现代以来，西方社会普遍遇到信仰危机和理

---

① 郭芳：《教师作为关心者——奈尔·诺丁斯教师哲学思想研究》，载《教育学术月刊》，2015(2)。

性主义危机，这些危机造成的结果之一是打乱人们灵魂的秩序，人们失去了指导生活的能力。教育的危机同样严重，教师普遍处于焦虑中，不仅焦虑学生成长缓慢，还焦虑教育质量下降，同时认为自身的成长没有得到系统有力的支持。帕尔默站在宗教哲学的立场，通过分析二元对立思维方式的割裂后果来讨论教师的精神与灵魂问题，试图帮助那些迷失的教师发现真我，追求精神升华，回归精神家园。帕尔默对于教师"真我"与教师内在精神世界的探求根植于其宗教信仰和社会文化背景，也是其宗教信仰发展的结果。所谓真我，即自我个性(人性)的核心，它是原初的、本质的，并且是永远藏于隐秘的。但真我也是客观的，具有自我本体意义上的真实。所谓"潜藏整体"，就是把真我即内在真理带到外部世界，是内在真实与外部行动的统一，我们只有征服内心深处的恶魔，才能发现"潜藏整体"。[①] 真我的丧失造成"潜藏整体"破损，这是教师陷入焦虑的根源，只有以整体思考的方式认识教师职业，构建以主体为中心的集认识、教学、学习于一身的真理共同体，才能发现教师真我，回归"潜藏整体"。

按照帕尔默的说法，教师只有把真我与外在表现相统一，才能实现精神升华。真我的重要标志就是自我认同感，教师的自我认同感具有历史性、发展性和联系性，他要将自身的生命成长历史和所从事的教师职业发展紧密联系起来，所以教师的自我认同感就是把个人认同融于工作的强烈意识，从而使教师真我显现。教师自身完整则意味着教师自身具有一致性，这种一致性要求个体能够识别那些能整合进自我个性的东西，分辨哪些适合或不适合自己，教师要找到与本性更契合的教学方式并理解作为一个教师所拥有的个性，即教师真我与外部表现的统一方式。寻得真我的教师能够拥有优秀的教学品质，能够把学生、学科和自我统统编织到一起，这样一种内部整合的自我可以建立优秀教学所依赖的外部联系。与此同时，帕尔默指出，教师只有实现"潜藏整体"，才能具有所谓教学勇气，即在教育教学实践活动中保持心灵开放的勇气，而这种心灵开放就是教师真我的认识、发现以及与外部世界的互动。教师真我丧失，就是教师在内在真实和外在表现之间筑起一堵墙，去扮演教师角色，使自身远离学生、远离学科，陷入自我封闭的生活状态。真我会因为恐惧而丧失，这种恐惧或是源于害怕失去工作、形象和地位，或是不敢与他者直接接触，或是恐惧失去认同。

帕尔默认为，教师作为一个正常的个体拥有陷入恐惧的权利，但不应被恐惧完全征服。教师只有尝试驾驭、征服并超越恐惧，才能在恐惧的引导下走向内心深处，回归"潜藏整体"。帕尔默指出，教师要通过悖论式思考来完整全面地认识自我与学生，发展教学完整性，要与他人建立信任圈，从而形成一个以主体为中心，集认识、教学、学习于一身的真理共同体。教师要把学生和自己的心灵、思想视为一个教育共同体，

---

① 郭芳：《论教师"真我"与"潜藏整体"——帕克·帕尔默教师哲学思想研究》，载《比较教育研究》，2012(6)。

它必须是以信任圈为基础的真理共同体，也是教师的内心世界融入课堂乃至更大世界的保证，这种共同体一定在完整的自我中生根，是自我认同和自身完整与世界联系的交融。真理共同体的基本纽带是对真理的服从，服从不是朝向权威的奴性附属，而是在自由自我之间的谈话中认真倾听、忠实回应。在一个以主体为中心的教室中，教师的核心任务是赋予伟大事物一种独立的声音，一种以学生听到、理解的方式讲述自己真理的能力。只有当伟大事物发出自己的声音时，教师和学生才能进入学习共同体，这个共同体不会瓦解于学生或教师的自我之中，而且教师和学生知道自身要对核心的主体负责。[①] 在这样的共同体中，对话是学习的基本形式，因为真理是怀着激情和原则就重要事物进行的永恒对话，对话的基本信念是认真倾听、忠实回应，只有如此，教师才能最终见证真我、实现精神升华。

三、教师是推进教育反思的“陌生者”

教育哲学家玛克辛·格林在1973年出版的《教师作为陌生人——现代教育哲学》(*Teacher as Stranger*: *Educational Philosophy for the Modern Age*)一书中，运用现象学的视角与方法对教师职业进行了分析，为思考教师的本质提供重要启发。格林认为，许多教师已经认识到不可以完全按照某种标准对学生进行分类，学生也不是一张洛克式的白纸，而是有着自己独特性与存在感的特殊个体，学生通过不同的选择来成为自己，教师则在这一过程中成为一名具有自身独特意识的旁观者。“现代教育的过程就是反抗抽象人观与非人化暴力的过程，要完成这样的任务，就必须使教师成为‘陌生人’，唤醒教师的自我意识，教师必须要独立思考、做出判断与选择，从而生成作为教师的自己。”[②]当代教育正处于大变革时期，各种事物具有不确定性，在这种不确定性下，教师不可能从专家权威或传统智慧中找到可完全依赖的现成规范来执行教学活动，而要对自己所处的特定情境进行反思与选择，从而生成作为教师的自我意识。格林给予我们的是开放的、可能的、实践的教师哲学。

从社会学意义上说，一名陌生者的基本特征是引发质疑与进行探究，这是因为当陌生者去接触某一群体时，群体的文化模式对他而言不是一种熟识状态，而是一个需要探索的冒险领域，是一种具有问题且难以控制的情境。陌生者就是一个对任何事情都提出质疑的人，并且往往能够运用某种英明才智把有可能发生的危机敏锐地识别出来，而群体内部的成员却可能对此视而不见，因为这是他们已经习惯的生活方式。格林要求教师成为教育中的陌生者，就是要求教师从习以为常的确然状态中跳出来，用

---

① 郭芳：《论教师“真我”与“潜藏整体”——帕克·帕尔默教师哲学思想研究》，载《比较教育研究》，2012(6)。
② 郭芳：《教师作为“陌生人”——玛克辛·格林教师哲学思想研究》，载《比较教育研究》，2014(8)。

一个新视角看待他惯常认为是真实的东西，这时候，教师才真正成为教育者，其教学才会变成一个充满活力的过程，也才能推动教育的进步。教师作为陌生者要具备“全面觉醒”的意识，对于格林而言，“全面觉醒”意味着教师要对自身处境中的一切进行反思，使之达到意识张力的最高水平。一个“全面觉醒”的教师会对想当然的教育生活保持高度敏感，要悬置其态度，不断质疑与探究，只有如此才能对规则和意义的追求负责，才能成为独立思考、坚持自己的立场、行动起来打造自己的世界的人。唯有做到“全面觉醒”，教师才是开放而不是封闭的，是自由的而不是被奴役和控制的，才能够最终唤醒学生的“全面觉醒”。

作为陌生者的教师在“全面觉醒”的意识基础上，遵循的行动逻辑是“做哲学”。按照格林的观点，当我们渴望某种自身内在一致性的完整和统合时，我们就在“做哲学”，实际上，“做哲学”就是人在意识到困境后尝试改变，希望建设一个可供完整人性自我展现的新世界，是一种以实践为价值取向的哲学。教师“做哲学”的行动逻辑意味着教师要在复杂的教育教学活动中，从行动者的立场，从他最新的经验、最切近的恐惧及强烈的批判意识出发去行动。“做哲学”意味着教师知觉世界的方式和思维范式发生转变，这引发教师认知世界各层面的转变：一是看世界的视角从单一走向多样化，多样化视角的教师会形成一个多层面的知识积累体系，能够组织经验的多元化建构，会发现自己生活在一个不断前进的意义丰富的世界；二是对人的认识层面的转变，教师必须建构自己关于人的认识，重要的是在行动中认识而不是抽象或概括地决定人真正是什么；三是知识论层面的转变，要辩证理性地看待科学主义与新非理性主义的分歧以及对教育的影响；四是认识论层面的转变，教师要澄清各种认识论预设，绝不盲从、理智行动，解放自己的同时也解放生活世界的学生，充满激情地促使年轻人积极主动地采取创造性的、理智的行动；五是教学模式层面的转变，自我意识觉醒的教师能够给予学生的是学生作为存在的个体呈现给他们自身的可能性意义；六是道德层面的转变，教师不再奉某种道德理论为圭臬，而要从多种理论视角来看待自己的生活世界。实现上述转变之后，教师的责任变得越来越复杂，他被要求每天进行重新阐释，形成他当下教育生活的意义。

教师作为陌生者就是悬置其自然态度，就是要有新的看待事物的角度。格林认为，这种所谓新的看待事物的角度就是新的知觉世界方式，而只有与艺术相遇，教师才能实现这种改变。在与艺术相遇的过程中，通过想象的桥梁，教师的意识逐渐达到“全面觉醒”的状态，重新定位自己、生成自己。对于教师而言，与艺术相遇使他发现教学的本质就是努力使学生看到更多。第一，教师要为学生做一个努力体验自己内在的原初世界、努力看到更多、努力探索和选择、努力尝试新视角的榜样；第二，教师提供充分的理由，努力引导学生根据充分的理由来做出判断。与艺术相遇蕴含一种独特的“看”，其本质就是想象。只有释放想象，人经验的各部分才能连在一起，生成新的秩序。想象是“全面觉醒”背后的推动力，在这样的觉醒中，经验中新的联系成为可能。格林的教师哲学强调作为陌生者的教师具有“全面觉醒”的意识，其行动逻辑是“做哲学”，即通过实践去改变世界，去实现人的解放与自由，陌生者在现实世界中的具体显现方式是与艺术相遇。作为陌生者的教师是一种实践本体存在，实践是格林讨论教师的逻辑起点，是其完成教师哲学思想体系并保持其逻辑自足性的内在前提和基础。[①] 格林的教师哲学思想无论对于教师个人还是对于社会发展来说都具有十分重要的意义。

第二节 教育哲学对教师的意义

在现实生活中，许多教师都有提升自身理论和思想水平的需求，也觉得学习教育哲学很重要，但普遍没有觉察到教育哲学的准确价值和真正意义。如果仅单纯地掌握一些深奥、晦涩、艰深的概念和理论，却无法对自身的生活与工作产生现实影响，那么教师学习教育哲学的合理性与合法性便很难建立。实际上，这里首先要解决的关键问题就是教育哲学对于教师的意义问题，只有让教师懂得学习教育哲学的价值，教育哲学才能真正走进教育生活。

教育哲学对于教师的价值是重要且多元的，乔治·R. 奈特认为，教育哲学对于一名教师来说具有重要价值，它能够帮助教师更好地理解最基本的教育问题，更好地选择解决上述问题的策略，深入对生活与教育目标的思考，最终形成一种与生活目标具有一致性并且扎根于更广阔背景的教育观。[②] 奈特的观点具有启发性，教育哲学作为一门有着交叉特征的学科，从表面上看，它与教育实践的距离可能相较于其他学科更为遥远，许多教师在进行教学活动时，也不会认为自己是在践行某种教育哲学理论或以某种哲学思想为指导。实际上，没有意识并不代表着不存在，也并不意味着这些习惯背后没有哲学理论或思想的支撑。所有教育问题和教育现象，如果我们用苏格拉底的方式进行追问，总能够发现这些问题或现象的出现绝不是偶然的，而是在一定思想上生发出来的必然结果。教师在进行教育活动时依仗的默会知识与经验习惯其实也不是个体单独建构出来的，而是深受个体过往学习或接触到的学说和理论的影响。在现实世界中，教师都会遇到一个问题：什么是好的教育？不同教师对这一问题的回答并不

① 郭芳：《教师作为“陌生人”——玛克辛·格林教师哲学思想研究》，载《比较教育研究》，2014(8)。

② George R. Knight, *Issues and Alternatives in Educational Philosophy* (*Fourth Edition*), Berrien Springs, Andrews University Press, 2008. p. 161.

相同，甚至可能千人千面。然而，当被问到给出答案的理由时，或许只有很少人能够理直气壮地进行回答。之所以如此，是因为对好的教育的追问涉及哲学层面的价值观评断，是由教育哲学回答的问题。如果一个教师没有接触过教育哲学，就很难给出做出判断的理由和标准。

一、提升理论素养，生成哲学思维

在现实世界中，许多教师都有追问的兴趣和愿望，他们不仅想知道教育现象发生的过程与结果，还愿意探究其发生的原因与背景，所有教育现象背后都潜藏着特殊的教育理念和教育思想。“教学当然不仅仅意味着给学生讲授或对学生进行测试，学习也不仅仅是听教师宣讲和对知识的记忆，真正优质的教育要求教师不仅对应该教什么以及为什么教那些内容进行反思，还要对学生学什么以及如何学进行反思。”①教育哲学不是一堆有关教育和哲学的知识，也不是教科书介绍的教育哲学家的生平与思想，而是一种反思和批判的意识，一种帮助个体洞察世界的观念。教师接触教育哲学能够提升理论素养和思维水平，更好认识教育现象背后的理念，进而把握整个教育世界。

理念是行动背后的逻辑与原因，所有教育现象背后都有或隐或现、或明或暗的教育理念。想要改变教育行为，就必须从认识和改变理念开始。教师通过学习教育哲学思想并进行思考与分析，可以加深对一系列教育基本问题的理解，从而改变在工作中形成见解的经验型道路，走上一条哲学式理解的理论型道路。教育哲学帮助教师以学哲学与“做哲学”的方式提升自身智识，追溯与把握教育问题的根源，以深刻的理解、广阔的眼界系统地解决教育实践中的基本问题，并实现经验与理论的整合，为成为好教师奠定深刻之基础。② 教育哲学作为一门注重反思的学科，能够帮助教师不断追问是什么、为什么、如何做等问题，从而让每位教师不仅知其然，还知其所以然。

身处教育的变革时代，教师学习教育哲学能够实现自我理解和价值发挥，进而提升思维水平。思维是人们利用各种概念框架的分解和组合来认识世界的能力，是思想和实践得以形成的重要前提。教育思维是人们利用各种关键概念和逻辑框架以认识教育世界的能力，它是教育思想和教育实践得以形成的重要前提。教育思维水平的提升意味着人们不断使自己思考教育变革问题的各种概念框架的组合方式和运作方式趋于合理，以实现深入准确把握问题的能力的提升。它能帮助人们真正认识理想中的教育变革是什么样的，真正认识现实教育变革的问题及其影响因素，思考如何突破教育变

① ［美］杰克·L. 纳尔逊、［美］斯图尔特·B. 帕隆斯基、［美］玛丽·罗丝·麦卡锡：《教育的关键议题：第七版》，杨晓琼译，190页，北京，中国人民大学出版社，2018。

② 蔡春、卓进、麻健：《教师的哲学诉求——兼论教师教育的路径问题》，载《教育研究》，2018(3)。

革现实的困境而开展迈向理想教育的变革。教育哲学所提供的反思和批判武器不但“直指实践经验、教育方法、技术、策略赖以存在的前提和根基，也即不断追问教育实践经验、技术与方法背后的本源性追求”①，而且能够促使教育者对自己的教育生活与教育世界进行深层次追问。它要求每位教师回答教育原点问题，以整全、根本、直接的方式来认识和回答自身教育问题。“教育哲学为教育实际工作服务的方式不是要告诉他们什么是无可辩的教育真理，而是要帮助他们思想上的成熟，增进他们教育思考的理性水平，最终使得后者进行寻根究底式的反思，把一切关涉教育的观念、制度、行为都纳入理性批判中。”②人们对教育意义的反思就是对其进行领悟和解蔽，教育哲学的价值在于帮助人们形成对教育意义的领悟，使此种意义得以解蔽并走向澄明。

二、确立教育观念，涵养教育理性

教师工作忙碌且机械，在日复一日的稳定状态下，许多教师缺乏反思教育的尝试，也对教育工作的意义不甚了解。“教师们并不清楚自己为教育所做的贡献，而且对自己的贡献也缺乏信心，他们对自己所做工作的独特性和价值缺乏振奋感和集体感。”③实际上，教师工作意义的消解很大程度上与缺乏个性化的教育观相关，由于没有个体性的参与，许多人的教育观被书本、名家、舆论左右，教师沦为他人意见的“奴仆”。教育哲学的功能在于既帮助人们理解教育存在的事实，又引导人们遵循教育知识的逻辑去探索和获取新的知识，为教育研究中知识的增长提供认识论基本图式，引导人们不断丰富和建构教育知识体系，使教育学或教育学科摆脱被“殖民”的困境，实现“涅槃”后的重生。④ 教育哲学通过“清思”自觉承担评价教育的责任，促进教育积极意义的生成，防止教育消极意义的生成，通过帮助人们消解对教育意义的模糊认识甚至误解来实现对教育真正意义的主体间共享，进而促使人们尽力摆脱强加的教育方式，做到自主自觉地参与教育。教育哲学的理论思维将有助于教师厘清自己的教育主张。

“个体的哲学信念是认清自己的生活方向的唯一有效手段，如果教师没有系统的教育哲学甚至没有理智上的信念的话，他就会茫然无所适从。”⑤教育哲学是有关反思的学科，在哲学理念指导下，教育者实践理性的水平不断提升，逐渐明白自己实践的目的以及自身所承担的教育责任，开始尝试成为自身教育观的主人。教育哲学的反思既包

---

① 冯建军、周兴国、梁燕冰等：《教育哲学》，24页，武汉，武汉大学出版社，2011。

② 石中英：《教育哲学》，35页，北京，北京师范大学出版社，2007。

③ [美]克龙曼：《教育的终结：大学何以放弃了对人生意义的追求》，诸惠芳译，155页，北京，北京大学出版社，2013。

④ 刘燕楠：《当代教育哲学研究的问题走向：视域、立场与观点》，载《教育研究》，2017(3)。

⑤ 陈友松：《当代西方教育哲学》，135页，北京，教育科学出版社，1982。

括对教育知识、教育实践和教育政策的反思，也包括对教育观念、教育价值和教育情怀的反思，人们对这些事物认识和理解的深度决定了人们如何建构新的教育世界。换言之，教育哲学既是一种反思的哲学，也是一种重建的学问。就后者而言，教育哲学能够为教师的行为提供理论上的指导和解释，能够促使教师形成具有自身特性的教育理念。对于教师来说，所有有生命力的观念都是与自身教育实践和教育感悟相契合的，是源于内心真实的感动，教师是自我信念的主体。

“在实际的教育教学活动中，教育教学活动的主导者就是具有独特生命个体的教师，而不同教师对教育本质的认识，甚至是不同教师对同一堂课的教学也是不同的，不同的教师与其他教师或是与自己的学生的交往关系也是不同的，这样每位教师就形成了独特的教师个体的教育哲学，这样的教育哲学在教师的教育生命经历中具有独立性、实践性、反思性和引导性。”①每位教师都有权利拥有属于自身的教育哲学，也应积极追求具有个体性的教育观，这对于教师从事思想性、创造性和意义性的教育活动来说至关重要。教育哲学对人们确立个性化教育观的促进作用主要通过以下途径实现：通过前提反思转换教育思想的前提，从而构建合理的教育观；通过教育反思方式的创造间接推动对教育非线性和复杂性特点的研究；教育观可以具体化为教育知识，以反思的方式推动关于教育的知识在自觉反思和理性批判中增长。拥有成熟的个体化教育观的人能够以复杂性眼光看透教育的复杂性场景，以系统论思维构造教育的复杂动态系统，以理论和实践相统一的理念整合教育理论和实践，以理性批判的态度自觉反思教育知识。

三、形成教育智慧，助推教育实践

教师工作不仅需要相关专业技能和知识体系，同时需要灵活机智处理问题的能力，因此，教师工作本质上是需要实践智慧的工作，这与教育的特殊性和学科的定位密切相关。实践智慧不仅关注抽象的知识，而且在实践中有具体的应用。“教育学是一门实践性很强的学科，其根本旨归在于改变与优化教育实践，这决定了教育学研究不能是那种仅仅为了研究而研究的‘学术游戏’，也不能只是对教育实践工作者进行一些批判或发出言不由衷的呐喊。”②由于教育对象存在个性差异，教育工作没有固定的、可教的、统一的技术，它是一门具有浓厚个体性的创造性活动。在某种程度上，教育是一种艺术。理性化的教师培训在官僚体制和技术思维的限制下，把培训对象当作一种只要掌握娴熟技巧就能高效完成任务的流水线工人，因而不断强调教学法的教授和教育经验

① 李永涛：《教师个体的教育哲学：内涵、价值和生成路径》，载《现代教育科学》，2017(8)。
② 程天君、吴康宁：《当前教育学研究的三个悖论》，载《教育研究》，2006(8)。

的学习。实际上，教师工作是一种充满实践智慧的工作，也只有获得实践智慧，教师才能综合教育场景、学生特征和教师条件等多重因素实现教育创生。

一般而言，智慧的生成要以掌握知识为基础，要以参与实践为路径。教育智慧是教师素养的综合体现，它主要包含理性智慧和实践智慧。“如果说理性智慧更多的是建立在知识学习和理论思考之上，那么实践智慧更多的是建立在个体经验积累、实践感悟和教学反思的基础之上，它是与每个具体情境相连的并且根据各种不确定因素而发生改变。”①教育哲学是一门关于哲学的教育学，它既是教育的哲学，也是哲学的教育。哲学式反思与批判性思考是改变教师的内隐教育信念以及教育行动的理由和依据的基本途径。通过哲学式反思，教师首先将自己视作改革的对象，进而成为一位成熟的教育改革者，实施自下而上的、自觉的教育改革。哲学在本质上是爱好和追求智慧的学科，因此，教育哲学在本源上和一个人的智慧养成紧密相关。对于教师来说，学习教育哲学不是仅仅掌握相关知识，而是要养成反思行为背后理念的习惯，提升教育活动的教育性水平，最终创造有鲜明教育风格的教育智慧。“教师之所以要走进哲学，是为了确保自身的行动始终隶属于真正的教育，使教师的行动直指教育的根底。”②

“凡是个体想要自我教育或者想教育别人，就其外部可行而言，必须对三个方面的问题具有明确的认识：第一，究竟什么是教育的本质？第二，怎样进行教育？第三，什么样的知识和认识形式限制和规定着由此人变得‘有教养’的过程？”③教育生活有不同的境界，教育境界既是教育主体人生境界的写照，也在诸多方面影响着教育主体的人生境界。教育实践智慧的养成是教育境界提升的过程，这是一个漫长、非线性、复杂、艰难的过程，也是一个自觉的过程，期望达到理想的境界，如此方可克服当前教育变革的工具化、功利化、形式化倾向。理想的教育境界意味着有品位、有质量、有深度、有创意的教育变革，充满教育的智慧性追求。教育哲学对人们教育境界的提升主要表现为：通过前提反思转变人们对教育的态度和意识，使之达到教育的高度自觉，并发挥理想指引作用；通过创造教育反思的方式来选择和产生教育的创意和智慧，使人们具备践行教育变革的潜质和能力。就教师个人来说，对于教育的认识和哲学思考是永无止境、无限发展、不断生成的，它在形式上是循环往复的，在实质上是动态发展的，一个教师可能不断围绕某个问题进行思考，思想不断从不同视角复归同一个问题，但是得到的结论、形成的认识必定是不断被重组和改造的。

---

① 冯茁：《教育场域中的对话：基于教师视角的哲学解释学研究》，132页，北京，教育科学出版社，2011。
② 蔡春、卓进、麻健：《教师的哲学诉求——兼论教师教育的路径问题》，载《教育研究》，2018(3)。
③ [德]舍勒：《舍勒选集》，1368～1369页，上海，上海三联书店，1999。

第三节
教师教育哲学的生成路径

教育并不缺少追求理念价值和终极关怀的需要，而缺少一种行之有效、贴近现实的路径来进行非功利性的追问。倘若教师对教学技术的追求压倒其探索教育价值的渴望，教育哲学就显得更为迫切了。在实践中，很多教师具备学习教育哲学的动力，却受制于知识储备、精力不足等因素而无法实现从期待到实践的转化。许多教师在刚开始接触教育哲学时认为这一领域的理论过于深奥，自身难以掌握。实际上，教育哲学并不是研究纯哲学，而是以哲学的视角观察教育。教师学习教育哲学在某种程度上具备实践经验上的优势，只要掌握一定的路径和方法，教育哲学就能够成为每位教师的内在财富。

一、以教育感性进入哲学之门

要想掌握教育哲学相关理论和知识，教师必须首先有对这一领域的求知兴趣。在此基础上，教师通过研读名著与实践讨论等方式形成具有特殊学科属性的思维方式和理论素养。兴趣是一切学习和研究的开始，教师在学习和探索教育哲学时，其首要路径就是先产生浓厚的对于教育现象和教育问题的好奇心。在好奇心理的驱使下，教师在大量接触哲学理论的基础上形成一定的哲学思维，这是学好教育哲学的基础。许多教师明白教育哲学是一门极有价值的学科，也想了解这门学科，但在实践中缺乏对教育哲学甚至整个深层问题思考领域的兴趣，遇到偏理论的问题就主动放弃，这就很难进行教育哲学的进一步探索。对教育哲学的兴趣源于教师对职业价值、生命价值和教育价值的深刻理解。在整个职业生涯中，作为个体的教师容易随着环境的变化而慢慢失去原初的教育信念，忘记从事教师职业的本心。一旦如此，教师的职业生涯就毫无意义，也就不再进行反思和追问，更不会产生对教育哲学的好奇心。因此，教师应该在工作中时刻保持反思的习惯和求知的兴趣，对我为什么要做教师、我要培养出什么样的学生等问题不断进行追问，这种追问的过程实际上就是逐渐形成自己的教育哲学的过程。

学习教育哲学的开端是学习哲学，教育哲学是哲学在教育领域的具体体现，要想学好教育哲学，就必须先形成一定的带有哲学意蕴的思维方式和理论素养。哲学不是哲学知识的堆砌，但要想学好哲学，就必须从掌握哲学基础理论入手，途径有四条。第一，通过教科书开启哲学世界。掌握一门学科的基础知识可以从阅读专业教科书开始，哲学教科书是对哲学基本问题和研究范式的简要解释，尽管内容并不深奥，但能为初学者建构一个较为全面的学科体系。第二，通过哲学史进入哲学领域。哲学是哲学家不断批判、继承和超越他人哲学理论的过程，在某种程度上，哲学就是哲学史。对于初学者而言，要想学好哲学，就必须掌握扎实的哲学史知识。第三，对哲学家与流派进行深入研究。不同哲学家和流派思考同一问题的出发点和焦点并不相同，但能够留存的哲学流派都是对后人的思考富有启发意义的。教师研究哲学流派并不是要掌握其观点性知识，而是要注意每个流派思考问题的方式，同时要能跳出哲学流派为其划定的问题域和思考圈，做到“能里能外”“能进能出”。第四，围绕教育问题开展哲学式研究。教育哲学并不是“空中之学”，教师掌握一定的哲学知识后，为更好地形成哲学思维，可以对教育问题进行哲学式探索，以教育问题为把手，尝试从哲学角度而非教育角度进行突破。日积月累，教师的哲学式思维能力必将取得极大提升。

二、以教育实践筑牢哲学之基

教育哲学之所以不同于一般哲学，是因为它在本性上强调与教育实践的互通性，它以教育生活为基础，最后又回归教育生活。教育哲学在传统上过于重视教育的普遍问题和超越问题，其思辨性取向已经为研究者所批判。当代教育哲学研究者认为教育哲学的主题不应局限于一般性教育问题，而要关注教育实践中出现的新问题与真问题，解答教师在现实中遇到的困惑。从形而上的教育哲学到实践的教育哲学，其背后不仅是研究理念的转型，同时也赋予教育哲学生命力。这意味着传统的没有教育经验而仅凭哲学素养与理念逻辑进行研究的范式终结，也意味着研究者必须具有真正的教育实践经验。越来越多的研究者感到，若没有进入教育现场，就无法触碰真实的教育问题，就不可能进行有意义的教育哲学思考和探索。

在新的教育哲学观的指引下，教师要想走进教育哲学，就必须先进入教育生活、参与教育实践、获取教育经验。换言之，教育现场和教育哲学之间的界限逐渐消失，现场就是哲学，哲学是理念层面的现场。教育现场的含义十分广泛，它既指教师亲身参与的教育活动，也囊括他者进行的教育实践。人们在进入教育现场时，既带着自身的教育经验，也体悟着他者的教育思考，只有当人们深入挖掘自身和他者的教育现场经验，并将其与其他社会生活的经验连接起来进行深入思考时，教育哲学才能不至于陷入空泛。教育哲学在反思教育经验时，不仅反思教育现场产生的教育经验，而且反思教育经验背后的教育观念、教育理论，验证其与教育现场的关联性和适切性。

在教师所处的教育生态场域中，教师个体与学生、同事互动交往。一方面，教学本来就是一个双边互动的过程，由于教育对象——学生——是具有生命的个体，教师与学生之间的交往必然存在复杂性。实际上，教师在改变学生的同时也在被学生改变。

教师与学生的交往互动不仅影响学生的发展，而且影响教师的发展，更重要的是，它还会影响教师个体教育哲学的形成。教师所生成的个体教育哲学反过来又会影响教师的教育教学活动，进而间接影响学生的发展。无论在什么样的交往互动模式下，教师都通过与学生交往，了解学生对教师的反应，并根据学生的反应来调整、加强、减弱或停止对学生施加的某种教导作用，以在学生身上产生最好的教育效果。教师同时在这种与学生交往互动的过程中逐渐形成自身的教育哲学。另一方面，教师除了与学生交往互动，还与和自己在同一办公室或教同一科目的教师发生交往互动。教师与教师的互动同样是教师形成自身教育哲学的路径，教师在学校除了与学生交往互动，也有很长时间都在与身边的同事交往互动，而身边的同事有的是名师，有的是领导，有的刚入职，并且他们都有自己独特的教育信念和对教育价值的认识。在这种场域之下，自己应该如何与其他教师交往互动，是随大流还是坚持自己从事教师职业的初心，教师在与其他教师之间的交往互动中对这些问题进行判断和思考，运用哲学思维，最终形成自己的教育哲学。教师如何与学生、同事互动，或者以何种角色、用何种方式交往，不仅是实践问题，而且是帮助教师在无形中形成自己的教育哲学的途径。

三、以教育反思塑成哲学之人

心理学家波斯纳提出，没有反思的经验是狭隘的经验，至多只能形成肤浅的知识，并提出了“成长＝经验＋反思”的教师成长公式。这意味着教师的发展绝非简单的经验积累，只有在经验累积的基础上不断进行深刻反思，才能促进教师教育哲学思维的形成。[①] 教育哲学作为哲学的一种特殊形态，始终保持着哲学所特有的观察世界的视角——批判与创造。所谓批判，即人对对象的理性检验、分辨和超越的意识与行为，既是对对象性存在的基础、前提和界限等进行的批判，也是对自己不断否定、不断质疑的过程。哲学通过判断与推理、分析与综合、归纳与演绎、存疑与追问、建构与解构等逻辑运作，既批判他者，也进行自我批判。所谓创造，即哲学并不仅仅是智慧，而且爱智慧，而爱智慧就是不断地追求、创造智慧，从而使爱智慧的哲学总行走在路上。[②] 秉持批判与创造的教育哲学不仅促使教师以反思精神在日常生活中发现不寻常，而且在问题的引导下不断地创新，形成自身的教育智慧。

教师哲学思维的形成不仅基于教育活动，而且基于对教育实践的反思。教育反思是教育哲学的重要内容，教师通过各种形式的反思检视自身的教学实践，能够对自身的专业活动有更为深入的了解。可以说，反思是教师教育哲学形成的基石，教师发展

---

① 冯茁：《教育场域中的对话：基于教师视角的哲学解释学研究》，130页，北京，教育科学出版社，2011。
② 李润洲：《教育哲学：哲学地思考教育问题》，载《教育研究》，2014(4)。

就是教师自我反思的过程。教育哲学是一门以理论思维见长的学问，善于用人的“心眼”去观看教育教学，即运用理性来超越感性，用抽象的概念把握当下感性的教育教学，并通过具有普遍性的抽象概念洞察教育教学的普遍性特征。教育主张并不是教育经验的陈述，而是教育经验的提炼，需要教师对自身的教育生活、课堂教学进行深层反思与理论提升。教师个体的教育哲学不仅是对自己的课堂教学、教育知识或者对名师经验的批判与反思，而且包括教师站在学生的角度对学生学习情况的反思。

在日常工作中，教师反思的机会很多，但很多教师并不清楚何为反思、到底要反思哪些内容等。实际上，反思就是进一步思考，它是不同于直接认识的间接认识。教师的哲学反思主要指向三个领域：一是反思自己的教育经验、教育习惯和教育常识，找寻每个教育行为背后的缄默知识；二是反思教育实践背后的理念，深入思索这种理念的正当性、合理性以及与时代发展和教育改革之间的融通性；三是反思教育的基本理论和基本思想，这是对教育理论基础的反思，也是最深刻的反思，这种反思帮助使问题复归哲学问题，教师由反思教育上升到反思人性、道德与价值等命题。反思本身就是哲学思维的范畴，教师个体教育哲学的反思性主要指教师立足于自身的教育教学，运用个体教育哲学的思维方式去反思自己的教学实践不断进行思考。很多人认为教师都会教学，但实际上，我们现在更应该探讨教师如何更有效地教学，而反思就是帮助教师提升自身教育教学能力的重要手段。教育哲学是对教育的哲学反思，本质上是对现象的哲学思考。反思是进行哲学探索的首要条件，生成则是哲学的最高目标。

教师在进行教育哲学的学习和探索时，最依赖的资源就是日常能够接触的教育理论、教育实践和教育生活，它们都是反思的财富。“学习和研究哲学并不是一般地‘面向文本’‘面向现实’‘面向自我’，而是在反思取向中实现这种‘三面向’，因此，只有培养自觉地反思取向，才能在‘三面向’中提高理论思维能力和哲学理论境界。”①教师在日常生活中积累了大量的教育实践经验，也能够通过广泛阅读获得教育理论和相关知识，但实践和理论并不能自然而然地形成哲学思维，也无法直接帮助教师达到拥有个体教育哲学的目标。要想进行教育哲学的探索，就必须做到在理论和实践中坚持反思取向，从而除旧迎新，形成新的观念。“教师的哲学是教师个体在教育实践中形成的具有个体性、反思性和实践性品格的哲学，是教师以一定的哲学思想和哲学方法为基础，在个人的教育实践过程中通过批判反思教育理论、研究教育问题、感悟教育真相而形成属于个人的教育智慧、信念与信仰。”②

教师的教育智慧是指教师在教育教学工作中正确地把握、创造性地运用教育教学方法以及灵活机智地应对教育教学的突发事件的综合能力，是教师专业素养的一种新境界。教育智慧具有个体性，每位教师都有自己独特的智慧。教育智慧的形成离不开

① 孙正聿：《哲学通论（修订版）》，301页，上海，复旦大学出版社，2005。

② 戚万学：《论教师的哲学》，载《教育研究》，2014(12)。

教育哲学，因为在教育教学过程中教师需要进行价值选择与判断，来保证教育教学目标的正确性和可行性。教师在教育教学过程中担负着传递知识、培养品德的重任，因此，教师在教育教学中不仅要教授知识，还要懂得学生如何思考，这就需要哲学发挥作用。教育哲学有助于教师进行价值选择和判断。没有哲学思考的教师是盲目的教师，虽然做了，但不知道为什么这么做，对做得对与错、好与坏也无从判断。而具有教育智慧的教师可以做出正确的判断与选择，不会出现盲目的行为，能够追寻教育的真谛。对教育真谛的追寻也是教师教育智慧的展现，它可以转变教师的教育观念，使教师在教育教学过程中找到“教之幸福”。教育哲学的反思是重建和生成教育实践智慧的前提，实践智慧绝不意味着它只能从实践中来再回归实践，而意味着更高层次的智慧生成。教育哲学在反思中孕育建构，是建构在实践基础上的教育智慧，这种智慧有助于教师明确教育方向和价值，进而成长为个性化的智慧型教师。

教育问题源于教育实践中的困难和冲突，在影响人的行为这个目的下，哲学用思考的结果反哺教育。教育提供了一个优势地位，这里使哲学上的讨论深入人生的意义，这和哲学讨论的专门意义不同。哲学最终要反哺教育、回归教育，回归对人的智慧进行影响的起始目标。这些教育研究的路径也是哲学发展的路径，这种发展路径实际上也明示了教师个人哲学的生成路径，即像哲学家、教育家那样针对教育上的问题做哲学的思考，在研究教育问题的过程中生成自己的哲学，最后将这种哲学运用于教育。哲学研究离不开教育，教育也不能没有哲学，教师就是哲学家。我们不能要求每位哲学家都成为教师，但需要每位教师都成为哲学家。教师哲学的生成路径必然隐含在教育问题的研究之中、哲学史的发展之中、哲学智慧的形成之中。

本章小结

在教育哲学的视域下，教师是具有多重身份的复杂个体。作为伦理本体，教师是学生接触社会的关心者；作为精神本体，教师追求个性解放与内在超越的真我；作为实践本体，教师是教育活动的陌生者。教师与教育哲学之间有密切关联，通过了解和掌握教育哲学，教师不但能提升个体理论素养和思维水平，而且能形成成熟的个人教育观与高超的实践智慧。求知兴趣、走进实践与加强反思是帮助教师进行教育哲学学习、形成自己独特教育哲学理念的重要路径。

章后练习

1. 案例分析

人类正迈入人工智能时代，很多职业将被不同程度地人工智能替代，包括翻译、律师、护士、程序员、记者、作家及大部分体力型职业。在这份长长的“黑名单”里，教师的地位晦暗不明、若隐若现、时隐时现。教师职业是否会从人类社会的“职业榜”中消失，尚未形成定论。悲观派并不看好，如果“学校消亡论”(如学校将转型为大大小小的学习中心)成立，至少传统意义上的教师就无存在必要。

不管怎样，人工智能与教师的相遇已经不可避免。当教师遇上人工智能，究竟会发生什么？首要的问题依然是：人工智能时代还需要教师吗？如果需要，教师为何不能被人工智能替代？凭什么不能被替代？教师有什么底气或本事可以在人工智能的高压下存活，而且活得有滋有味，活得很有价值感、尊严感？对所有教师而言，这些是迫切需要思考并回答的问题。

结合材料，谈一下人工智能时代教师应如何认识自身的职业。

2. 简答题

(1)简述教师身份哲学解释的维度与内容。

(2)分析教师学习教育哲学的价值。

(3)讨论教师学习教育哲学的路径。

延伸阅读

[1]陆有铨．教育的哲思与审视[M]．北京：人民教育出版社，2016.

[2]诺丁斯．教育哲学[M]．许立新，译．北京：北京师范大学出版社，2008.

[3]金生鈜．规训与教化[M]．北京：教育科学出版社，2004.

[4]石中英．教育学的文化性格[M]．太原：山西教育出版社，2001.

[5]王坤庆．精神与教育：一种教育哲学视角的当代教育反思与建构[M]．武汉：华中师范大学出版社，2009.

[6]布列钦卡．信仰、道德和教育：规范哲学的考察[M]．彭正梅，张坤，译．上海：华东师范大学出版社，2008.

[7]冯建军．中国教育哲学研究：回顾与展望[M]．北京：北京师范大学出版社，2015.

[8]贾馥茗．教育的本质：什么是真正的教育[M]．2 版．北京：世界图书出版公司北京公司，2006.

第八章

课程与哲学

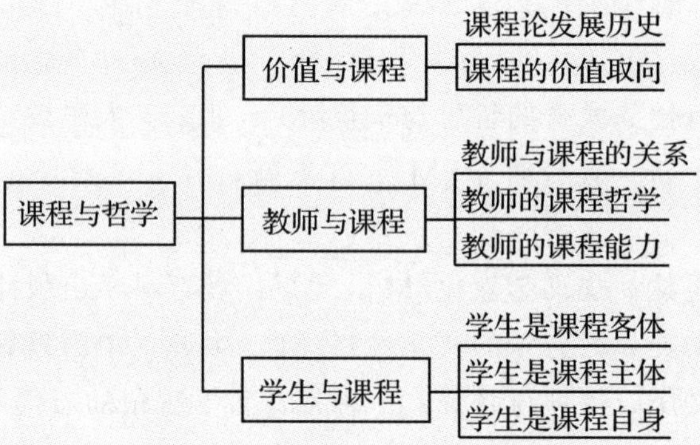
课程与哲学
价值与课程
课程论发展历史
课程的价值取向
教师与课程
教师与课程的关系
教师的课程哲学
教师的课程能力
学生与课程
学生是课程客体
学生是课程主体
学生是课程自身

章前导语

自1918年博比特的《课程》(*The Curriculum*)一书问世以来，课程论研究逐渐走上专业化道路。在教育发展的早期，课程作为教育内容的选择被纳入教学过程。直到20世纪初，课程设计与教材编写才从教学过程中分化出来，课程论也从教学论中独立出来，成为与教学论并列的教育学分支学科。① 课程论研究产生了丰富多样的理论流派，如经验主义、永恒主义、结构主义、要素主义、人本主义等课程理论流派。在现代教育中，课程问题引起了极大关注，课程既关系到教育目的的实现，又关系到教师的教和学生的学，还关系到教育的成效。教师和学生作为教学活动的两大主体，他们与课程的关系影响着课程的实践。本章在梳理课程论发展历史的基础上，从哲学角度深入讨论教师与课程、学生与课程的关系。

第一节
价值与课程

教育价值伴随教育问题而产生，课程价值是教育价值的具体化。在不同时代和社会发展阶段，课程的理论建设和实践发展都体现了不同的特点以及各流派不同的价值取向。西方学者较早开始关注课程的价值，例如，社会学家赫伯特·斯宾塞提出了著名的“什么知识最有价值”的问题，进而论证了科学知识是最具有价值的。实用主义教育家杜威则将课程价值分成了内在的价值和外在的价值两个维度。②

一、课程论发展历史

课程实践有着悠久的历史。有了学校教育，就有了作为教育内容和形式的课程。课程源于人的日常生活经验，并取决于儿童进入社会后所必需的知识与技能。

(一)课程及课程论发展

课程一词最早出现于唐代文献中。孔颖达等在《五经正义》里为《诗经·小雅》做注

① 桑新民：《呼唤新世纪的教育哲学——人类自身生产探秘》，346页，北京，教育科学出版社，1993。
② 傅统先、张文郁：《教育哲学》，91页，济南，山东教育出版社，1986。

疏："维护课程，必君子监之，乃依法制。"南宋朱熹在《朱子全书》中亦有"宽着期限，紧着课程""小立课程，大作功夫"等句。这里的课程已含有学习范围、进程、计划的意义。课程在英文中是 curriculum，其词根是拉丁语 currere，本意指跑道，指在学校里孩子们要沿着学习的跑道学习。跑道包含两个基本意思：①跑向哪里，即跑道的方向；②在哪里跑，即跑道的位置。据此引申，可以把课程理解为学习路径，学生从这条路径的起点跑到终点，由一个初学者变成受过相应教育的人，即学习的进程。斯宾塞在 1859 年发表的《什么知识最有价值》中最早提出 curriculum 这个英文词，其表现形式就是学科，意指教学内容的系统组织。因此，课程既可以指一门学科，也可以指学校提供的所有学科。

孔子整理的由《诗》《书》《礼》《乐》《易》《春秋》组成的六经教育是我国最早、最系统的课程体系，该课程体系对中国传统教育乃至世界教育发展产生了深远影响。古希腊创造了灿烂的文明，其科学和文化孕育了西方古代学校课程，如用来培育儿童的心灵或理智的三艺——文法、修辞、辩证法，以及主要用来训练儿童的智慧的四艺——算数、几何、天文、音乐，两者合成的七艺被认为是自由民必须学习的基本学科。七艺课程的确立反映了古希腊社会的科学文化发展水平，也体现了当时经济和社会的发展状况。[①] 夸美纽斯提出了百科全书式的课程体系。文艺复兴后，社会生产力不断发展，思想观念不断解放，科学革命蓬勃兴起，各种知识急剧增加，各种思想百花齐放。在这种背景下，为了培养全知全能的智慧人，夸美纽斯提出了"把一切事物教给一切人"的泛智主义课程观，并拟定了一个包含自然、人文、社会、科学、宗教等知识的百科全书式的课程体系。他认为课程内容要贴近生活、注重实用，强调各种自然学科和语言的学习，在学习方法上主张循序渐进、遵循自然。[②] 夸美纽斯的教育思想和课程理论主要体现在其著作《大教学论》中，他还在该书中提出了教科书编写的主要原则，对此后的课程实践和课程理论产生了广泛而深刻的影响。

进入 20 世纪，工业化、城市化迅猛发展，新学科不断涌现，传统学科的知识也成倍增加，导致百科全书式的课程体系急剧膨胀。但课程和教材的容量是有限的，如何设计学校课程、如何选择和编排教材的内容及结构等难题促使现代系统化课程理论应运而生。课程理论的创始人博比特充分肯定了研究课程编制过程的重要性，他在 1918 年出版的《课程》一书是世界教育史上首本课程理论专著，奠定了现代课程理论的基础，也标志着课程论这一教育学分支学科诞生。博比特全盘接受了斯宾塞"教育为未来生活做准备"的教育理念，认为学校开设的课程要以社会为最终指向，所以课程应使学生为现代工业社会的成人生活做准备；课程既要满足个人的需求，也要兼顾社会的需要；

---

① 桑新民：《呼唤新世纪的教育哲学——人类自身生产探秘》，347 页，北京，教育科学出版社，1993。

② 鄢凤霞：《夸美纽斯百科全书主义课程理论》，载《智库时代》，2017(6)。

课程编制必须考虑个人从开始接受教育到达到某种教育程度之间的每一个因素，应当以广泛的社会调研为基础，将社会真正需要的实用性知识和技能引入课程。① 他的课程开发理论与实践开启了课程开发的科学化运动，而作为课程论开山之作的《课程》一书深刻影响了20世纪上半叶美国的课程改革运动。

“核心的理论很简单。无论多么复杂的人类生活，其构成要素都是对各项专门活动的执行。教育为未来生活做准备，实则就是明确而充分地为这些专门活动做准备。对任何一个社会阶层而言，这样的活动无论在数量和种类上多么庞杂，但终归是能够找到的。这只需要一个人走到各项事务的世界中去，并且发现这些事务都由什么样的专门活动构成。这就会显现出一个人所需要的能力、态度、习惯、鉴别力和知识形态。这就将成为课程的目标。这样的目标会有不少，而且明确、详尽。课程将会是这样一系列孩子和青年必须通过完成目标而具备的经验。”②博比特等人运用活动分析方法，对课程的科学化建设展开了研究，并着眼于社会生活实际来制定教学活动的具体目标，把科学管理的方法引入课程编制，试图为课程设置和教材编写找到客观、现实和科学的依据，为课程的量化研究开辟了道路。③ 对课程理论发展有巨大贡献的还有著名教育学家、现代课程理论之父拉尔夫·泰勒，他汲取博比特的课程研究思想，进一步深化课程理论。他在其被誉为现代课程论的经典——《课程与教学的基本原理》——中提出了著名的泰勒原理，该理论被认为是课程开发原理最简洁、清楚的阐述，是现代课程研究领域最有影响的理论构架。泰勒原理源于美国20世纪30年代的八年研究，泰勒在该理论中提出编制课程的四个基本问题。

①目标：学校应该追求什么样的教育目标？

②内容：要达到这些目标我们需要提供哪些教育经验？

③方法：如何有效地组织这些经验？

④评价：如何确定这些目标是否正在被实现？

泰勒认为编制好一门课程需要系统回答这四个问题，课程编制主要有四步：确定教育目标，选择教育经验，组织教育经验，教育评估。课程开发可以从任意一步开始，但要注意的是，如果没有通过三个来源(实用主义、行为主义和八年研究的实践)和两个筛子(哲学标准、心理学标准)选出有价值的教育目标，剩下的选择和组织教育经验、教育评估也就无法进行。泰勒原理概括了20世纪上半叶课程研究领域的主要成果。泰勒原理是一个开放的系统，泰勒深刻认识到当代生活十分复杂且不断发展变化，课程开发也必须配合时代的发展。受八年研究实践的制约，泰勒原理的适用范围局限于学

---

① 郑国民、刘幸：《博比特以及他所开创的现代课程理论》，载《课程．教材．教法》，2016(8)。

② 郑国民、刘幸：《博比特以及他所开创的现代课程理论》，载《课程．教材．教法》，2016(8)。

③ 桑新民：《呼唤新世纪的教育哲学——人类自身生产探秘》，353页，北京，教育科学出版社，1993。

校，局限于学校开发课程，忽视了国家开发课程的力量。①

(二)课程概念的几种观点

课程作为一个独立的研究领域始于20世纪初。课程有许多不同的定义，这些定义关注了课堂教学及其过程的不同方面。100多年来，不同课程学者按照各自不同的课程价值观来解释什么是课程，因而使课程概念具有多义性特征。鲁尔统计，目前课程这一概念至少有119种定义。正如课程论学者斯考特所言：“课程是一个用得最普遍但却定义最差的教育术语。”②研究者试图使课程概念逐步明朗，但反而使之越发五花八门、模棱两可，因此，目前还没有一个被广泛接受的课程概念。明确“课程是什么”这一问题是课程论研究的逻辑起点，它规定着课程研究的方法论取向、课程编制模式以及课程实施和课程管理的范围、方向、策略等问题，这里介绍几种观点。

第一，课程即教学科目。我国古代课程有六门(礼、乐、射、御、书、数)；欧洲中世纪初的课程为七艺(文法、修辞、辩证法、算术、几何、天文、音乐)。《教育大辞典》将课程定义为：“为实现学校教育目标而选择的教育内容的总和……泛指课业的进程……学科的同义语，如语文课程、数学课程等。”③《中国大百科全书：教育》将课程分为广义和狭义两种：“广义指所有学科(教育科目)的总和。狭义指一门学科。”④近代以来的百科全书式课程、实科课程、功利课程，从夸美纽斯到洛克、赫尔巴特再到永恒主义、要素主义，均把课程看作教授的学科，强调课程的知识积累与组织、保存功能。这种课程本质观把课程理解为教学科目，课程由一系列学科化知识领域组成，其优点在于重视知识的传授。

第二，课程即教学计划。这种观点认为，课程对象不是单一的，它涉及知识、经验、活动、目标等多个方面，强调课程实质是人们事先规划好的一套学习计划，是在学校教育环境中旨在使学生获得知识、促进知识迁移进而促使学生全面发展的、具有教育性的经验计划。课程即教学计划的观点把教学的内容、序列和进程乃至教学方法和教学设计都包含在内，把所有开展教学的计划视为课程。将课程视为教学计划的观点既注重教学内容的安排，也强调教学活动过程的预设，课程涵盖的范围广阔了许多。

第三，课程即学习经验。课程即提供给学生的在不同学习场合获得一般技能与知

---

① 李磊：《重读“泰勒原理”》，载《浙江教育科学》，2018(2)。

② 李向东、卢双盈：《职业教育学新编(第3版)》，150页，北京，高等教育出版社，2015。

③ 教育大辞典编纂委员会：《教育大辞典 第1卷 教育学 课程和各科教学 中小学校》，257页，上海，上海教育出版社，1990。

④ 中国大百科全书出版社编辑部、中国大百科全书总编辑委员会《教育》编辑委员会：《中国大百科全书：教育》，207页，北京，中国大百科全书出版社，1992。

识的学习经验的总和。学习经验说主要源于杜威的实用主义教育理论，该理论提出传统的学科课程割裂、肢解了学生的生活，主张课程应该注重有教育价值的经验。杜威认为，教育是在经验中由于经验、为着经验的发展过程。杜威对经验的解释是："经验是有机体与环境、人与自然之间的相互作用，它同时包括主动的因素和被动的因素……这两个因素以特有的形式结合着……在主动的方面，经验就是尝试，在被动的方面，经验就是承受结果，我们对事物有所作为，然后它反过来对我们有所影响。这就是一种特殊的结合。"[①]这一定义强调的是学而不是教，它把知识和技能的学习场所界定为各种场合，而非仅仅在学校，包括工作场所在内的各种场合对学习一般知识都是有益的。[②]

把课程的本质界定为学习经验是对把握学生实际学到什么的尝试。这种观点的基本思想是：只有个体亲身经历的才称得上学习，外在的知识才能转化为学习者自身所有(即经验)。课程就是让学习者获得各种各样的经历，在此过程中，学习对象包括知识但不限于知识，它们转化为学习者自身的经验，并实现自身的变化发展。这种观点下的课程通常表现出以下特点：强调和突出学习者作为主体的角色以及在课程中的体验；注重从学习者的角度出发设计课程；课程以学习者实践活动的形式实施；不外在于学习者，也不凌驾于学习者之上，学习者本人是课程的组织者和参与者。就心理基础而言，这样的课程比认知过程广泛，强调学习者个性的全面参与。

第四，课程即预期的学习结果或目标。博比特认为课程是预期的学习结果或目标，而内容或经验是课程的手段。受此影响，当代一些课程论学者旗帜鲜明地把课程界定为学习或教学的预期结果。波法姆和贝克认为课程是学校所负担的所有预期的学习结果。M. 约翰逊把课程看作预期学习结果的结构化序列。这一课程本质观受心理学行为主义和管理学泰罗主义的影响，强调目标预测、行为控制和工作效率。把课程看作预期的学习目标和结果有利于预先设计符合目标的课程。

第五，课程即社会文化的再生产。该观点认为个体是社会的产物，教育就是使个体社会化。课程应该反映各种社会需要，以便学生能够适应社会。鲍尔斯和金蒂斯是这一主张的重要代表人物。他们认为，任何社会文化中的课程都是该种社会文化的反映，学校教育的职责是再生产对下一代有用的知识和价值。

第六，课程即社会改造过程。一些激进的教育家认为，课程不是要使学生适应或顺应社会文化，而是要帮助学生摆脱现存社会制度的束缚。因此，有人提出"学校要敢于建立一种新的社会秩序"的口号。他们认为，课程的重点应该放在当代社会的主要问题和弊端、学生关心的社会现象等方面，学校课程应该帮助学生摆脱外部强加给他们

---

① ［美］杜威：《民主主义与教育》，王承绪译，153页，北京，人民教育出版社，1990。

② ［澳］马什：《理解课程的关键概念：第3版》，徐佳、吴刚平译，6页，北京，教育科学出版社，2009。

的世界观，使学生具有批判的意识。

二、课程的价值取向

马克思主义认为，价值是从人们与满足其需要的外界事物的关系中产生的，是主体以自身的需要为尺度对客体意义的认识。① 哲学意义上的价值在课程领域表现为课程的价值。课程的价值是课程价值主体和课程价值客体之间的一种相互满足关系。一些学者在研究课程价值的同时也定义了课程价值的概念，他们基本都是从课程主客体相互满足的角度来定义的。课程价值的主体有多个层次，既可以包括个体(学生和教师)，也可以包括学校等社会群体，还可以包括国家、社会。课程价值主体的多层次性决定了课程价值也包含多个层次，既包括对于个体(学生和教师)的课程价值，也包括对于学校的课程价值，还包括对于国家社会的课程价值。从课程理论研究的体系来看，课程价值研究是课程理论研究的逻辑起点。②

(一)对立的两极：课程价值的历史选择

课程是教育领域的基本问题，早期的课程价值与教育价值密不可分。课程价值是指课程对人们某种需要的满足，它是课程内容自身所具有的效用(内在价值)和课程作为工具所起到的作用(外在价值)的统一体。③ 课程的价值取向是指“课程主体在课程活动中根据自身需求进行价值选择时所表现出来的价值倾向性”④。课程的价值取向是作为客体的课程、作为课程设置主体的社会与作为学习主体的学生之间的一种需求与满足需求的关系的反映。影响课程价值取向的因素有社会历史条件、知识发展水平、学生发展特点等。社会历史条件是影响课程价值取向的根本因素。在不同的社会制度及文化背景下，人们从不同的时代条件和需求出发，制定不同的教育目的，选择教育理论，从课程的不同方面来确定不同的课程价值取向。⑤ 巴格莱曾指出，在漫长的教育史中，一直存在两种对立的教育理论，这些对立的教育理论可以用一些成对的冲突概念加以概括：个人与社会、自由与纪律、兴趣与努力、游戏与工作、目前需要与长远目标、亲身经验与种族经验、心理组织与逻辑组织、学生主动性与教师主动性。这些术语表明的基本原理是二元论，它持续了好几个世纪，但若就价值主体而言，则只可分为学生中心和社会中心。因此，从价值主体这一视角来研究，课程的价值取向主要有

---

① 袁贵仁：《价值观的理论与实践：价值观若干问题的思考》，27 页，北京，北京师范大学出版社，2006。

② 刘向永、周惠颖：《我国课程价值研究的现状与趋势》，载《教育理论与实践》，2012(32)。

③ 李森、陈晓瑞：《课程与教学论》，65 页，北京，北京师范大学出版社，2015。

④ 刘旭东：《现代课程的价值取向研究》，71 页，兰州，甘肃教育出版社，2002。

⑤ 李寒梅：《社会历史条件是影响课程价值取向的根本因素》，载《现代教育理论》，2009(3)。

社会中心取向与学生中心取向。

社会中心取向的课程以古希腊斯巴达与雅典为代表。西方最早的课程实践可以追溯到古希腊时期，当时学校教育的主要目的是培养统治阶级需要的人才以及对广大劳动人民进行宗教、道德和正直的教化，因此，古希腊课程多是为统治阶级服务的。古希腊课程分为斯巴达课程体系和雅典课程体系。受统治阶级的需求和城邦资源条件的限制，雅典强调文法学习，注重培养忠诚、有商业头脑且具有雄辩能力的人才，课程主要有文化、艺术、体育等；而斯巴达因军事需要而强调身体锻炼，目的是使公民英勇善战，多设置如跳跃、跑步、角力等军事体育教育课程。

学生中心取向以实用主义教育学派杜威和古希腊“三哲”为代表。杜威认为课程中的各个科目都有两种价值——内在价值和外在价值，而判定某一科目价值的标准是它对于直接经验有多大贡献。以洛克为代表的形式教育论者认为，教育目的在于发展学生的各种感官能力，而最有价值的课程当属形式学科或古典人文课程，如希腊文、拉丁文、数学和逻辑学等。实质教育论者如斯宾塞把教育的目的界定为向学生传授与生活相关的广博知识，认为与世俗生活密切相关的实质学科和现代自然科学课程最有价值，如物理、化学、天文、地理、法学等。文化教育学家斯普朗格认为文化课程最有价值，他从文化价值观出发，认为教育的目的在于传递文化、体验文化价值。

纵观课程实践研究的历史，围绕学生中心和社会中心，有四个课程价值流派对课程的探索与发展产生了深刻影响：以 R. 彼得斯为代表的内在价值论流派，以 P. 威尔逊为代表的兴趣价值论流派，以 J. 怀特为代表的主观价值论流派，以 R. 巴罗为代表的功用主义价值论流派。四大流派虽从各自的立场、需求和价值取向出发定义了课程价值，但寻根求源可以发现，四大课程价值流派关注的根本问题主要有四个。第一，什么学习领域最有价值或较有价值？第二，这些学习领域有什么价值？这两个问题主要涉及课程价值的客体或对象。第三，它们对谁有价值？此问题论及课程价值的主体。第四，它们为什么有价值？该问题则是对前几个问题的论证。[①] 无论是哪个流派，对课程价值的认识最终都回归教育的本质，即以教育培养什么样的人为基础来探讨课程的真正价值。

(二)课程价值取向的分类

在不同社会形态里，教育及课程的价值取向较多以统治者的价值观、价值取向为轴心而转移，教育及课程的价值取向表现出鲜明的时代性和阶级性。课程价值取向是一个动态的变化过程，它在一定的历史文化发展进程中逐渐形成，表现出一定的时代特征，同时又随着时代的发展变化而不断超越与进化，表现出价值的选择性特征。课程价

---

① 李森、陈晓瑞：《课程与教学论》，64 页，北京，北京师范大学出版社，2015。

值取向的形成无法脱离具体的历史文化情境，同时，一定历史文化情境中的课程价值取向力图体现并代表其所处时代的本质特征。不同时代的人们在课程实践中形成了各种不同的课程价值倾向，均在某种程度上反映了那个时代的本质特征。① 纵观人类文化发展的历史长河可以发现课程价值取向的演变，从历史与现实的角度考察和分析，在现代课程视域下，课程价值取向可以分为知识本位、学生本位和社会本位三类。

1. 知识本位课程价值取向

以斯宾塞、赫尔巴特、巴格莱、贝斯特、布鲁纳等为代表人物的知识本位课程价值取向关注学科知识本身，重点探讨学校教育应该传授给学生什么知识以及如何组织知识等问题。他们主张学校课程应以学科的分类为基础，以学科教学为核心，以掌握学科的基本知识、基本规律和相应技能为目标。资本主义的兴起推动了科学知识的迅猛发展，在此时代背景下，以斯宾塞和赫尔巴特为代表的主知主义课程理论流派认为课程的主要价值是向学习者传授人类长期积累的科学文化知识，目的是使自然能够更好地为个人服务。为适应资本主义社会生产的发展和科学技术进步的需要，主知主义把学校教育与正在发展着的工业生活需要联系起来，从而为完美生活做准备。斯宾塞强调科学知识是学校教育必不可少的最重要组成部分，倡导用科学教育取代以拉丁文、希腊文为主要内容的英国传统古典主义教育，抨击古典主义教育的装饰念头完全支配了实用念头。斯宾塞根据重要程度把人类生活的主要活动分为五大类：直接保全自己的活动；获得生活资料而间接保全自己的活动；培养教育子女的活动；与维持正常社会政治关系有关的活动；在生活中的闲暇时间满足爱好和感情的活动。与之相对应，斯宾塞从当时英国资本主义的生产盈亏、生活需要出发，汲取近代科学技术的发展成果，对各类教育应该设置哪些有价值的学科做了精心的选择和安排，从而建构了一个以自然科学知识为基础、门类详尽的课程体系：生理解剖学；语言、文学、数学等与人类的生产活动直接关联的实用学科；心理学和教育学；历史学；自然、文化和艺术。②

与斯宾塞相比，赫尔巴特更加注重从儿童的兴趣及发展出发探索课程的设置与选择。在西方教育思想史上，赫尔巴特是第一个在分析学生兴趣的基础上论述普通教育课程体系的学者。以兴趣说为基础，赫尔巴特的兴趣课程上承夸美纽斯的百科全书式课程，下启杜威的经验课程，奠定了现代课程论的发展基础。③ 赫尔巴特指出，教育学作为一种科学，是以实践哲学和心理学为基础的，前者说明教育的目的，后者说明教育的途径、手段和障碍。他从观念心理学和实践哲学出发，认为课程内容的选择必须与儿童的经验和兴趣一致。“兴趣来源于使人感兴趣的事物与活动。多方面的兴趣产生

---

① 李广、马云鹏：《课程价值取向：含义、特征及其文化解析》，载《东北师大学报（哲学社会科学版）》，2010(5)。

② 李森、陈晓瑞：《课程与教学论》，66页，北京，北京师范大学出版社，2015。

③ 冯加渔：《赫尔巴特课程思想研究》，硕士学位论文，华中科技大学，2011。

于这些事物与活动的富源之中。创造这种富源，并把它恰如其分地奉献给儿童乃是教学的任务。”①要培养儿童多方面的兴趣，就要设置多方面的课程。基于儿童兴趣的多面性，赫尔巴特建立了一个内容广泛的课程体系(如图 8-1 所示)，该课程体系涵盖了人文科目和自然科学科目，顺应了工业生产发展的现实需要，在学理上为自然、物理、化学和地理等新兴实用学科在课程体系中占据一定地位提供了理论支持。从斯宾塞和赫尔巴特的课程体系我们可以看出，主知主义课程理论流派的课程设置非常系统、具体和详尽，并且非常注重课程的实用性，有力地推动了近代科学教育的发展。

经验的兴趣：多样性的认识——自然、物理、化学、地理
思辨的兴趣：规律性的认识——数学、逻辑、文法
审美的兴趣：审美性的认识——文学、绘画、音乐

同情的兴趣：对人类的同情——外国语、本国语、古代语、现代语
社会的兴趣：对社会的同情——历史、政治、法律
宗教的兴趣：对上帝的同情——宗教学、神学

图 8-1 赫尔巴特的课程体系

以巴格莱、贝斯特为代表的要素主义课程理论流派认为课程的价值就是传授共同的文化要素，主张文化的价值具有永恒性和客观性。该课程理论强调课程内容应是人类文化的共同要素，课程设置首先要考虑国家和民族的利益。学校课程应为学生提供有区别、有组织的经验(即知识)，最有效的方法是主体课程。主体课程的重要特点是由几个主题组成，每个主题都有自己特定的组织。也就是说，要素主义注重传统学科课程和系统知识的传授。贝斯特认为，理智训练就是审慎地培养与基本技能和基础学科密切相关的思考能力。巴格莱列举了理智与道德训练的一些重要内容，如清晰且诚实的思想、尊重事实的观念和面对事实的意志、为别人着想、忠于职守、忠诚守信、勇敢、不屈不挠等。巴格莱强调以学科为中心，重视学习的系统性，主张恢复各门学科在教育过程中的地位，严格按照逻辑体系编制课程内容，强调以人类的种族经验为主，主张以包含文化中共同要素的学科为核心，倡议确立各地统一的课程标准。他们还主张在教育过程中重视教师的主导作用，并充分发挥教师的权威作用。②

永恒主义进一步阐明了名著课程和教材所具有的优越性，认为对一个人的智力来说，名著学习比一般教材学习有更大挑战，更能促进学生智慧的发展。永恒主义强调具有理智训练的传统永恒学科的价值高于实用学科的价值，前者理应成为课程的核心内容。永恒主义课程流派认为课程的目的在于促进学生的理性，因而重视课程内容的

① [德]赫尔巴特：《教育学讲授纲要》，李其龙译，51 页，北京，人民教育出版社，1989。
② 郭亚丹：《实用主义课程观与要素主义课程观的比较及启示》，载《教学与管理》，2014(21)。

永恒价值，把文化遗产放在重要位置，力图以古典名著的力量来促进学生理性的发展。“理智的美德是由理智能力的训练而获得的习惯，不论学生是否从事沉思的生活或实际的生活，由理智美德所组成的教育是最有用的教育。”①因此，学校的教育应当以永恒学科为课程内容，而永恒学科主要指历代伟大思想家的著作，尤其是古希腊和古罗马的经典著作。永恒主义课程流派肯定教师的指导作用，认为教育教学不能一味地迁就学生的愿望和兴趣，学生应该服从教师的管教、在教师的指导下学习。②

以布鲁纳为代表的结构主义教育思想是当代西方重要的教育流派。结构主义课程理论主要源于布鲁纳的结构主义、乔姆斯基的转换—生成语法和皮亚杰的认知结构论。从结构主义方法论、儿童认知发展论出发，结构主义课程论者提出了包括学科基本结构论、螺旋形课程编制论、发现式学习论的结构主义课程。布鲁纳认为，任何一个知识领域的内部总存在一套基本观念或结构，一个人学到的观念越基本，应用于新问题的适用范围就越宽广。布鲁纳在《教育过程》中指出，不论教师选教什么学科，都务必使学生理解学科的基本结构。他认为，掌握学科的基本结构可以帮助理解特殊现象，使学习简化，使学科更易于掌握，并且可以更加有效地掌握学科体系。布鲁纳提出了螺旋式课程的编制方法，即根据与学生的思维方式相符合的形式，尽可能早地将学科的基本结构置于课程的中心，随着学生年纪的增长和学习内容的拓展，使学习的学科的基本结构不断拓宽和加深。这是一种循环往复地学习学科基本观念从而达到较高水平的学习方案设计方式。③ 掌握这些学科基本结构的最好方法就是发现学习。

知识本位课程价值取向认为教育的主要目的在于向学生传授人类发展积累的系统知识，强调知识的完整性，主张根据知识的逻辑顺序编排课程。知识本位课程价值取向从概念界定、理论推广到框架结构都具有严密性和有效性，为学科课程奠定了坚实的理论基础。由这种课程价值取向引导的课程体系体现了知识的整体性，保证了各学科知识的逻辑统一，有利于教师的教与学生的学，是在有效的时间内很好地完成课程目标与教学任务的重要保障。但这种价值取向对知识严密的逻辑性与系统性的关注也带来了诸多现实困境，如过分强调知识的学术性、专门化与结构性等。④

2. 学生本位课程价值取向

学生本位课程价值取向又称学习者中心课程理论，强调按照学生的兴趣和需要组织课程与教学，主要包括经验主义课程理论和存在主义课程理论。经验主义课程理论以杜威为代表。杜威不赞同课程以学科的形式呈现，认为应当以儿童的生活经验为主，并基于自己的经验哲学提出了经验课程观。传统学科本位课程注重知识的逻辑顺序，

---

① 单中惠：《西方教育思想史》，558～559页，北京，教育科学出版社，2007。

② 李森、陈晓瑞：《课程与教学论》，68页，北京，北京师范大学出版社，2015。

③ 徐继存、周海银、吉标：《课程与教学论》，13页，济南，山东人民出版社，2010。

④ 李森、陈晓瑞：《课程与教学论》，69页，北京，北京师范大学出版社，2015。

把事物分门别类，但却忽视了儿童的心理发展，没有考虑儿童的兴趣和需要，而且脱离生活实际。杜威认为这种以学科为中心的传统课程是不可取的，应让以儿童活动为中心的课程取而代之。儿童的需要和兴趣是课程设计的根本依据，凡是儿童不感兴趣的事情都不能进入课程计划，整个活动强调学生的个别差异，重视学生的个性选择与发展。

此外，杜威强调课程的组织应心理学化，应考虑儿童心理发展的次序，充分关注儿童现有的经验和能力，以学生的兴趣、爱好、需要为导向，并强调学校与社会相联系，使学生获得关于现实世界的直接经验和真切体验。课程应以儿童的社会活动为中心，让儿童能够更好地接受课程内容。

20 世纪 70 年代，为反对学问中心课程论的非人性化 ，以马斯洛、罗杰斯为代表的人本主义课程理论流派兴起。与结构主义强调特定学科的知识结构以及知识的抽象性不同，人本主义课程流派秉持发展人的潜能和价值、发展完整人性、追求自我实现的基本原则，强调将学生的学习与生活联系起来，以人的能力的全域发展为目的。以心理学、哲学等为理论基础，人本主义在课程观上倡导满足自我发展和自我实现需要的课程目的。为实现此课程目的，所确立的课程目标应当是知识、能力和情感互相融合的，所建立的课程体系应当是学术性课程、社会性体验课程和自我实现课程相互平行的。人本主义课程理论主张意义学习，在课程实施上，罗杰斯提出了著名的非指导性教学理论。他把教学看作课程实施的关键，认为课程实施是一种动态的过程，也是学生在良好的课堂教学环境中的体验。课程实施没有既定的目的，而是学生通过自己发现问题和解决问题来达到对经验意义的理解，从而有效地调整行为。在课程实施过程中，教师要为学生营造出自由的学习氛围，而不是让他们按照预设的方案去学习，教师要尊重学生的主体地位，不应过度干涉。在人本主义课程论者看来，要保障课程实施顺利进行，就要在课堂上建立良好的人际关系，这也有利于个体的健康发展。①

以经验主义和人本主义为代表的学生本位课程价值取向突破了知识中心的限制，强调学生兴趣与爱好的重要性，强调课程内容要切合学生的实际生活，重视学生的学习动机与学习兴趣之间的关系，这些理论对教育及课程论的发展具有巨大的推动和促进作用。但是，学生本位课程价值取向过于强调学生中心，忽视教师在教学和课程实施过程中的地位和作用，而且在课程编制中单以学生为中心来制定课程目标、确定内容、开展评价，并不考虑其他影响因素，容易影响学生接受系统知识，在一定程度上影响学生的完整发展。②

3. 社会本位课程价值取向

社会本位课程价值取向是在知识本位与学生本位后出现的课程价值取向。与知识

---

① 王霞：《人本主义课程论流派研究》，载《学周刊》，2013(16)。

② 李森、陈晓瑞：《课程与教学论》，71 页，北京，北京师范大学出版社，2015。

本位和学生本位不同，社会本位课程价值取向强调以社会问题为中心，打破传统学科课程的界限，通过对社会问题的分析来组织课程，以社会改造主义课程理论为代表。

社会改造主义课程理论是从进步主义教育运动中分化出来的。以康茨、拉格、布拉梅尔德等为代表的社会改造主义课程理论者认为，进步教育只适用于社会稳定时代，不适用于社会非常时期。于是他们对进步教育做了一些修补，强调教育的目的在于按照主观设想的蓝图改造社会，把学校作为形成社会新秩序的主要工具。他们主张围绕社会改造的中心问题组织学校课程。教育的根本价值是社会发展，学校应该致力于社会的改造而不是个人的发展。该理论批判学生中心课程理论过于注重学生的个人需要、兴趣、自由及活动而忽视了社会的需要，主张课程的最终价值是社会价值，课程是实现未来理想社会的工具。社会改造主义课程理论的基本主张包括四个方面。第一，课程改造的目标。社会改造主义课程理论者认为，设定课程目标的目的不是让学生适应现存社会，而是培养学生的批判精神和改造社会现实的技能。课程目标要统一于未来的理想社会的总目标，各门学科的内容统一于社会改造，课程安排统一于解决问题的活动。第二，课程内容。社会改造主义课程没有统一的课程内容，它以广泛的社会问题为中心。例如，学校课程要关注犯罪、战争、贫富差距、种族歧视、失业、环境污染、疾病、饥饿等问题，学生对这些问题要有批判性的见解。值得注意的是，这些课程应由教育者按照社会需要来设定，而不是由学生自己来设定。第三，课程组织。社会改造主义课程理论主张以解决实际社会问题的逻辑为主线来组织课程。社会改造主义课程理论者提出了多种课程组织方式，如课程的安排要具有弹性，多种形式的活动形成学习单元，充分利用校内外环境，重新组织学科，重新认识课程，课程计划不需要事先制订，等等。第四，学习方式。社会改造主义课程理论主张尽可能让学生参与社会生活，增强学生适应社会生活的能力。此外，社会改造主义课程理论还就学校课程改革提出了一些原则。他们认为，要真正发挥学校在社会改造中的作用，学校自身就必须做出相应的改革，学校改造首先是课程改革。社会改造主义课程理论强调课程建设要关注社会焦点问题、反映社会政治经济变革的客观需求，认为课程学习应深入社会生活，强调课程结构有意义的统一性。该理论深刻认识到社会因素对教育的制约作用，因此具有一定的进步之处和优势。但社会改造主义课程理论同样存在走向极端的危险，夸大了学校变革社会的功能，把课程设置的重心完全放在适应和改造社会生活上，忽视了学生的主体性，阻碍了学生主体意识和能力的发展，其预想的课程目标很难实现。

总的来看，以上几种课程价值取向分别强调了某一方面的价值，但又同时排斥或忽略了其他方面的价值，难免产生非此即彼、以偏概全的极端化和片面化错误。历史上对课程价值的选择缺乏一种理性思考，往往采用形而上学的二元对立选择模式，这有着深远的社会渊源。在课程领域的价值关系中，价值主体是个体和社会，价值客体是满足个体成长和社会发展需要的整个课程体系。评价一个课程体系的价值，必须看它在多大程度上满足了个体和社会发展的需要，满足的程度越高，其价值越大，反之则越小。因此，课程的价值取向不能把个体发展和社会发展割裂开来。马克思主义吸收了历史上关于人性和人的本质的研究成果，历史地考察了个人发展与社会发展的关系，主张把个人与社会的发展统一起来。马克思说："人的本质是人的真正的社会联系，所以人在积极实现自己本质的过程中创造、生产人的社会联系、社会本质，而社会本质不是一种同单个人相对立的抽象的一般的力量，而是每一个单个人的本质，是他自己的活动，他自己的享受，他自己的财富。"①因此，课程的价值应当体现为社会发展价值和个体发展价值的辩证统一，任何将个体发展与社会发展割裂开来的课程价值取向都是不可取的。②

界定课程的含义并非易事。由于社会的发展变化和课程决策者不同的立场及价值观，课程有许多含义。值得我们深思的是，多数课程定义只抓住了课程多种属性中的一种或几种，只从课程思想的某些方面进行了研究，而忽视了课程的其他方面。虽然对课程的定义并未达成一致意见，但学者们的不同观点为我们全面深刻认识和理解课程提供了多元视角。无论从哪种视角，我们在理解和界定课程的内涵时都应当遵循一定的原则：整体性原则，即课程应包含丰富全面的内容；操作性原则，即界定的课程应当具有可操作性，能够在教育实践活动中被认同和应用；开放性原则，课程的定义过程应是生成和开放的。③ 我们不能从单一的视角去评论某种课程定义正确与否，而应当充分吸收每种定义来促进课程实践的推行。

第二节
教师与课程

课程工作者有很多，包括和学校有关的各类人员，如校长、教师、家长、专家、社区人员、行政人员等。教师是课程改革的主要研究者、设计者、实施者和评价者，课程改革最终体现在教师的教育教学实践中。若没有教师的积极参与和支持，任何教育改革都不可能取得成功。

---

① 《马克思恩格斯全集》第四十二卷，24 页，北京，人民出版社，1979。
② 李森、陈晓瑞：《课程与教学论》，73 页，北京，北京师范大学出版社，2015。
③ 李森、陈晓瑞：《课程与教学论》，6 页，北京，北京师范大学出版社，2015。

一、教师与课程的关系

课程研究经历过两次巨大的范式转换：第一次转换发生在20世纪70年代，课程研究从以行为科学为基础的量化研究转向文化人类学、认知心理学和艺术评论等以新人文社会科学为基础的质性研究；第二次发生在20世纪80年代，课程研究转向教师研究，教育改革与教育研究的焦点从课程转向了教师。①

课程研究在教师领域的旨趣主要集中在两个方面。一是强调教师的实践智慧性。这种研究把教师当作“中间人”“中介”，教师在课程中的角色被忽视，似乎教育、课程与教师没有多大关系，教师被排斥于课程之外。传统课程论认为，课程是公共框架的教育计划，从这个意义上讲，教师更多是一种“导管”，其任务只是教学，按照教科书、教学参考资料把课堂之外的现成的课程输送到课堂，将已经组织好的教育内容机械地输送到学生的头脑，教学内容和教学进度是由教学计划规定的。二是强调教师的动态生成性，其视角仍囿于教师在课程设定的先在知识、价值基础上做些许增加或变革，以及对教育方法进行灵活把握和教育情景进行创设。② 对教师的认识并没有上升到一个质的层次。教师不是课程、教科书和大纲的被动执行者。佐藤学认为，作为“中间人”的教师也是“介入者”，教师作为“中间人”具有不确定性、复杂性和危险性，因此，他强调“作为‘介入者’的教师在多元、多层的‘中间领域’中，以人与事物以及人与人为媒介；以课堂内外多样的文化为媒介，通过交流与沟通，在学校与课堂里展开构筑文化的公共空间的实践……作为‘中间人’的教师必须作为‘介入者’加以重建”③。由原来的“中间人”到既是“中间人”又是“介入者”，教师角色的新定位确实是一种对传统研究的超越。但是，作为“中间人”和“介入者”的教师都是作为课程与学生以外的“他者”出现的，这些观点都以教师为客体来探究其与课程的匹配或适宜性，而不是将教师作为主体，从教师对课程理解的角度去探讨两者之间的关系。

在不同历史时期、不同的社会制度下对教师的期许也不同，这直接形成了不同的教师社会地位和教师文化，而教师对课程实施模式的不同认识则形成了不同的课程价值观。一般来讲，教师的课程价值观有忠实取向、相互调试取向和创生取向三种。忠实取向者认为课程是课程专家制定的，课程实施就是忠实地执行课程计划的过程，课程的变革就是课程专家在课堂之外制订变革计划、教师在课堂中实施变革计划，课程的变革是一种线性过程；教师就是课程计划的忠实执行者，也是课程的消费者。相互

---

① ［日］佐藤学、钟启泉：《课程研究与教师研究》，载《全球教育展望》，2002(9)。

② 段宏：《论教师作为课程》，博士学位论文，上海师范大学，2013。

③ ［日］佐藤学：《课程与教师》，钟启泉译，210～211页，北京，教育科学出版社，2003。

调试取向者认为课程实施是课程计划与班级或学校实践情境在诸方面相互调整、改变与适应的过程，认为课程的变革是一个复杂的、非线性的、不可预知的过程。在这个过程中，教师是积极的课程实践者和改造者。创生取向是一种比较激进的课程观。该理论的信奉者认为课程是教师和学生联合创造的，并且是教师和学生实际体验到的经验；课程实施就是在具体教育情境中创生新的教育经验的过程，课程变革过程是教师和学生个性成长与发展的过程。①

二、教师的课程哲学

目前，教师及其教的课程在实践中有三种具体表现。

第一种是只有教师教的课程，而没有(相对意义上的)“教师”。很长一段时间，对教师与课程之间的关系几乎形成了广泛且一致的理解，即教师是既有课程的执行者、实施者。在这种认识中，教师往往被认为是一种工具性存在，教师成为学生获取知识的工具——能给学生知识之水的“桶”。弗莱雷曾这样描述这种课程观：“学生是仓库，教师就是储蓄者。教师发出公报、进行储蓄，学生耐心地接受、记忆和重复。师生之间缺乏交流，这就是‘银行式’的教育概念。在这种教育概念的支配下，学生活动被允许的范围至多是接受、归档和存储教师所存放的东西。”②这种工具定位使人们往往只关注教师呈现出来的“我所教的课”这样一种工具的使用价值，而忽视了背后生动丰富的“我”的存在。这里的“我”是指教师作为一个普通的、真实的、复杂社会情境中的人所具有的价值观、情感、态度、个性、偏好等内在属性。然而，“我”并不会因为人们的忽视而消失、不发挥作用。事实上，不管人们是否关注，“我”都在现实地影响着“我所教的课”。因为教师是作为有思考、认知、信念的个体而存在于课程之中的。课程既不是课程专家闭门造车的产物，也不是单纯的教师和学生实践的产物，而是在一定社会历史条件下主流文化对知识的选择结果。教师和学生的实践活动是在给定的条件下进行的。这并不否认教师在课程中的主动性。教师不仅仅是促进课程实施与变革的一个外在因素，教师本身作为一种学习资源存在于教育活动中，教师在教学中的选择与判断思维活动是教学的核心要素，从这个意义上讲，教师也是课程。

在传统的课程论研究中，教师一直处于被忽视的状态，“无我”的状态一直存在——只有“我所教的课”而没有“我”。这种关系是指“我”被抑制，处于一种潜伏的、地下的状态，或者主观上自我主体性缺失，自己放弃了“我”的存在，造成了客观上不允

---

① 牛红玲：《教师与课程的关系浅析》，载《当代教育论坛(学科教育研究)》，2007(2)。

② Freire P., *Pedagogy of the Oppressed*, London, Penguin Books, 1970, pp. 53-54.

许或主观上无识，“我”未能以公开的、以“我”的独特方式出现在“我所教的课”中。这种课程观人为地割裂了教师与课程之间的天然联系，通过其内在的预设性完全控制教师的课程实践，使教师成为课程的“附庸”；课程设计者处于课程权力的最高层，完全决定程式化的课程开发和课程实施。① 科恩以此为依据批评了教师过于依赖教材的现象。传统观念中教师与课程无涉的关系定位亦形成了教师对于“我”在“我所教的课程”中的作用的无意识或漠视。课程体制对教师的排斥使教师的责任感缺失：“我”只要教“我所教的课”就行了，无须用自己的价值观念对课程内容进行判断。主观上的无责状态导致教师在课堂上“无所作为”。而知识是否有教育作用在很大程度上取决于知识是否与教师个人的精神世界紧密地融合为一体，因此，没有教师内在自我参与的教育过程就没有了教育意义。②

第二种是教育与课程之间呈现矛盾对立关系。跨越第一种表现，教师融入了其所教的课程，但这种“有教师”的状态中常常出现矛盾对立。阿普尔曾指出，学校课程诞生于社会控制的意识形态，“学校课程反映了来自学校以外的意识形态和文化精神，但又不是所有团体的价值和意义都能得到反映和传递，他们反映和传递的是特定社会群体和阶级的价值与意义，与之密切相关的是霸权、权力、控制和意识形态”③。课程的意识形态或文化价值属性决定了处在复杂社会情境中的教师自身的价值理念与课程所承载的价值理念不可能总处于一致状态。一般认为，教师对课程的理解主要指其能在多大程度上理解课程设计者的意图，能在多大程度上领会课程设计者的思想，能在多大程度上把握课程设计者的主旨并在课程实施中加以运用。④ 在很多情况下，教育中的一个潜在预设是：教师不会与课程承载的价值观、情感倾向等产生矛盾，所有教师都会无条件地执行课程。也就是说，教师没有自己的“前有”“前见”“前设”，没有自己的“视界”，他所要做的就是毫无保留地领会课程设计者的意图，忠实地履行课程方案。而事实上，作为具有主体性的人，每位教师都会历史地形成自身的人生观、价值观、理想信念、情感倾向等，当这些与“官方知识”产生矛盾时，教师会做出自己的判断和选择，并以自己的方式现实地决定课程的实际状态和实际价值。也就是说，在很多情况下，当教师和他所教的课在不同层面上产生矛盾时，教师会不同程度地消解课程原本预期的价值，甚至在极端情况下毁灭课程的原本价值。⑤

第三种是教师与教师所教的课程和谐一致，这正是我们当下努力实现的一种关系。

---

① 蔡辰梅：《“我”和“我所教的课”——教师与课程的具体关系研究》，载《教育理论与实践》，2007(3)。

② 蔡辰梅：《“我”和“我所教的课”——教师与课程的具体关系研究》，载《教育理论与实践》，2007(3)。

③ 汪霞：《课程研究：现代与后现代》，75页，上海，上海科技教育出版社，2003。

④ 姜勇、郑三元：《理解与对话——从哲学解释学出发看教师与课程的关系》，载《全球教育展望》，2001(7)。

⑤ 蔡辰梅：《“我”和“我所教的课”——教师与课程的具体关系研究》，载《教育理论与实践》，2007(3)。

教师是课程的反思性建构者，在整个课程运作过程中充分发挥主体性和创造性。当教师与课程在价值观、情感倾向等方面取得一致时，教师会调动自己的情感与智慧去最大限度地理解和创生课程，一个积极活跃的教师会挖掘自身潜在的一切积极因素，使课程的价值得到最完美的彰显和最大限度的实现。只有充满感情地与学生、学科内容和环境融为一体，教师才能实现理想的教学。教师丰富的内在自我投入与融合使得"我所教的课程"焕发出智慧的光芒、人性的力量，形成真正的教育影响力。正如小原国芳所说："比起那些冗繁的教学细则、方法、课程表、提纲之类的东西，我们更需要的是那些能给学生以暗示和神火的教师知识，只有辅以教育者自身生命力量，才能形成深入人的心灵的启蒙之光，因为人格与人格的关系愈神秘，也就愈深刻。"①

从现代课程论意义上说，课程是以学生为依据存在的，是用来促进学生发展的。离开学生，课程就失去了其存在的价值和意义。这也是教师得以存在的条件。随着课程研究"教师转向"的实现，教师的主体性受到重视。诚如钟启泉所说的，课程实施从本质上说是一种课程行动研究过程，通过这种行动研究，把观念形态的课程转化为学生习得的课程，从而实现课程内在的文化和意义。课程实施的过程是教师将课程现实化的过程，需要教师通过行动研究把课程落实到课堂教学层面。由此看来，课程实施绝不是教师简单的知识搬运过程。在这个意义上，钟启泉认为教师即课程。② 课程之于教育、之于学生是资源性的。一方面，根据新解释学的观点，人在理解对象的时候也在生成自己。当我们把教学过程看作教师对课程进行理解，在理解的基础上"转述"给学生的过程时，教师对课程的理解会产生一些有别于课程目标的"溢出"和"不足"成分，这些"溢出"和"不足"既可能是内容上的，也可能是方法上的。即便作为客体的课程文本对所有教师而言是相同的，作为主体的教师在理解"文本"上的差别也是不可避免的。另一方面，在课程目标要求以外还有一些教师的个人因素，如教师的知识涵养，教师处理和对待课程知识的方式和态度，以及一些情感和价值观，等等。它们也成为学生学习的资源。因此，从这个意义上说，教师就成了课程。③ 教师作为课程的观点既是对传统课程概念的超越，又是当代课程理念的必然旨归。

---

① ［日］小原国芳：《小原国芳教育论著选》，由其民、刘剑乔、吴光威译，302页，北京，人民教育出版社，1993。

② 钟启泉：《课程的逻辑》，21页，上海，华东师范大学出版社，2008。

③ 段鸿：《论教师作为课程》，博士学位论文，上海师范大学，2014。

三、教师的课程能力

(一)教师课程能力的内涵

教师课程能力指教师胜任学校的教学科目和进程的主观条件，教师作为课程的实施者，必须具有进行课程设计、组织、实施、评价的能力，由此可以这样定义教师课程能力："教师作为课程实践活动的重要主体，在课程实践活动情景中能够自觉地将个体的课程意识转化成课程行为，以课程领导者的专业角色顺利完成各项课程实践活动所具备的全部能动力量。"①教师课程能力的典型表征是教师对课程活动的有效领导，主要表现为教师能够成功地推进课程实施并实现课程创新。课程能力是教师在参与一系列课程时所具备的心理特征，它是教师综合素质的重要组成部分，关系到教师对课程活动的完成。教师课程能力作为教师与课程相互联系、相互作用的产物，影响着课程发挥的方式，决定着课程功能的实现，是课程价值实施的决定因素和本质力量。

学者对教师课程能力的研究源于对有效教师及其应该具备何种素质的关注。20世纪50年代末至60年代末，波及全球的"学科结构运动"并没达到预期的目的，花费巨额资金设计出来的课程实际上没有得到实施。学者们对此进行了反思，发现教师参与这项课程改革运动的积极性并没有被调动起来，教师不具备参与这项课程改革的课程能力，最终导致改革失败。由此人们开始重视教师的作用，重视教师在课程活动中的表现及能力。②

(二)教师课程能力的划分

个体的活动可以分为三类：认知活动，实践活动，以及在这两类活动基础上形成的第三类活动——价值评价活动。那么，与三类个体活动相对应，个体也有三类能力：认识能力、实践能力、评价能力。这三种活动和能力完整地反映了个体与外部世界的三种基本关系。基于此，教师的课程能力可以分为课程认知能力、课程实践能力和课程反思评价能力。③

1. 课程认知能力

认知能力是人脑加工、储存和提取信息的能力，即人们对事物的构成、性能、与他物的关系、发展动力、发展方向及基本规律的把握能力。认知能力是人们成功完成

---

① 包兵兵、陈菊：《我国教师课程能力十年研究述评》，载《教师教育学报》，2014(6)。
② 赵文平：《教师课程能力——一个不容忽视的问题》，载《江西教育科研》，2007(2)。
③ 赵文平：《教师课程能力——一个不容忽视的问题》，载《江西教育科研》，2007(2)。

活动最重要的心理条件。知觉、记忆、注意、思维和想象力都被认为是认知能力。① 一般认为，认知能力是由智能素质转化而来的认识事物的力量。教师的课程认知能力是教师认识课程这一事物或活动的能力，主要包括课程感知能力、课程理性认识能力、课程感性认识能力和课程表达能力四个方面，这四个方面是教师在课程认知活动中表现的心理特征。② 第一，教师的课程感知能力指教师对课程理论、课程现象及课程问题等课程事物的感知能力和观察能力。课程感知能力强的教师可以快速吸收新的课程理论，敏锐地意识并发现课程实践和活动中存在的问题，从而更好地开展课程实践。第二，教师的课程理性认识能力指教师对课程理论和实践的注意能力、记忆能力、理解能力和思维能力等。课程理性认识能力强的教师能够对课程理论、现象、问题等较好地进行判断和推理、分析和综合、归纳和演绎，能够把对课程问题的认识上升到理论高度，并且能通过逻辑思维找到解决课程问题的理论答案，从而有效指导实践。第三，教师的课程感性认识能力指教师在课程活动中表现出积极乐观的态度、坚强的意志力和信念，而且在解决课程问题中具有创新能力。第四，教师的课程表达能力包括口头语言和肢体语言表达能力，主要指教师在课程实践中能够有效且准确地运用专业术语、借助一定的肢体语言等去认识和表达课程理论、现象及问题。课程表达能力好的教师能够在课程实践活动和交流中准确表达自己的思想。

2. 课程实践能力

在课程认知能力的基础上，教师只有具备了课程实践能力才能将课程意识转化为课程行为。教师课程实践能力是教师在参与课程实践活动中所具备的能力，主要有六种。第一，制定课程目标的能力。在课程教学中，教师需要对每一个课程活动要达成的具体目标进行设计。课程目标对课程实践具有导向、调控和评价功能，良好的制定课程目标的能力能够使教师更好地理解和掌握课程内容，选择合适的教学方式，从而更有效地促进课程实践活动的开展。第二，课程设计能力。课程设计就是对课程的各个方面做出规划和安排。教师要做好课程实践与研究，恰当地进行课程设计是前提。教师的课程设计能力就是对课程实践活动的各方面做出规划和安排，如科学制订课程计划、有效开发和利用课程资源、合理设计课程实践方法等。教师要能够根据课程目标做出合理的课程规划和安排，设计出符合特定课程内容和学生发展需要的课程方案，从而使课程活动顺利开展。第三，课程开发能力。课程开发能力是指教师能够充分开发和利用课程资源，为开展课程活动提供保障，主要包括校本课程开发能力和课程重构能力。教师的课程感知能力能够帮助教师敏锐地审视已有课程，当已有课程内容或

① 卢乐山、林崇德、王德胜：《中国学前教育百科全书：心理发展卷》，121页，沈阳，沈阳出版社，1995。
② 赵文平：《教师课程能力——一个不容忽视的问题》，载《江西教育科研》，2007(2)。

课程方案不适合学校的教育现状和学生的身心发展特点时，教师要及时寻求各种教育资源，开发新的个性化课程，以符合学生的发展要求。第四，课程实施能力。课程实施能力就是教师把课程计划付诸实践的能力，教师的课程实施能力主要体现在教学上。第斯多惠曾指出："教育艺术不在于传授本领，而在于激励、唤醒、鼓舞。"①对教学过程的良好设计能够使教学过程产生激励、唤醒和鼓舞的作用。教师应当具备制订科学的教学计划、设计教学大纲、合理选择和运用教学方法、有效调动学生的积极性等实施教学的能力。第五，课程研究能力。教师成为研究者是当下基础教育领域流行的理念，该理念的提出者斯腾豪斯认为："教师是教室的负责人，而从实验主义者的角度来看，教室正好是检验教育理论的理想的实验室。对于那些钟情于自然观察的研究者而言，教师是当之无愧的有效的实际观察者。"②在课程实践中，教师亦是课程研究者。课程研究能力是指教师在参与课程活动时从事与课程相关的各种课题的实验与研究，创新性地形成研究成果的能力。教师必须掌握课程研究的基本方法和技能。教师开展课程研究是开展课程实践的必然要求，也是教师提升教育才能的重要途径。第六，交往合作能力。在一定程度上，课程活动是一项集体活动，需要教师与学生、同事、家长、社区等多方面进行交往合作。教师应具备与其他教师开展交往合作的技能和方法，通过彼此交流、共同学习，提升自身的专业发展水平；另外，教师要能够与学校领导、家长、社区、课程专家、教育行政部门之间开展交往与合作，集思广益、协商对话，为开展良好课程实践以及研制优质课程贡献自己的力量。③

3. 课程反思评价能力

教师应主动收集、分析信息，不断进行反思，改进自身的课程实践工作。反思具有研究性质，是校本研究最基本的力量和最普遍的形式，也是开展校本研究的基础和前提。课程反思能力要求教师根据社会的需要、教育改革的需要和自身发展的需要不断审视和反思自己的课程实践，如在课程活动中的表现；或者反思课程或课程活动本身，从而获得新的经验、技能和思想。反思包括对成功的反思和对失败的反思，两者都能够为课程实践提供借鉴和指导。

---

① 傅岩、吴义昌：《教育学基础》，69页，南京，南京大学出版社，2014。

② 高慎英：《教师成为研究者"教师专业化"问题探讨》，载《教育理论与实践》，1998(3)。

③ 赵文平：《教师课程能力——一个不容忽视的问题》，载《江西教育科研》，2007(2)。

第三节
学生与课程

课程实施就是教师将课程蕴含的知识与技能、过程与方法、情感态度价值观转化为学生各种素养的过程。课程实施不是单向的传输过程，而是多向的交互建构过程。学生是课程实施的客体，任何课程变革的成效最终都要通过学生的学习反映出来；学生也是课程实施的主体，课程实施只有通过学生自身的操作活动与主体参与才是有效的。①

一、学生是课程客体

学生是学习活动的主体。学生和课程是矛盾的两个方面：没有课程，就没有学生；同样，没有学生，课程也就失去存在的意义。课程是为学生设计的，是学生学习的对象，教学中学生的目的是掌握课程，这是国家意志的要求，也是学生个人成长的需要。学生掌握课程的学习活动是教学活动存在的依据，若学生没有掌握课程，教师也就失去存在的理由。因此，学生掌握课程的学习活动是教学活动的目的，自然也是教学活动的中心，教师的存在是为这个中心服务的；学生的学习活动是教学活动的中心，学生自然也就成为教学互动的中心，这就是学生中心论的依据。

在传统课程观中，学生处于被忽视的位置，在教师被视为“导管”的前提下，学生被视为“容器”——被动地接受教师这个“导管”传输给自己的知识。正如弗莱雷用“银行式教育”指出的，此种课程观把学生看作仓库，把教师看作储蓄者。学生只是知识和课程的被动接受者，其能动性就在课程实施中被忽视与荒废了。和谐的课程关系应当以学生为中心，一切从学生实际、学生需要、学生发展出发，高度关注具体的教育情境，联系学生的生活经验和学生生活领域的各种有意义的背景来选择内容、处理内容、变革学习方式，使学习过程成为学生个体有意义的探究行为，成为学生自我意识、态度、兴趣、价值观的建构过程。相较于传统的知识目标，能力目标在重视学生知识技能掌握的基础上，更强调学生在学习过程中批判能力、建构能力的培养，更强调学生学习意愿、终身发展能力以及情感态度价值观等方面的健全发展。②

---

①　崔志钰：《让学生成为课程的主人——例谈微型游戏项目教学中的学生课程参与》，载《中小学信息技术教育》，2017(7)。

②　魏青云、张立新：《教师从“教学能力”向“课程能力”发展的专业要求及其体现》，载《教育导刊》，2006(1)。

二、学生是课程主体

主体是具有主体性的人。主体性是主体的本质体现和价值追求，是人在实践中建构和发展的。关于人如何建构自己的主体性，在不同时代有不同的哲学基础、认识理路和实践策略。新一轮课程改革提出学生是课程的主体，学生参与课程实施意味着教师和学生共享课程实施的过程，学生不再被动地静候课程实施，而成为课堂秩序的主动建构者。“让学生成为课堂的主人”作为教学改革的核心诉求，对当前的课堂教学产生了深远的影响。这里主要关注学生在课程中如何发挥主动性，即学生的课程理解。

海德格尔认为，人在接触客观世界的时候并不是认识它们，而是表征自己，明确自身与外在世界的关系，从而确证自我的存在。人因为理解而存在，若失去理解，人就与外在世界失去了联系，世界对人而言则成为无意义的东西。在学校教育中，学生在课程中的存在方式既受课程理念、课程价值与课程运作方式的影响，也受学生的课程理解的制约。学生的课程理解主要指学生的课程意识。对意识的认识最早来自心理学领域的研究，在哲学视角下，意识是指客观世界的主观反映。课程意识是指对课程的敏感性与自觉程度，具备课程意识是课程主体必备的重要素质。在课程意识的研究中，学者们主要关注教育者和管理者的课程意识，而忽视了学生的课程意识。学生作为学习的主体，势必会影响课程实施过程中的效率和价值。学生是课程改革的关键，其课程意识贯穿于课程开发、实施、评价与完善的全过程，忽视学生的课程意识会阻碍课程改革的推动。

目前学术界对于课程意识概念的界定还存在一定的分歧，由于研究视角与取向等方面的差异，学者们有着不同的理解。从意识涉及的范围和内容看，学者们多从课程的意义和价值、课程的内容、课程的实施、课程系统中的若干要素等角度来研究。[①] 而从不同学科角度出发，课程意识的内涵也有差别。从心理学的角度看，课程意识被定义为“人们在考虑课程问题时对于课程意义的敏感性和自觉性程度”[②]。在哲学解释学视域下，课程意识可被视为在特定课程情境中的学生基于已有经验及主体自觉，与课程要素相互作用并生成个性化意义的过程。[③] 从教育学的角度看，课程意识是教师对于其在课程决策、开发与发展中的地位与作用的观点与态度，对于自身在课程活动中的价值、课程在学生发展中的意义、自身如何有效教学、学生如何有效学习等方面的综合观念与意识。应该说，这些界定在课程改革的理论研究与实践中都具有一定的价值及互补

---

① 何荣宗、吴忠良：《学生的课程意识及其向课程行为的转化》，载《宁波大学学报(教育科学版)》，2006(3)。

② 张厚粲：《大学心理学》，64～65页，北京，北京师范大学出版社，2001。

③ 王可、纪德奎：《哲学解释学视域下学生课程理解的机理探析》，载《当代教育科学》，2019(2)。

性。学生的课程意识深刻地影响甚至支配他们的态度观念、角色定位、学习方式、行为方式乃至生活方式。在课程实践中，学生的课程意识体现在课程运行的诸多环节，它是影响课程组织实施及其价值实现的要素之一，因此，可以将学生的课程意识解释为：学生作为课程的主体，在教师的引导下，参与课程资源开发和课程创生以及认知课程价值的自觉性和敏感性。从课程本质和课程实施角度分析，学生的课程意识应包括课程主体意识、课程创生意识、课程价值意识及课程资源意识等基本要素。①

(一)课程主体意识

课程是师生共同参与的在特定社会性环境和文化环境下重建意义结构的过程，离开师生对课程意义的重建与创造，离开主体意识的发挥，课程对人的发展价值也便无从体现。学生方面的原则有两个：一是学生对当下现实生活的反思和对未来可能生活的规划与重建是课程运作的出发点和归宿；二是学生在课程实施中主体性、能动性的发挥创造着课程。虽然课程总体上是由学科专家、课程专家设计的，但它不完全是设计者为学生预先铺设好的发展路径，学生的成长也不完全通过对成人生活方式的复制来实现。因此，既定的课程不是学生必须完全接受的对象，课程的实施内在地要求学生在其主体意识的驱动下自觉地对课程的内容和意义进行批判、反思与重建。学生只有通过与课程进行平等的对话和交流才能反思现实的、当下的生活方式，并努力建立一种合理的生活方式，从而使自己成为课程的内在要素，成为课程的创造主体。

(二)课程创生意识

课程不是给定的、封闭的、静止的、一成不变的，而是开放的、复杂的、动态生成的，只有当师生在课程实施过程中通过主体性的有效发挥，与独特的自然环境、社会环境、文化环境、教育情境发生交互作用，课程的发展价值才能实现。这是当前课程改革中人们达成的基本共识，也是学生必须具备课程创生意识的内在逻辑基础。学生的课程创生意识至少包括两个方面，即课程的动态生成意识和课程的批判与创造意识。预设课程的规范只是外在于学生的、一般意义上的要求，不可能规定具体情境下的课程实施，这就要求学生在课程学习的过程中根据可利用的资源和实际情况对课程进行适当的改造和创造性设计，甚至对其中不合理的方面进行批判和重建。亦即学生在课程实施中不是按照预设的程序忠实执行教育情境之外的书面文件，而是在具体的教育情境中有意识地与教师通过共同创生一系列“课程事件”来建构课程内容和意义。

---

① 何荣宗、吴忠良：《学生的课程意识及其向课程行为的转化》，载《宁波大学学报(教育科学版)》，2006(3)。

(三)课程价值意识

预设的课程目标只是一种规划或设想，而实际的课程价值和意义是在课程开展的过程中通过师生与环境的能动作用动态生成、逐步发展起来的。新课程强调适应学生的个性需要和差异性，课程的内在逻辑不再是控制的工具，而是发展的手段。学生的学习是个体有意义的探究行为，是学生基于自我意识、情感、态度、兴趣、价值观的自我建构过程。学生是发展课程内在价值的重要主体，课程的目标具有个性化的特点。这就要求学生在认知课程预设的不同维度目标的基础上，联系自身实际和社会实际，结合特定的教育情境，自觉挖掘课程的内在价值和对个体发展的特殊意义，动态地生成课程目标，拓展课程价值。例如，在综合实践活动中，伴随活动的开展，学生只有不断生成新的主题和新的目标，他们的认识和体验才能不断加深，课程的价值才能逐步形成，并使之具有个性化意义。

(四)课程资源意识

课程资源是课程的要素来源以及课程必要且直接的条件。在课程学习中，学生必须鲜明地认识到教材不是唯一的课程资源，而是一种可超越、可选择、可变更的文本性资源，任何课程特别是校本课程和综合实践活动课程的有效实施都需要大量的校内外课程资源的支持。学生的课程资源意识集中体现在两个方面：一是创造性地利用教材的意识，学生把教材看作他们与教师进行对话的素材或范例，是有待进一步探讨、延伸和拓展的资源；二是开发与利用广泛的校内外课程资源的意识，课程意义的生成离不开学生的生活经验、自然环境和社会背景，而广泛的课程资源也为学生的发展提供了广阔的空间和多种可能，学生作为知识的共同建构者和自身发展的主人，必须自觉拓展学习领域，主动开发和利用教材以外的各种校内外课程资源，包括文本性与非文本性、显性与隐性、素材性和条件性的课程资源，以构建生态化的课程环境和学习环境。这是新课程的一个突出特点，也是学生具备课程意识的重要表现。①

三、学生是课程自身

苏霍姆林斯基曾反复强调：学生是教育最重要的力量，如果失去了这一力量，教育也就失去了根本。学生不仅是教育的对象，还是重要的教育资源和课程资源。课程资源也被称为教学资源，是指课程与教学信息的来源以及一切课程和教学所必需的物力和财力。② 人们往往把课程资源限定为教材、社区资源、校本课程及教师等，学生往

① 何荣宗、吴忠良：《学生的课程意识及其向课程行为的转化》，载《宁波大学学报(教育科学版)》，2006(3)。

② 程仙平：《学生也是不可或缺的课程资源》，载《新课程研究(基础教育)》，2008(3)。

往被看成单纯的受教育者。其实，学生无论对自己来说还是对其他学生来说，都是一种课程资源。

“学生是具有表现和观看本能与需要的生命个体，是在自我表演和观看他人表演中形成、发展的生命个体，理想的学生是能将理想的表演者与观看者合一身的学生。”①学生本身是有个性的，每个人的性格、兴趣、爱好、特长各不相同，每个人的知识背景和思维方式都不完全相同。学生往往有不同的思维方式，他们的想法不拘一格，这些都是学生隐性的创造性因素。因此，教师要使学生凸显其创新能力，激发创新动机，关注个体差异，注重学生的亲身体验，善于利用学生的社会生活信息。学生获取信息的渠道是多种多样的，教师要善于把学生已经掌握的和能够发现的信息作为课程资源，以使教学内容更丰富，更贴近生活、贴近学生。陶行知指出，没有生活做中心的教育是死教育。② 学生的学习生活是在学生与外在学校环境的相互作用中生成的，折射出学生独特的学习生存方式。学生的学习生活是学校教育的直接起点，学生在学习过程中的思维方式、学习结果以及学生的兴趣爱好等都是学生的自发表现。课程应充分开发利用学生在学习中的所得所悟，收集有利于课程目标达成的资源。杜威曾经指出，兴趣标志着在个人与他的行动的材料和结果之间没有距离。③ 新课程标准的首要目标是关注学生发展，培养学生的主体性。课程资源的开发和利用说到底是为了学生的发展，课程资源的开发和利用应更多地关注学生自身具有的一切资源，激发和唤醒学生的多种潜能，为学生以后的主动学习、主动探索、主动发展奠定基础。

本章小结

本章从课程的词源出发探讨了课程的不同内涵，并从知识、个人、社会的角度探讨了课程的不同价值取向，为讨论教师与课程、学生与课程之间的关系打下基础。从个体和社会的角度看，教师与课程存在着两种对立的关系，但正确的教师课程哲学应是教师与自身所教的课程和谐一致。教师只有具备课程能力，才能够在课程实践中更好地发挥自身能动性，促进课程实践的进行。从个体能力的角度来看，教师的课程能力包括课程认知能力、课程实践能力、课程反思评价能力。而在学生与课程的关系上，学生既是课程客体，又是课程主体，还是课程自身。不同的理解有助于我们在课程实践中充分发挥学生的主动性，从而进一步促进学生的成长与发展。

---

① 李政涛：《在表演和观看中生成的生命——表演视角下的学生观》，载《教育科学》，2004(2)。

② 陶行知：《中国教育改造》，164页，武汉，长江文艺出版社，2018。

③ [美]杜威：《学校与社会·明日之学校》，赵祥麟、任钟印、吴志宏译，172页，北京，人民教育出版社，2005。

章后练习

1. 案例分析

(1)案例一

在一次学术研讨会上，与会者就课程改革遇到的问题进行了热烈的讨论。一位教师说："我是中学教师。对这次课程改革，我表示支持并积极参与。这次课程改革提出的一些新观点、新理念，我也非常赞同。但是，理论家告诉我们，课程既包括书本知识，又包括学生的活动经验；既有教材内容，又有教师、学生、环境；既有看得见的，又有看不见的；既有校内的，又有校外的。总之，我感觉理论家似乎在告诉我们处处是课程、时时有课程。这样的课程概念似乎有点玄、空。真到了实际工作中，我还是不知道应该如何理解和把握课程，还是不知道应该怎样做。"

一位教授回应道："现在理论界给课程下的定义的确五花八门，有些繁杂，给老师们造成了理解上的困难。不过，这种现象的背后实际上隐藏着各种价值观的斗争。不同的课程定义反映了下定义者的价值倾向性。倾向于儿童中心、学生中心的，就把课程定义为学生的经验；倾向于学科中心的，就把课程定义为学科知识；倾向于社会改造的，就把课程定义为各种社会问题及其解决的过程。对教育工作者来说，重要的不是选择这种或那种课程定义，而是意识到各种课程定义所要解决的问题，以便根据课程实践的要求做出明智的决策。总之，期望有一个精确的课程定义是不实际的。老师们要充分发挥主体性，创造性地运用理论来解决各种问题。"

这位教授话音刚落，会议室就炸开了锅，议论纷纷。有人认为这位教授的话有道理，头脑要解放，思维要灵活，不要期望有一个明确的课程概念；有人则强烈反对，认为这种态度不可取，是消极对待、隔靴搔痒，把问题像踢皮球一样又踢回来了，并没有解决实际问题。

关于课程的定义，你有什么看法？说说你支持的课程定义并说明理由。

(2)案例二

下雪了，本来要上数学课的毛老师将兴奋的学生带到操场上赏雪，因为刚接受过新课程培训的他认为这是一次难得的写作良机。学生在赏雪的过程中发现雪花有很多形状，但大多呈六角形。赏雪后，毛老师给学生布置了这样的作业：①写一篇关于雪的作文，体裁不限；②画出雪花的形状，并分组探究雪花为什么大多呈六角形。就这样，毛老师把原本的数学课上成了赏雪作文课、科学探究课。毛老师的做法在学校老师中引起了不同的反应，有赞成的，也有反对的。赞成者认为，毛老师的做法符合新课程的理念，说明他有很强的课程意识，不拘泥于学科本位，并且灵活运用了课程资源，值得鼓励和肯定。反对者则认为，数学课不上数学，却去赏雪、写作文，去科学探究，他的做法脱离了应有的数学教学任务，是不合适的，不值得肯定和鼓励。如果老师们都这样上课的话，那么学校的教学秩序就乱套了！所以毛老师的课还是应该围绕数学来展开。①

请结合学生的课程意识，谈谈你对这个案例的看法。

2. 简答题

(1)如何理解课程的本质？

(2)如何理解教师与课程的关系？

(3)在新课程改革下，学生如何更好地参与课程？

延伸阅读

[1]派纳，雷诺兹，斯莱特里，等．理解课程：历史与当代课程话语研究导论[M]．张华，译．北京：教育科学出版社，2003.

[2]泰勒．课程与教学的基本原理：英汉对照版[M]．罗康，张阅，译．北京：中国轻工业出版社，2008.

[3]廖哲勋，田慧生．课程新论[M]．北京：教育科学出版社，2003.

[4]怀特海．教育的目的[M]．庄莲平，王立中，译．上海：文汇出版社，2012.

[5]怀特海．过程与实在：宇宙论研究[M]．李步楼，译．北京：商务印书馆，2012.

[6]李文阁．回归现实生活世界：哲学视野的根本置换[M]．北京：中国社会科学出版社，2002.

[7]赵汀阳．没有世界观的世界[M]．北京：中国人民大学出版社，2003.

[8]扬．未来的课程[M]．谢维和，王晓阳，译．上海：华东师范大学出版社，2003.

[9]李定仁，徐继存．课程论研究二十年(1979～1999)[M]．北京：人民教育出版社，2004.

[10] 郭元祥．论教育的过程属性和过程价值：生成性思维视域中的教育过程观[J]．教育研究，2005(9)：3－8.

① 吴刚平：《课程意识及其向课程行为的转化》，载《教育理论与实践》，2003(23)。

第九章

教学与哲学

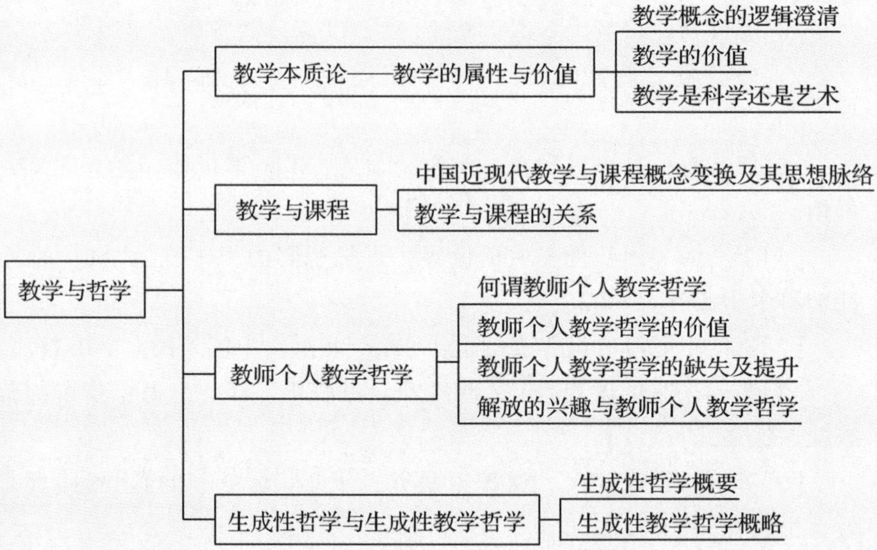
教学与哲学
教学本质论——教学的属性与价值
教学概念的逻辑澄清
教学的价值
教学是科学还是艺术
教学与课程
中国近现代教学与课程概念变换及其思想脉络
教学与课程的关系
教师个人教学哲学
何谓教师个人教学哲学
教师个人教学哲学的价值
教师个人教学哲学的缺失及提升
解放的兴趣与教师个人教学哲学
生成性哲学与生成性教学哲学
生成性哲学概要
生成性教学哲学概略

章前导语

课程与教学应指向人的主体性的提升，指向人的自由与解放，而不仅仅是对知识和传统的传承。教师与学生在具体教育情境中不断变革与创造内容，从而不断建构自己的意义。从这个意义上说，教学就成为教师和学生在具体教育情境中通过对内容进行根本变革来创造内容与建构意义的过程。也就是说，在课堂教学中，教师与学生主体性充分发挥的过程即共同创生课程的过程。课程事件的创生是一个动态过程，在这个过程中，课程内容持续生成与转化，课程意义不断建构与提升。在这一过程中，教师与学生不断发现和体验生命的历程及其意义，不断开拓更大的意义空间，不断获得人性的解放。① 哲学的基本精神即反思、质疑和批判。哲学是人类本性最重要的体现，人类正是在反省的基础上不断拓展自己的精神边界，在质疑中不断超越历史和自我的。哲学不是现成理论的堆积，它更是一种思维方式、学术意识，甚至是一种生活态度。教学离不开哲学，教学处处有哲学。整个教学发展史也是教学哲学的发展史。从教学论学科体系内在结构的角度看，教学经验即教学实践的哲学，教学理论即教学经验的哲学，元教学理论即教学理论的哲学，教学哲学即教学理论与实践的哲学。②

第一节
教学本质论——教学的属性与价值

一、教学概念的逻辑澄清

(一)关于教学的多种理解和界定

属加种差是形式逻辑关于概念界定的基本方法。其中，“属”指的是“属概念”，即所要定义概念的上位概念；“种差”的描述是概念界定的关键环节。不同的关于种差的描述形成了四种定义方法：第一，性质定义，即将事物的性质作为种差的定义，如“偶数是能被二整除的数”；第二，功用定义，即将事物的功能作为种差的定义，如“文字是记录和传达语言的书写符号”；第三，关系定义，即将事物之间的关系作为种差的定

① 张华：《课程与教学论》，87～88页，上海，上海教育出版社，2000。
② 张广君、孙琳：《论教学哲学》，载《天津师范大学学报(基础教育版)》，2007(3)。

义，如“学业后进生是学业成绩低于平均成绩的学生”；第四，发生定义，即将事物发生发展的过程作为种差的定义，如“故意犯罪是明知自己的行为会产生危害社会的结果，仍希望或放任这种结果产生而构成的犯罪”。

教科书中常见的关于教育的定义——教育是有意识的、以影响人的身心发展为直接目标的社会活动——就属于功用定义。关于教学的定义也大都采用这种定义方法，区别仅在于其上位概念有所不同而已。教学论研究中关于教学的概念界定多得让人眼花缭乱。抛开语言表述方面的差异，仅从界定概念所使用的属概念来看，类型主要有以下几种。

王策三认为，“所谓教学，乃是教师教、学生学的统一活动，在这个活动中，学生掌握一定的知识和技能，同时，身心获得一定的发展，形成一定的思想品德”①。在这一界定中，活动是教学的属概念，这种界定意味着论者把教学当作一种活动。王道俊、王汉澜指出：“教学是教育目的规范下的，教师的教与学生的学共同组成的一种教育活动。在我国，教学是以知识的授受为基础的，通过教学，学生在教师的有计划、有步骤的积极引导下，主动地掌握系统的科学文化知识和技能，发展智力、体力，陶冶品德、美感，形成全面发展的个性。所以，教学是学校实现教育目的基本途径。”②这种界定与王策三的界定相比，虽然也把活动当作教学的上位概念，但对这个上位概念做了进一步的限定——变成了“教育活动”，其目的是凸显教学的教育性。

把教学的属概念确定为教育活动是我国学者普遍认同的一种观点。这种属概念确认并强化了教学的教育属性，从而使教学的目的性更强，方向性也更为明确，同时也使教学有可能合乎逻辑地发挥作为学校教育主渠道的作用。但也正是这样的强化使得教学更多地指向“教”或“教导”，强调教师的主导作用，而不是教与学的统一“教学”。③巴班斯基指出：“教学过程，这是教师与学生之间有目的的、不断变化的相互作用，在相互作用过程中解决受教育者的教养、共产主义教育和一般发展的任务。”④它与前述两种界定不同，在巴班斯基的界定中，相互作用成为教学的上位概念。这种界定方式反映了巴班斯基对心理层面的互动更为关注。《中国大百科全书·教育》对教学是这样界定的：“教学，教师的教和学生的学的共同活动。学生在教师有目的、有计划的指导下，积极、主动地掌握系统和文化科学基础知识和基本技能，发展能力，增强体质，并形成一定的思想道德。”⑤在这一界定中，活动依然被当作教学的上位概念，强调了教

① 王策三：《教学论稿》，88～89页，北京，人民教育出版社，1985。

② 王道俊、王汉澜：《教育学：新编本》，181页，北京，人民教育出版社，1999。

③ 余文森、刘家访、洪明：《现代教学论基础教程》，4页，长春，东北师范大学出版社，2007。

④ [苏联]巴班斯基主编：《教育学》，李子卓、杜殿坤、吴文侃等译，146页，北京，人民教育出版社，1986。

⑤ 中国大百科全书出版社编辑部：《中国大百科全书·教育》，150页，北京，中国大百科全书出版社，1985。

师和学生共同参与这个前提。

对教学概念的逻辑分析还可以从教学过程的角度进行。我国传统的教育学和教学论教材关于教学过程本质的表述大致包括特殊认识说、认识—发展说、认识—实践说、交往说等。①

第一，特殊认识说。这种观点认为，因为学生的体力、智力和思想品德的形成都以认识为基础，并且通过认识过程来实现，所以教学过程是人类认识世界的一种社会实践活动，教学本质上是一种认识过程。在教学中，教师引导学生掌握人类积累的文化知识，教师作用于学生的不是物质和能量，而是以物质为载体的信息，教师用信息影响学生的发展变化。同时，学生掌握知识的过程就是能动地认识世界的过程，学生的智力、体力、品德等在掌握知识的过程中得到发展。

第二，认识—发展说。这种观点认为，教学过程不仅是在教师的指导下学生自觉地认识世界的认识过程，而且是以此为基础促进学生身心全面发展的过程，两者相辅相成、不可分割。掌握知识、形成技能是个体发展的坚实基础。伴随认识活动不断开展，学生由不知到知、由不成熟到成熟、由不完善到完善、由低水平到较高水平不断地发展。

特殊认识说和认识—发展说都从教学功能的角度进行界定，把教学归于个体的心理发展过程或特定的心理活动，即教学过程是一种认识过程，更宽泛地说，教学过程是一种发展过程。把教学归属于认识，强调的是教学活动中学生的学习或认知方面的作用和结果，突出了教学活动中学生及学习的地位。把教学归属于认识活动，虽然部分认识了教学的本质，但也将教学的内涵窄化了，过度重视教学过程中的认知就可能走上一条“主知主义”的道路。把教学归属于认识的观点曾在我国有广泛的影响，这主要是受苏联教育学体系的影响。例如，苏联教育家凯洛夫认为，教学应以授受知识为中心。这使得获得知识成为教师和学生的唯一目标，从而使教学结果片面化、单一化，使教学偏离了整体和谐发展的目标。②

第三，认识—实践说。这种观点认为教学过程是认识和实践相统一的过程，是在教师指导下学生对已有知识经验的认识活动以及对主观世界的改造，是形成和谐个性的实践活动。教学活动实际上使认识和实践交织在一起。认识与实践的根本区别在于实践的主体不仅要认识客体，而且要变革客体。据此，教师在教学过程中不仅要认识教学内容和学生，而且要通过教学活动发展和变化学生的认知、意志、情感等结构，使其身心获得有益发展。教师这一主体自觉地、有目的地引起客体的变化，这显然已经超出了认识活动的范围，进入实践活动领域。这种观点进一步拓展了教学过程的上

---

① 傅岩、吴义昌：《教育学基础》，130页，南京，南京大学出版社，2014。

② 余文森、刘家访、洪明：《现代教学论基础教程》，4～5页，长春，东北师范大学出版社，2007。

位概念，增加了实践这一范畴。相对而言，认识范畴更强调学生的被动接纳，而实践范畴更强调学生的主体意识和主体作用。

第四，交往说。这种观点认为，教学是一种特殊的交往活动，是教师教和学生学的统一活动。教师和学生之间以及教和学之间是相互作用、相互影响、相互关联的，它们互为依存、不可分割。教学过程实质上就是教师与学生之间进行知、情、意、行交往的过程。在交往过程中，他们共同分享经验与收获。这种观点比较新颖。把教学理解为一种交往意味着双方地位平等、相互需要和相互促进，意味着教学对师生而言都是成长的过程，也是对传统教学过度关注知识传承的超越。

(二)关于教学本质的反思

对教学概念的界定是对教学本质的文字表达，教学研究史上有如此多的关于教学概念的界定意味着对教学本质的理解是多种多样的。问题在于，如果教学现象是多种多样的，用一种本质观来统领多样的教学现象是否合理？进一步可以追问，为什么教学现象如此多样？

原因就在于教育概念的特殊性和教育存在的特殊性。教育的概念不是描述性的，而是表达性的。教育存在不是客观性的，而是建构性的。描述性就是自然科学概念那种对不以人的意志为转移的客观存在的客观呈现。比如，对太阳、月亮的界定，太阳和月亮是不以人的意志为转移的客观存在，如果人的知识和能力差不多的话，关于太阳和月亮的描述应该也是差不多的，相关的界定应该基本一致。教育的概念则不然，它是表达性的，表达了一定文化背景中的人们对教育的主观态度和价值追求。一方面，在现实社会中，教育现象是客观的存在。古今中外，各种各样的教育样态都是一种客观存在，这一点毫无疑问。另一方面，这种存在是一种建构性、人赋性的存在，是人让它存在的，是人使得它这样存在的，在人出现之前它是不存在的。因此，教育是教育主体在教育实践中生成和建构的，教育是什么样子最终取决于人，它的内容、形式受制于人，人赋予了它某种内容和特定形式。也就是说，是人使得教育成为某种样子，是人的多样的价值观使得教育成为多种样子。

教育现象是人为的存在，是在一定价值观引导下的存在，是特定的人或群体按照其对人性的判断、对未来美好生活的设想等主观价值倾向建构出的社会活动。不同时期、地区、民族和国家的人们，因为价值观念的差异，其愿意接受的、从事的、经营的教育活动之间必然存在差异，教育目标、教育内容、教育手段等方面都不尽相同，这种差异恰恰是这个世界多样化的反映。

类似的，教学当然也不是一种纯自然的存在，而是一种合规律性的存在，更是一种合目的性的存在，关于教学本质的理解如此复杂，与其说是教学现象本身的复杂，不如说是人对教学理想状态设定的复杂，而这种复杂又源于人对教学价值追求的复杂，源于人的价值世界的复杂。

二、教学的价值

赵汀阳认为，价值这一概念向来很含糊，无疑是多义的，但它其实可以分为两个类型：关系型和自足型。在关系型中，当且仅当它满足某种主观需要或约定规范时，某一事物才是有价值的；在自足型中，当且仅当它能够实现其自身目的时，某一事物才是有价值的。自足型更为重要，因为几乎所有永恒价值都属于自足型，而关系型的价值总是消费性的、不确定的。① 教学现象存在的根本理由在于教学现象的价值属性。价值属性首先是一种关系属性，亦即价值总是对特定主体而言的。“教学活动能满足三方主体的需要，但在满足任何一方主体需要的关系中，其他主体实际上已成为客体，这就形成了互为主客体的关系。教学活动应能满足教师施教、育人的需要，这样学生就成为客体；教学活动应能满足学生学习、成才的需要，这样教师就成为客体；教学活动应满足社会的需要，这样师生均成为客体；社会应满足教学活动的需要，这样师生就成为主体，社会则成为客体。”②在特定社会历史条件下，同一教学现象对不同的主体而言可能具有不同的价值。教育目的论中所谓“个体本位论”与“社会本位论”之间的差异与冲突也许并没有那么大，只不过是立场不同。

就不同的历史时期和地区而言，古希腊的雅典追求博雅，斯巴达则追求实用；法国的卢梭重视人的自然本性，同处于封建社会的中国则更重视人的社会属性；苏格拉底重视人的理性，20 世纪的存在主义教育则更重视人的非理性发展。

价值也具有自足性。价值的关系属性更多强调教学的外在价值，或者强调教学对于特定主体需要的满足。过度强调教学价值关系属性可能导致教学功利价值的畸形发展，而忽略了教学除功利价值外还具有内在的自足价值。

所谓教学的自足价值，即教学或教学过程本身就具有内在的价值，这种价值并不因教学的结果而产生，而是指在教学实施过程中，教师、学生都能从中感受到自己的价值，都能够从中发现自己的价值，体验到生命的意义感。学生在学校的大部分时间都是处在教学过程中的，如果只用教学的结果衡量价值，那么从小学到大学的十余年光阴对生命而言就基本上是一场空，无论如何这都是不可想象也不可接受的。过程应该比结果更重要。

---

① 赵汀阳：《论可能生活》，19 页，北京，生活·读书·新知三联书店，1994。

② 尚凤祥：《现代教学价值体系论》，17 页，北京，教育科学出版社，1996。

三、教学是科学还是艺术

教学是科学还是艺术？这是教学论中长期争论的重大问题。一种观点认为，教学是一门艺术而不是科学，主要原因是教学的主体与对象都是人，教学必然涉及人的感情和价值观念，自然就属于艺术的范畴。另一种观点认为，教学应当是一门科学，应当以心理学、行为科学等为基础，通过科学研究将教学诸要素、诸环节的内在机制和规律解释好，从而使教学进程能够得到有效控制，教学就是一套可以精准控制的操作技巧和流程。

教学究竟是科学还是艺术，首先取决于我们对科学与艺术的理解。科学既可以理解为一种建立在可验证、可重复等基本法则基础上的知识经验系统，也可以理解为一种态度、观点、方法，强调客观的价值中立、结果与过程的可重复性和可验证性。科学重视的是理性、逻辑、规律，强调的是价值中立和情感剥离。教学具有科学的属性，对学生身心发展规律的理解和把握是教学的基础，教学环节和流程的统筹也需要科学方法的指导。

艺术是用审美的方式把握世界，强调个体性、差异性，强调情感的投入和体验，强调美的体验和追求。教学作为艺术是有多层含义的：其一，指在教学过程中综合运用教学方法体系的技能技巧；其二，指遵循美的规律、贯彻美的原则而进行的创造性教学；其三，指在教学过程中体现教师的个性、独具特色的艺术创造活动。概言之，教学艺术就是教师运用综合的教学技能技巧，按照美的规律来进行的独创性教学实践活动。教学艺术在教学过程中表现出创造性、审美性等重要特点，并以整合的方式发挥其陶冶、转化等教育功能。①

教学既是科学又是艺术。一方面，教学建立在一定的科学基础上。教学的主体是人，教学的根本任务是促进人的身心充分发展。要完成这个任务，教学必须建立在对人的身心发展规律有充分认识的基础上，而且必须遵循人的身心发展规律。以人的身心发展规律为研究对象的生理学、心理学等学科构成了教学的科学基础。另一方面，教学是一种艺术化的存在。教学是教师与学生之间自由的交往过程。教学中充满了教师与学生之间、学生与学生之间认知、情感和价值观念的冲突，是一种富有创造力的活动。我们若仅依靠科学则不能充分把握教学的本质，教学不仅是一个合规律的过程，还是一个合目的的过程。在教学情境中，当教师与学生的主体性、创造性充分发挥出来时，教学在某种意义上就成为一种艺术鉴赏和艺术创造过程。②

---

① 田慧生、李如密：《教学论》，383页，石家庄，河北教育出版社，1996。

② 张华：《课程与教学论》，75页，上海，上海教育出版社，2000。

一线教师常说“教必有法、教无定法、教必得法”。教必有法意味着教学要遵循一定的规律，否则就无法进行。教无定法意味着教学的规律与自然科学的规律并不完全相同，同样的条件未必产生同样的结果，何况就个人而言也不可能出现完全相同的情况，因此，教学不能故步自封、胶柱鼓瑟，不应该完全按照所谓操作手册进行，教学也没有什么放之四海而皆准的所谓终极秘籍。教必得法意味着教学必须按照教师、学生、内容、环境等条件寻求适当的方式、方法、途径、策略，以求教学效果的优化。

第二节 教学与课程

在我国现代教育学理论体系中，有一对概念始终纠缠不清，那就是教学与课程。教学与课程的关系经历了“大教学、小课程”向“大课程、小教学”的变换。中华人民共和国成立初期和改革开放后的十余年里，高等学校普通教育学教材大都只有教学论而无课程论，课程只是教学中的一个关于内容的环节而已。但从 20 世纪末开始，课程论成为显学，无论是在理论界还是在实践领域，课程论的热度都在上升。各种各样的课程论流派、课程改革实践你方唱罢我登场，在热闹的课程论大潮中，教学论被边缘化，教学也沦为课程的实施环节。

近年来，随着课程论研究日益火热，课程论日益显示包含教学论的倾向，尤其是在新一轮基础教育课程改革后，课程论的地位似乎已经远远高过教学论。教学论学者感受到了这种变化和危机，他们希望与课程论划清界限，阻止日益火热的课程论研究对教学论进行渗透，使教学论研究和课程论研究不能相互替代，以此来确保教学论学科的独立地位。① 当下教学与课程的关系为何又应该为何？教学与课程的复杂关系究竟是如何形成的？对这些问题的回答首先要做一个历史梳理。教学与课程关系的变化并非只是一个理论和实践研究热点变换的问题，更重要的是在这种变换背后的哲学和时代背景转换，以及不同的价值预设和理念差异。

一、中国近现代教学与课程概念变换及其思想脉络

(一)功利主义的简化：教学论—教授学—教授法

中国最早的教育杂志《教育世界》于 1901 年刊载了日本学者汤本武比古著、王国维

① 王飞：《中国学者对教学论与课程论关系的误读》，载《上海教育科研》，2013(2)。

译的《教授学》，随后大量来自日本的教学论（教授学）书籍进入中国。日本的教育学主要来自以赫尔巴特为主导的德国教育学。日本当时学习西方的目的主要是富国强兵、殖产兴业、文明开化，追求知识传承的效率和效果，对赫尔巴特有关教育性教学等的核心思想进行了舍弃和简化，将教学论简化为强调方法的学说，也正因如此，教学论变成了教授学。中国引进日本教学论的初衷与日本学习西方相似，主要目的是救亡图存，强调器物层面的学习，而且渴望迅速见到成效。当时中国把从日本传来的德国教学论思想进一步简化，形成了单纯强调教师教学方法的教授法。

(二)科学主义的洗礼：教学论的科学化努力

中华民国初年，特别是杜威来华之后，美国的教育理论在中国日渐兴起。陶行知深受杜威教育思想的影响，有感于教授和教授法明显偏重于教师的角色和行为，因此主张教授和教授法改为教学和教学法，以体现师生互动和重视学生学习的旨趣。1919年2月，陶行知在《时报教育周刊》上发表了《教学合一》一文，正式提出了教学合一的主张。陶行知认为："现在的人叫在学校里做先生的为教员，叫他所做的事体为教书，叫他所用的法子为教授法，好像先生是专门教学生些书本知识的人。他似乎除了教以外，便没有别的本领；除书之外，便没有别的事教。而在这种学校里的学生除了受教之外，也没有别的功课。先生只管教，学生只管受教，好像是学的事体，都被教的事体打消掉了。论起名字来，居然是学校；讲起实在来，却又像教校。这都是因为重教太过，所以不知不觉地就将它和学分离了。然而教学两者，实在是不能分离的，实在是应当合一的。"①

但美国教育理论中的教学与陶行知理解的教学还是有一定差异的。陶行知更多受到杜威的影响，杜威虽然在美国的影响很大，但其对教学的理解并没有在美国获得广泛认同。虽然陶行知试图把教授改为教学来力推教学合一的思想，但从那个时代到中华人民共和国成立前，即使教授改成了教学，教学的含义也主要是教师的教。更为重要的是，美国教育理论中的教或教学从来都不是一个受人尊敬的概念或工作。

19世纪30年代以来，美国中小学教师几乎成为专属女性的职业，由女性担任的教师职业被认为是低人一等的职业，与教师职业紧密相关的教育学也就被认为是地位低于其他学科的次等学科。在语言上，美国的教育学科为了取得与其他学科同等的地位，逐渐用带有科学色彩的 education 取代 pedagogy。所谓科学色彩，简单地说就是实证主义。从19世纪中叶开始，实证主义和科学主义的思维范式成为美国学术领域的主导范式。评判一门学科是否是科学的唯一标准，就是看它是否符合实证主义和科学主义

---

① 华东师范学院教育科学研究所：《陶行知全集 第一卷 论著(1913—1926)》，87页，长沙，湖南教育出版社，1984。

的基本要求。因此，美国的教育学从一开始就具有浓厚的科学乃至科学主义色彩。行为主义心理学、数学、统计测量等技术和思想对教育学及教育研究的影响随处可见。杜威就是在这个意义上提出“哲学是教育的一般理论，教育是哲学的实验室”这一观点的。教育和教育学只有科学是远远不够的。美国教育学的科学化努力带来的最直接后果就是，在美国教育学的语境下，教学越来越像一门技术，成为完成课程目标的一系列操作性过程，教学和教学论的影响力越来越弱。

(三)大陆理性主义的熏染：传统教学论的目的论情结

中华人民共和国成立后，美国教育学的影响迅速褪去，苏联的影响不断增强。对我国教育学理论体系影响较大的是凯洛夫的《教育学》。凯洛夫的《教育学》主要由四个部分构成——教育学总论、教学论、教育论、学校管理论。其中，教学论部分包括教学内容、教学过程、教学方法、教学组织形式等。中华人民共和国成立后，凯洛夫的《教育学》传入我国，此后我国学者编写的教育学教材几乎都模仿了凯洛夫的《教育学》。凯洛夫深受赫尔巴特的影响，在赫尔巴特的教育学理论体系中，教学论是非常重要的组成部分。赫尔巴特的教育体系的贡献在于为教育和教育学找到了坚实的理论基础，伦理学为教育目的提供了方向，心理学则为教育方法提供了基础。相应的，德国教育学理论体系的主要特点就是首先从哲学的高度来确定教育应达到的目的，然后根据这些目的确定学校应该如何做。可以说，苏联的教育学体系在建构机制上深受德国影响。

在苏联的教育范式下，教学论是教育学的一个分支学科，是研究教学的学科，其研究范围包括教学内容、教学过程、教学方法、教学组织形式等。这与美国只把教学当作达成课程目标的手段有很大的差异。在某种意义上，在德国教育学、苏联教育学的语境下，教学论相当于教育学的压缩版。

(四)科学主义卷土重来

改革开放后，美国的教育学理论在我国的影响力又逐渐增大，作为美国教育学理论和实践体系核心内容之一的课程也重新进入人们的视野，并且具有越来越大的影响力，课程论逐渐成为显学。与德国教育学理论体系不同，美国更多地把教育学科建立在心理学、脑神经科学、生理学等所谓自然学科的基础之上，着力探讨教育过程的规律性，关注教学的程序、方法，并坚持采用心理实验或实证的方法研究教育现象和问题。

总的看来，教学论的流行和主导地位与德国的历史文化传统有关。德国有崇尚群体主义的历史传统，学校和教育教学的首要任务是把特定的思想或观念传承下去；相对而言，个体主义主导的美国对教学理论及教学的技术问题、方法问题更为关注，而较少关注教学的目的和内容，因为在美国学者看来，这些都属于所谓私人事物或价值问题，教育无法干涉也不应该干涉。正如杜威所言，美国教育学发展过程中的事实和价值之间的两极分化使美国教育学走上了过度科学化的道路；所谓教育学专家更多是技术家而不是哲学家，他们注重教学的技巧，而对教育目的等根本性问题缺少关注。这造成了美国教育对教育测量、教学指导手册以及教学程序、教学机器的狂热追捧。基于对这一现象的反思，杜威提倡哲学作为教育的一般理论。杜威的提醒和批判在今天看来对我国的教育理论和实践依然有警示作用，当前所谓教育领域科研成果也大都属于技术方面，对哲学层面的关注相对不足。

二、教学与课程的关系

纵观教育学理论体系的发展历史与现实，以赫尔巴特为代表的德国教育学体系与以泰勒为代表的美国教育学体系之间有明显区别。前者更强调对教育现象的宏观理解，强调哲学等精神学科对教育目的的引导和制约；后者更强调对教育现象的微观理解，强调心理学、社会学、生理学等实证学科对教育过程和方法的支撑。在德国教育学体系中，教学具有丰富的含义，既包括如何教、如何学，也包括为何教、为何学；既包括技术层面的教学流程、环节、程序，也包括目的、原则等抽象性一般规定。而在美国教育学体系中，教学的含义相对简单，更多指教师如何教，如教师教的流程、方法、技术、规范等相对微观的环节。

在这个意义上，教学与课程两个概念之间没有多大的可比性，毕竟两者的研究基础不同，研究对象不同，研究的指导思想也不一致。教学论研究者和课程论研究者由于各自的专业立场，放大了教学与课程之间的差异。课程论不仅要研究课程设计，也要研究课程实施和评价等。课程论的研究范畴既包含有关课程的问题，也包括教师的教等具体教学行为，只是其侧重点在于用课程话语来描述其研究的范畴。同样，教学论不只研究教学的过程，还研究教学内容的选择、组织，以及教师如何将教学内容转化成适合学生学习的内容，也要考虑如何通过内容的教学来促进“完人”的培养。尽管教学论话语体系不用课程一词，但从其范畴来看，它并非不研究课程，而是其侧重点为用教学话语去描述研究范畴。① 因此，教学和课程是两种教育学思想体系和语境中的词汇，不能简单地以非此即彼的方式加以区分，只有结合其历史发展和现实语境，才能够正确地理解、使用和研究。

---

① 王飞：《中国学者对教学论与课程论关系的误读》，载《上海教育科研》，2013(2)。

第三节
教师个人教学哲学

一、何谓教师个人教学哲学

教育哲学家索尔蒂斯把教育哲学分成专业的教育哲学、公共的教育哲学和个人的教育哲学。相应的，教学哲学也可以分为专业的教学哲学、公众的教学哲学和个人的教学哲学。教师个人教学哲学是教师对教学基本问题的个体性理解和认识，是教师对教学这一复杂现象和专业实践活动所具有的相对稳定的、能够持续指导和影响教学实践的一系列基本观点和根本看法，是教师系统化、个性化的教学观或教学理念的总和。它是教师对教学的价值追求和理想，是教师的教育观和方法论的集中体现和主要标志，并对教学行为起着定向调节作用。①

教师不是教学机器，教师总有自己对教学的理解和认识，这些理解和认识渗透于日常教学工作的方方面面，影响教师的教学目标、教学策略、教学方法及师生关系。不过这种影响可能没有被教师自身清楚地意识到。教师个人教学哲学应该包括对以下问题的意识、思考或回答：教学是什么？什么是好的教学方法？教学应追求怎样的效果与价值？教学中教师的角色应该是怎样的？学生应该处于何种地位？教师应该如何对待学生？良好的师生关系应该是怎样的？预设和生成的关系为何？教学生知识重要还是教导他们做人重要？等等。

教师个人教学哲学具有三方面的特点。首先，个体性。每个教师都有独特的成长经历，都有独特的职业生涯和独特的经验系统，再加上个体独特的气质和性格类型，这些使得每位教师在理解和认识教学的时候都会有独特的视角、视野和境界，也就有独特的对教学的理解和认识。教师个体教学哲学之间的差异是显著存在的，这从教师不同的教学风格上就可以得到明确的验证。其次，隐性与显性并存。受制于教师自身的知识、能力、经验、个性等，教师对自己的教学哲学的意识和反思未必都是清晰的，而且不同教师的情况也是不同的，有些教师在自身教学哲学方面的意识和反思是清晰的、系统的，而有些教师可能就是模糊的、无意识的。最后，作用的显著性。教师个人教学哲学是教师对教学诸方面的理解和认识，这种理解和认识深刻影响教

① 陈晓端、席作宏：《教师个人教学哲学：意义与建构》，载《教育研究》，2011(3)。

师工作的方方面面，包括对学生的态度、教学方法的选择、教学内容的安排和增减、教学组织形式的选择等。在日常教学工作中，不同教师教学风格之间的差异显著，相较于外在的教学方法、策略、组织形式等显性形态的差异，内在的教学价值观的差异更为重要。

二、教师个人教学哲学的价值

教师个人教学哲学并非只是教师关于其日常教学的意识和想法。如果这种意识和想法只是自发的、随机出现的，而没有经过理性反思和缜密思考，那么这种意识和想法的价值与作用就是相当有限的。它们不过是教师教学行动的副产品，不过是教师日常教学工作后的感想或感慨，与茶余饭后的闲谈类似。

教师个人教学哲学是教师系统化、个性化的教学观或教学理念的总和，是教师经过自己的理性反思和缜密思考而形成的系统化、体系化的观念系统，是与教师的人生哲学、价值哲学密切相关的思想观念体系，教师个人教学哲学对教师的教学具有很大的制约和影响作用。

(一)促进教师的专业成长

教学是有规律的，教师在日常教学中应该遵循这些规律。但如果只机械地、因循守旧地、古板地遵循规律，教师就不啻为一台教学机器。与此同时，教学的对象是人，面对的是复杂的人心和人性，无论教学规律如何丰富，无论教学规划如何筹划，都不能涵盖所有教学状况。若囿于教学科学及其规律的刚性约束，人性的复杂性和人的超越本性也就无从谈起。更何况教学生活中还存在诸多根本的哲学性问题，如教学应追求怎样的价值？应该如何看待教学中学生的地位？什么样的教学才是好的教学？这些问题是教学科学和教学规律无法解答的，尤其需要教师的哲学之思，需要教师个人教学哲学给予全面、根本性的思考和反思。只有这样，教师才能突破技术化和机械化的困局，进入“思”和“悟”的高明境界，教师的教学也才能真正到达审美境界。

(二)在日常教学中体验生命的意义

教学既是教师的工作和生活来源，也是教师生活的意义之源。如果仅以应付的态度来完成任务，那么日常教学生活就不过是机械地重复，日复一日、年复一年，在无穷无尽的机械重复中消磨了时间，也消磨了青春和生命的鲜活，更抹去了生命的意义。人是渴望意义的，温饱之余，人还追求活出意义感。对当下生活境遇的不断超越是人的哲学本性。缺乏哲学关照的日常生活与动物的生存没有两样，和一台机器也无区别。教师要想从日常的教学生活中生发出意义，就必须对自己的日常教学生活进行全新的透视和关照，从程序性的日常生活中体验生命、体验成长、体验价值。这些都需要哲学意识的引领。有自己教学哲学的教师不会只做一个机械的教书匠，他会从中发现意义，生发出价值，生发出人性的光辉。对他而言，教学不仅是谋生的手段，还是生命价值闪光之所。

三、教师个人教学哲学的缺失及提升

有学者提出教师个人教学哲学的缺失主要表现在以下方面："过于重视惯习教学，忽视对教学内在基础的探寻；过于重视知识教学，忽视对教学价值的理性引导；过于重视方法追求，忽视对方法论意识的积极培养；过于重视统一评价，忽视对教师合理的个性评价。"①

对这一问题进一步探讨，可发现教师个人教学哲学的缺失主要体现在两个方面。其一，对方法的迷恋。对方法的崇拜和对教学哲学本能上的拒斥使教师成为被动的课程实施者，而不是课程改革的行动者。许多教师在对课程改革愿景缺乏深入认识的情况下进行着毫无生命力的教学方式变革。一些教师放弃了思想的权利，阻隔了个人教学哲学的形成。他们为了追赶潮流或为了提高效率而不断追求所谓新教学方法等，或者陷于技术主义的泥潭，见物不见人，削弱了教学的伦理价值。其二，思想的混乱。由于教师缺乏必要的哲学素养和个人教学哲学，在宏大的教育变革中，面对令人眼花缭乱的教育新思想，教师不知何去何从，对教育变革的思想源头和理论依据缺乏自主的深入思考。由于缺乏个人教学哲学，许多教师在盲从和迷乱之后选择因袭习惯、回归平常。②

教师个人教学哲学的缺失既有教师日常工作繁杂、负担较重等客观原因，也有教师自身对教学哲学缺乏了解甚至敬而远之等主观原因。关于教师如何建构个人教学哲学，有学者认为可以从四个方面着手：自觉学习教育理论，提高自己的理论素养；积极参与教学实践，提高自己的教学认识；学习他人教学经验，体验教学哲学的意义；坚持自我教学反思，完善个体教学哲学体系。③ 也有学者认为："建构知识结构体系、提升教师专业品质、学习同行教学经验、营造宽松学术氛围、加强教学理性反思和唤醒哲学表达意识是教师建构个人教学哲学的有效途径。"④

教师个人教学哲学并非只是一个知识问题，它更多的是意识问题和境界问题。缺乏对教学工作的热爱、缺乏对学生的积极情感、缺乏对教育事业的激情的教师即使教

---

① 高岩：《教师个体教学哲学及其建构研究》，博士学位论文，陕西师范大学，2012。

② 高维：《教师个人教学哲学：必要与可能》，载《湖南师范大学教育科学学报》，2014(3)。

③ 陈晓端、席作宏：《教师个人教学哲学：意义与建构》，载《教育研究》，2011(3)。

④ 高岩：《教师个体教学哲学及其建构研究》，博士学位论文，陕西师范大学，2012。

学经验丰富，也很难建构起独特的个人教学哲学，更不会以此来关照自己的教学工作和职业生涯。因此，教师个人教学哲学的构建首先需要教师哲学意识的觉醒，这种意识包括反思意识、批判意识、价值意识等。若缺乏这些意识，教师们始终只是传声筒、教书匠。另外，教师个人教学哲学的提升需要教师不断充实和完善自己的知识结构和能力结构，自觉学习哲学理论、教育理论和教学理论，借鉴同行经验，加强与同行、学生的互动，形成视角转换的意识和习惯，多从他人的视角来反省自我。

四、解放的兴趣与教师个人教学哲学

哈贝马斯把认识的兴趣分为三个层次——技术的兴趣、实践的兴趣和解放的兴趣。技术的兴趣是人类对通过控制自然环境而实现生活资料再生产的技术的兴趣，这种兴趣催生了经验—分析科学。实践的兴趣在现实生活中起到人际沟通桥梁以及建立人们的共同兴趣的作用，这种兴趣引发了历史—解释学科学即精神科学的出现。解放的兴趣的作用在于产生自我反思，并通过自我反思使社会成员达到成熟，力求摆脱制度化的权力的控制与压抑。解放的兴趣催生的是批判社会科学。①

解放的兴趣是人类对自由、独立和主体性的兴趣，其目的就是把主体从其依附的对象化的力量中解放出来。解放的兴趣的兴起在教育领域的体现就是课程和教学深层观念的变化，其中之一就是制度课程逐渐向体验课程转化。当体验课程取代制度课程而处于教育的核心时，课程不再只是静态的书面文件，而是教师与学生在教育情境中不断生成的活生生的经验。在课堂教学情境中，教师与学生不断创造、解释课堂事件，在这种创造与解释的过程中，内容不断变革，意义不断生成。课程正是这一系列课堂教学事件以及由此实现的内容的变革与意义的生成。在这个意义上，在课堂教学中，教师与学生的主体性充分发挥的过程即共同创生课程的过程。课程事件的创作是一个动态过程，在这个过程中，课程内容持续生成与转化，课程意义不断建构与提升。在这一过程中，教师与学生不断发现和体验生命的历程及其意义，不断迈向更大的意义空间，不断获得人性的解放。② 教学就是教师和学生以课程或教材为载体不断建构意义的过程，这个意义是个体性的，是需要个体反思和发现的，教师应该是也只能是一个促进者。

---

① 侯钧生：《西方社会学理论教程》，313～315 页，天津，南开大学出版社，2001。

② 张华：《课程与教学论》，87～88 页，上海，上海教育出版社，2000。

第四节
生成性哲学与生成性教学哲学

一、生成性哲学概要

生成和生成性思维近些年在教育研究领域较为流行。生成，在现代汉语中指“养育，长成”，英语中对应的词是 generate，意为“引发，产生，生成”。1974 年，维特罗克提出了一个新的解释学习的理论，被称为生成学习理论。他在《美国心理学杂志》上发表了《作为一个生成过程的学习》一文，提出学习过程是学习者从外界选择性地知觉新信息，然后主动地建构并生成意义的过程。生成、动机、注意和先前的知识是构成生成学习的四个要素。① 生成性哲学最早是为了描述物质运动变化的自然过程。对自然现象变化的描述和理解历来有两种观点，一种观点主张变化是不变要素的结合和分离，这种观点推到极点是物质无限可分论；另一种观点主张变化是产生与消灭或转化。前一种观点被称为构成论，后一种观点被称为生成论。构成论在科学原子论的基础上取得了巨大成就，并发展为现代科学思想的主流。但 20 世纪下半叶以来，构成论面临越来越多的困难，并且物理学的前沿学科开始转向生成论。② 生成论为理解事物的复杂性提供了一个新视点。

在构成论的思维模式下，事物的存在是已经完成了的，我们只能向这些已经存在的事物提出“这是什么”的本质论问题。而在生成论视域下，一切都尚未完成，事物始终处于过程中，我们能够提出的问题就变成了“如何”“怎样”等生成性问题。传统哲学是追求一种终极存在的本质主义论，带有强烈的预成论和还原论倾向。相较而言，现代哲学带有较为明显的生成论倾向，以马克思主义哲学为例，其生成论思想体现在五个方面：第一，抛弃黑格尔的概念辩证法，走向实践论批判的辩证法；第二，从“超感性世界”走向“现实—生活世界”；第三，从“解释世界”走向“改变世界”；第四，从精神的绝对性走向历史的相对性；第五，从“实体”存在走向“关系”存在。③

传统形而上学把世界视为先于人、外于人的科学世界，生成性哲学则把人与其生

---

① 高觉敷：《西方心理学史论》，343 页，合肥，安徽教育出版社，1995。
② 金吾伦：《生成哲学应用于学习》，载《河池学院学报(社会科学版)》，2005(3)。
③ 朱成科：《生成论哲学视阈中的现实教育“道路”研究》，博士学位论文，东北师范大学，2012。

活的世界紧密联系在一起，希望在生活世界中为人的存在和发展找到根基。生活世界是以实践为基础的日常生活与非日常生活的统一。人的生成既不是本质既定的、无创造的“流”，也不是虚无主义的、无任何确定性的、没有过去和未来的“变”；既不是随机的、偶然的生命体验，也不是从“能指”到“所指”的语言之链的任意滑动，而是继承与创造、确定性与非确定性或流与变的统一。人之受动性和实践的实在性昭示着生成的连续性、确定性，而人的能动性和实践的创造性则意味着生成的断裂性、非确定性。只有运用这样一种思维，才不至于退回本质主义，也才能避免相对主义。①

二、生成性教学哲学概略

现代性教学把社会预设的标准作为教学目的，在根本上追求一种能够适用于一切教学情景的普遍规律。因此，现代性教学在宣称解放、宣扬尊重学生主体性的同时，也走上了“预成论”的机械还原论。现代性教学的全过程都可以通过计算实现精确复演和验证。教学不再是一种人与人之间充满复杂性的关系性交往和意义建构，而是围绕知识所进行的输入与输出的化约主义行为。教学预设导致教学程序化和机械化，阻碍了学生个性的发展。

现代性教学理论寻求对每个步骤、每个环节的精确设计与规划。在这种精确设计与规划中，教学不再为学生提供丰富的机会，让他们获得不同的意义，使他们形成独特的认识和解决问题的方法，而变成了操作性的技术规范，学生主动成长发展的意识与能力被消磨，甚至形成一种奴化人格。② 在这种情况下，为了批判传统哲学视野下的现代性教学理论，以生存论哲学为导向的生成性教学产生。《教育大辞典》对“生成”的解释是：“强调学习过程是学习者原有认知结构与从环境中接受的感受信息相互作用、主动建构意义生成的过程。”③生成的特征就是动态性、开放性、过程性、发展性。生成性教学的过程是动态性的，其目的指向于“成”，即促进学生的认知发展。生成性教学有三层含义：作为教学目标，指学生应达到的发展目标；作为教学原则，指让课堂充满生命活力、激发主体活动的基本教学要求；作为教学方法，指学生在教师主导下以探究问题为导向而展开探究、合作、对话等学习。三者存在于统一的过程，共同显现于生成性教学的课堂实践。④

生成性教学源于对现代性教学的反思和批判。现代性教学理论把社会和成人所设定的标准作为教学目的，认为儿童的未成熟状态是制约其发展的主要因素，对儿童自

① 李文阁：《生成性思维：现代哲学的思维方式》，载《中国社会科学》，2000(6)。
② 程良宏：《生成性教学：作为教学哲学的构建与价值》，载《全球教育展望》，2012(8)。
③ 教育大辞典编纂委员会：《教育大辞典 第5卷 教育心理学》，239页，上海，上海教育出版社，1990。
④ 张俊列：《生成性教学的兴起、失范与规范》，载《中国教育学刊》，2011(6)。

身主动的发展能力充满怀疑，常常沉醉于成人绘制的通过知识人的塑造而实现学生未来幸福生活或最佳生活的教学蓝图。生成性教学的兴起并非偶然，它有着广泛的社会与文化背景。启蒙运动以来，理性打破了神性对人性的禁锢，使人性获得了解放。然而，当理性与现代工业生产相结合并蜕变为技术理性时，人性遭到技术理性的压抑与控制，人成为单向度的人。为了走出人自身的生存危机、寻求人性的复归，现代哲学将目标投向了被科学世界遗忘了的生活世界。与科学世界观强调本质主义的思维方式不同，生活世界观是一种生成性思维方式，其特征为：重过程而非本质，重关系而非实体，重创造而反预定，重个性和差异而反中心和同一，重非理性而反工具理性，重具体而反抽象主义。虽然现代哲学五花八门，但作为同一时代的产物，它们必然具有共同的时代特征，拥有一致的思维方式，回归生活世界及其生成性思维构成了现代哲学的基本特征。

生成性教学思想的基本特点就是强调教学的生成性，把教学过程视为师生基于一定文化情境进行交往的过程。在这个过程中，教师并非知识权威的拥有者，学生的已有生活经验受到重视，这就为师生的民主交往奠定了基础，使教学过程更为开放与多元。生成性教学兴起的根本原因在于教学中人的自身危机，重寻人的自我意义是生成性教学的根本价值所在。理解了这一点，就不难把握当前教学文化变革的基本取向。作为教学哲学，生成性教学不是一种具体的教学方法、教学模式，而是一种融教学价值观、认识论、知识观和方法论于一体的教学哲学。作为教学方法，生成表现在课前，指的是教师的“留白”意识，给教学活动留下拓展、发挥的空间；表现在课堂上，指的是师生教学活动离开或超越原有的思路和教案；表现在结果上，指的是学生获得非预期的发展。① 进一步来说，作为教学哲学的生成性教学不仅关注在教学方法技术层面对现代性教学进行改造，而且强调在教学价值层面对预成论教学哲学进行超越。也就是说，生成性教学哲学在指导教学行为的教学价值观念层面确立对教学现实、学生持续生长需要的关注。其内涵主要为：确立了为了教师和学生的幸福生活的教学价值追求；确认了教学通过知识获得自由的教学目的；关注教学过程中学生和教师生成性思维的养成；秉持生成性教学哲学视野下的过程与结果并重的方法。换句话说，生成性教学哲学视域下的课堂教学既关注技术层面的操作问题，也关注教学价值层面的澄清和选择。②

本章小结

哲学的基本精神即反思、质疑和批判。哲学是人类本性最重要的体现，

① 张俊列：《生成性教学的兴起、失范与规范》，载《中国教育学刊》，2011(6)。
② 程良宏：《生成性教学：作为教学哲学的构建与价值》，载《全球教育展望》，2012(8)。

人类正是在反省的基础上不断拓展自己的精神边界，在质疑中不断超越历史和自我的。哲学不是现成理论的堆积，它是一种思维方式，甚至是一种生活态度。教学离不开哲学，教学处处有哲学。教学技术的价值在于提供操作性的工具和手段以优化教学行为表现、提高教学效率；教学科学的价值在于提供描述性的知识以深化对教学的客观认识；教学艺术的价值在于通过其操作和表现实现对教学科学的发挥和升华；教学哲学的价值在于帮助教学技术、科学和艺术反思其思想前提，帮助教学在批判和反思现实的基础上向更好不断迈进，帮助教师反省自己的经验、澄清自己的思想、丰富教学过程的生命体验，使教师在专业成长道路上不断前行。

章后练习

1. 案例分析

学校组织了一次课堂教学竞赛活动。在评课环节，评委S综合教师H的课堂教学表现，给出了“该教师的课堂教学从目标、内容到方法都没有很好地考虑学生的学习感受，不符合课程改革的标准和要求，缺少有效性”的评课意见，教师H不认同此评课意见，并从以下几个方面进行反驳。

第一，课堂教学目标包含知识、能力、情感态度价值观三个层面，自己的这堂课一个也不少，考虑到了学生知识、能力、情感素质发展的要求。

第二，讲授时间不超过15分钟，大部分时间都留给学生讨论。

第三，采用了多种教学方法，如讨论法、启发法、直观演示法等，激发了学生学习的积极性和学习兴趣。

第四，教学内容比较丰富，呈现了很多有趣的学习材料。

第五，几乎给予了每位学生回答问题的机会，学生也都表达了看法。

第六，课堂氛围很活跃。

不难看出，教师H为了此次课堂教学做了很多准备，下了很大功夫，但评委S并没有给予肯定。请从这个案例出发，思考：怎样的课堂教学才是有效的？

2. 简答题

(1)怎样理解教学与课程的关系？

(2)德国教育学体系与美国教育学体系的区别为何？

(3)在课程论成为显学的背景下，教学论应该如何发展？

延伸阅读

[1]张华．课程与教学论[M]. 上海：上海教育出版社，2000.

[2]张广君，孙琳．论教学哲学[J]. 天津师范大学学报(基础教育版)，2007(3)：6－11；24.

[3]王飞．教学论与课程论关系研究[D]. 北京：首都师范大学，2011.

[4]高岩．教师个体教学哲学及其建构研究[D]. 西安：陕西师范大学，2012.

[5]朱成科．生成论哲学视阈中的现实教育"道路"研究[D]. 长春：东北师范大学，2012.

[6]程良宏．生成性教学：作为教学哲学的构建与价值[J]. 全球教育展望，2012，41(8)：9－14；82.

[7]张俊列．生成性教学的兴起、失范与规范[J]. 中国教育学刊，2011(6)：37－40.

第十章

评价与哲学

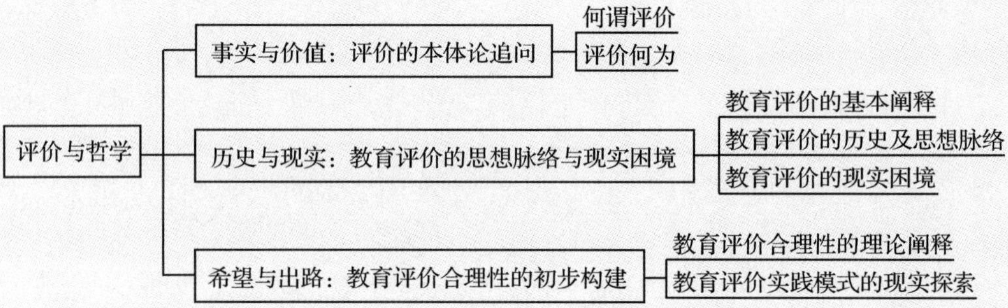

评价与哲学
事实与价值：评价的本体论追问
何谓评价
评价何为
历史与现实：教育评价的思想脉络与现实困境
教育评价的基本阐释
教育评价的历史及思想脉络
教育评价的现实困境
希望与出路：教育评价合理性的初步构建
教育评价合理性的理论阐释
教育评价实践模式的现实探索

章前导语

对个人而言，命运既取决于他所处的社会历史背景，也取决于他在每个具有决定性的转折关头所做出的选择，还取决于他对价值的判断。在一定意义上可以说，一个人的选择就是一个人的命运。人生有着无数可能的路径，我们选择了其中的某一条，就获得了某一种人生。对于我们唯有一次的人生来说，这种至关紧要的选择就依赖于我们的评价。个人生活的每一步、每一方面都离不开评价。评价不仅引导我们的人生道路，而且深深地影响着我们的精神世界。①

第一节 事实与价值：评价的本体论追问

一、何谓评价

评价作为动词，在《现代汉语词典(第 7 版)》的解释是“评定价值高低”②，意即对特定对象的价值进行评估和判定。与汉语类似，英语中评价一词也与价值密切相关，评价的英文为 evaluate，与价值 value 同根同源，意即评判价值。评价是人把握客体对自身的意义和价值的一种观念性活动。可以说，评价渗透人生活的各方面，其历史与人类社会一样悠长。人无时无刻不在评价——对自然、对社会、对他人、对自己，同时又无时无刻不在被评价——被他人、被自己。③

冯平将评价定义为：“对人或事物的价值作出判断，依据一定的价值标准，通过系统地收集资料，对评价对象的质量、水平、效益及其社会意义进行价值判断的过程。”④格朗兰德认为，评价是测量加上价值判断，即“评价＝测量(量化研究)或非测量(质性分析)＋价值判断”。⑤ 美国评价标准委员会的定义——评价是对某些对象的价值和优缺

① 冯平：《评价论》，5 页，北京，东方出版社，1995。
② 中国社会科学院语言研究所词典编辑室：《现代汉语词典(第 7 版)》，1009 页，北京，商务印书馆，2016。
③ 冯平：《评价论》，1 页，北京，东方出版社，1995。
④ 陶西平：《教育评价辞典》，55 页，北京，北京师范大学出版社，1998。
⑤ 陈玉琨：《教育评价学》，25 页，北京，人民教育出版社，1999。

点的系统调查和评估——更强调评价的目的。[①] 评价的对象是价值，价值的主体是人。具有某种需求的人与某种能满足这种需求的客观事物之间的关系被称为价值关系，其中人被称为价值主体，相应的客观事物被称为价值客体。对价值关系的判断就是评价，评价行为的实施者叫评价主体。[②] 古希腊的普罗泰戈拉认为人是万物的尺度，这虽然有些狂妄，带着人类刚刚睁开眼看世界时的无知与无畏，但也有一定的合理性。

价值只有对人而言才是有意义的。对人而言，这个世界只是意识中的世界，也就是意识世界。其他动物也许也有其独特的世界，但人无法进入也无法认知，人所能进入和认知的只是也只能是人的意识世界。在人的意识世界中，世界万物各有其价值，没有价值的事物进入不了人的意识世界。事物的价值是由人赋予的，事物本身不会昭示其价值。人赋予特定事物的特定价值取决于该事物能够在多大程度上满足人的需要，即事物的价值取决于该事物的特定属性与人的需要之间的关系。人的需要又与人性密切相关。从这个意义上讲，人性是万物价值的尺度。反过来说，人眼中的价值世界不过是其需要的外部投射，进言之，不过是人性的外部投射。无论对群体而言还是对个体而言，认识了其价值世界或价值序列，也就认识了这个群体或个体的核心特质。评价事物的价值实质上也就是评价人的需要、评价人性本身。

本能是动物在长期进化过程中积累的生存经验在生理上形成的结构和技能的固有结构，是动物个体应对外部环境的先天基础；越低级的动物，就越依赖其本能的指引。人由于有自我意识，并不完全依赖本能的指引，即在本能性反应之外，人还会对外部世界做出自己的、当下的反应。这种反应稍有差池便会导致严重后果。鉴于此，原始人类要时刻对自己的行为和外部环境做出准确的判断即评价，从而趋利避害，提高自己的生存概率。

评价就是以人的需要为尺度对客体的价值做出判断，客体包括已经存在的客体和即将存在的客体。前者包括对人已经做出的行为进行功利判断和道德判断，对现存环境做出审美判断，等等。后者包括对将要出现的重大事件做出价值判断以调整自己的下一步行动等。从这个意义上说，我们生活的世界不是一个纯粹的客观世界，只有那些与我们有关的事物才能够进入我们的世界，而那些对我们而言不具备价值的事物就会被我们有意无意地忽略，也就难以进入我们的意识范围，无法成为我们世界的一部分。因此，人的世界一方面是一个客观事实的世界，另一方面是一个由与人有各种价值关系的事物组成的价值世界。我们无时无刻不进行价值评价，无时无刻不通过价值评价进行选择。人类的世界就是人类在价值评价后选择的结果。

---

① 赵玉英：《中小学教育评价中的伦理问题思考》，载《现代中小学教育》，2005(10)。

② 刘新建：《系统评价学》，7页，北京，中国科学技术出版社，2006。

二、评价何为

生存与发展是人的两大目标。评价作为生存与发展的前提性认识，标志着人对当下生存境遇和未来生存方向的基本评估和判断，影响甚至制约人当下的生存抉择和未来的发展方向。

(一)生存

人从诞生(可以理解为人初步具有自我意识)的那一刻起就离不开评价了。原始人类所面临的严酷环境使生存问题成为最大的问题，生存与繁衍也就成为原始人类最大的价值追求。对于原始人类来讲，与自然的斗争、与其他的族群的竞争是其生活的日常，能够在与自然的斗争中、与其他族群的竞争中生存下来无疑是原始人类最大的渴望。如何在这种斗争、竞争中获得优势是原始人类必须时时刻刻思考的生死问题。正是在这种生与死的考验下，在这种生与死的思考中，人类最初的价值标准生发，原始人类最常见且最重要的评价活动产生。

对原始人类而言，最常见且最重要的活动有三个，即生产劳动、战争和图腾崇拜。生存对原始人类而言无疑是最紧要的任务，当时人类的生存面临着巨大的挑战。人类的生理条件与其他物种相比并没有多少优势，面对残酷的生存现实，人类可以依靠的只有自己的理性。理性对人类而言，最重要的价值在于积累和传承经验，而所谓经验，简言之，不过是经过评价后被认可的生存经历。只有那些被认为是重要的、有价值的生存经历才能成为经验，才能使其氏族成员及后代获得更高的生存概率。这方面的评价及经验积累首先体现在生产劳动方面。在生产劳动中制造、使用及改进工具都需要评价，人类不断地进行价值判断，不断地改进，不断地提高劳动效率和成果水平，并不断地积累经验，不断地提升生存技巧。在这样的生产劳动中，力量、技巧、合作、秩序等行为和品质被认为是重要的。与此类似，在与其他氏族或部落的战争中，忠诚、勇敢、力量、服从、合作等个体行为及品质被认为是有价值的。

值得注意的是，原始人类有图腾崇拜活动。一方面，凡是能给生存带来好处的东西都可以成为原始人类崇拜的神灵。可以说，原始人类称为神的东西不过是与其利害相关的价值物，价值是神灵的本质，对神灵的崇拜实际上是对某些神秘化了的价值的追求。另一方面，神灵和图腾世界的出现也显示了原始人类思维的飞跃。原始人类开始运用想象来思考自己的世界，尽管这种想象更多的是幻象、臆想，但不可否认的是，原始人类已经开始脱离具象思维的束缚，从形式上把自身与物质活动分离开来，把许多具体的直观上升为一种抽象的概念，构成了一个完整的精神世界。原始人类对客观世界和生命存在的基本看法都在这里以初级但统一的形式反映出来。[1]

总之，生存和繁衍构成了原始人类的价值中心，忠诚、合作、公正等因为有助于原始人类的生存和繁衍而被赋予了相应的价值。当然，对原始人类而言，忠诚、合作、公正的价值并没有现代人所说的那么崇高和神圣，不过是因为它们有助于自身好好活着罢了，它们是原始人类艰难困苦生存经历和经验的评价结果。

(二)价值引领

在初步摆脱原始社会的恶劣生存环境后，生存和繁衍就不再是人类最关切的话题了。在生存问题基本解决之后，如何更好地生存就成了人类最关切的问题。评价是人类的一种认识活动，它与认识世界是什么的认识活动不同，它是一种以把握世界的意义或价值为目的的认识活动，即它所要揭示的不是世界是什么，而是世界对于人来说意味着什么、世界对人有什么意义。[2] 在苏格拉底看来，未经反省的生活是不值得过的，人应当是不断探究他自身的存在物。人与其他动物之间最大的差别在于：动物仅要生存，仅是生命的维系和延续；而人不仅要维系、延续自己的生命，还要求这种生命的过程是有意义的。人的生活和动物的生存之间最大的不同就在于人的生活是一种价值引导下的生存，即人总希望自己过得更好，总用自己认为好的未来或目标引领当下的生活。没有对当下的反思、没有未来理想对当下的引领，人也就不能被称为人。人类生活的真正价值恰恰存在于这种对人类生活的评价或批判，人类在这种自我评价或批判中不断获得新的发展。

人类活动的鲜明特征之一是目的性，而且由于人类有自我意识和理性，这种目的性往往会以预先存在的形式引导人类当下的行动。换句话说，人通过评价筛选出的价值不断引导人的行动。人在特定价值的引导下不断行动，不断追寻特定价值的实现。从这个意义上说，人类的历史是自己创造的。人类的历史是一个价值不断被发现、被评价、被创造、被推进的过程。在这一过程中，评价作为价值发现、价值比较和价值推进的主要途径，始终伴随人类历史的发展和演变。人类的历史活动实际上是一场由自己编剧、导演、演出、观看、评价的话剧。

人类活动的另一个特征是对象性。动物是与周围世界浑然一体的，人却不同，人把自己当作主体并同周围世界相对立，把周围世界变为自己活动的对象。作为主体，人不断改造外部世界，从而不断形成新的对象世界——人的世界，也即意义、价值世界。马克思把人创造的对象世界称为“人的类生活的对象化”“人的本质力量的打开了的书本”“感性地摆在我们面前的人的心理学”，看作“人作为有意识的类的存在物的自我

---

① 张理海：《社会评价论》，30页，武汉，武汉大学出版社，1999。

② 冯平：《评价论》，30页，北京，东方出版社，1995。

确证”。追求和创造人的世界，追求和创造一个意义的世界、价值的世界是人的宿命，也是人的理想。这种世界的追求和创造离不开评价这个价值评判的中心环节。①

正是基于评价，周围的世界不再是一个纯粹的客观世界。“你只能看到你能看到的东西”的意思是：并不是所有处于你视野范围内的东西都能被你看到，只有那些你认为有价值的东西才能够引起你的注意，才能够进入你的视野，也才能够构成你的世界的一部分。因此，人的世界不是一个由纯粹的客观事物组成的世界，而是一个意义的世界、价值的世界。评价引导人的价值世界，人如何评价决定了人拥有何种价值世界。

第二节 历史与现实：教育评价的思想脉络与现实困境

一、教育评价的基本阐释

有学者认为教育评价是指在系统、科学和全面地收集、整理、处理、分析教育信息的基础上对教育的价值做出判断的过程，目的在于促进教育改革、提高教育质量。②也有学者认为：教育评价是人们对于教育领域中各种相关的人、事、物、制度、观念等的教育价值的评判，它包括人们在教育活动中或教育事业发展中进行的各种正式与非正式的评价活动。这种界定相当宽泛，它既没有限定评价的主体，又没有限定评价的对象、内容和形式。持该观点的人认为教育评价不应该被看作一种正式的、独立的活动，教育评价应该是贯穿教育活动和教育事业全过程的有机组成部分。它的存在既是有形的，又是无形的。如果定义过于狭窄，就可能导致人们过多地关注几种正式的教育评价活动，把教育评价程式化，或者只注重评价本身的合理性，而忽视其作为教育事业有机组成部分应该发挥的作用。③

在不同的依据下，教育评价可以分为许多类型。按照评价涉及的范围，教育评价可以分为宏观教育评价、中观教育评价、微观教育评价；按照评价的价值标准，教育评价可以分为相对评价、绝对评价和个体内差异评价；按照评价的功能，教育评价可以分为诊断性评价、形成性评价、终结性评价；按照评价的内容，教育评价可以分为

① 张理海：《社会评价论》，88～89页，武汉，武汉大学出版社，1999。

② 吴钢：《现代教育评价基础》，2页，上海，学林出版社，1996。

③ 于京天、王义君：《基础教育评价改革报告》，1页，济南，山东教育出版社，2003。

条件评价、过程评价和结果评价；按照参与评价的主体，教育评价可以分为自我评价和外部评价；按照评价的方法，教育评价可以分为定量评价和定性评价；按照评价对象的复杂程度，教育评价可以分为单项评价、综合评价；按照评价的对象，教育评价可以分为对学生的评价、对教师的评价、对学校的评价、对政府教育工作的评价。

教育评价的多样性使人们往往以偏概全，因某种教育评价有漏洞就对教育评价全部否定，或者因某种教育评价有一定效果就将其全面推广。不同的教育环节、不同的对象、不同的标准、不同的目的使评价种类繁多，每种评价各有长短，都有其存在的必要性、合理性，当然也会有一定的不合理性。我们只有站在社会历史发展的角度，在各种约束条件的基础上对教育评价进行综合判断，评价才能更加全面、合理。

二、教育评价的历史及思想脉络

(一)评价目标：精英主义的历史惯性

教育评价的精英主义包含两层意思：一是教育的目标为培养治理国家的精英人才，二是获得这些人才的主要手段为层层淘汰和选拔。原始社会因为生存压力巨大而实现了惠及每个成员的教育平等，但到了奴隶社会、封建社会，教育的一个重要使命就是培养精英、为国育才。这样一种精英主义的教育路线对中国传统文化的影响很深远。在这个意义上说，中国古代的教育与当代教育学理论中的教育是两个不同的概念，前者的主要目的是选拔，后者的主要目的或理想是人的发展。

在中国教育发展历史中，考试评价制度与人才选任制度关系紧密。原始社会往往以成年礼的形式对氏族中的青少年进行教育和评价，只有在体力、智力、毅力等方面符合氏族的要求，青少年才能取得氏族正式成员的资格。独立形态的学校出现后，评价在学校教育中的作用越来越大，也越来越频繁。《学记》记载："比年入学，中年考校。一年视离经辨志，三年视敬业乐群，五年视博习亲师，七年视论学取友，谓之小成；九年知类通达，强立而不反，谓之大成。"学生到了规定的年龄入学，国家每隔一年对他们进行考评：第一年重点考评学生理解文献的能力和学习志向；第三年考评学生学习是否专注以及能否与同伴和睦相处；第五年考评学生是否知识广博以及是否敬爱师长；第七年考查学生对学问的见解和对朋友的选择，达到标准就获得"小成"；第九年如果能做到知识广博、触类旁通并能遇事不惑，在政治上立场坚定，就获得"大成"。

到了汉代，学校创设了"设科射策"的笔试方式，考试成为太学生成长为官吏的重要手段，将学校养士与职官制度有机结合起来。至三国时期，魏国复立太学，制"五经课试之法"，即以儒家经典为主要学习内容，采用学校学经与任官考试相结合的方法，每两年考试一次，选拔一批人才。经由考试对学生的通经数量做出等级评定，并据此授予官职。隋唐之后，科举制成为国家选拔人才的主要途径，科举这种人才评价制度也成为评价教育质量、引导教育走向的主要因素。[①] 清末“废科举、兴学堂”，学校教育评价及考试制度逐渐与社会选士制度分离开来，教育也逐渐从单纯培养官吏及其后备军的窠臼中解放出来。但不可否认的是，社会资源的分配依然与社会成员的教育背景密切相关，教育评价也是社会甄选人才、个体社会流动的主要途径。

(二)评价标准：科学主义的兴衰

近代中国在西方坚船利炮的侵略下，救亡图存的现实需求一直主导着近代中国社会的方方面面，既包括思想层面的革新，如新文化运动；也包括实践层面的学习西方，如洋务运动。虽然教育领域也发生了很多变革，但东西方教育评价的沟通则是改革开放以后的事情了。

改革开放后，我国教育评价的理论和实践大致是按照科学主义的思路展开的，这一思路与西方教育评价的发展历程基本一致。受到心理学、哲学、自然科学等学科发展的影响，同时不同社会历史条件对教育及其评价的要求不同，西方教育评价经历了几次较大的转换，也形成了差异较为明显的发展阶段。

王汉澜在《教育评价学》中提出：“教育评价的研究，大体上可以分为三个时期：目标分析研究时期(也可称为泰勒—布卢姆时期，1933—1958)，多方位研究时期(也可称为大发展时期，1958—1980)，成为独立学科时期(1980—　)。”[②]吴钢的划分更全面、明了，他在《现代教育评价基础》中列出了西方教育评价发展历史的两个阶段：“①教育测验运动(萌芽期1800—1900、开拓期1900—1915、兴盛期1915—1930)；②评价理论的产生和发展(泰勒时期1930—1945、稳定发展时期1946—1957、兴盛时期1958—1972、专业时期1973—　)。”[③]关于西方教育评价的发展阶段，虽然不同学者基于各自的视角有不同的观点，但从教育评价发展背后的深层哲学观念看，以下四个阶段的划分是较为一致的。

1. 前教育测量期：基于直觉的经验主义

利恩把古代中国的论文测验、苏格拉底的口头测验、昆体良的个体差异研究、贺拉斯·曼的书面测验替代口头测验等都归入这一阶段。这一阶段教育的主要目标“似乎是心力的培训或训练……其方法是练习与记忆。基于这一意向与方法，测量有很大的局限，它基本上限制在口头背诵和冗长、困难的论文式测验”[④]。也就是说，在这一阶

① 张向众：《学校转型时期的教育评价功能变革研究》，博士学位论文，华东师范大学，2007。

② 王汉澜：《教育评价学》，172页，开封，河南大学出版社，1995。

③ 吴钢：《现代教育评价基础(修订版)》，2页，上海，学林出版社，2004。

④ 陈玉琨：《教育评价学》，3～6页，北京，人民教育出版社，1999。

段判断学生学习的程度主要凭借教育者的直觉和经验。从哲学发展史的角度看，大致相当于古希腊的宇宙论哲学时期，偏重于用直觉思维把握世界的本体。从教育评价的角度看，这一阶段主要受制于对评价对象的理解不够深入，无法细化和量化人的发展，加上知识本身的积累相对薄弱，评价目标也较为模糊，故只能采用模糊主义的直觉来进行宏观的把握。

2. 教育测量期：基于测量的科学主义

19世纪末20世纪初，教育测量运动兴起。书面考试使西方的测验方法有了很大的进步，测验的手段更加灵活，但成绩评定的客观标准问题仍然没能很好解决。随着数学、物理学、心理学等学科不断成熟，知识积累不断丰富，各种心理实验与心理测验方法不断出现，教育测量的科学化进程也加快。桑代克《心理与社会测量导论》的发表是教育测量运动的一个重要标志。“这一阶段的特征是客观化、标准化问题受到极大的重视。所谓客观化表现为两个方面：第一，标准客观化；第二，定分客观化。”①客观化是这一时期的主要追求，人们认为凡是存在的东西都有数量，凡有数量的东西都可测量，这体现了当时对数学和测量的信心，也反映出那个时代对于科学发展的信心，人们对科学的发展和自己的未来秉持乐观主义态度。教育评价逐渐把科学作为评价的基本价值取向。

3. 目标主导期：基于目标的科学主义

20世纪30年代到50年代，教育评价主要围绕教育目标展开，我们可以称这一时期为目标主导期，主要代表是泰勒的目标评价模式与布卢姆的教育目标分类学。在教育测量期，教育评价关注的主要是个体层面的心理发展，受自然科学及心理学的影响较大，把科学和科学主义当作自己发展的标杆，把定量、客观、可操作性等自然科学的标准当作自己的理想标准，这使得教育评价远离了学生的真实生活和社会现实，陷入了科学主义的泥潭。20世纪20年代末，美国经历了一场严重的资本主义经济危机，经济滑坡、失业剧增，学校教育脱离现实成为社会公众诟病的焦点，社会各方面对教育的社会价值、社会效果进行深入反思：学生应该获得何种发展？何种知识与能力是社会希望学生实现的？如何才能促进学生获得这样的发展？这些问题仅依靠追求科学标准的教育测量是难以回答的。受卡内基基金会资助，泰勒开始了著名的八年研究，并提出了著名的课程开发泰勒模式。泰勒认为，当时的课程与测验是教科书中心主义的，这些课程和评价与社会的要求脱节，课程开发和教育评价应该以教育目标为中心。泰勒提出了一套以教育目标为中心的课程和测验编制的原则，教育评价即找到教育效果偏离目标的程度，并通过对这些偏离的反思和纠正来促使教育活动尽可能地达成教育目标。

① 陈玉琨：《教育评估的理论与技术》，19页，广州，广东高等教育出版社，1987。

4．科学主义落幕：基于价值多元的后现代主义

20世纪50年代以后，随着社会的发展，泰勒模式的弊端日益显现。泰勒模式最核心的思想是以目标为统领，以目标驱动内容、方法和教育结果的计划、反馈、改进，但问题在于：作为统领的目标从何而来？目标本身的合理性如何评价？怎样保证目标本身的合理性与合目的性？在崇尚个人自由发展的西方，用统一的目标去衡量所有学生何以可能？对于这些问题泰勒模式是无法回答的。在对泰勒模式的反思和批判中，各种新的模式应运而生，如CIPP模式、斯克里文的目的游离评价、斯塔克的应答模式、消费者导向模式及自然探究模式等。这些模式虽然方法各不相同，但在诸多方法的背后有一个共同点，那就是尊重价值多元这一客观现实。这也是后现代哲学追求差异性、多样性、多元化的直接体现。

（三）评价结果的非法运用：过度竞争的现实逻辑

由于教育评价的种类和目标多样，其结果只有得到多角度、多层次的解读以及多种手段的综合运用，才能对教育及其培养的人给出一个较为全面、合理的评判。教育评价的焦点问题是某种教育评价结果（如高等学校入学考试的分数）的重要性和权重被无限放大，成为重要甚至是唯一的评价标准。这既使得教育评价制度为人诟病，也导致现实教育发展陷入迷茫。

面对有限的教育资源和社会资源，无论是对个体而言，还是对学校、地区而言，教育竞争都是获取资源优势的重要乃至主要手段。在现代社会成员主体性觉醒的情况下，教育评价的公平性就被放在了第一位，科学性、合理性要让位于公平性。因此，公平程度相对较高的纸笔考试受到推崇。但问题在于，以高等学校入学考试为代表的教育评价制度尽管公平，却未必科学、合理，未必是教育评价的最佳选择，只是因为各种条件的约束而成为不得已的选择。

三、教育评价的现实困境

（一）教育评价目的困境：教育评价教育性的迷失

古代中国教育有官学和私学之分，且指向是非常明确的。官学因为由国家兴办和管理，其目的、内容、效果等都要与国家的意志保持一致，也要按照国家的相关政策实施评价。在这种情况下，学校更像担负教化万民任务的国家行政部门，而其本真的教育属性是隶属于这一行政职能的，基本不存在杜威所言的教育的内在目的，也就谈不上所谓教育性。私学同样如此。如果说春秋战国时期因为诸子百家的思想倾向不同而存在通过办学扩大影响、相对纯粹的教育的话，那么隋唐之后科举的兴盛便使私学

成为个人社会流动的重要途径，乡试、会试、殿试等组成的教育评价制度成为私学的唯一标准。

清末“废科举、兴学堂”之后，新式教育的兴起使教育呈现繁荣的景象，但教育的现实功利指向并没有变。一方面，救亡图存成为当时中华民族的主要历史任务，“教育救国”的口号也不时被喊出，教育的政治经济价值被放大；另一方面，西方教育理论和思想的引入使得科学主义在教育评价领域大行其道，在这种思想的影响下，教育评价往往过于看重教育评价的客观性、公正性和科学性，而忽视了教育评价的根本属性，即教育性。① 教育评价的教育性指教育评价是为了教育的进一步改善和发展而进行的，教育评价的目的首先在于教育本身，在于促进教育质量的提升，在于学生身心的全面健康发展。而在现实生活中，大量的教育评价更多地出于各级教育行政主管部门管理的需要、控制的需要和鉴定的需要。各种名目、各种形式的教育评价让一线教师不堪重负、不胜其烦。这些评价对教育实践鲜有积极的促进作用，许多评价只是为了评价而评价，教育评价因而远离教育，远离教育的初衷。

(二)教育评价标准困境：知识中心主义的顽症

如前所述，在中国古代教育制度下，教育评价的现实性和功利性指向非常明确，国家希望通过教育评价系统选出人才，个体希望通过科举考试实现“鲤鱼跳龙门”，实现自己的家国理想和抱负。这种具有强烈现实功利性指向的教育评价并非一无是处，尽管其标准过于单一，功利色彩过于浓重，但相对而言其公平性值得称赞。“朝为田舍郎，暮登天子堂”的情况在中国古代不断出现，科举制成为底层民众向上流动的阶梯，也成为封建社会保持社会合理流动、为国家选贤任能的基本途径，也使得这种在当下看来较为落后的教育评价制度在当时的百姓心中无可替代，毕竟相较于九品中正制等评价和选人制度，科举制要公平得多。

从教育评价的角度看，中国古代的科举制度实际上可以被理解为一种知识中心主义的考评制度，重点考查学生对知识的记忆、理解和表达。这种评价制度具有较强的可操作性，或者说，操作的成本相对较低。毕竟考查学生外显的知识和能力指标远比考察学生的情感、潜能等要容易得多。

在当代社会，因人口和资源的限制，教育评价制度最核心的要素就是评价标准的公平性。换句话说，知识中心主义的评价标准虽有种种弊端，但因为相对公平和容易操作，在短时间内其地位还难以被撼动。

---

① 于京天、王义君：《基础教育评价改革报告》，15～19页，济南，山东教育出版社，2003。

(三)教育评价主体困境：管理主义的惯性

对学校而言，评价主体往往是上级教育行政部门；对教师而言，评价主体往往是学校管理层。作为教育利益相关者的学生、家长和教师基本上没有参与教育评价的资格和机会。不同的评价主体有不同的价值追求和利益指向。教育评价的权力集中于教育行政部门和学校管理层容易导致教育评价中的管理主义取向。有学者归纳了这种管理主义倾向造成的四种后果："①管理者无过失。由于管理者处于评价之外，他们的质量、过失无从咨询，若存在问题，评价结论一定指向他人、其他原因。②管理者与评价者之间的关系有失公平。评价者处于无权地位，一旦出现分歧，最后决策权仍掌握在管理者手中。③由于这种关系的存在，其他与评价有利益关系的人就无法在评价中维护自己的利益，阐述自己的见解，也无法按评价的建议采取有效的改进行动。④这种关系还会导致一种有害的默契，管理者用各种方法保护自己不受损害，评价者则保证使用管理者认可的方法来换取合同的兑现，保证评价的经济收入。"①

教育行政部门对学校教育进行评价当然无可厚非，学校管理层对教师进行评价也是正常要求，问题在于作为教育利益相关者的教师、家长和学生无法参与教育评价，其价值诉求也就难以通过教育评价得到体现，这会导致教育行政部门、学校管理层、教师、学生、家长之间关系紧张，产生利益冲突。这也是导致素质教育等理论价值明显的教育思想、教育策略难以落实的重要原因之一。除此之外，教育行政部门往往掌握教育评价的最终决策权，但其自身缺乏有效的监管和评价，即评价主体自身缺乏监督和自省，这是目前教育评价制度的一个盲区。

(四)评价结果困境：评价结果的功利化

当下教育评价的主体主要有两类：一类是教育行政部门，另一类是学校管理层。前者更习惯把教育评价结果当作监督和管理学校教育工作的工具和手段，后者也基本上把评价结果当作对教师进行监督和考评的主要工具。教育评价结果难以对学校和教师的日常教育工作发挥目标导向和价值引领作用。

更重要的是，学生的学业成绩作为教育评价的重要指标，其价值和作用被窄化和功利化。一方面，学业成绩主要被当作对学生进行分类、分级和分流的基本依据，学生其他方面的发展被忽视；另一方面，学生的学业成绩也被用来作为衡量教师工作绩效、学校办学质量的基本依据，不仅大众习惯于用学生的学业成绩来评价教师和学校的教育质量，教育行政部门也往往以此衡量学校和教师的工作绩效，这种评价的功利

---

① 龚孝华：《管理主义与功利主义对教育评价伦理的制衡与消解》，载《湖北师范学院学报(哲学社会科学版)》，2004(2)。

化使学校和教师不得不屈从于现实功利的需求，许多有志于教育理想化追求的学校和教师也不得不在沉重的现实压力下改变自己的初衷，成为“教育工厂”的一员。

教育评价现实困境背后的原因纷繁复杂，除了各种现实条件的制约，工具理性的张扬是造成这种困境的思想根源。由于对工具理性的崇尚，包含人类合目的性的价值理性在很大程度上被忽视了。工具理性主导下的教育评价忽视了教育生活的多样性和复杂性，将教育评价简单地等同于教育测量，片面地将它理解为一种客观的比较，忽视了它对教育活动的正确引导。教育评价沦落为只关心目标的操作性，不顾目标的价值性；只关心评价过程的程序性，不顾评价过程的复杂性；只关心评价结论的客观性，不顾评价目的的增值性。①

第三节 希望与出路：教育评价合理性的初步构建

一、教育评价合理性的理论阐释

(一)理性、合理性与评价合理性

理性在英文中是 reason，有原因、理由、推理等含义，一般指人特有的思维、判断、推理能力。从古希腊哲学开始，理性逐渐被看作人的本质属性，进而成为构成人类精神世界的核心和基础。柏拉图、笛卡尔、黑格尔、康德都把理性视为一般性、普遍性、确定性、客观性等的同一语。合理性(rationality)是韦伯通过改造黑格尔的理性概念而得出的一个社会学概念。韦伯对理性的关注始于对西方法律及其历史的研究，韦伯发现现代西方理性法律的主要特征是司法程序的理性化，韦伯将这种基于形式化法律的理性化称为合理性。传统的理性经由韦伯应用于法律研究转换为合理性，在这种语境中，合理性具有较为明确的含义，意指体系化的、基于逻辑分析的、由理智控制的等。合理性概念随着韦伯对社会学研究的进一步深化逐渐转化为一个社会学概念。一般而言，理性更多与概念、判断、推理等认识活动相关，而合理性更多与可接受相关，指符合某种道理，或使人信服。

韦伯在将合理性概念应用于社会学研究时，将其区分为形式合理性和实质合理性。

① 王俭：《基于价值尊重与价值认同的教育评价研究》，博士学位论文，华东师范大学，2007。

按照韦伯的理解，形式合理性指涉一个事实判断，仅重点考察针对某一特定目的何种手段最为有效；而实质合理性指涉一个价值判断，重点关注何种目的、结果更为“应当”。换言之，形式合理性关注效率、手段、程序等的有效性，而实质合理性关注结果价值的可接受性。

哲学家拉瑞·劳丹认为，20世纪哲学最棘手的问题之一是合理性问题。合理性问题的核心是回答我们是否有充分的理由去信仰我们所要信仰的，我们是否有充分的理由去做我们所要做的。[①] 现代哲学合理性问题的提出源于对理性和价值问题的反思。按照韦伯的理解，文艺复兴和启蒙运动后，理性取代神性获得了合法地位，理性的不断扩张带来两个后果：一个是理性的牢笼导致自由的丧失；另一个是终极信仰的去魅导致价值世界的崩塌。终极价值标准的倒下带来了价值世界的崩塌，体现在评价方面就是所谓评价合理性的悖谬。20世纪人们最大的疑惑在于：“在一个与事实判断不同的价值判断的领域中，或曰在一个与认知不同的评价领域中，我们有没有充分的理由去证明我们所赖以做出评价的价值准则是合理的；我们有没有充分的理由去评判不同的价值准则，去评判不同的价值判断；我们有没有充分的理由去倡导一种观念、一种行为或去谴责一种观念、一种行为；在好与坏、合理与不合理之间，我们是否有充分的理由去做出区别，去进行评说?”[②]

历史尤其是哲学史的发展告诉我们，传统意义上的尤其是以科学为代表的理性解决不了人类的价值问题，也无法解决合理性的问题，更无法为人类提供情感依托。正是出于这个原因，胡塞尔、韦伯、海德格尔、雅斯贝尔斯、哈贝马斯等哲学家开始关注合理性问题。冈斯·兰科曾列举了合理性最重要的几种含义：①概念的合理性，使模糊性、含糊性和不准确性最小化；②逻辑的合理性，要连贯一致、自洽、避免(逻辑)矛盾；③方法论的合理性，质疑(怀疑和批判)与辩护(要求证据或证明，赞成或不赞成)；④认识论的合理性，关心经验的支持，避免与已被确证的理论发生冲突；⑤本体论的合理性，争取与现代科学成就一致的世界观；⑥价值论的合理性，力求达到目标，该目标不仅是可得的，而且是值得追求的；⑦实践的合理性，制定最有助于达到目标的方案，并努力将其付诸实施；⑧评价论的合理性，评价体系的恰当性和评价结果的公正性。[③]

合理性即合乎理性的，此处的理性可以理解为某种特定的理性标准。而这种理性标准在不同领域有不同内容，如兰科所列举的逻辑的、认识论的、价值论的、评价论的等。而所谓合乎理性标准，即可以接受、可以理解、可以被说服等。合理性概念的

---

① [美]L. 劳丹：《进步及其问题——一种新的科学增长论》，刘新民译，118页，北京，华夏出版社，1990。
② 冯平：《评价论》，246页，北京，东方出版社，1995。
③ 刘凯：《试析评价合理性的意涵》，载《云南社会科学》，2003(3)。

内涵已经远远超出了原有的理性概念的内涵。因此，合理性的实质是建立在理性自身反思基础上的新理性。首先，这种新理性对现实世界持批判态度，要求辩证地看待现实世界，拒绝任何超现实的先验理性或绝对理性；其次，坚持对理性自身也采取批判态度，承认理性自身的局限性、相对性和历史性。因此，合理性既源于理性，又超越理性。

从性质上看，合理性是一个规范性概念，也是一个评价性概念，表达的是评价主体对评价对象是否符合特定标准的价值判断。这种判断既涉及事实，也涉及价值；既涉及对评价对象的全面、深入了解，也涉及评价标准的选择，还涉及评价主体的追求、目的、需要等价值体系；因此，合理性的本质可以归结为既要合乎规律性，又要合乎目的性，即合理性是合规律性与合目的性的统一。

(二)评价合理性的初步构建

评价合理性的核心是评价标准的合理性，确立一个合理的评价标准是关键环节。

1. 方法论前提——绝对和相对的辩证法

评价问题的核心是评价标准问题。任何评价标准都具有社会性、历史性，也具有一定的局限性，这一点不以任何人的意志为转移。换句话说，评价标准的相对性是绝对的，而评价标准的合理性则是相对的。评价一方面要坚持评价标准的绝对性，即任何评价都是有标准的，任何评价都是在一定标准基础上做出的；但另一方面这些标准总受特定社会历史条件的限制，总受评价主体特定的生活背景和思维倾向的影响，因此任何评价必然是相对的，只有相对的准确性和合理性。我们面对任何评价时不仅要看结果如何，还要看这个结果是谁得到的，是在何种社会历史条件下得到的。

2. 评价合理性的核心要素——合规律性与合目的性

合理性是合规律性与合目的性的统一。不同论者的相关表述可能有差异，但其精神基本如此。有学者认为评价合理性包括三个方面：合规律性与合目的性的统一，合情与合理的统一，合价值性与合工具性的统一。① 后两个方面可以归结到合规律性与合目的性上来。也有学者认为价值评价的合理性包括两个层面：首先，合乎事物自身之理，即合乎事物的属性、本质和规律；其次，合乎主体的合理需要，既有利于主体自身生存与发展，又有利于或至少不损害他人利益和社会历史的进步。② 这种表述是对合规律性与合目的性的进一步细化。

合规律性指的是评价应该符合“物之理”。所谓“物之理”，即客观存在的现实所遵循的内在规律性，更确切地说，“物之理”指的是人对于客观存在现实的状况及缘由的理解和认识，类似于人们常说的“就是这样的”。这种理解和认识既包括对客观现实的

---

① 刘凯：《试析评价合理性的意涵》，载《云南社会科学》，2003(3)。

② 卢德友：《价值评价合理性的困境及新路径》，载《南都学坛》，2011(1)。

全面、深入、准确的描述，也包括对客观现实何以如此的内部机制的还原与澄清。因此，合规律性可以拆分成两个成分：一是真实；二是合理，即合乎人的理性认知。真实指评价涉及的事实必须是准确的，即评价收集的客体信息必须是符合实际的，是全面、细致和客观的。如果评价客体及相关事实的信息是错误的、不符合现实情况的，那么评价也就无所谓合理性。合理指的是评价主体、评价体系、评价标准、评价程序的确立是合理的。首先，这种合理指合乎当时的利益相关者们对评价的认识水平，是相关者能够认可和接受的；其次，评价主体、评价体系、评价标准、评价程序等评价诸要素之间是相融的，是逻辑自洽的，如果这些要素之间有冲突，比如，评价主体之间有利益冲突，评价程序与评价标准之间是冲突的，评价标准与评价体系之间是相悖的，这样的评价自然就无合理性可言。

合目的性指的是评价应该合乎“人之理”。所谓“人之理”，即人之为人的独特之处，即人的超越本性、人的向善本性。尽管人始终未说清楚（也永远说不清楚）究竟何为“好”，但人对“好”的向往与追求始终如一。就评价而言，所谓合目的性指的是评价的出发点与落脚点的价值合理性。从宏观层面讲，合理的评价必须有助于人类的发展和社会的进步；从微观层面讲，合理的评价必须有助于教育的发展、受教育者身心的健康成长以及教育各种利益相关者收益的最大化。一个与人类社会历史发展趋势相冲突的评价肯定是不合理的，一个妨害教育发展、无助于受教育者身心成长的评价也肯定是不合理的，一个无助于学校发展、不能使教师和家长满意的评价的合理性也是值得怀疑的。

二、教育评价实践模式的现实探索

教育评价涉及评价目的、评价主体、评价体系、评价标准、评价结果等要素。评价目的即为什么进行评价：评价的落脚点在哪里？是为了管理、鉴定还是为了发展？评价主体即谁来进行评价：是政府主管部门、学校还是第三方机构进行评价？其他教育利益相关者如学生、家长和社会其他方面是否应该以及如何参与教育评价？如何提升教育评价主体和评价过程的公平性、公正性？评价体系即评价什么：教育范畴内的哪些内容应该被评价？除学校管理、教师绩效、学生发展之外，是否还有其他内容也应该被纳入评价体系？这些内容之间的关系为何？在教育评价中的权重如何确定？评价标准即按照何种标准进行评价：谁来制定这些标准？这些标准的根据如何确定？如何保证标准的公平性、公正性？评价结果指的是如何合理地限定评价结果的使用范围和程度。教育评价实践的探索大都围绕这些要素展开。

（一）从鉴定性、管理性到发展性教育评价

改革开放后，在不断借鉴外国教育评价理论、不断建构具有中国特色的教育评价

理论的基础上，经过教育理论和实践的多种探索，我国教育评价实践取得了较大进展。有学者梳理了我国教育评价模式的发展历史，概括出了我国教育评价的三种模式：注重评价标准达成与否的鉴定性评价模式，注重通过评价规约学校和教师日常表现的管理性评价模式，以及当下正在探索的以教育发展为最终指向的发展性教育评价模式。①

鉴定性评价模式是我国基础教育中最常见的评价模式，也是最早使用的模式。20世纪90年代这种模式较为流行，其主要特点是关注评价标准和评价结果。相对而言，鉴定性教育评价既不重视对评价方式的选择，也不重视对评价结果的延展运用。它所追求的直接目标就是对评价对象的特定方面做出所谓准确、客观的评定，是一种总结性评价或终结性评价。也可以说，评价的目的就是评价本身。

管理性评价模式与鉴定性评价模式的主要区别在于相较于结果或结论，它更关注评价对象日常的行为表现及改变。评价成为对教师或学校的行为进行规范有效的管理的一种重要手段。换句话说，管理性教育评价模式更重视教育评价的规约效果，更多地把教育评价及其结果当作管理的手段与途径。鉴于教育管理体制权力集中的特点，这种模式更容易得到教育行政部门的偏爱。这种模式的优点在于管理效率和效果较好，缺点在于容易导致学校和教师成为教育管理的附庸，学校和教师的主动性、主体性等容易被削减。

发展性教育评价模式与前两种模式的区别在于："①评价的直接目的不是一定要对评价对象给出一个优劣高低的结论或鉴定，而是一定要帮助评价对象明确自己的发展方向或改进措施。②评价的标准不一定都是预定的，而可以是开放的，可以是在评价过程中逐渐明确的。由于发展性评价着眼于每个评价对象在原有基础上的发展、改进、提高，所以它并不一定强调用某种统一的标准去衡量所有的评价对象，而是力求帮助评价对象明确自己眼下的发展目标与标准。③发展性评价不仅把评价对象看作发展的主体，同时也当作实施评价的重要主体，因此，发展性评价的主体不仅有评价对象之外的其他人，而更多的是评价对象主动参与对自身的评价。④发展性评价的过程不仅仅是一种评价的过程，同时也是研究、探讨的过程，是寻找改进的目标与改进的方法的过程。"②

鉴定性评价模式重视评价标准和事实，强调评价的真实性，但忽略了评价的目的性。管理性评价模式重视评价结果的规约作用，重视评价标准的建构及相互的逻辑性，也重视评价结果的运用，但管理性评价模式的目的较为偏狭，过于重视管理部门作为评价主体的权力和权威，忽视了评价对象的主体性。相对而言，发展性教育评价模式从理念上看集真实、合理和合目的性于一身，具有更好的合理性，值得在理论上进一步拓展、在实践中进一步验证和发展。

---

① 于京天、王义君：《基础教育评价改革报告》，8～12页，济南，山东教育出版社，2003。

② 于京天、王义君：《基础教育评价改革报告》，12页，济南，山东教育出版社，2003。

(二)增值性教育评价——大数据时代的发展性教育评价

尽管在教育评价应制定何种目的的问题上还有争议，但教育评价应该具有合目的性这一观点已经成为各方共识。当下教育评价的难点在于如何实现教育评价的目的，即如何通过评价体系、评价标准、评价方法、评价程序的设计和优化实现教育评价的理想追求。目前发展性教育评价已经得到了广泛认可，但如何把发展性教育评价的理念付诸实践成为当下教育评价的现实挑战。

《教育部关于深入推进教育管办评分离 促进政府职能转变的若干意见》提出了“坚持以学校为主体、以学生发展为本位，健全多元化评价标准，积极采用现代化评价方法和技术，保证教育评价的科学性、规范性、独立性”的要求，发展性教育评价的提出与探索正当其时。如何衡量发展、如何评估发展是这种评价模式的难题。增值性教育评价也许能对破解这一难题提供有益思路。

1985 年，泰瑞・泰勒等人首先提出了增值性教育评价，即通过对学生在整个就读期间或某个阶段的学习过程、学习结果的分析来描述学生在学习上进步或发展的增量。这个增量可被看作教学品质提升的结果，是学校教学改进的标志，也是教学质量评估要抓的重点。① 增值性教育评价的运用建立在大数据的基础上。增值性教育评价模型会抽选与所有研究对象(学生)相关的连续若干年学业数据以及学生在某一段时间内一系列时间点的学习能力信息(如起始点的学习成绩、若干次月考的成绩、学期末成绩)，该模型会把任一时间段内起始点的学习能力信息作为统计分析中的比较“基线”。②

增值性教育评价的优势有三点。第一，重视学生的起点，关注过程，强调学生的发展。增值性教育评价利用学生的进步而非学生在关键考试中的原始分数来评价学校的绩效，具有综合考查学生发展影响、强调发展性评价标准、重视起点、关注过程、促进学校改进等特点。第二，综合考查学生发展，厘清责任。增值性教育评价旨在通过评估教师效能在其学生的进步上所起到的作用来厘清教师责任。这种大数据增值模式不仅关注学习过程最后的产出，还看重学习过程所带来的增长，让每所学校、每位教师、每个学生都得到公正的评价。第三，高效利用统计数据，建构可操作模型。增值性教育评价模型的发展基于统计数据，得益于多元统计方法以及电脑技术的迅猛发展，可利用若干年学生的综合数据分析明确学生是否进步以及进步的程度，全面考虑学生、班级、学校、地区等各种变量对学生学业成果的影响。③

---

① 刘海燕：《美国高等教育增值评价模式的兴起与应用》，载《高等教育研究》，2012(5)。
② [英]萨丽・托马斯、彭文蓉：《运用“增值”评量指标评估学校表现》，载《教育研究》，2005(9)。
③ 冯虹、张莹：《增值评价：基于大数据的发展性教育评价模式》，载《当代教育科学》，2016(9)。

本章小结

评价是以人的需要为尺度对客体做出的价值衡量和判断。评价的基本功能之一就是引导人们趋利避害，在合规律性的基础上，不断实现自己的价值追求，达到合目的性的境界。教育评价希望通过对现实教育存在的价值判断不断引导教育趋向更高的价值存在，不断趋近人类幸福美好明天的价值理想。教育评价既需要科学，使教育评价合乎规律，还需要价值理想的引导，使教育更符合人的超越本性。

章后练习

1. 案例分析

高考的重要性不言而喻，但对高考的重视也引发了一些问题，如家长护考心切，自行将考点附近的道路封闭，引发了争议。当下虽然似乎每个人都可以指出高考的问题，但人们也想不出更好的代替高考的方式，而是着力于高考改革。

为什么高考在当下虽然存在一些问题但仍然不可替代?

2. 简答题

(1)怎样理解理性与合理性的关系?

(2)教育评价主体多元化的利与弊为何?

(3)如何认识合规律性与合目的性的统一?

延伸阅读

[1]冯平．评价论[M]．北京：东方出版社，1995.

[2]陶西平．教育评价辞典[Z]．北京：北京师范大学出版社，1998.

[3]张理海．社会评价论[M]．武汉：武汉大学出版社，1999.

[4]陈玉琨．教育评价学[M]．北京：人民教育出版社，1999.

[5]于京天，王义君．基础教育评价改革报告[M]．济南：山东教育出版社，2003.

[6]吴钢．现代教育评价基础(修订版)[M]．上海：学林出版社，2004.

[7]刘新建．系统评价学[M]．北京：中国科学技术出版社，2006.

第十一章

学校与哲学

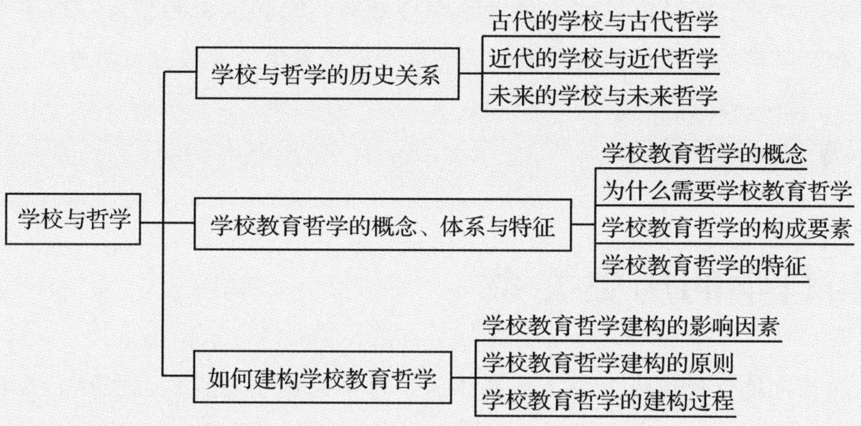
学校与哲学
学校与哲学的历史关系
古代的学校与古代哲学
近代的学校与近代哲学
未来的学校与未来哲学
学校教育哲学的概念、体系与特征
学校教育哲学的概念
为什么需要学校教育哲学
学校教育哲学的构成要素
学校教育哲学的特征
如何建构学校教育哲学
学校教育哲学建构的影响因素
学校教育哲学建构的原则
学校教育哲学的建构过程

章前导语

近代以来的教育变革从根本意义上讲是学校变革，学校变革的本质是作为社会机构和教育组织的学校在时代精神变迁、社会转型的外力冲击下形成内部变革的动力，进而形成外显的教育行为，改变自身形象。教育现代化的主要问题聚焦于我们把学校打造成什么样子，学校横向和纵向之间的关系如何，学校秉承的核心价值观能否体现时代要求，学校的育人目标能否满足时代要求和个人在时代中生存的需要。因此，学校天然和哲学有着密切的关系，教育改革的目的在于使学校适应现代社会的要求，通过考虑社会和个人的新需求，重新论证学校理念、制度和教育行为等的合理性，调整学校的价值选择、教育目标和基本任务，从而培养具有现代气质的人。

整体上讲，变革学校的关键在于变革学校的文化，学校的文化氛围在各个层面影响学校场域中的人和物，反思学校文化对于学校的发展来说至关重要。学校教育哲学的建立是学校文化反思的重要路径，学校教育哲学是学校在规划自身时的指导理念。学校教育哲学虽然触及对教育价值等的深刻思考，但并不是一门只属于哲学家的高深莫测的学问。学校教育哲学并不是口头或书面的知识，而是真正落实到学校办学实践的理念。近年来，我国教育界越来越重视学校教育哲学的探索和发展，许多学校成为探索学校教育哲学的典范，提出了很多切合自身办学特色的学校教育哲学。

第一节
学校与哲学的历史关系

哲学和教育具有密切的关系。杜威认为，哲学起源于教育；《理想国》提出，教育是为了哲学的需要，在现实世界建立哲学中的“理想国”。学校是教育实施的主要载体，学校在诞生之初就体现着人类的哲学思想。人是教育的终极目的，人的问题是哲学的终极问题，人的问题也把哲学和学校紧紧联系在一起。哲学是时代在精神领域的反映，学校的发展与时代精神具有密切的关系。时代精神对学校有直接和间接的影响，时代精神可以直接影响学校的价值选择、教育方法，也可以通过影响社会的政治、经济、文化结构来影响学校的结构、形象、育人目标等。涂尔干在《教育思想的演进》中明确指出：“教育的转型始终是社会转型的结果与征候，要从社会转型的角度入手来说明教育的转型。要想让一个民族在一个特定的时间环节上感受到改变教育体系的需要，就必须有新的观念、新的需要浮现出来，使此前的体系再也无法满足需要。”①

一、古代的学校与古代哲学

学校教育是狭义的教育。直到学校从社会生产与其他社会生活中分化出来，才算有了学校教育。社会生产力水平的提高、脑力劳动和体力劳动的分离、文字的创造与积累、国家机器对知识分子和官吏的需要促成了学校的诞生。古代学校具有鲜明的阶级性。在英语中，学校(school)一词源于拉丁文 schla 和古希腊文 skhole，意为具备闲暇条件的休闲者可驻足的地方，这意味着学校在发展初期是为脱离生产劳动的奴隶主阶层提供教育的机构。在汉语中，“学”和“校”二字最早见于《孟子》：“设为庠、序、学、校以教之。庠者，养也；校者，教也；序者，射也。夏曰校，殷曰序，周曰庠，学则三代共之。”中国古代官学一般被称为“学”，私学自汉代以后名称渐多，如“精庐”“精舍”等。同样，此时中国的学校也是统治阶级子女受教育的机构。

古代哲学中的人性论使学校教育有阶级性。从人性的构成讲，在柏拉图的哲学思想中，人天生就是不平等的，人是由金、银、铜三种不同材质构成的，不同材质的人适应不同的社会任务，对不同的人施加不同的教育。学校的目的是维持城邦的良好秩序。在柏拉图的构想中，哲学王管理城邦，只有金质的人才能接受最高等的教育即哲学教育，通过沉思追求真理。这便在城邦中划定了统治与被统治、劳心与劳力的界限，彼此的兴趣不能共通。

西方古代学校具有教育与生产劳动分离的特征。按照亚里士多德的哲学思想，哲学家致力于建构一种沉思传统，一种实践低于沉思的生活方式，并反映在学校教育中，形成了西方古代学校教育中文雅教育和职业教育的对立、普通中学和实科中学的纷争、理论和实践的分离。学校的任务是培养人的理性，而日常经验只能提供给人混乱的意见，因此，在西方古代学校中学习哲学的人就显得比较“高贵”，而走不出经验范围的阶级就比较“低贱”。通过理性求知的阶级是统治阶级，对立者即被统治阶级。西方古代学校课程中最重要的学科是数学、天文学和修辞学，因为这些学科和理性有关。

中国古代学校以儒家经典为主，通过研究“天人之际”“通古今之变”实现“修己安人”的教育目的。中国古代学校具有社会教化特征。《学记》有言：“建国君民，教学为先。”中国古代学校的重要任务是通过教育推行稳定政治的教化。夏、商、西周建立和发展了奴隶制国家，在文化教育上实行官守学业、学在官府的制度。商代崇尚武力、迷信鬼神，“国之大事，在祀与戎”。西周汲取了前代的教训，采取敬天保民的方针，也

① [法]涂尔干：《教育思想的演进》，李康译，231页，上海，上海人民出版社，2003。

就有了制礼作乐、兴学设教、实行德政、重视教化的措施。后来，孔子尊崇周礼的思想，提倡政教合一、重视教化。在西方，通过西方哲学与教育思想渊源的关系我们就可以看到，哲学王为了延续对城邦的统治，最好的方式就是将知识传授给自己的学生。

二、近代的学校与近代哲学

近代学校是对工厂模式的模仿。17世纪，西方自然科学知识迅速发展，近代自然科学体系形成。17世纪40年代，英国爆发了资产阶级革命；17世纪80年代，新的社会政治制度诞生。科学主义思潮和社会制度的变迁促进了近代工业的发展，进而扩大了人民群众对文化教育的需求，古代学校的精英教育、博雅教育无法适应新的时代精神和社会发展。近代教育是近代工业发展在教育领域的缩影，学校模仿工厂，重视学生的职业训练，批量生产人才，注重教育的效率和人才培养的同质化。“随着教学工作的高度结构化和颇有竞争性，科层制逐渐呈现……在具体的班级管理工作中，教师也开始用一套工厂的管理式原则来管理学生。”①被称为教育科学奠基人的夸美纽斯第一次在理论上制定并全面论证了班级授课制，第一次系统论述了教学原则指导教学方法。他还撰写了《组织一所良好学校的准则》一书，它是学校管理方面较早的著作之一。

近代学校是当时国家的政治工具。近代民族国家形成，要通过教育手段促进国民对民族国家的文化认同、政治认同，因此形成了国家教育思潮。比如，英国政府拨款补助教育——1833年颁布了关于教育补助金的法案；设立了专门的教育管理机构——1839年成立枢密院教育委员会，1856年改为教育局，1899年改为教育署，初步完成了英国教育领导体制的国家化；制定了一系列法令、法案——1870年颁布了《初等教育法》，其最大的意义是强迫教育制度正式形成。近代学校具有平民教育的特征，工业生产需要大量受过教育的职业工人，所以学校需要扩大受教育对象的范围，保证为社会输送一定规格和质量的人才。夸美纽斯说要把一切知识教给一切人。学校是为整个社会设立的，而不是仅为富人设立的。学校的任务是推动社会发展，使受教育者通过教育能够在社会上过体面的生活，而不仅仅是为了研究高深的学问。19世纪后期至20世纪初期是西方历史的一个大转折，自然科学尤其是生物学和心理学的迅速发展改变了人们看待世界的方式，推动了西方学校的变革，要求学校能够适应生活。当时的西方学校并不能满足这种需求，因此发生了学校变革，具有代表性的是美国进步主义教育运动和欧洲新教育运动。

在我国，辛亥革命后，政府颁布了壬子癸丑学制，并将教育机构统一改称为学校。

---

① ［美］厄本、［美］瓦格纳：《美国教育：一部历史档案》，周晟、谢爱磊译，241页，北京，中国人民大学出版社，2009。

近代学校是教育在政治形势下的缩影，这种规模的教育只有政府保证才能有效进行。通过一系列社会政治运动，我国将体现自由、民主、科学精神的学校引入本土。

三、未来的学校与未来哲学

现代学校制度是大工业时代的产物，面对当今社会网络化、信息化、智能化、个性化的发展，现代学校制度已经无法适应新社会变革。“新技术使人类进入了信息传播全球化的时代；它们消除了距离的障碍，正十分有效地参与和塑造明日的社会。由于这些新技术，明天的社会将不同于过去的任何模式。最正确和最新的信息可以提供，而且往往可以实时地提供给地球上的任何人使用，并能达到最偏僻的地区……人机对话的技术将使人们不仅能发送和接收信息，而且能不受距离和运作时间限制地进行对话、讨论、传递信息和知识。”①

未来学校重视个性化教育，甚至可以放弃固定的教育场所。在人工智能时代，教育会以学习为中心，去标准化、个性化、定制化成为未来学校教育的特征。每个人根据自身需求制订自己的课程学习计划，教育评价也是针对个人的。即使学校不一定发展为大小不一的“学习中心”，“学校这座‘孤岛’会在信息技术带来的开放中，与外界的联系愈加紧密。学校空间的利用率、学校时间的弹性化也会大幅度提升。更重要的在于，学校的功能和作用将发生重大变化，越来越走向精准教育，通过精准定位为学生的成长提供‘精准服务’”②。激进的批判教育学家伊里奇在其著作《去学校化社会》中提出了“非学校化”(de-schooling)。他说：“我相信，学校的废除已不可避免，并且，这样一种幻想的结局使我们充满希望……我也相信，‘学校教育时代’的终结可能开创一个全球性校舍的新纪元……一句话，我们可以废除学校，或者说我们能够废除学校文化。”③

未来的学校重视培养全球公民。所谓文化多样性，就是多种文化在同一空间并存并不断交互的状态。在经济全球化时代，教育面对的文化背景是多样的。为了应对经济全球化时代的文化认同问题，全球公民的培养被纳入学校育人的时代课题。桑德尔指出：“在我们这个时代，越来越超出民族国家的范围。即使最强大的国家也无法单独来解决他们所面临的问题和挑战。那么问题就在于，今天的公民身份是不是要被引向不仅是民族认同，而是全球的认同，不仅是民族共同体，而是全球的共同体，要被引

---

① 联合国教科文组织：《教育——财富蕴藏其中：国际21世纪教育委员会报告》，联合国教科文组织总部中文科译，27～28页，北京，教育科学出版社，1996。

② 李政涛：《人工智能时代：教育的“变与不变”》，载《人民政协报》，2017-11-01。

③ 瞿葆奎：《教育学文集·教育与社会发展》，651页，北京，人民教育出版社，1989。

向全球范围的‘公共善’。”①

通过学校的发展历程我们可以看到，学校的教育对象不断扩大。在21世纪，不仅普通适龄儿童能够在学校接受教育，而且全纳教育致力于让学校接收特殊需要群体；接受学校教育不仅是学龄儿童的权利，成人也可以进入学校接受教育。随着社会的发展，社会系统更加复杂。学校作为社会系统的一部分，无论是内部还是外部，自然与不同主体发生不同程度的关系，彼此之间相互促进、相互制约。学校的功能在增加，学校的发展也需要考虑更多因素。学校从关注知识传授转向帮助学生有能力适应快速变化的世界，如核心素养的培养。学校的这个转变与时代精神密切相关，是时代精神塑造了学校的面貌。换言之，学校的理念随着哲学思潮的变迁而变迁。

以上表明，学校在不自觉的状态下受到哲学思潮带来的外部影响，这些影响从根本上讲是在哲学中把握时代精神，从具体层面讲是时代背景下的哲学思潮影响学校的使命和育人目标。直到20世纪80年代，注重哲学思潮对学校的自觉影响的学校教育哲学才得以建立。信息时代社会变化飞速，学校不应只重视传承传统文化，还应该提升学生应对时代变化的能力。学校的革新虽然是从外部世界引起的，但有效的改革仍然需要从学校内部做起，学校要能够自觉领会时代的精神，进行哲学层面的反思，主动自觉建立自己的教育哲学。

第二节
学校教育哲学的概念、体系与特征

学校教育哲学在英文中是school philosophy，19世纪70年代开始逐渐受到教育界的关注。学校教育哲学不是学科意义上的教育哲学，而是观念层面的教育哲学。② 学校文化差异的核心是价值的差异，价值的差异则需要从哲学的层面进行反思。如何运用哲学理念处理学校中的事务被视为重要问题并被提上日程。如何运用哲学反思学校中的事务，首先在于哲学在反思学校事务中的地位如何、如何认识哲学和学校的关系问题。

一、学校教育哲学的概念

学校教育哲学概念的界定是多样的。有学者认为，哲学是解决问题的方法，哲学

① [美]迈克尔·J. 桑德尔：《公民身份：面向世界的认同与表达》，载《中国社会科学报》，2007-06-07。

② 陈建华：《学校应该有自己的教育哲学追求》，载《教育科学研究》，2007(1)。

在理念层面为教育问题和学校具体发展策略提供指导和建议，哲学是思考学校教育的方式和解决问题的工具。[①] 学校教育哲学渐渐被教育学者运用起来。有学者认为，学校教育哲学是学校教育观念的核心，以学校教育教学实践为依托，以对自身教育活动进行持续理性反思为基本路径，从而形成个性化、对教育实践具有影响力的教育观念。[②] 也有学者认为，学校教育哲学从本质上讲是一种形而上的观念。[③] 学校教育哲学是经过逻辑思维形成的、能动地反映客观教育现实的，理论化、系统化的教育观念。[④] 还有学者认为，学校教育哲学是一种观念形态，是学校成员创造并共享的核心价值，以及在核心价值统领下对本校一系列教育教学和管理思想所进行的校本凝练，是一整套指引办学方向和方法的观念体系。[⑤]

索尔蒂斯将教育哲学分为个人的教育哲学、公共的教育哲学和专业的教育哲学。个人的教育哲学是从个人层面进行教育哲学反思，如教师个人教育哲学；公共的教育哲学是从公共层面来考虑教育哲学，其目的在于找寻公共教育事业的目的和意义，指导公众的教育实践；专业的教育哲学包括个人的教育哲学和公共的教育哲学，但更加强调哲学家的反思能够为教育工作者提供更多启发，而不是只提供政策和纲领。[⑥] 学校教育哲学代表学校共同体所有成员的教育理念和价值追求，是对学校教育理念进行哲学分析、过滤和筛选的结果，是共同体的共识，属于公共的教育哲学范畴。"学校教育哲学并非将诸如理想主义、现实主义以及实用主义等哲学思想应用于学校教育，而是有关学校处理内部事务或规划自身发展的各种建议的集合体。更贴切地说，它是学校对自身以及未来发展的系统性思考方式。"[⑦]我们可以看到，学校教育哲学具有非常浓厚的实践色彩，是一种实践教育哲学，即从实践中来，在了解学校并征求校长、教师、学生、家长的意见的基础上反思总结自己的教育哲学。

虽然学者对学校教育哲学的认识有所不同，但他们就学校教育哲学的哲学性达成了研究共识。学校教育哲学始终是一种观念性存在，其分歧体现在范式、价值、作用、地位等方面的限定性条件。即使看起来眼花缭乱，但总的来说，这些具体的限定性条件体现出人们对观念形态范式的理解有所区别。不同的限定条件之间没有进行比较的必要与可能，比如，我们无法比较强调作用(如学校教育哲学是一套办学方向和方法的

---

① Philip H. Phenix, *Philosophy of Education*, New York, Holt, 1958, pp. 10-30.

② 李宝庆：《学校教育哲学的意义与建构》，载《教学与管理》，2010(10)。

③ 张红：《学校办学理念的教育哲学思考与课程文化构建——以天津市实验中学为例》，载《天津市教科院学报》，2012(6)。

④ 范国睿：《校长的教育哲学究竟如何形成》，载《中国民族教育》，2015(9)。

⑤ 沈曙虹：《学校教育哲学的观念要素与结构体系》，载《教育研究》，2019(9)。

⑥ [美]J. 索尔蒂斯、闵家胤：《论教育哲学的前景》，载《国外社会科学》，1984(3)。

⑦ Spencer J. Maxcy, "Happiness in Education through the Development of a School Philosophy," *Education*, 1985(4).

观念体系)和强调范式(学校教育哲学是形而上的观念)的学校教育哲学概念哪种更加准确。虽然相同条件之间的比较能够让我们看出是在何种哲学范式视角下(形而上学范式或实践哲学范式)进行观念描述的，但研究者往往为了研究的便利而进行概念界定，这种依据特定情境的概念界定使比较的意义不大。为了让学校教育哲学的众多概念更加明晰，这里以学校教育哲学这一观念性存在的范式描述为例，比较两种不同的学校教育哲学概念。有人认为学校教育哲学是一种形而上的观念，有人认为学校教育哲学是一种能动地反映客观教育现实的观念，前者为从传统形而上学的角度来理解，后者则从近代实践哲学的角度来描述。这种限定条件的表述比作用、意义或价值等条件在表述方面更加具有本质性。在这种表述中，我们可以清晰透视学者如何基于自己的理解从本体论、认识论、价值论、方法论层面理解学校教育哲学中的各种因素，以及学者如何表达学校教育哲学建构的路径。

二、为什么需要学校教育哲学

(一)学校教育哲学的理论由来

19 世纪 70 年代，西方学者进行了一项学校调查研究，其结果表明，学校为学生提供的环境的差异造成了学生对学校纪律的遵守、退学学生的数量、学生毕业后成功从事岗位工作的数量的差异。① 这使得人们开始思考何种原因造成了这种结果。这一疑问引发了多项研究，从校长的领导力到学校的文化问题。斯蒂芬·阿伦斯认为，虽然公立学校实际上是社会不同利益团体文化博弈的媒介，但公立学校作为在一定程度上具有独立性的组织应当具有自身的学校文化，具有自身的特色，不同的学校文化氛围对学校师生具有不同的影响，而且影响体现在学校的方方面面。② 20 世纪 80 年代，学校教育的概念在英国诞生，随后逐渐传播到欧洲大陆、澳大利亚、北美等地。1991 年，英国科学和教育部颁布的《学校发展规划实践指南》指出，学校发展规划最重要的是确立一所学校的教育哲学。这一观点在澳大利亚、新西兰等国家的教育行政文件中也有体现。③ 代表人物有：斯宾塞·马克西，他对学校教育哲学的概念、内容、目的进行了详细阐述；摩尔·凯布利，他研究了学校教育哲学的表述方式，学校向家长介绍学校教育哲学的重要性，学校教育哲学对于学校环境、教师培训的价值和意义，家长参与制定学校教育哲学的目的和意义；米切尔·马丁，其在《中学发展指导规划》《中学发展

---

① Spencer J. Maxcy, "Happiness in Education through the Development of a School Philosophy," *Education*, 1985(4).

② Stephon Arons, *Compelling Belief*: *The Culture of America Schooling*, New York, McGraw Hill, 1983, pp. 7-11.

③ 陈建华：《西方中小学校本发展规划研究及启示》，载《比较教育研究》，2004(12)。

规划简介》中对学校的使命、愿景和目标的内涵、价值、形成路径进行了详细阐述，为学校确立教育哲学提供方法指导。

我国教育界类似于学校教育哲学概念的是“办学理念”这一表达，但办学理念不完全等同于学校教育哲学。办学理念主要包括办学指导思想、办学目标和育人目标，是学校发展中教育观念、教育思想及其教育价值追求的集合体，是学校自主建构的教育哲学，是整个学校文化的灵魂。[①] 一些学者对学校发展规划的内涵、理论、方法和实践进行了研究与阐述。国内最早推介学校教育哲学的是一些从事新课程改革研究的学者，如崔允漷教授和吴刚平教授率先提出校本课程开发的关键和灵魂是梳理和廓清一所学校的教育哲学。[②] 还有一些从事学校发展规划研究的学者提出学校教育哲学对学校教育的各个方面起着渗透性指导作用，提炼学校教育哲学是制定与实施学校发展规划的关键。[③]

(二)学校教育哲学的现实需求

随着对教育质量的追求，教育领域的竞争对学校发展提出了新要求。教育领域的竞争包括国内教育竞争和国际教育竞争。在一个国家内部，公立学校之间、公立学校与私立学校之间、私立学校之间都存在着不同程度的生源、师源及其他物质资源的竞争；同时，许多国际教育力量也进入各国。随着人们生活水平的提高，父母对子女的教育投入也不断增加。因此，优质教育资源供给侧改革十分重要，这也刺激学校为了自身的生存和发展而不断探索新的教育哲学理念，提供更具特色、更高质量的教育。

(三)学校教育哲学的价值和意义

1. 学校发展的指南针

从管理学的理论发展来看，在最初的科学管理理论中，学校更多被视为一个封闭的系统，学校的管理问题是如何使共同体成员提高工作效率，从而高效地实现学校的目标，学校的目标问题则不是一个学校管理需要过多关注的问题。霍桑实验表明，正式组织的目标并不是统一为所有成员所认可的，正式组织中还存在非正式组织，其组织目标在管理过程中与正式组织相抗衡。这给我们的启示是学校的正式目标或许不被学校共同体中的成员接受，这便加大了学校管理的难度。随着管理理论的发展，组织越来越被看作一个与外界效果联系的系统，这意味着学校实际上是一个与外界关系密切的复杂的系统，因此，学校的目标形成问题成为学校管理中的重大问题。但是，在

---

① 郭元祥：《论学校的办学理念》，载《教育科学论坛》，2006(4)。

② 崔允漷、吴刚平、傅建明：《普通高中校本课程开发建议书》，载《当代教育科学》，2003(22)。

③ 陈建华：《作为发展过程的学校发展规划》，载《教育发展研究》，2004(11)。

当今时代，社会结构复杂，处于当下社会结构中的学校不得不面对更多复杂关系，这些关系在一定程度上影响着学校对人才培养的质量、规格的要求。学校不是象牙塔，其独立性是处在复杂社会结构关系中的相对独立性，这种独立性能够保证学校坚守立德树人的教育目标，但同时学校要满足社会提出的人才培养需求。社会发展的诸多新理念和教育行政部门主导的教育改革对学校提出了应接不暇的任务，学校如何抓住主要矛盾，并抓住主要矛盾的主要方面，同时兼顾好次要矛盾，这体现出一个学校的办学水平、学校管理团队的管理水平和学校的教育质量。

学校教育哲学作为学校发展的核心理念，能够帮助学校在复杂的任务中抓住主要矛盾，从而保证学校能够在教育改革潮流中有定力、有方向。一旦确立了学校的核心价值观、使命、愿景和育人目标，学校的规划工作就会围绕着学校教育哲学展开，进而制定相关教育制度和措施，开展教育教学实践活动，就能确保学校的教育工作有重心，学校能够有弹性地围绕学校的工作重心开展教学实践活动。

2. 打造特色学校

近年来，在基础教育领域，办有特色的学校越来越受到关注。在学校发展规划中，学校特色是办学主体促进学校发展的重要内容和途径。学校特色是学校根据一定的教育规律，顺应社会发展需求，在长期的教育教学实践过程中形成的独特、优质、稳定的教育活动。确立具有学校特色的优先发展项目是学校共同体成员制定学校教育哲学的首要任务。学校教育哲学在观念的层面确定学校的特色所在，这一观念性存在能够在本质上抓住学校特色的关键，从而成为学校特色的灵魂。学校特色的观念性存在需要体现在学校的培养目标、课程、教学和校园文化环境建设中。

3. 提升学校形象

所谓学校形象，是指社会公众按照一定的标准和要求对某个学校经过主观努力所形成和表现出的形象特征所持的整体看法、最终印象和综合评价。学校形象是学校获得内部与外部认同的重要因素，认同是对学校教育质量的认可与信任，它使学校在激烈的竞争中保持优势。因此，学校形象是学校无形的资产，是学校生存与发展的基础。学校形象包括学校的期望形象和实际社会形象。学校的期望形象是学校在办学理念的指导下经过形象策划所希望塑造的形象。学校的期望形象表达了学校对自身发展的主观愿望，这一愿望也是依据学校的客观情况形成的，表达了学校发展的方向和目标，同时对学校共同体成员有规范和激励的作用。学校的实际社会形象是社会对学校的实际看法、实际印象和实际评价。要提升学校的形象，学校领导者就要善于全方面、客观认识学校的实际社会形象，为学校规划期望形象提供可靠的现实依据。[①] 学校教育哲

① 陈丽、王兵、胡淑云等：《学校发展策划：理论、方法与实践》，66～67页，重庆，重庆大学出版社，2005。

学致力于消除学校的实际社会形象和期望形象之间的差距，从而提升学校形象。

4. 促进学校发展

学校教育哲学致力于促进学校共同体中所有成员的发展，包括学生、校长、教师、其他学校员工、家长及社区人员。在任何一个组织的发展过程中，个体的力量都是单薄的、分散的，要想实现真正的发展，就必须形成合力，形成一个真正的学校共同体。只有形成真正的学校共同体，所有成员才能形成合作关系；只有当大家为了共同的理想奋斗，学校内部才能发生真正的学习，学校的革新才有可能。①

三、学校教育哲学的构成要素

学者们在学校教育哲学的构成要素上意见不一。西方学者多从学校使命、发展愿景、育人目标三个方面进行论述。② 国内学者虽大多接受和沿用了这一说法，但也有学者认为学校教育哲学的结构应当包含学校的核心价值观、使命、发展愿景；③ 还有学者对学校教育哲学的内在逻辑做了层次划分——第一级是办学宗旨，第二级是办学理念，第三级是育人目标，第四级是课程体系。④ 归纳来看，学者讨论较多的构成要素有以下四种。

(一)学校的核心价值观

学校的核心价值观是学校共同体成员在长期办学实践中形成的对教育、学校和学生发展的理解，是学校共同体成员的价值追求，也是学校教育哲学体系的核心。学校的核心价值观不是教育理念的简单移植，而是基于学校长期教育实践的总结并结合理论依据抽象出来的育人价值追求；不是校长个人的办学理念，而是学校共同体成员共同的精神财富。学校的核心价值观来自学校办学的历史传统和特色追求。

(二)学校的使命

学校的使命是学校存在的理由和价值。学校的使命包括三个基本问题：学校为谁服务？学校提供什么服务？学校拥有什么样的理想和信念？概括而言，就是学校的理想、信念、价值观。⑤ 任何一所学校都应该明确自身的使命，使社会公众可以对学校的

---

① ［日］佐藤学：《静悄悄的革命——创造活动、合作、反思的综合学习新课程》，李季湄译，61页，长春，长春出版社，2003。

② 陈建华：《作为发展过程的学校发展规划》，载《教育发展研究》，2004(11)。

③ 李宝庆：《新课程背景下的学校教育哲学变革》，载《教育发展研究》，2008(18)。

④ 项纯：《走向学校课程的整体构建》，载《中小学管理》，2018(12)。

⑤ 陈建华：《学校应该有自己的教育哲学追求》，载《教育科学研究》，2007(1)。

类型、性质和目标有清晰的了解。学校的使命应当回答学校目标的核心问题，根据学校的实际情况提出更加贴切的问题，而非适用于任何一个国家、任何一个学校的使命。在中国教育现代化的背景之下，学校应根据时代发展不断调整自己的理想、信念、价值观。

(三)学校的发展愿景

愿景一般指有待实现的愿望。愿景一般分为三个层次：组织大愿景(共同愿景)；团体小愿景；个人愿景。学校的发展愿景是指学校作为一个共同体的组织大愿景，是建立在共同体成员个人愿景之上的，是基于共同商讨的，是为共同体成员所接受并深入人心的，并且能够指导和激励成员行动。学校的发展愿景具体指向学校的办学目标和发展定位。学校的发展愿景应当科学合理，这体现在既符合学校实际，又体现学校特色；既具有前瞻性和方向性，又具有可行性。另外，学校的发展愿景必须足够清晰。

学校的共同愿景对学校发展来说意义重大。首先，共同愿景能够唤醒学校共同体成员的内生愿景，使学校中的工作并非简单的技能性工作，而包含更高的目的。这一目的创造了一种学校现状和未来之间的张力，同时也使学校共同体成员为实现学校愿景做贡献。其次，共同愿景能够增强组织成员间的信任感和对团体的归属感，促进合作。最后，共同愿景是学校发展的方向舵。巴特·南希说："有吸引力、有价值、可实现的广泛而共同的未来愿景是推动一个组织走向卓越和长期成功的最强有力的动力。"①马克·利普顿说："愿景可以团结人，愿景可以激励人，愿景是拨开迷雾指明航向的灯塔，愿景是困难时期或不断变化时代的方向舵，愿景是可用于竞争的有力武器，愿景能够建立起一个命运共同体。"②

(四)学校的育人目标

学生是学校之本，学校一切教育活动的最终目标都是为学生提供优质的教育，促进学生的全面发展。尽管从学校的最终目标来看，促进学生全面发展的育人目标具有相通性，但不同学校的教育对象、教育目标存在差异，对促进学生全面发展的任务的理解具有校本性。学校在制定育人目标时需要注意三个方面：一是要尊重教育本身的规律；二是要贯彻国家的教育方针；三是要考虑学生的身心特点，做到统一性和个别性相结合。学校的育人目标要做到促进学生的全面发展，就要既关注学生的知识、技能的获得，又兼顾学生情感、态度、价值观的形成。

学校发展的核心价值观在最中心处抽象地表达了学校的使命、发展愿景和育人目

---

① [美]杜富尔、[美]埃克：《有效的学习型学校——提高学生成就的最佳实践》，聂向荣、李钢等译，43页，北京，中国轻工业出版社，2005。

② 刘大星：《共同愿景——创建学习型组织培训教程》，81页，北京，北京大学出版社，2004。

标。学校的使命、发展愿景和育人目标以学校的核心价值观为核心和旨归，并在具体化和更具有操作性的目标中体现学校的核心价值观。核心价值观是学校的灵魂，使命是学校存在的理由，发展愿景是学校使命的具体化，育人目标是在学校发展愿景的框架之下设立的。

四、学校教育哲学的特征

(一)实践性

有人认为，学校教育哲学既然是一种观念性存在，就必然具有普遍性的特征，人们能够从不同的学校教育哲学理念中抽象出具有普遍性的内涵和理论。但学校教育哲学是紧密联系学校实践的，如果单纯强调学校教育哲学的普遍性，就会造成理论无法应用于实践的尴尬局面，因此，我们需要强调学校教育哲学的实践性。首先，实践性要求学校教育哲学关注自身的情境性，这种情境性指学校教育哲学是学校对学校实践的能动反映。根据马克思主义哲学，实践是世界构成的本体基础，因为学校的实践各不相同，学校教育哲学反思的对象也不尽相同。每所学校的自然环境与社会环境都不相同，其自身文化传统、现实形态各异，其办学理念和理想也各不相同，所以当人们分别从各自学校的时空维度出发对“材料的生命”进行考察时，就只能得出具体的、相对的结论，就必然打上学校个性的烙印。学校个性的烙印使学校教育哲学具有实践的、经验的特性。其次，由于学校教育哲学致力于解决学校教育实践问题，它存在于校长和教职工作为当下活动承担者的思想观念之中，不同于纯粹理论追求科学的理论基础和严密的逻辑结构。最后，学校教育哲学的构建动力是学校教育实践合理性的诉求，学校教育哲学的实践性内涵在于其为学校教育实践的有效性服务。

(二)整体性

学校教育哲学关注的是学校整体的发展。学校是一个有机整体，是学校中各部分以及学校与外界社会系统的协调运行，而不是各种要素的机械相加。学校是一种有机关联，有机关联的根本在于有共同认可的价值观。但是，承认整体并不意味着只有整体决定部分这一个向度，也要注意学校教育哲学的各个观念要素的协同关系。“一方面，各观念要素有其自身形成规律，于是彼此之间便产生了张力；另一方面，各要素在相互作用下与同自己内涵更为紧密的其他要素协同行动，从而建立起优势地位。学校教育哲学就是在各要素竞争与协同的过程中走向成熟。”①

① 沈曙虹：《学校教育哲学的观念要素与结构体系》，载《教育研究》，2019(9)。

(三)过程性

恩格斯说："世界不是既成事物的集合体，而是过程的集合体。"[①]首先，学校教育哲学在人头脑中的形成是具有过程性的。"学校教育哲学观念在头脑中的表现形式依内化程度不同大致有认知、见解、信念三个阶段。教育新思想、实践新探索通过认知进入观念主体的头脑中，这时尽管它可以与主体原有的认知建立起意义联系，但并不等于主体一定认可它、接受它，它还有待于与主体原有教育理解建立起一致性和有效性联系；当主体在观念体系中对新认知建立起一致的和有效的联系时，便逐渐内化为观点，成了主体的教育见解；当见解进一步内化，为主体所坚信和奉行时，便成为教育信念。而学校教育哲学只有真正内化为学校成员共同的信念，才能最大限度地发挥作用。"[②]其次，根据马克思主义认识论，真理是有条件的，学校教育哲学要想成为真正能够影响教育改革的方向性观念体系，就需要在实践中不断发展自身，通过辩证法实现自身的"扬弃"。

(四)复杂性

学校教育改革实践需要系统的教育哲学作为支撑，学校教育哲学能够对学校改革实践产生影响，其根本在于学校教育哲学中的教育信念能够改变学校的外显教育行为。学校教育哲学的复杂性体现在学校教育哲学与学校发展过程中的外显教育行为不具有一致性，即当学校共同体成员的教育理念改变时，学校教育改革实践并不一定立刻产生效果，甚至有时教育观念与教育行为之间会产生相互矛盾和冲突的现象。这是因为学校教育哲学在学校教育改革中产生的影响不仅受学校共同体成员对学校教育哲学的认同的限制，还受学校内外部多种实践因素的限制，需要具体问题具体分析，不能将学校教育哲学中的理念生搬硬套，而要在情境中恰当运用，使之呈现为恰当的教育行为。教育本身属于非常复杂的系统，这也正是导致学校教育哲学具有复杂性特征的原因。

第三节
如何建构学校教育哲学

学校教育哲学的建构过程涉及多元主体、多元影响因素，其建构过程也是循环反复、螺旋上升的。

---

① 《马克思恩格斯选集》第四卷，244页，北京，人民出版社，1995。

② 沈曙虹：《学校教育哲学的观念要素与结构体系》，载《教育研究》，2019(9)。

一、学校教育哲学建构的影响因素

学校教育哲学是学校发展的观念性存在，学校如何定位自身、为何存在、如何发展，是学校教育哲学需要考虑的问题。思考这些问题，就需要明确影响学校发展的各种重要因素。学校不是一个完全独立的存在，学校是社会系统中的一个子系统，随着现代化社会的发展，社会子系统之间的关系更加显著，相互的影响更加密切，因此，学校教育哲学的建构包括诸多外部因素。当然，随着时代发展，学校内部的结构也在变化，较从前也更加复杂，因此，在建构学校教育哲学时，应当兼顾学校的内部因素。

(一)外部因素

学校教育哲学构建的外部因素需要考虑时代的要求、家长的教育期望和社区背景。随着社会的发展，教育的场所不断扩大，从学校扩展到家庭、社区乃至整个社会系统。从宏观系统看，学校的发展受到社会政治、经济、文化的影响；从中观系统看，学校的发展受到社区的影响；从微观系统看，学生的发展受到家庭的影响。① 从学校教育哲学的高度思考学校的办学方向需要兼顾社会、社区、家庭对学校的期望和要求。

1. 时代的要求

作为社会大系统中的一个子系统，学校的观念和实践都体现出“变”与“不变”的双重属性。学校既要坚持培养人的卓越性这一具有永恒性的目标，又要兼顾时代对教育提出的人才培养要求。培养什么样的人才同学校的功能有直接的关系，学校的功能随着社会政治、经济、文化的变革发生变化。黑格尔说，哲学是时代在精神中的体现，从最根本处讲，要想透彻理解学校的变革，就需要从精神层面把握时代的变化。构建学校教育哲学需要考虑时代如何影响学校，并且从观念的层面把握时代对学校有何要求。同时，“一切历史现象都可以用最简单的方法来说明，同样，每一历史时期的观念和思想也可以极其简单地由这一时期的经济的生活条件以及由这些条件决定的社会关系和政治关系来说明”②。因此，学校教育哲学一方面要从哲学的高度归纳时代对教育的整体性要求，另一方面为了能够使时代精神贯彻落实到学校的具体工作中，也要关注时代背景下的社会关系、政治关系和文化关系是如何变革和体现时代精神的。

自组织理论也表明，系统需要通过与外界交换信息和能量来提升自身的有序度。学校作为自组织系统不可能孤立地、绝对自由地存在，我们对当今学校所追求的价值观念和行为方式的认识有无法摆脱的前提，那就是外部环境的影响。任何学校的教育

① 肖川等：《办好学校的策略》，224页，南京，南京师范大学出版社，2005。

② 《马克思恩格斯选集》第三卷，459页，北京，人民出版社，2009。

哲学都不是一成不变的完成时，而是在依据内部机制发展的同时，随着社会与教育的变革而不断改革、不断丰富、不断深入。学校在特定时期赖以生存的观念形态向一种全新的、更具时代精神的观念形态转变，从而使社会和教育的发展逻辑不断生成为学校自身。比如，当下核心素养就是时代对学校人才培养提出的要求，是人接受教育后应当具备的现代人的形象。当然，培养核心素养只是对学校人才培养目标的表述，并不能说明受教育人的具体形象，这需要我们继续思考这个时代的关键特征。学校教育哲学必须尽可能透彻理解时代的特征，基于对时代的理解，确立学校教育的发展愿景和育人目标。

2. 家长的教育期望

家长在学校教育中扮演着重要的角色：家长是学校的服务对象，是学校教育工作的合作者，是学校形象和教育质量的评价者和学校声誉的传播者，家长也是学校教育资源的提供者。因此，学校教育哲学的构建应当体现家长对学校教育工作的期望，增强家长对学校教育工作的认同和支持。

首先，家庭教育需要与学校教育结合起来。家庭中也发生着具有教育意义的活动，家庭教育是学校教育的重要补充。为了更好地促进学生的发展，学校需要同家庭进行合作，使学校教育与家庭教育形成合力。家长对学生的教育期待是学校教育哲学构建的重要参考因素。莫迪默尔及其同事对学校效益进行的大型研究发现，家长参与教学实践是区分有效的与不太有效的学校的 12 种关键因素之一。罗森豪茨的研究也发现，在“发展的”和“僵化的”学校中，教师联系家长的方式存在极大的差异。“僵化的”学校的教师在教学目标中不设任何家长参与的目标，而“发展的”学校中的教师则把重心放在让家长参与学校内容上，在家庭和学校之间架起一座桥梁①，提升家长在学校教育中的参与度，进而促进学校教育发展。

其次，家庭作为学校教育的消费者和支持者，其对学校的期望是学校发展规划必须考虑的因素。随着人民生活水平的提高，家庭在子女教育上的支出大幅提升，为子女选择优质的教育资源也越来越受到家长的重视。同时，随着教育市场的扩大，市场在教育管理领域中的参与主体地位有所提升，家长在教育选择中也更加具有主动性。学校必须在学校规划发展中关注教育消费者对教育产品的期待，打造学校品牌，提供更有特色、更有质量的教育服务。因此，来自家庭的教育需求是学校构建学校教育哲学时需要充分考虑的因素。

3. 社区背景

构建学校教育哲学需要考虑学校的社区背景。学校所在的社区是指城市学校周围的街道、农村学校所处的地区及附近的村落。这不是一个地理学概念，而是一个教育

① 陈丽、王兵、胡淑云等：《学校发展策划：理论、方法与实践》，92 页，重庆，重庆大学出版社，2005。

社会学概念。社区为学校提供丰富的教育资源，如物质环境资源，包括自然事物和环境以及图书馆、博物馆等文化设施；社区人力资源，包括社区中具有知识、技能的人才以及具有一定社会影响的社区组织等教育力量；文化资源，这是一种无形资源，为社区成员共享，影响其行为和思维方式。[①] 当下的课程管理体制强调地方文化对教育的影响，社区文化资源无疑是校本课程开发的重要资源，是学校发展规划自身特色的重要资源。构建学校教育哲学应当考虑社区的物质文化和精神文化对学校特色的影响，利用社区的教育资源，丰富学校教育的形式和内容。

(二)内部因素

学校教育哲学是学校共同体成员的共识，从学校共同体成员的教育理念中来，并为学校共同体成员所接受，因此，学校教育哲学的构建需要考虑学校共同体内部的主体。构建学校教育哲学的学校内部主体包括校长、教师、学生等。学校教育哲学的目的在于促进学校共同体中每位成员的发展。

1. 校长

校长是领导学校变革的核心力量，是学校的管理者和决策者。校长具有一定的办学自主权、机构设置权、人事管理权、经费使用权、教育教学管理权等，校长是建构学校教育哲学的重要领导者和决策者。校长在学校教育哲学的建构过程中具有主导作用，校长的教育理念对学校教育哲学的形成具有重要的影响。校长应当积极投身于学校教育哲学的建构过程，对学校的发展有想法、有行动、有使命感，将学校打造成具有特色的学校。校长应当熟悉学校教育哲学的内涵、要素，认识到学校教育哲学的意义和价值，熟知构建学校教育哲学的策略和方法。同时，校长要有判断力，客观认识学校的现状，以此作为学校教育哲学建构的依据和基础，包括认清学校周围的社区环境、学校在区域性教育中的位置、学校的办学传统、学校的办学优势和劣势、当前学校面临的机遇和挑战等。

2. 教师

具有生机活力的学校需要从本体论层面实现每个主体的生命发展。教师并非只是学校中的“打工者”，而是通过这一职业彰显生命意义，这就需要学校在教育哲学建构中尊重教师对教育的理解和期待。

教师是学校共同体成员中的主要力量，教师的教育理念对整个学校的教学氛围具有重要影响。学校教育哲学的建构要经过学校共同体成员的商讨，教师在商讨中具有数量优势。教师是同学生接触最频繁的学校管理者和课堂教学者。对于学校发展如何满足学生需求，教师群体能够提出更符合学生学习情况、学习特点的观点。为了发挥

---

① 肖川等：《办好学校的策略》，227页，南京，南京师范大学出版社，2005。

教师在学校教育哲学建构中的主导作用，教师要具备良好的专业素质、崇高的敬业精神和强烈的团队协作意识。

3. 学生

学生是学校的教育对象和服务对象，学校工作围绕学生进行。学生也应当是学校教育哲学建构的参与者。这意味着学校要具有一种服务意识，坚持以学生发展为本，为学生提供合适的教育。学校要在对本校学生有全面、整体的了解后确立合理的育人目标。此外，多听取学生对学校学习生活的感受和意见也很重要。

二、学校教育哲学建构的原则

(一)全员参与原则

学校教育哲学区别于校长个人教育哲学。校长虽然在学校教育哲学形成过程中具有关键作用，但校长的教育哲学是个人层面的，学校的教育哲学是公共教育哲学，校长的教育哲学如果得不到学校共同体中其他成员的接受和认可，就永远是校长个人教育哲学。学校教育哲学需要学校共同体成员在学校的核心价值观、学校使命、发展愿景、育人目标方面具有一致性和统一性。

学校教育哲学也区别于教师个人教育哲学。教师个人教育哲学是在普遍性的教育理念和独特性的教学经验中形成的，具有教师的个性色彩，而学校教育哲学是学校在教育理念方面的“共性”追求。受制于教师的工作性质，教师个人教育哲学主要体现在教学、学生管理、育人目标等方面，在范围上远远小于学校教育哲学建构需要考虑的方面。学校教育哲学是学校共同体成员的共识，是学校全体师生共同的精神财富。全员参与的内涵就是校长、教师、学生、家长、社区人员等共同参与商讨，一起确立学校教育哲学。每一主体在学校教育工作中扮演的角色不同，擅长反思的问题也不同，全员参与能够集中学校办学各岗位人员的教育智慧，同时也能在民主协商的过程中生成学校教育哲学的公共性。

全员参与原则体现出学校教育哲学建构自上而下和自下而上相结合的特征，这一原则要求在校长的领导下，汇集学校共同体成员的观点，形成具有公共性的学校教育哲学。

(二)独特性原则

学校教育哲学是依据学校具体情况建构的，目的是形成学校的特色。学校教育哲学使其自身有区别于其他学校的特色教育理念。纵向来看，学校有不同层级，不同层级学校的任务不尽相同。比如，基础教育与高等教育之间有着明显的区别，基础教育阶段不同层级的学校对基础之理解也有所区别。横向来看，不同类型的学校的任务也有所区别，职业学校和普通学校的教育哲学各有特点；即使同为普通学校，学校之间的教育哲学也各有特色，这受到地域文化、学校共同体成员的影响。这些区别都具体体现在学校的教师观、学生观、课程观、教学观等因素之中。学校教育哲学是学校个性化理念的表达。

(三)继承性和前瞻性原则

马克思曾说："研究必须充分地占有材料，分析它的各种发展形式，探寻这些形式的内在联系。只有这项工作完成以后，现实的运动才能适当地叙述出来。这点一旦做到，材料的生命一旦在观念上反映出来，呈现在我们面前的就好像是一个先验的结构了。"[①]建构学校教育哲学不是从零开始的，而要有一个先验结构。这一先验结构就是学校在办学传统中积累的实践经验，也只有通过这种对历史经验的总结，才能对以往的学校办学经验深有体会。学校教育哲学的继承性就是通过研究把握这种先验结构，使之成为学校教育哲学建构的基础。学校教育哲学必须把握这种先验结构，因为我们不是历史的旁观者，而是从历史的视角出发看待事物，因此，理解历史就是理解自身，历史对于学校而言也具有本体价值。

学校教育哲学建构需要把握好学校的办学传统与时代要求之间的张力。学校要具有特色，就必须继承过去的办学传统，这是从学校教育教学实践经验中延续下来的教育理念。实践的丰富性、复杂性决定了学校办学传统的特色化，有通过调研了解学校的办学传统，从办学传统中挖掘素材，传统才能够延续成为学校的办学特色。此外，学校教育哲学的构建需要脚踏实地地从学校实际情况出发，需要对学校内外部进行大量调研，全面客观了解学校的历史传统和办学现状，同时明确学校当下的办学水平和办学理念，只有这样学校教育哲学才能够具有现实意义，学校教育哲学的理论才能有实践经验的针对性。学校教育哲学立足于学校现状，面向学校期待的形象，是对学校未来发展的一种预测。学校要发展，就要超越当下的客观状况，这种超越的方式就是结合时代的要求和学校的办学传统打造学校的办学特色。

(四)相对稳定性和发展性相结合原则

学校教育哲学是学校办学的观念性表达，是学校的内在灵魂，而非只是学校外部物质环境的体现，要保持一定的稳定性。学校可以在办学过程、教学过程中尝试许多新的形式，但形式变化的目的在于更好地贯彻学校的教育理念，因此，学校教育哲学为学校提供的是学校教育的目的，而跟随技术发展进入学校的新教育媒介只是实现目的的手段，并不能取代目的。如果学校教育哲学没有相对稳定性，学校的发展就会陷

---

① 马克思：《资本论(纪念版)》第一卷，21～22页，北京，人民出版社，2018。

入矛盾与迷茫的境地。

但学校教育哲学也不是一成不变的，学校要根据时代的变化，从精神层面把握时代的教育课题，并将之注入学校的核心价值观，进一步体现在学校的使命、发展愿景和育人目标之中。落后于时代的学校教育哲学并不能帮助学校在激烈的竞争中脱颖而出。学校教育哲学的建构不是一劳永逸的，而是一项长期的、持续的战略任务。时代一直发生着变化，哲学把握到的时代精神也会随之变化。因此，学校教育哲学需要不断适应社会发展变化和教育改革的要求，杜绝急功近利的思想，反对盲目跟风，基于学校实践和时代实践，不断注入具有生命力的新观念、新思想。

（五）系统性原则

当下学校处于一种特殊的文化社会背景中。从宏观层面讲，这种文化背景强调对文化多样性的宽容，包括地域文化、民族文化、种族文化等。从微观层面讲，这种文化背景强调对个人观念的尊重，体现出个性化特征。学校共同体中的成员有各自的教育哲学，但集体有集体行动的逻辑，学校教育哲学服务的是整个学校系统的利益和目标。

学校教育哲学的建构是一个综合建构的过程。学校是一个动态系统，不同因素相互依存、相互作用。因此，学校教育哲学的建构要有整体性眼光，不是从局部进行反思，而是从学校系统整体出发，使学校教育哲学在贯彻过程中能够将各种因素有机协调起来。自组织理论可以帮助我们理解学校教育哲学的系统性运作机制和发展规律。自组织理论的超循环原理告诉我们，循环从低级到高级依次为反应循环、催化循环和超循环。① “首先，学校教育哲学各观念的内涵按照各自的规定性从实践中提炼并演化，构成‘反应循环’。如学校教育理念就是教育者在对教育实践的领悟和对先进经验及教育理论的摄取中逐渐形成的，并也按照这样的规律丰富和发展着。其次，学校教育哲学各观念要素又通过互洽作用（内涵上互为因果、彼此注解）为其他要素提供支持，形成‘催化循环’。如学校使命必须建立在学校定位的基础上，而学校定位又应指向学校使命的达成；管理理念既是学校精神的贯彻，同时也在检验着学校精神的目的性。最后，各催化循环在功能上耦合起来相互提供催化支持，从而形成学校教育哲学的‘超循环’，使其能够按照各观念要素相互默契的某种规则自动形成有序结构，指向从低级到高级、从旧质到新质的持续变化。”②

---

① 沈小峰：《混沌初开：自组织理论的哲学探索》，146页，北京，北京师范大学出版社，2008。

② 沈曙虹：《学校教育哲学的观念要素与结构体系》，载《教育研究》，2019(9)。

三、学校教育哲学的建构过程

学校教育哲学的建构要经历一个从校情分析、学习借鉴、提炼上升到渗透推进的过程。这不是一个单向的过程，而是一个在循环往复中螺旋式上升的过程。

(一)校情分析

校情分析是建构学校教育哲学的起点，也是基础和依据。校情分析的目的是把握学校的办学优势、劣势、机遇和挑战，校情分析的手段是对学校内部和外部的发展因素进行客观的调查。

1. 校情分析的内容

校情分析的内容主要包括四个方面。一是教育形势分析，主要分析区域内同类学校的数量，区域内最有竞争力的学校，区域内最受家长与学生欢迎的学校及其原因，当前倡导的教育理念以及相应的教育行为，时代对教育的需求。二是服务对象分析。主要分析家长与学生在选择学校时的主要倾向，家长与学生对本学校的印象，家长与学生选择本学校的动机，家长与学生对本学校的期望。三是优势与劣势分析，主要分析学校自身在地理位置、课程教学、教育科研、德育、师资质量、生源质量、学校管理、校风校纪、心理健康教育、校园环境建设以及家校合作等方面存在的优势与劣势。四是机遇与挑战分析，主要分析教育政策、区域经济发展、竞争学校发展、家长与学生的教育需求、对应高一级学校的需求等方面给学校未来发展带来的机遇与挑战。

2. 校情分析的方法

校情分析的方法主要是 SWOT 分析和 PEST 分析。①

SWOT 分析就是优势(strength)分析、劣势(weakness)分析、机会(opportunity)分析和威胁(threat)分析。学校发展优势分析与劣势分析主要是对本校与区域内同类学校在办学的硬件设施以及师资质量、课程教学、校园文化、德育等各个方面进行比较分析，以确定学校自身的优势和劣势。机会分析与威胁分析主要是在政治经济形势、教育政策、竞争对手以及家长需求等诸多不确定因素可能发生变化的情况下，对本校在未来发展中会受到的有利和不利影响进行的分析研究。

PEST 分析是政治(politics)因素分析、经济(economy)因素分析、社会(society)因素分析、技术(technique)因素分析。政治因素分析是对一个国家与地区的政治制度、政策变革等影响学校发展方向的因素进行分析，具体包括政治体制改革、政府政策等对教育影响的分析。经济因素分析主要有：宏观经济环境分析，如对某地区的总体经

---

① 陈丽、王兵、胡淑云等：《学校发展策划：理论、方法与实践》，40 页，重庆，重庆大学出版社，2005。

济环境的分析，对当地的就业状况、消费总额、可消费结构、居民收入、物价指数等描述社会消费水平和消费管理的指标的分析；教育市场环境分析，包括教育市场现状及未来发展趋势；教育资源环境分析，即对人力、财力及课程资源等的分析。社会因素分析主要是对学校所在地区的社会心理、社会价值、社会资源等因素的分析。技术因素分析主要是对有关技术的因素及其基础条件进行的分析，具体包括：学校自然环境状况，如学校所在地区的交通状况和地理位置；学校内部技术水平，如教学技术水平等；学校及所在地区的基础设施情况；学校及所在地区的技术变革情况。

依据以上分析方法，通过问卷进行调查分析、数据处理、综合分析，从而明确学校的现状，进而确立学校的核心价值观、使命、发展愿景和育人目标。

(二)学习借鉴

学校要建构教育哲学，就需要学习关于学校教育哲学的理论知识，也需要借鉴国内外学校教育哲学的典型案例。所谓理论学习，就是学校共同体成员都对学校教育哲学的内涵、构成要素、建构原则、建构过程有理性认识，并意识到学校教育哲学对学校发展的重要性。由于学校教育哲学建构的专业性，学校共同体成员也应该具备相应的专业素养，因此，学校共同体成员应参加学校组织的理论培训，掌握必要的理论知识。所谓案例借鉴，就是学校在建构自身教育哲学时可以分析国内外学校的教育哲学案例，这些案例能够为学校教育哲学的建构提供直观的、具体的例子，是抽象的学校教育哲学理论的具体实践。通常情况下，对于理论的学习往往很难直接应用于实践，通过一些具体案例，学校共同体成员能够直观地感受抽象的理论是如何具体化并指导我们的实践的。

(三)提炼上升

提炼上升是学校教育哲学构建的核心阶段。学校教育哲学从学校共同体成员的教育理念中来。学校共同体成员需要针对学校的核心价值观、使命、发展愿景和育人目标发表自己的意见，然后进行民主商讨，形成共识性的学校教育哲学表述，最终形成文本。经过提炼，众多意见从凌乱变为系统，从关注局部变为关注整体，从具体化上升到本质性、抽象性。

(四)渗透推进

学校教育哲学是旨在推动学校实践发展的理念性存在，将学校教育哲学通过提炼上升形成文本不是学校教育哲学的终结。学校教育哲学具有实践性。学校教育哲学不是一句口号、一面旗帜，而是能够在实践中推进的学校发展指导理念。学校教育哲学要体现在学校的教育教学行为中、学校的管理过程中、学校的校园文化建设中。

本章小结

哲学思潮的演进影响教育理论的演进和变革，教育变革的核心是学校变革，因此，建构学校教育哲学是学校变革的自觉。学校教育哲学的概念界定呈现多样化特征，尽管学者对学校教育哲学的认识有所不同，但就学校教育哲学的哲学性，学者们达成了研究共识：学校教育哲学始终是一种观念性的存在。学校教育哲学的反思与开发能够使学校秉持合理的发展理念，在瞬息万变的环境中不迷失办学的发展方向。学校教育哲学是学校发展的指南针，有助于打造特色学校、提升学校形象、促进学校发展。关于学校教育哲学的构成要素，学者们意见不一，主要包括学校的核心价值观、使命、发展愿景和育人目标。学校教育哲学具有实践性、整体性、过程性和复杂性的特点。学校在建构自身教育哲学的过程中，需要注意分析影响学校发展的内部因素与外部因素，汇聚学校共同体各成员的教育哲学，形成共识性的学校教育哲学。学校教育哲学的建构应秉持全员参与原则、独特性原则、继承性和前瞻性原则、相对稳定和发展性相结合原则、系统性原则。基于学校教育哲学构建的原则，通过校情分析、学习借鉴、提炼上升和渗透推进构建学校教育哲学。

章后练习

1. 案例分析

如果要找一个能静心读书、获得灵魂成长的地方，我们可以去图书馆；如果要找一个花团锦簇、赏心悦目的地方，我们可以去花园；如果要找一个精神自由、舒适体面的地方，我们可以回到温馨的家庭；如果要找一个心情愉悦、精神快乐的地方，我们可以去剧院。如果要找一个四者兼备的地方，我们就要去学校。

结合材料，谈谈对学校与教育理念的认识。

2. 简答题

(1)简述学校与哲学的历史关系。

(2)简述学校教育哲学的概念、意义、构成要素和特征。

(3)简述构建学校教育哲学需要考虑的因素，需要遵循的原则和过程。

延伸阅读

[1]弗里曼．希腊的学校[M]．朱镜人，译．济南：山东教育出版社，2009.

[2]丁特史密斯．未来的学校[M]．魏薇，译．杭州：浙江人民出版社，2018.

[3]单中惠．学校变革与社会变革：基于西方教育历史的诠释[J]．河北师范大学学报(教育科学版)，2013，15(11)：24－28.

[4]曹培杰．未来学校变革：国际经验与案例研究[J]．电化教育研究，2018(11)：114－119.

[5]杨小微．社会转型时期学校变革的方法论初探[D]．上海，华东师范大学，2002.

[6]邵志豪，解庆福．学术型中学的学校教育哲学阐释：以东北师大附中特色发展的理论探索为例[J]．中国教育学刊，2020(5)：1－6.

[7]陶志琼，张倩．今天我们需要怎样的学校：基于福禄倍尔学校教育哲学思想的分析[J]．教育发展研究，2019，39(2)：61－66.

[8]陈建华．论学校教育哲学及其提炼策略[J]．教育研究，2015，36(10)：57－63.

[9]李建成．让师生在建构学校教育哲学中成长：校长价值领导力建构与形成的探究[J]．江苏教育，2013(15)：32－34.

[10]陈建华．论学校发展的后继规划[J]．教育发展研究，2013，33(2)：44－49.

[11]李建成．学校文化：用师生的"生活方式"诠释学校教育哲学[J]．江苏教育研究，2011(11)：1.

[12]樊亚峤．学校教育哲学：校本课程发展的灵魂[J]．现代教育管理，2009(7)：20－23.

[13]靳玉乐，董小平．论新课改语境中民族学校特色的建构[J]．西南大学学报(社会科学版)，2008(3)：129－136.

[14]陈建华．论学校特色的内涵及其创建原则[J]．教育科学研究，2006(8)：15－17；21.

[15]范国睿．校长得有自己的教育哲学[J]．中国民族教育，2015(6)：13.

第十二章
现象与教育

- 现象与教育
  - 作为教育研究对象的教育现象
    - 教育的研究对象
    - 常识意义上的教育现象
  - 现象与现象学
    - 现象与本质
    - 本质观念的问题
    - 现象学的现象
    - 教育现象
  - 教育现象学
    - 何谓教育现象学
    - 教育现象学的特点
    - 教育现象学的意义
    - 教育现象学的操作

章前导语

一般认为，教育研究的对象是教育现象、教育问题或教育规律。对三者概念的辨析和追问显示，教育现象是教育问题和教育规律的根本基础。要想洞察“何谓教育”，就必须首先探查现象，因为一切理解都来自现象。因此，对教育及其现象的洞察是一个循环往复的过程。洞察的第一步是学会观察、分析日常教育现象。似乎人人都能看到并理解教育现象，但是，为何对同一教育现象会有不同的理解？为何这些不同的理解并没有导致对“这一现象是教育现象”的否定？为何教育现象一定与社会现象、政治现象、文化现象等紧密关联？从根本上追问：是什么使得某一现象成为教育现象？对这些问题的有力回应来自教育现象学的最新进展。本章重在用教育现象学的理论和方法来审视教育现象，为教育研究和实践奠定一个根本的基础。

即便不能准确说出教育的定义，人们也相信自己对教育知晓一二，所以会出现这样的现象：几乎所有人都能对教育发表意见，而且在多数情况下都会自认为这些意见是对的。比如，近来成为热点的学区房问题。人们普遍认为，导致学区房问题的根本是优质教育资源不均衡。它就是一个教育问题，一个需要解决的教育问题。但是，教育资源为何有优劣之分？谁来分配教育资源？教育资源分配不均为何必须纠正？这些问题恐怕不是教育所能解答和解决的。学区房问题同时是一个政治问题、社会问题、文化问题。那么，是否有纯粹的教育问题？教育学的研究对象是教育问题吗？教育问题与教育现象之间是何种关系？现象是否必须被本质穿透？教育学如何面对自己的研究对象？这些问题归根结底指向一个对教育研究而言十分重要的问题：什么是教育的研究对象？

第一节 作为教育研究对象的教育现象

一、教育的研究对象

每种研究或每门学科都有自己独特的研究领域，而这个领域也成为这种研究或这门学科的合法性来源。教育学的研究领域是什么？这一直是一个争论较多、分歧较大的重要教育学问题。国内学者就此问题大致提出了四种具有代表性的观点。

(一)教育的研究对象是教育事实

中华人民共和国成立后，一批苏联教育学著作相继被翻译成中文并出版，其中最具影响力的是凯洛夫的《教育学》。凯洛夫认为："教育学的对象是青年一代的教育。苏维埃教育学，是研究社会主义社会条件下对青年一代实行共产主义教育的科学。"①巴班斯基在其著作《教育学》中指出："教育学是关于教育的科学。"②这两部著作所指的教育即历史上或现实中存在的各式各样的教育实践活动，也可称之为"教育事实"或"教育客观存在"。我国一些学者持相近观点，如"教育科学的各门学科都是以人类社会所特有的教育为研究对象的，但它们又都是以教育现象的不同领域和层面为各自特定的研究对象"③。

(二)教育的研究对象是教育现象及规律

上海师范大学编写的《教育学》指出："教育学的研究对象是教育现象及其规律。""教育学的任务是要从客观的教育现象和实际的教育工作中去揭露它的规律。"④五院校合编的《教育学》提出："教育学是研究教育现象及其规律的一门科学。"⑤南京师范大学编写的《教育学》对教育现象及规律做了进一步限定，提出教育学研究的主要是学校教育这一特定现象，研究在这一现象领域内所特有的矛盾运动的规律，而作为高等师范院校教学用书的普通教育学，它的研究对象既包括了学校教育的一般规律，也包括了中小学教育中的特殊规律。⑥

(三)教育的研究对象是教育现象

以教育现象为教育学研究对象的著述较多，它们大都将教育学界定为一门研究教育现象、揭示教育规律的科学。关于何为教育现象，有观点认为，教育现象是教育形态的存在问题：一是教育活动，二是教育事业，三是教育意识现象或教育意识形态。还有观点认为，教育现象是人类各种教育活动的外在表现形式。不同于教育现象及规律观，教育现象观虽然也常将教育现象与教育规律并举，但教育现象是研究对象，教育规律是研究宗旨，两者有层次性。除此之外，还有学者将教育问题与教育现象结合起来，认为一种教育现象只有成为突出问题才能是教育学的研究对象，所以教育学的

---

① ［苏联］凯洛夫：《教育学》，陈侠、朱智贤、邵鹤亭等译，1页，北京，人民教育出版社，1957。

② ［苏联］巴班斯基：《教学教育过程最优化》，吴文侃译，2页，北京，人民教育出版社，2001。

③ 石佩臣：《教育学基础理论》，12页，北京，教育科学出版社，2018。

④ 上海师范大学《教育学》编写组：《教育学(讨论稿)》，1页，北京，人民教育出版社，1979。

⑤ 华中师范学院教育系、河南师范大学教育系、甘肃师范大学教育系等：《教育学》，2页，北京，人民教育出版社，1982。

⑥ 南京师范大学《教育学》编写组：《教育学》，1页，北京，人民教育出版社，1984。

研究对象是包括在教育学问题中的教育现象。

(四)教育的研究对象是教育问题

日本学者村井实在为《教育学的理论问题》写的序章中提出："我们没有把教育学的对象称作现象，而是特地采用'教育问题'一词来表示，并把教育学称作是以'教育问题'为研究对象的科学。"①受此影响，我国部分学者提出，教育学的研究对象应是以教育事实为基础的教育中的一般问题，教育学是研究教育中一般性问题的科学。也有观点认为，教育学科群整体的研究对象是整个教育问题，某类教育学科的对象是某类教育问题，某门教育学科的对象是某种教育问题。还有观点认为，教育学(教育理论)的研究对象是教育问题，教育理论是在研究教育问题的过程中形成的。

关于教育的研究对象，分歧可见一斑。谁才是教育真正的研究对象？更准确的问题是：这些可能的教育研究对象之间的关系为何？前一个问题预设了真假，而后一个问题承认了它们的存在，也就悬隔了真假，使问题重新开放。问题不是无源之水，它必然来自某种现象，即使是"1＋1 等于几"这类较为纯粹的数学问题也来自某些需要解释的现象。问题是对现象的困惑与不解，没有脱离现象的问题，现象比问题更为宽广。但是，作为研究对象的教育现象却与教育问题无甚差别。之所以进行研究，是因为我们对研究对象存在困惑不解。在研究的意义上，教育现象就作为教育问题而存在，教育现象与教育问题几乎是同一的。但这就产生了一个问题——教育现象的窄化，没有成为教育问题的教育现象被无视了。某些教育现象不被视为教育问题，原因大致有两种：第一，它们是没问题的；第二，它们不是教育问题，而是社会问题、政治问题等。然而，这两种原因皆有问题。

二、常识意义上的教育现象

人们通常是如何认识教育现象的？这个问题很少被提及，因为似乎大家都理解什么是教育现象。但是，如果人们仔细观察分析，就会发现教育现象就远不像自认为的那样清晰。

教育现象是教育本质的外在表现形式，它从教育问题发展而来。一方面，同教育问题类似，教育现象是一个认识论层面的范畴，它是研究者通过主观意识认识到的"现象"，具有较强的主观性；另一方面，教育现象继承了教育问题的教育性，它不仅可被还原为多个教育事实和教育问题，而且是研究者通过教育视角发现的现象，透过这些

① [日]大河内一男、[日]海后宗臣等：《教育学的理论问题》，曲程、迟凤年译，3 页，北京，教育科学出版社，1984。

现象，研究者可以检验教育学的学科假设，揭示教育的基本规律。教育现象与教育问题又有着质的差异。教育问题是相对的，一个受到某一研究者关注的教育问题可能并不会成为一个亟须解决的“重要问题”，而一个“重要问题”也可能并没有引起研究者的兴趣。尽管教育现象具有主观性，但它是一些对教育学整个学科和研究者个人来说都特别有价值的教育问题，具有超越教育问题相对性的确定性。

常识意义上的教育现象是指那些从教育问题中抽离出来的关于教育本质外在表现形式的共识，是一类更为普遍、抽象和典型的教育问题。相似性是教育现象最为显著的特点。教育事实是不可重复的，而个体和时空的相对性决定了教育问题也多为一个时代、一个国家或一个人的问题，随着时空条件的改变，这些问题也许再难出现。教育现象则不同，它总在人类社会的历时性和共时性维度中表现出一定的相似性。相较于教育事实的不可重复性和教育问题的相对性，教育现象的相似性对教育学的理论建构有着更为重要的意义，奠定了认识教育活动中的必然性联系（教育规律）的基础。高度概括性是教育现象的另一特点。教育现象从教育事实中抽象出教育问题，它不仅汇总了诸多教育问题，而且对这些问题进行了深层次的提炼与概括，使其成为一类现象。因此，一个教育现象常对应多个教育事实和教育问题，它借助抽象思维挖掘了不同事实或问题间的内在联系，从而使发现规律成为可能。

第二节
现象与现象学

一、现象与本质

现象与本质是揭示事物外部表现和内部联系之间关系的一对辩证法基本范畴。本质是事物的内部联系，是决定事物性质和发展趋向的东西。现象是本质在各方面的外部表现。现象与本质是对立统一的关系。任何事物都有现象和本质两个方面。世界上不存在不表现为现象的本质，也没有离开本质而存在的现象。现象和本质是统一的，但两者也有差别和矛盾。本质从整体上规定事物的性质及其基本发展方向，现象从各个不同侧面表现本质。本质由事物内部矛盾构成，是比较单一、稳定、深刻的东西，靠思维才能把握；现象是丰富、多变、表面的东西，用感官即能感知。假象从否定方面表现事物的本质，给人一种与事物完全相反的印象，掩盖本质。假象的存在表现出本质和现象的矛盾。因此，不能简单地把现象与本质等同起来。

马克思说："如果事物的表现形式和事物的本质会直接合而为一，一切科学就都成为多余的了。"[①]人们认识事物，就是要透过现象认识本质，把握事物的发展规律。这是一个艰苦、反复的过程。只有在实践中通过对多方面现象的分析研究，去粗取精、去伪存真，由此及彼、由表及里，才能实现从现象到本质、从不甚深刻的本质到更深刻的本质。本质和现象是事物存在、发展的同一客观过程的两个侧面。现象是事物的外部联系和表面特征，是事物的外在表现。现象有真象和假象之分，真象是从正面直接地表现本质的现象，假象则是从反面歪曲地表现本质现象。假象同真象一样，也是客观存在的，是由各种客观的实际条件造成的。它同错觉有所不同，错觉是人感觉上的错误造成的，属于主观范畴，两者不能混为一谈。本质就是事物的相对稳定性的内部联系，是事物的根本性质。事物的本质是由它本身所固有的特殊矛盾决定的。

本质与现象的关系体现在以下五个方面。第一，本质与现象不能直接发生联系（除非把相对于现象而言的规定本身看作本质），它们要通过相应的规定才能联系起来，因为本质与现象都首先是对相应的规定而言的，而不首先是彼此相对而言的。第二，本质与现象作为两种规定是对立的——不能一起实现。即同一规定，如果是本质，就不能在同样的情况下同时是现象，反之亦然。第三，本质与现象无论在哪种意义上都相互依赖而不能单独成立。离开了在各种关系中的现象，就显示不出某规定稳定不变的标准，而在关系中表现的又总是相应的稳定规定。另外，人所可能知的一切都总处在关系中，所以总有现象；它们总能在各种关系中保持自身（自身的标准、自身的根本规定），所以又总有本质。第四，一种本质可以有多种现象，类似的现象可以有不同的本质。一种本质之所以会有多种现象，是因为它处在多种关系中；不同的本质之所以会有类似的现象，是因为它们都与同一个方面发生关系。第五，没有与本质不一致的假象——无论是把本质理解为某规定的标准，还是理解为某规定本身。我们往往根据现象来判断该现象的规定或本质（即看起来像是什么）。因为同样的规定会有不同的现象，不同的规定会有类似的现象，所以有可能出现误判，即把不是某规定的现象误判为某规定的现象。被误判的现象通常被称作假象，即看起来像什么，但实际上不是。误判是认识者把特定的现象与特定的规定或特定的本质（如果把规定本身看作本质）关联错了，而不是某现象歪曲了它的规定或本质。最后，没有标准现象，没有统一不变的现象，这正是某质或某质的本质与某质的现象的区别，即只有某质或其本质是标准，只有某质或其本质是统一不变的。

---

① 马克思：《资本论（纪念版）》第三卷，925页，北京，人民出版社，2018。

二、本质观念的问题

本质主义构成了教育学研究的思想基础，但这是一个不牢固的基础。20 世纪以来，特别是 20 世纪中叶以来，思想家开始对本质主义的基本信念、命题及其学术和政治后果进行批判性反思，从不同学科领域提出了许多尖锐甚至颠覆性的意见。这些质疑汇聚在一起，从根本上动摇甚至否定了本质主义的立场、观点和方法论信念，开辟了当代知识观和认识论的新视野。鉴于它们对本质主义的发难和批判，学术界称这一思潮为反本质主义(anti-essentialism)。

反本质主义是后现代主义的重要组成部分。同其他后现代主义思潮一样，反本质主义也没有形成一个清晰的理论流派，其基本观点散布在不同的知识领域，并通过不同领域学者的研究表达出来。在 20 世纪西方思想界，主张和赞成反本质主义的代表人物有尼采、维特根斯坦、曼海姆、戴维森、艾耶尔、罗蒂、波普尔、德里达、波兰尼、索绪尔、奥斯丁等人。杜威和海德格尔在某种程度上也可以算有反本质主义倾向的思想家，只是他们的观点不那么鲜明，立场不那么坚定。

反本质主义对本质主义的第一个批判集中在实体信仰上。反本质主义认为，作为本质主义基础的实体信仰是经不起推敲的，因此是靠不住的。尼采说："问'自在'之物是什么样子的，根本不问我感官的感受性和理智的能动性，因此我们应该这样来回答上述提问：我们怎么知道有这样的事物呢？'物性'乃是我们首先创造的。""自在的事实是没有的，而始终必须首先植入一种意义，才能造成事实。"①尼采的意思是：那种人们习惯上称为"自在之物"或"实体"的东西，并不是事物自身创造而后作为礼品馈赠给人类的，而是人类的感官或理智"命名"并强加给事物的，因此，它对于人类来说是依附性的，而非独立性的，这种依附性本身就说明它不是实体性的或自在的。人类从情感上可能出于各种目的而相信有"实体"或"自在之物"之类的东西存在，但不能从逻辑上或经验上证明它的存在。从这个意义上说，人类内心的实体信仰并非经验的，而是超验的；并非科学的，而是形而上学的。

反本质主义对本质主义的第二个批判集中在本质信念或假定上，即万事万物到底有没有本质，或者是不是存在一种实然的"本质—现象"结构——本质深藏其中，现象则冲着人类诡谲地招手。在反本质主义看来，既然作为本质存在基础的"实体"或"自在之物"没有得到有效证明，那么本质存在也就只是人们的一种信念或假设，是一种得不到有效证明的信念或假设。

① [德]尼采：《权力意志——重估一切价值的尝试》，张念东、凌素心译，525 页，北京，商务印书馆，1991。

反本质主义对本质主义的第三个批判集中在符合论的语言观上，即人类的语言究竟是否与实体世界有同构关系，能否切中事物的本质。索绪尔认为，人类的语言与其表达的对象之间并不存在同一关系，也不能指称某种非语言的实在。语言不过是一种差别性的表演，就其功能而言，人类通过这种人工的符号，把关系、秩序、规律等强加给世界和人类自身。人们日常所说的语言与对象的符合，只不过是一种语言符号与其他语言符号之间的符合，亦即与我们的符号系统和心理立场的符合。本质主义者念念不忘的本质表达只不过表达了他们自己信以为真的观念。

反本质主义对本质主义的第四个批判集中在本质主义的目的假设及其引起的学术与政治后果上。本质主义者坚信本质、真理、规律这类东西的存在，把发现、揭示或阐明这类东西视为认识论的基本或终极目的，要求任何一种研究活动都追求或实现这些基本或终极的认识论目的，并给这些研究活动及其主体以一种道德的优越感。本质主义者还对自己的信念进行了政治学的论证：只有认识和掌握万事万物的本质，把握反映本质联系的真理和规律，才能够对人类进行启蒙，帮助人类摒除各种偏见和迷信，从而在政治行动领域选择合适、有效的策略。反本质主义者认为，根本不能确证本质存在，因此也不能确证真理和规律这类东西存在。一种表述被称为真理或规律，并非因为它们已经得到了充分的证实或证明，而是因为社会权力包括学术权力的运作。在反本质主义者看来，真理或规律不是别的，就是知识的意识形态化。因此，把真理或规律这些东西视为人类认识的基本目的或终极目的，就认识论的后果来说，一方面会将人类的认识引向一个遥不可知的未来，另一方面会导致蒙昧主义(obscurantism)，阻碍进一步的研究和讨论，不利于人类知识的增长。

本质主义所追求的认识的确定性、确实性和可靠性，不过是对其追随者本质信念的一种心理安慰。从更广泛的学术生活来说，本质主义容易导致一些本该受到质疑的观点绝对化、教条化，将本该得到鼓励的学术批评看成混乱的、嘈杂的甚至反动的，最终压缩学术讨论的空间。这种现象在政治上的后果就是：如果一种政治信念、原则或决策宣称其建立在对某一对象的本质性、真理性或规律性的认识上，它便可以获得道德上的优越性和批评的免疫力，甚至从根本上拒绝理性的质疑和批评，为政治生活中的个人主义、主观主义和权威主义打开方便之门。总之，在反本质主义者看来，本质主义既是不可信的，也是不必要的，而且无论对于人类的理智还是现实生活来说都是有害的。

反本质主义者认为，本质主义从根本上阻碍了知识的进步，催生了认识领域的"自大狂"，成为推行学术霸权的借口；本质主义在认识论上并不能使我们更智慧，在学术生活中并不能使我们更谦逊，在对待知识和方法论的多样性上并不能使我们更民主。反本质主义者提出，本质主义除了能够激起人类病态的形而上学冲动，不能结出其他有益的东西。因此，艾耶尔说："我敢肯定，节外生枝地谈论什么本质或必然或可能的世界是得不偿失的。以我所见，这样来谈论问题是一种倒退，尽管近年来很时髦。”①波普尔也断言：“无论本质存在与否，对它们的信仰丝毫无助于我们，而且确实倒很可能妨碍了我们，因此，科学家毫无理由地假定它们存在。”②正是在反叛本质主义的基础上，新的本质观念——尤其是现象学的观念——诞生。

三、现象学的现象

汉语中“现象”一词最早出自《周易》：“见乃谓之象。”“天垂象，见吉凶。”这两个“见”均读作 xiàn。汉字“现”则产生较晚，许慎的《说文解字》中尚无“现”字，直到《广韵》才有：“现，俗‘见’字。”此书将“现”视为“见”的俗体字。换言之，汉语中的“现象”本作“见象”，《周易》中的表述即中国哲学的“现象”观念。除《周易》外，还有“物生而后有象”(《左传·僖公十五年》)，“执大象，天下往”(《老子》)，“象以典刑”(《尚书》)，“象恭滔天”(《尚书》)，等等。西语汉译之所以能够借用，是因为存在某种本质关联。

胡塞尔从康德处借取了“现象”一词。它是希腊语 phainomenon 的音译，意思是“显象”。胡塞尔认为，现象学处理一切被给予为或呈现为一种现象之物。现象的概念包括显现者自身的观念，也包括对该显现作用的经验。在《现象学观念》中，胡塞尔提出：“‘现象’一词的意义由于显现行为和显现者之间的本质相关而具有双重性。‘现象’本来的意思是‘显现者’，但它主要被用于显现行为本身，后者为一主观现象。”③海德格尔后来把此希腊词解释成“从自身显示自身者”“自显示者”。在《存在与时间》中，他写道：“显示自身者(在真正原始意义上的现象)，同时即作为某物的一种产生物的‘显象’，此某物在该‘显象’中隐蔽自身，一种自呈现的产生物。”④现象在胡塞尔处具有双重含义。现象通过“并合作用”同时意指显现者和意识的显现行为本身。

胡塞尔通过意向性作用与意向对象相遇时“绝对意识”综合构造过程中的绝对被给予性来说明自明性，这种自明性是由意识的样式决定的，这涉及胡塞尔现象学思想的内在开端，即“客观对象与原本的主观的被给予方式之间的先天相关性”⑤。胡塞尔和康德一样，研究现象如何在人意识中呈现，但他超越了康德的心理主义局限。黑格尔研究精神自我创造、面向“事情本身”的显现本质，同时将精神的自我创造放置在历史的过程中，放置在社会中，但黑格尔使面向“事情本身”从面向主体性最终走到面向逻辑。

---

① ［英］艾耶尔：《二十世纪哲学》，李步楼、俞宣孟、苑利均译，36页，上海，上海译文出版社，1987。

② ［英］波普尔：《猜想与反驳——科学知识的增长》，傅季重、纪树立、周昌忠等译，143页，上海，上海译文出版社，1986。

③ ［德］胡塞尔：《现象学的观念》，倪梁康译，63页，上海，上海译文出版社，1986。

④ ［德］海德格尔：《存在与时间》，王庆节译，455页，北京，生活·读书·新知三联书店，1999。

⑤ ［德］胡塞尔：《纯粹现象学通论 纯粹现象和现象学哲学的观念》第一卷，218页，李幼蒸译，北京，商务印书馆，1992。

胡塞尔秉承了黑格尔关心"事情本身"的基本精神，其本质直观和本质还原的现象学方法关注事情得以呈现的纯粹意识的意向性构造。他认为："一切问题中最重要的问题是功能的问题，或'意识对象构成'的问题。"①

胡塞尔通过客观对象与原本的主观的被给予方式之间的先天相关性，指明了"事情本身"与意向意识的关联性。海德格尔替换了胡塞尔的先验意识或先验自我，在诠释学上阐明了"事情本身"与此在的生存性相关。伽达默尔把"事情本身"理解为在存在中和通过存在展现自身的东西——存在是语言，所以"事情本身"就是展现自身于语言中和作为"观"(ansicht)的东西，从而为"事情本身"的语言性和历史性理解铺平了道路，奠定了哲学诠释学的根本基础。简言之，"事情本身"对于胡塞尔来说就是意向性，对于海德格尔来说就是生存性，而对于伽达默尔来说就是历史性。

海德格尔提出："如何区别现象学的现象概念与流俗的现象概念呢？现象学要'让人来看'的东西是什么？必须在与众不同的意义上称为'现象'的是什么？什么东西依其本质就必须是突出的展示活动的课题？显然是这样一种东西：它首先与通常恰恰不显现，同首先与通常显现着的东西相对，它隐藏不露；但同时它又从本质上包含在首先与通常显现着的东西中，其情况是它构成这些东西的意义与根据。"②海德格尔超越了胡塞尔对先验意识的关注，他认为胡塞尔的意向性理论没有进一步追问"纯粹意识"本身的存在根基。在海德格尔看来："操心作为源始的结构整体性在生存论上先天地处于此在的任何'行为'与'状况'之前，也就是说，总已经处于它们之中了。"③这就是说，意识及其意向性构造只有在"此在"的操心结构的基础上，从"此在"的操心结构本身的超越性中寻找。通俗而言，人只有生存着、活着，才可能产生有意识的活动。生存是最为基础的生命意向，尽管对这种意向我们大多数时候是无意识的。海德格尔将这种生命意向性的存在称为"在世""操心"，现象学首先关注的就是在这种"操心"中照面的存在者的存在，即事物的意义在于"此在"与事物之间的关系。海德格尔在一种主客不分的生存照面的境域中理解意识的意向性基础，他认为："自由乃是绽出的、解蔽着的让存在者存在。"④海德格尔将意向性的意义构造与基础生存问题相联系，而梅洛-庞蒂将人的存在放置在其所处的环境中。如果说胡塞尔是从存在着的人的内在意识去看世界，将世界视为意识中的意义总体，那么梅洛-庞蒂则更注重人与世界的辩证互属关系，强调意识之外的世界对人内在世界的影响，他说："没有内在的人，人在世界上存在，人只有在世界上才能够认识自己。"⑤在人的无意识生活中，人与世界融为一体，他将人的

---

① [德]海德格尔：《存在与时间》，王庆节译，41页，北京，生活·读书·新知三联书店，1999。
② [德]海德格尔：《存在与时间》，王庆节译，45页，北京，生活·读书·新知三联书店，1999。
③ [德]海德格尔：《存在与时间》，王庆节译，222页，北京，生活·读书·新知三联书店，1999。
④ [德] 海德格尔：《路标》，孙周兴译，209页，北京，商务印书馆，2017。
⑤ [法]梅洛-庞蒂：《知觉现象学》，姜志辉译，6页，北京，商务印书馆，2001。

无意识世界称为“知觉世界”。在知觉世界中，还没有主体和客体，只有“身体—主体”与它的环境，“身体—主体”与它的世界的关系是一种辩证互属的关系，这种辩证的关系不是静态的，人与世界的对话是永远的。

尽管现象学在其发展过程中呈现出思想的多样性，甚至离胡塞尔现象学思想越来越远，但如果从胡塞尔现象学思想开始考察，就会在多样的现象学思想中找到现象学的同一性，即现象学致力于研究人类的经验，以及事物如何在这样的经验中并通过这样的经验向我们呈现。现象学发展的历史始终围绕人的认识何以可能、认识与存在的关系、认识与存在环境的关系这些基本问题。传统的形而上学特别是笛卡尔以来的近代哲学坚持主客两分的对象性思维方式，存在的意义问题被“存在者是什么”的问题遮蔽。现象学将所有目光投向内在意识，并从意识的构造功能出发，向人的意义世界回归。值得关注的是，现象学一改传统形而上学彰显理性而压抑、排斥非理性的认识方式，开始将理性与非理性统一于“体验”“直观”。胡塞尔孜孜以求的是返回我们知识的最终和基础性的根据上去，即从“判断”回到“体验”。意识的意向性构造就是体验之流赋予事物意义的过程。总之，现象学回归人类理性与非理性统一体的先验意识，回归生活的整体性，将作为理性与非理性统一体的人放置在整体的环境之中、过程之中。

四、教育现象

虽然现象学的最终目标是探寻本质，但现象学对现象给予了超乎寻常的重视。这不仅因为现象在现象学中具有与本质地位相当的同一性，而且因为人们每次的认识都是从现象开始的。教育现象同样是认识和研究教育世界的基本素材和起始阶段，走进教育现象意味着正确理解它的内涵，特别是在与相似概念的辨析中显现它的内在规定性。教育现象既是名词亦是动名词，是教育世界在人的意识中呈现的一种精神实在，这种精神实在也被认为是教育世界本身，即于其自身显示自身者。教育现象首先不同于教育假象。教育假象会给我们一个关于教育世界的表象，这个表象并不代表教育世界本身，有时甚至是它的歪曲和反面。也就是说，教育假象是于其自身不显示自身者，它留给人们的表象往往成为人们正确认识教育世界的一种障碍。人们对教育问题的很多研究最后都不了了之，这实际上是因为最初选错了问题，这些问题很可能只是基于某种教育假象的问题，耗费精力去研究这些问题，一方面难以得到有价值的成果，另一方面掩盖了教育世界中真正需要解决的问题。

容易与教育现象混淆的是教育显像。教育显像是指用对教育世界的感觉表象代替教育世界本身，它也是于其自身显示自身者，但与教育现象的区别在于它并不承认还存在教育世界本身，或者说，它认为感觉表象就是教育世界本身，我们不用去留意感觉表象后面的本质，或者干脆就没有本质。正如经验论者柏克莱所言，存在就是被感知，被感知到的就是存在本身，除此之外再无本质。教育现象则明确承认有教育世界本身，即有教育本质，只不过这两者是同一的。这种近乎拗口的区别，我们在具体的教育情境中可以看得更明白一些。针对一定的教育情境，教育现象是指在人的头脑中产生的一定意识活动，主要指知觉和想象的内容，它虽然是由感官材料引起的，但教育现象竭力排斥这些感觉表象，剩下的意识之流才是关于此情境的现象，也是对此情境下教育本身的认识。教育显像与此相反，它把通过感官材料得来的感觉表象当作唯一的认识目标，并认为这就是教育本身，此外，它并不承认还有其他的教育本质。在实际工作中，一些教育研究者“头痛医头，脚痛医脚”，根据教育感觉来确定研究问题，而不是从教育世界本身来寻找问题，因为抓不住实质性问题，其研究注定难以取得理想的结果。基于现象学的精神，教育现象被赋予了特定的意义和内涵，它与我们的日常观念并不一致。这虽然为人们进行教育现象学分析提供了方便，但也增加了人们正确理解它的难度。从现象学意义上说，教育现象并不是一种独立于人的客观的教育物理事实，它是一种依赖于人的主观的教育精神事实；它也不是作为主体的人对外界教育客体的一种“符合式”的镜面反映，而包含了人的积极主动的建构活动。

第三节
教育现象学

一、何谓教育现象学

现象学作为20世纪较为流行的哲学流派之一影响了众多学科。最早把现象学理论引入教育领域的是克里克。由于克里克借用胡塞尔现象学的本质分析方法讨论教育科学，克里克的教育学也被称为“现象学的教育学”。教育现象学的早期发展主要在荷兰，以兰格维尔德为首的乌德勒支学院成员创立并发展了教育现象学。20世纪70年代，北美教育学领域开始形成现象学传统，教育现象学在加拿大得到很大发展。加拿大阿尔伯塔大学范梅南教授对教育现象学在北美的发展和推广起了重要的作用。1984年，范梅南教授创办了《现象学教育学》期刊，许多世界知名教育专家在该刊上发表论文，探讨教育学和现象学的相关学术问题，并逐渐在教育界创立了这门独特的人文视角的教育学。

教育现象学是以现象学的精神、观念和方法研究教育问题的重要基础性学问。教育现象学不是教育学与现象学的简单叠加，而是立足于现象学精神的教育追问。首先，教育现象学必须是一种教育追问。通俗地讲，教育现象学研究的必须是教育问题而非现象学问题，即便在研究教育问题时可以采用现象学的研究方法。仅宽泛地谈论现象学问题只能成就一个现象学家而不是一个教育现象学家。教育现象学不能脱离教育现象，这也是教育现象学的首要之义。其次，教育现象学是学问而不是学科。学问的本旨在于学中问、问中学，在追问中求知、在求知中追问，这正是教育现象学的真谛。最后，无论我们对教育现象学的研究如何多元，有一点是肯定的，那就是教育现象学之所以为教育现象学，是因为教育现象学立足于现象学精神。教育现象学正是由于建基于现象学精神，才获得其内在规定性。可以说，没有现象学精神，也就没有教育现象学。关键的问题在于：何谓现象学精神？为什么教育研究需要基于现象学精神？

对“现象学究竟是什么”这个问题的回答与现象学家富有个性的思想进路密切相关，而所有这些变项之中的“不变项”则是胡塞尔在《哲学与现象学研究年鉴》创刊号上提出的现象学精神。他说：“将各个编者联合在一起并且甚至在所有未来的合作者那里都应当成为前设的东西，不应是一个学院的系统，而毋宁说是一个共同的信念：只有通过向直观的原本源泉以及在此源泉中汲取的本质洞察的回复，哲学的伟大传统才能根据概念和问题而得到运用，只有通过这一途径，概念才能得到直观的澄清，问题才能在直观的基础上得到新的提出，而后也才能得到原则上的解决。”[①]胡塞尔将现象学定义为一种典型哲学的思维态度和典型哲学的方法。作为一种思维态度，现象学排斥任何间接的中介而直接把握事实本身。作为一种方法，它不描述哲学研究对象所包纳事情的“什么”，而描述对象的“如何”。海德格尔后来将这个纲领概括为面向“事情本身”，这一概括成为现象学精神的标志。现象学这个名称表达了一条原理，这条原理可以表述为“走向‘事情本身’”。这条原理反对一切虚无缥缈的虚构与偶发之见，反对采纳不经过证明但貌似经过证明的概念，反对任何伪问题——虽然它们往往一代复一代地宣称自己为“问题”。现象学精神与现象学家的工作风格紧密联系在一起。现象学家无意打造一个无所不包的形而上学体系，而是踏踏实实地进行“工作哲学”的基础研究，这一扎实的基础研究既表现在现象学家的概念分析和事实描述之中，也表现在其扎实的人生体验反思之中。在《欧洲科学危机和超验现象学》里，胡塞尔将哲学的危机归结为伽利略的客观主义与笛卡尔的怀疑主义的分裂，以及实证主义对意义问题的驱逐。科学由于局限于实在的事实，排除了价值与意义问题。这一科学的危机本质上是哲学的危机、人性的危机、人类生存变得没有根据的危机。要应对这种危机，就要澄清近代哲学那些悬而未决的基本概念与假设，将其建立在自明性与清晰性的基础之上。这就是现象学和现象学家的使命。

---

① 《中国现象学与哲学评论 第一辑 现象学的基本问题》，2页，上海，上海译文出版社，1995。

二、教育现象学的特点

第一，描述性。教育现象学的描述是通过现象学式的语言使主体的体验绽放出来。教育现象与现象学式语言交织在一起，没有后者就没有前者，也就没有我们身处其中的教育境遇。教育现象只有通过现象学式语言才能对感知现象的主体无声地“诉说”自己。只有用现象学的描述才能让教育现象“复活”，让主体的存在状态清晰可见。当然，现象学式语言不同于文学的、政治学的、修辞化的语言，它与主体的体验更为接近。总之，我们在通过语言描述现象的同时其实也在通过语言感知对象，或者说，语言让我们对现象的感知获得确定且清晰的表达。

第二，实践性。自然科学影响下的教育学寻找的是规律。随着科学教育学的发展，很多研究主题远离了日常生活世界，有的从哲学中借用一些名词术语开展研究，有的从社会学中借用一些视角、视域对教育学理论进行新的审视，有的从自然科学中借用更加严格的量化方法对教育现象进行客观研究……长此以往，教育学理论变成了深不可测的、教育实践工作者看不懂的东西。教育理论工作者往往不能进行具体的教育实践，教育理论与教育实践之间的鸿沟越来越深，似乎永远无法弥合。教育现象学者的主张与此相反。兰格维尔德认为，如果忽略了与生活世界的联系，要成为一个教育家就是不可能的，教育学是一门基于经验的科学，因为它把主题(教育的教学情境)置于日常经验世界。因此，教育学作为科学是实践的，因为人们想知道如何对儿童积极的生活产生影响，如何理解日常生活情境，如何为儿童指明方向。教育现象学的实践性体现在其对教育教学情境的关注上。

第三，规范性。规范性在教育现象学中具有特殊意义，与理性相对。规范意味着为人父母和从事教学总与价值、喜好、道德等问题有关，教育的本质主要是一种规范性活动，而不是一种技术或生产活动。这种规范性活动不断期望教育者以一种正确的、良好的或恰当的方式从事教育活动。人们一般把教育学界定为一门研究教育现象、揭示教育规律的科学。按照这样的界定，只要找到了教育规律，人们就可以在任何教育情境下按照所谓教育规律、教育规则办事，就可以找到放之四海而皆准的普适性规律。这是一种理性至上的理想，但现实与理想总有差距，现实远非如此。教育总是复杂的事情，譬如课堂教学，即使教师设计出了完美的教案，提前预想好了所有教学环节，课堂教学仍是多变的，学生对同一个问题总会有不同的看法，课堂也往往会有一些意外情况发生。如果简单地遵循一种方法、运用一种模式或技术则是不妥当的，所谓教育规律或原则在多变的情况下总是失语。教育并不是一种技术或生产活动，不能只知道其“是什么”，还应该知道“要怎么做”“如何做是合适的”。规范性比理性更适合具体情况。相比较而言，我国传统教育学有着较强的规范性；西方的主流教育学具有理性主导的特点，判断教育行为的标准总是“对不对”而不是“好不好”或“合适不合适”。教育现象学通过规范性对教育的技术理性提出挑战。

第四，反思性。反思不仅是哲学研究的一个重要方法，也是其他学科研究经常用的方法。不可否认，教育研究成果都有反思的成分，但是，教育现象学的反思性更为强烈，也更为彻底。教育现象学研究将教育生活体验作为反思的对象，并使反思贯穿教育现象学研究的全过程。反思作为教育现象学不可或缺的元素，充盈在其所有作品之中，成为教育现象学的特点之一。反思是把握教育生活体验之意义的有效方式。教育现象学以教育生活体验为研究对象，需要理解教育生活体验的意义。要理解生活世界，仅有知觉是不够的，因为生活世界不是一个经验的综合体，而是一个由无所不在的意义组成的综合体。理解教育生活体验的意义需要借助一定的手段，反思就是一个有效的选择。正如范梅南所讲：“充满智慧的反思能够发现事物，而未经反思的行动是‘缺乏智慧’的、没有机智的。”[①]反思的目的在于改变世界和改变人自身。教育学作为一门实践的科学，需要通过反思和改变创造人类美好生活的可能性，这离不开反思性实践的参与。奥克对反思性实践做出了自己的解释，认为反思性实践是充满行动的思考和充满思考的行动，反思不仅要通过揭示潜在的理论假设和意向来意识到无意识，而且它要意味着行动，这些行动以新近获得的意识和批判性见解为指导。正是基于此种对反思的认识，教育学的行动和反思就是不断地识别对于某个具体的孩子或一群孩子来说什么是好的、恰当的，什么是不好的、不恰当的。换句话说，教育生活是一个不断进行阐释性思考和行动的实践。

三、教育现象学的意义

现象学对于教育学的意义首先表现在它的本体论意义和方法论意义上。现象学与教育学之间并不是引借的关系，现象学的思想是教育学的必有之义，现象学的思想内在于教育学的思想。教育学如欲把握住自己就必须是现象学的，因为只有以“是其所是”的样子观照教育现象自身，才能对教育的本质和本体有所领会。因此，现象学对于教育学的意义是革命性、基础性的，现象学对于教育学的意义体现在本体论和方法论之中。

首先，现象学表现出一种强烈的危机意识和拯救意义，这使得现象学具有一种历史使命感，而教育学恰恰缺少这样的危机意识和使命感。教育学要想有所成就，就必须对教育的现状进行反思和批判，这一使命决定了教育学的精神前提必须是现象学。

---

① [加]范梅南：《教学机智——教育智慧的意蕴》，李树英译，269页，北京，教育科学出版社，2001。

现象学是应对科学危机、哲学危机和人性危机的产物。在现象学的早期，胡塞尔通过对心理主义、自然主义、历史主义与世界观哲学的批判提出了哲学应该成为一门严密科学的主张。基于这一奋斗目标，以及找到一个具有绝对明晰性的知识体系的责任感，胡塞尔既不满意心理主义催生的怀疑主义、相对主义、自然主义的素朴性和无反思性，又不满意历史主义催生的怀疑论的相对主义。他认为这些都阻碍了真正的严密科学哲学的诞生。可以说，追求具有永恒价值的绝对真理是现象学为一个时代奠定的精神方向。而在后期的理论发展中，胡塞尔更为明确地批判了欧洲文明的危机性，他认为，欧洲危机的根源在于实证主义、怀疑论、非理性主义等错误的哲学思潮排挤了欧洲传统理性主义的精髓。抛弃理性的、普遍的哲学理念导致了欧洲的人性危机，而要化解这种危机，就必须在对实证主义、怀疑论和非理性主义批判的基础上建立一种普遍哲学的信念。今天的教育所面临的危机并不亚于现象学创立时期胡塞尔所面对的危机。没有危机意识的教育学会是肤浅的教育学，而没有认识到危机的教育实践会是危险的教育实践。现象学的危机意识甚至比现象学本身对当下的教育建设更有启发意义。

其次，现象学所表现的严谨求实的工作作风、不轻信不迷信的工作精神、强烈的问题意识对教育具有重要的参考意义。目前教育学的建设被众多的"意见"充斥，这些"意见"冒充知识。似是而非、道听途说的教育研究严重影响了教育研究的学术尊严，严重阻碍了教育研究向下深掘所需要的踏实严谨的求实精神的形成。现象学作为一种灵活的看和问的方式，它要求人们用自己的头脑来面对教育问题，而不是人云亦云。教育理论研究长期以来建立在许多不证而明的假设之上，接受而不是怀疑这一理论前提成为研究的风尚。知识论教育哲学放逐了教育的价值和意义，试图使其科学的本质合法并成为前提，但由于本质的自明性所引发的"存而不论"或"众所周知"掩盖了我们论证的虚弱，最终它对各种教育现象做出仓促的价值判断以证实其"不在场"的有效性。因此，当下教育哲学的反思精神和批判精神是极为关键和必要的。现象学面向"事情本身"的精神要求人们以一种怀疑的态度来批判流行的话语。那些不经反思的哲学框架已阻碍了我们探索事物的步伐。特别是在人们的生活方式和生存观念趋向多元的情况下，有必要将那些貌似公正而未经质疑的哲学框架视为可疑的。对教育哲学研究而言，最大的阻力并不来自未知，而恰恰是已知的意见遮蔽了我们的视野。海德格尔认为，面向"事情本身"这一精神表现为反对，反对一切漂浮无据的虚构与偶然发现，反对采纳貌似得到证明的概念，反对任何伪问题。伽达默尔则认为现象学是一种建设，它以一种不带偏见的方式揭示所有自我给定的东西。现象学反对那些先入为主的偏见和传统承续下来的凝固的信念和理论，并且它给予人们一个积极的目标，即从各种理论模型中揭示被遮蔽的现象。教育哲学的精神也正是现象学这种批判和建设的精神。现象学不是向上建筑一个形而上学的虚假体系，而是向下深掘，寻求事物真实之根据。胡塞尔曾使用形象的比喻，呼吁“小零钱”而不是“大钞票”，同时他也严正地警告人们绝不要以为基础工作已经做得很好了。现象学要求人们批判，但同时要求人们谦虚——敢于接受批判的真正的谦虚。现象学视野的教育哲学使人们具备一种新的充满活力、坚实又活泼、平静又富于激情的研究态度和人生态度。

最后，也是最重要的一点，现象学表现出来的对人、对人的生存的关怀是教育研究的根本精神所在。教育研究的目的不是提供一套(甚至一大套)精致(但可能虚假)的理论体系，而要以对人、对人的生存的关怀为出发点和归宿。现象学的批判精神正是围绕着生存关怀建立起来的。以教育的本来面目观照教育是如此之困难，以至于人们仍然不能从教育是上层建筑等外在规定性中走出来，“人为什么必须受教育”“教育对人的生存来说意味着什么”这样的问题还没有还原至本来面目。教育说到底就是关涉美好生活，它既要告诉人们美好生活的含义即知识体系，又要提供如何过好这种美好生活、如何创造美好生活的能力体系。教育的所谓上层建筑说、生产力说与美好生活的关系是一个十分值得追问的问题。因为这个问题直接关涉教育为何能以及怎样关怀人与人的生存。我们只要思考一下胡塞尔对欧洲文明、人性危机的忧心忡忡，海德格尔对于人的生存状态的一针见血的揭示，舍勒对人的存在价值和地位的关注，萨特对于人的自由的执着，就可以感受到一种强烈的人本主义气息。这种气息的不足是教育学的欠缺，而这种气息的缺乏是教育学的失职。在这种精神指导下，教育学才有资格成为教育学；在这种精神指导下，教育才有资格成为教育。

四、教育现象学的操作

(一)生活化选题

兰格威尔德把教育现象学的研究称为家庭、厨房、街道的研究，而这也恰恰是实践的“真对象”，在“真对象”的实践中我们可以探索出知识的奥秘、联系和最本质的东西。因此，兰格威尔德认为：“教育不仅仅是让人们知道事情是怎样的，教育探索总有一个内在的实践目的，因为‘让人们知道必须怎样做’迟早会被重视。”[①]教育现象学者怀着这样的理念，通过对家庭、厨房、街道等生活场所发生的事件的研究，引起人们对其教育意义或价值的重视。如范梅南对儿童的秘密的研究(《儿童的秘密——秘密、隐私和自我的重新认识》)、对教学机智的研究(《教学机智——教育智慧的意蕴》)等，诸如此类的研究题目在教育现象学研究中心阿尔伯塔大学是非常多的。这些都是人们在

---

① Langeveld M. J., *Beknopte Theoretische Pedagogiek*, Groningen, Wolter-Noordhoff, 1988, pp. 12-13.

生活中常见的东西，但似乎人们无视其存在，可能因为其太过于常见，人们因为习以为常而麻木。但只有这些日常生活中的东西才符合教育现象学回到“事情本身”探寻事物本质的要求。教育的生活世界既是教育现象学研究的来源，又是教育现象学研究的对象。因此，教育现象学的研究不是对现象学艰深晦涩的理论的解释，不是对干巴巴的抽象的教育现象的现象学分析，也不是运用现象学的理论对教育学进行思辨的研究，而是实实在在的、选取生活化的题目，对鲜活的教育现象进行的探索和考察。

(二)对话式访谈

教育现象学采用的是质性研究方法，所需数据资料主要通过访谈的途径获取。访谈是量化和质性研究中都可能用到的一种方法，但现象学研究中的访谈不同于其他研究中的访谈，它是一种开放式对话，有自己独特的提问方式，而且对访谈本身不做任何结构化的处理。现象学的提问直接指向生活体验的本身，比如，现象学的研究会问：“你是否记得被别人表扬的一个事例?”“当你受到表扬时(或者被批评时、被提问时等)，你的体验是怎样的?”“你可以把当时的体验具体地描绘出来吗?”现象学的提问强调的是当事人(成人或孩子)当时的真实体验描述，而不会问当事人的观念和感想。当然，此处强调的对话式是要求访谈者在访谈过程中关注受访人员接受访谈时的体验，关注受访人员的独特性，敏感地把握其体验，并根据其体验及时调整访谈内容，争取使访谈向深处发展，尽可能引导访谈对象描述在其所谈故事中的体验。正如厄尔所说：“人类生活的关键并非个体所共有的东西，尽管关于共同的知识往往是有趣的和有用的，然而这些知识无法避免肤浅的处境。人类生活最深刻的东西只有在个体化的王国中才能找到。”①因此，教育现象学通过对话式的访谈追寻一个个独特个体的鲜活的生活体验故事，以此作为自己的独特数据。

(三)描述性写作

教育现象学的写作从轶闻、故事等特殊案例开始，迁移到一般事物，然后再返回特殊案例。其追求的不是宏大的理论框架，而是试图从个案中寻找生活和教育的意义。范梅南认为：“写作是将内在的东西外在化，它使我们离开自己直接面对的世界。如果我们审视纸张，审视我们所写的东西，我们客观化了的思维也在审视着我们，于是，写作就建立起了某种思考的认识状态，这种状态通常是社会科学理论所具有的特征。”②因此，描述性的写作是教育现象学研究中不可或缺的重要组成部分。强调描述性和教

---

① 汪霞：《课程研究：现代与后现代》，63页，上海，上海科技教育出版社，2003。

② [加]范梅南：《生活体验研究：人文科学视野中的教育学》，宋广文等译，165页，北京，教育科学出版社，2003。

育现象学研究的对象有很大关系。在教育现象学研究中，通过生活化选题和对话式访谈，研究者得到的是一个个鲜活的生活体验故事，它们必须用感性的(或诗化的)而非科学的语言来描述。表述对象的故事性使得这种写作带有很强的描述性。描述性写作的作品具有更强的故事性、可读性、可感性，更能打动人、感染人，引起人们的共鸣，使人们进行现象学式点头。正如范梅南所说："一篇成功的现象学描述会让我们频频点头，因为我们发现那所描述的体验我们曾经拥有或可能拥有过。"①这种现象学式点头其实是由别人的体验激发的认同性体验，所唤醒的是"我"作为"我"的直接存在性体验，它所建立的是一种深刻的自我认同与自我意向，这是一种对生命及其意义的体认。值得指出的是，只有成功的描述才能引起现象学式点头，这对作者的要求很高，需要作者具有现象学的生活态度和思维方式。

(四)现象学式反思

人与动物最大的区别在于人会不断地对现实生活做出反思，追求现实存在的各种意义，并在意义追寻中不断超越现实的规定，走向自由的本质。因此，在欧洲哲学传统中，哲学的反思性始终是一个受到关注的问题。反思也是现象学最显著的特征。现象学研究者在研究过程中既要"入乎其内"——体验生活世界，又要"出乎其外"——进行反思。"入"是为了获得生动、丰富的感性材料，"出"是为了从研究情境中抽身，超越特定境域的限制，以把握现象的意义和本质。在反思过程中，研究者将自己的心智与情感从当下的情境中抽离，与具体情境保持一定的距离，回到一个更宽泛的视界中检查自己的行为，以期对那些经历所隐含的意义进行思考。教育现象学同样具有现象学反思的特点，要求在反思中揭示故事的主题，通过确定主要主题和次要主题等途径来把握生活的意义及教育的意义。

本章小结

教育的研究对象是教育现象。俗常意义上对现象的理解建立在与本质相对立的基础上，这一现象需要被穿透、被摒弃，换言之，它是非本质的、次要的。随着反本质主义的发展，"本质—现象"观的问题越发凸显。本质主义从根本上阻碍了知识的进步，现象学应运而生。现象学的现象即本质，它取消了"本质—现象""主体—客体"的二元对立，极大丰富了对世界的认知。教

① [加]范梅南：《生活体验研究：人文科学视野中的教育学》，宋广文等译，33页，北京，教育科学出版社，2003。

育现象学成为教育研究的重要学问。它具有描述性、实践性、规范性和反思性等特点，并具有深刻且广泛的意义。教育现象学既是一种精神，也是一种方法，具有可供实践的操作步骤：生活化选题，对话式访谈，描述性写作，现象学式反思。

章后练习

1. 案例分析

对于任何教育改革、教育政策或教育活动，我们不能只问其为社会做了些什么、为社会带来了什么、为社会创造了什么。我们必须要问：它们传递给人们的是何种情感和态度？它们的“温度”有多高，会不会冻伤或灼伤了别人？头脑一热、一厢情愿不是教育，教育是有生命、有温度的东西。教育是人与人的工作，人与人的工作和人与物的工作完全不同，前者依靠情感来维系和沟通。若教育采用物与物的管理模式，则既不符合教育规律，也不符合生命规律。

请思考：教育作为一种现象对于现代人的真正价值为何？

2. 简答题

(1)简述俗常意义上的现象概念以及它存在的问题。

(2)简述现象学中的现象概念以及它的特点。

(3)简述教育学现象学的概念、特点及意义。

(4)简述教育现象学的操作步骤。

延伸阅读

[1]莫兰．现象学：一部历史的和批评的导论[M]．李幼蒸，译．北京：中国人民大学出版社，2017.

[2]胡塞尔．现象学的观念[M]．倪梁康，译．上海：上海译文出版社，1986.

[3]胡塞尔．生活世界现象学[M]．倪梁康，张廷国，译．上海：上海译文出版社，2005.

[4]海德格尔．存在与时间[M]．王庆节，译．北京：生活·读书·新知三联书店，1999.

[5]范梅南．教学机智：教育智慧的意蕴[M]．李树英，译．北京：教育

科学出版社，2001.

[6]范梅南．生活体验研究：人文科学视野中的教育学[M]. 宋广文，译．北京：教育科学出版社，2003.

[7]范梅南．实践现象学：现象学研究与写作中意义给予的方法[M]. 尹垠，蒋开君，译．北京：教育科学出版社，2018.

第十三章

研究与哲学

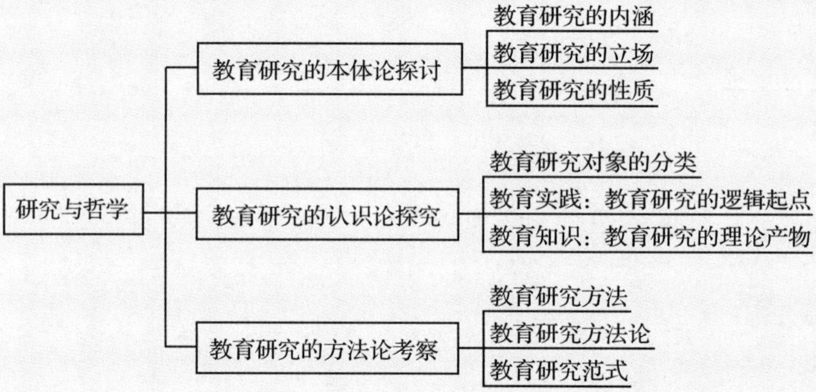
研究与哲学
教育研究的本体论探讨
教育研究的内涵
教育研究的立场
教育研究的性质
教育研究的认识论探究
教育研究对象的分类
教育实践：教育研究的逻辑起点
教育知识：教育研究的理论产物
教育研究的方法论考察
教育研究方法
教育研究方法论
教育研究范式

章前导语

理解人类，研究他们的所作所为和为何作为，需要采用许多方法，每种方法都有复杂的有关行为、个人和社会活动是什么的假设。一种研究方法若在教育研究领域占据主导地位，就会给某些理论乃至有关人类的假设以优先权(有时候是排他性的优先权)。任何一种教育研究方法背后都有相应的“人性理论”，都有相应的支持人们对事物的理解和成为这些理解的前提的信念和价值。但是，其他研究工作者也可以提出完全不同的假设，并因此采用不同的方法。

第一节 教育研究的本体论探讨

一、教育研究的内涵

想理解教育研究、准确定位教育研究工作，就不仅要关注教育研究的过程和方法，还要回到教育研究活动本身，厘清教育研究的相关概念，预设教育研究的价值，然后反思教育研究的过程和方法，建立相应的行动准则。

(一)教育研究的特殊领域

教育研究作为社会科学研究的一个分支，虽然使用与社会科学相关的研究方式能够推动研究活动的开展，但这些研究方式使教育研究与其他社会科学研究过于近似，教育学科无法与其他社会科学学科区分开来。教育学有着区别于其他社会科学学科的特殊性，即更加关注人之生命与实践；相应的，教育研究也有着区别于其他社会科学研究的特殊性——教育实践。教育实践是教育研究最直接、最根本的价值指向，也是教育能够影响人身心全面发展的特有的活动。

基于学科之间越来越呈现出一种交叉融合的趋向以及教育学科自身的依附性，教育学往往与其他学科如社会学、人类学、哲学、心理学、历史学、文化学、经济学等互为组合，或者这些学科经常渗透于教育研究，这便导致了教育研究的混杂性。教育并非教育学研究的独有阵地，教育研究成果也往往是基于多学科视角的研究产物。在不否认教育研究价值应更多元化的前提下，我们应探寻教育研究的特殊性。教育研究不应依靠其他学科立场的言说去探寻自身的本质本源问题，如对于“教育作为生产力”这一表述，我们应该进一步思考：这种表述在何种情况下才是合理的？在何种情况下才会成立？这种表述是否违背了现实教育生活中的基本规律？教育培养出来的人只能作为劳动力而存在吗？教育的价值就是培养劳动力吗？教育实践应是衡量教育研究有效性的根本标准。如果任何关于教育的言说都可以被称为教育研究，那么教育研究就没有什么特殊性可言了。如果试图在此基础上建立一个令众人信服的教育学，当然就更没有希望了。

当前，在无限扩大的知识领域中，教育研究正面临着困境。教育学者经常无视自身的学科立场，把诸如哲学、心理学、社会学、人类学等学科作为自身研究依傍的对象，却将教育学这块田地荒废了。在教育研究边界无限扩大和多学科广泛介入的今天，我们需要为教育研究划出一个领地，需要对“教育话语”的方式进行澄清，并进一步反思：教育研究到底应该做什么？为什么很多教育研究解决不了实践问题？我们需要澄清教育研究的特殊领域：教育研究需要与具有教育性的实践活动相关联，教育实践是教育研究的独特阵地——在真实的以人为指向的教育活动中，以教育学的方式去思考和试图解决可能存在的关于教育现实或本质的问题。基于此，将教育实践作为教育研究的根基，教育研究在任何情况下都应该把那些深刻影响教育实践本质的因素(如人的发展、教学活动、学习活动等)作为具有核心价值的观察点，进行思考和澄清。

(二)教育研究的概念

只有对教育研究特殊场域有透彻的了解，对教育研究概念的分析与理解才是可能的。教育研究的概念有广义和狭义之分。从广义上看，教育研究是由教育和研究两部分构成的。教育限定了研究的内容、目的、价值和立场。研究作为一种动态活动，其目的和价值都隐藏在教育之中。教育预设了教育研究的全部价值，规定了教育研究的水平和逻辑规则。

对教育内涵的理解有助于确定教育研究的性质、立场、目的及价值。第一，教育是引发学习的活动。真正的教育应与学习者的学习活动保持一致，其目的也是促进学习者获得高质量的经验。第二，教育是一种价值判断。人们对教育的内涵及教育中的问题常常有争论，而这些争论往往是从学生应获得哪些知识、什么知识更有价值开始的。这就需要人们在开展教育及教育研究时对价值问题做出判断。第三，教育是面向教育实践的。教育在本质上指向人的生成与发展的实践活动，因此，除了对教育学科本身的思考，教育研究应该关注教育实践活动，确保教育理论与实践的融合。

基于对教育概念的思考，教育研究的内涵逐渐明晰。教育研究与教育息息相关。例如，理解了“什么是好的教育”“什么使人更加完善”“哪些知识最重要”“学习者应该接受哪些训练”等问题，教育研究中对知识标准的基本判断也就得以明确。将阐明教育活动、对实践做出判断和评价的教育研究的主旨揭示出来后，使教育研究在对学习者的经验和教育活动的探寻中便具有了特殊的内涵和实用价值。

教育研究的内涵应包含教育研究的对象、内容、任务、功能等一系列问题。从教育研究内容的角度来看，教育研究涵盖所有教育知识和教育实践，并遵循一条客观的关系法则，即所有教育知识都与教育实践有着密切联系，教育知识能够用来直接或间接地改造教育实践，教育实践能够产生新的教育知识。因此，教育知识和教育实践构成了教育研究的两个基本对象，它们分别处于理论和实践两个维度。在理论维度，我们需要对教育实践、教育学科、教育研究自身进行反思，建立教育知识的完整体系。在实践维度，我们需要在对人的认识的基础上关注人的发展，绘制一个全面发展的人的实践图景，关注学习活动、教学活动及师生交往等与教育实践密切相关的活动。

从研究的任务来看，教育存在三种事实：自然的教育事实，科学的教育事实，纯粹的教育事实。自然的教育事实源于教育实践本身和人们在教育实践中产生的教育事实。科学的教育事实是通过一些科学的操作步骤，经过科学发现而获得的教育事实。纯粹的教育事实是在哲学的高度通过对教育现象的还原而得到的教育事实。这三类事实构成了教育存在的完整图景。教育研究的任务就在于以某种方式去发现、解释和重构有关教育的这些事实。也正因如此，教育研究具有四项基本功能：描述教育现象，解释教育行为，改变教育实践，批判教育事实。

总之，教育研究既要关注教育知识的建构，追问“是什么”；又要关注对教育实践行为的解释，反思教育“应该是什么”“何以如此”；还要做出事实与价值判断，得出“应该怎么做”的结论，改进教育实践。

二、教育研究的立场

(一)教育研究的时代立场

教育研究应该秉持怎样的学科立场？这是教育研究哲学反思的关键问题。“尽管有关教育的研究可以有多个学科的立场，但其他学科从自身的视角对教育进行研究，并不能代表教育学自身的探索。而学科不仅仅是某类知识的汇编，而是暗含着思考问题和看待世界的独特方式与视角。因此，我们需要对各门学科的性质定位、学科知识暗含的思维方式、研究视角、前提假设及其学科涉及的问题领域、核心概念等进行比较分析，并从中辨析出教育学的基本立场。”①

教育学自产生之日起就不断遭受各种批判与质疑。在教育学发展的过程中，越来

① 鲍同梅：《教育学方法论的内涵及其研究视角》，载《华东师范大学学报(教育科学版)》，2008(1)。

越多元、复合的价值观念不断涌入，使教育学逐渐丧失其学科立场，并不断改变自身的研究价值取向，这成为教育学的学科危机。因此，教育研究者应该时刻保持警惕，并反思教育学的学科立场问题，不断追问：第一，什么是一个学科的立场？教育学该如何站稳自己的立场？第二，教育学立场的缺失带来了怎样的危机？第三，应该以什么样的方式重构教育学的立场来应对当今社会改革和教育改革的状况及要求？

对于第一个问题，应该明确一个学科的立场是由学科研究主体确立的，是观察、认识、阐明与该学科建构和发展相关的一系列前提性问题的基本立足点。教育学危机包括两个方面。一方面是教育学边界危机，即教育学逐渐成为一个因边界不断扩大而形成的多学科所共有的研究领域，教育学的学科边界越来越模糊和难以确定。另一方面是源于自然科学的危机，自然科学使实证的和实用的方法成为教育学的指导思想和方法论前提，而忽视了对于教育学对象(人)的把握，忽视了教育学的独特性，忽视了精神哲学对于教育学的作用，从而使教育学的灵魂遗失于技术手段之中。“这种来自自然科学的理性扩张所造成的影响大概从赫尔巴特创立教育学之日就开始了，因此，在不同的时代，人们不断强调教育学发展的客观性、精确性和科学性，重视以经验归纳为主的科学理论。”①然而，教育学作为探究人的事理性学科，是区别于自然学科的。如何确立一个人文视角的教育学立场？如何在明确学科性质的基础上对自然科学的真理观和方法论进行基于教育学立场的深刻反思？这两个问题是我们思考教育学领域科学性和人文性的关键所在。最后，理想的教育学体系的建构在学科立场上要摆脱自然科学曾经带给教育学的机械影响，使教育学成为一门针对人而开展的有生命、有灵魂的活动；同时，要恢复教育学这门学科本身的独立地位，重建作为一门学科的、一般的、基础性的当代教育学理论，在现代的、新的观念上对教育学理论进行知识更新和创造。

(二)教育研究的学科立场

在对教育研究的各种批评与质疑中，我们需要全面反思有关教育研究的性质问题，并且要将其与学科联系在一起，用教育学的学科性质来反思教育研究的独特视域和价值。教育学需要建立一种以整体教育活动为对象、能够全面适用于整个学科并能够反映教育整体状态的学科理论，这是教育学科应有的立场。教育研究则是在这种教育学的学科立场上关注教育理论和教育实践的问题。

教育研究的立场以教育学的学科立场为支撑，可以说，教育研究是站在学科立场上对教育理论和教育实践进行分析、判断和决策的工作。教育研究的开展可以是多角度的，但是，教育研究的学科立场必须秉持教育学的旨趣，开展以基本对象和问题为

---

① 劳凯声：《中国教育学研究的问题转向——20世纪80年代以来教育学发展的新生长点》，载《教育研究》，2004(4)。

主的研究活动。无论教育学建立起何种新的立场，教育研究都有一项重要的工作，就是站在学科历史和发展的角度对此立场进行考察和判断，用一种科学的精神、哲学反思的态度把“元层次”的思考和教育实践关联起来，使教育学这门学科不断地走向成熟、走向发展。

(三)教育研究的价值立场

在哲学层面，价值问题是教育研究的重要问题，对“什么是有价值的教育研究”的追问和辨识旨在让人们明确地了解教育研究的价值属性，在对教育研究多重价值的反思与判断中找到教育研究存在的意义，使其朝着理想的、正确的价值目标迈进。教育研究的价值立场就是引导人们开展一种有意义的教育生活，并将之作为教育知识和教育实践的理论向导，为化解教育理论与教育实践的矛盾提供正确的价值观念。教育研究的基本逻辑常以研究对象为本位，以教育问题为基本命题，以教育学的理论假设为前提，以教育学语言为表达方式，最终解决教育理论与教育实践的难题，推动教育学科的发展。在这种价值预设的标准中，教育研究要回归教育本身，摆脱教育对其他学科的依附性，具体需要做到以下三点。

第一，将教育实践视为教育学科安身立命的根本。尽管其他学科也讨论教育实践问题，但只有教育学的讨论才是真正意义上的学科角度的审视，教育学赋予教育实践以独特的思维视角与研究价值。第二，提升教育学的问题意识。教育知识的生产需要依靠教育学的原创性问题，而不是复制原有问题。而且教育问题是源于教育实践的真实问题，对问题的解答也是为了帮助解决实践的问题。教育学有其自身独特的知识视角和价值使命，教育学是直接指向人的学科，这就是教育学的“人学”立场和“关乎人的成长及未来发展”的独特学科视角。第三，从整体实践的角度重构教育知识系统，转变教育的视角和思维，从而重新呈现和改造教育知识，提升教育学科自主创造的能力。

三、教育研究的性质

(一)教育学的学科属性

教育学是不是一门科学？是自然科学、社会科学还是人文科学？它能否算一门严格意义上的社会科学？这些问题是对教育研究的学科属性进行追问的前提。尽管很多教育学者从人的角度将教育学理解为一门研究人的学问，认为教育学以研究人为出发点，以人的哲学理论为基础，其核心问题是人的发展，教育学应属于人文学科。但若从经验判断，教育是一种社会行动，教育学就应属于社会科学。由于社会科学的科学本质，教育研究也竭力追寻它的科学性，期望得到类似于自然科学的结论。然而，教育学到底是不是一门严格意义上的社会科学？它与其他社会科学学科能不能等同？这些正是我们对教育研究性质进行澄清时的重要问题。

在诸多表述中，教育学被广泛定义为一门以教育现象、教育问题为研究对象，探索教育规律的科学。这个普遍的定义包含三个核心内容：教育规律、教育现象、教育问题。基于这三个核心内容，需要进一步思考：第一，教育或教育学本身到底有无规律可循？第二，教育学这门学科的终极价值是否在于解决教育中的现象和问题？第三，教育学是不是一门科学？科学是它的学科定位，还是一种认知态度或精神旨趣？

对于以上疑问，我们可以从教育学创立之初开始探寻。首先，教育学本身或许根本不存在一种确定性的规律、方法、原则和技术。拉格曼曾称教育学是一门捉摸不定的科学，这种捉摸不定既指教育研究对象的不确定，同时指教育学这门学科本身存在太多不确定性。其次，在概念中教育学被规定为一门解决教育问题的科学。教育学是一门为了解决教育问题和阐释教育现象而设立的科学，这种隐含在教育学概念之中的价值预设使很多教育研究者都竭力把教育理论操作化，让它成为一门严格意义上的科学。然而，这其实是一个虚假的命题。教育学是一门智慧性学问，它直面教育问题，却不能直接解决问题；它关注教育实践，却不能直接产生实践。因此，在很大程度上，教育这门学科带给我们的并不是某些实用性知识，而是某种提示，帮助我们提高对好的教育活动的判断力。最后，有必要对教育学的科学性质进行阐释。教育学作为一门科学学科的定位是否已经广泛地得到各个学科的认可？一个学科的性质如何并不取决于学科自身的向往，它需要得到各学科的普遍认同，尤其是典型的具有科学性质的学科的认同。然而，教育是一个价值性命题，由于时代对价值的理解不同，教育的任何举措和行为都不可能是绝对正确或错误的。某些人曾公认的“真理性教育知识”，在新的时期可能会遭到深刻的批判和否定。

教育学不会依靠某种实验、通过证明一些事实来总结所谓“规律”。有关生命的科学必然要对价值性和伦理性进行充分的考虑。我们应该面对的现实是：从根本上证明教育是一门严格意义上的科学是不可能的。教育要想同自然科学一样进行事实的研究，就必须保持价值的中立，然而，教育面对的对象并不能回避价值的问题，不能不关注人的问题。因此，教育学本身无法按照科学的逻辑提炼出一套类似自然科学的范式。教育学只能获取一种精神，或者以较为恰当的手段运用科学的方法来为教育问题的解决提供证据，而不能将科学性作为教育学的学科定位，以防止教育学的各个要素都陷入工具化和标准化危机。

(二)教育研究的基本属性

对教育研究性质的准确把握是反思、追问教育研究价值，建构教育学学术价值和学科地位的前提与基础。因此，有必要通过“回到原点”的方式反思教育研究的性质问题。

在学科定位上，教育研究属于社会科学研究的范畴，但不是严格意义上的社会科学。在研究功能上，教育研究既要开展相关理论研究来揭示教育事实背后的潜在规律，又要在教育理论的指导下解决实际问题；教育研究既要坚持科学的态度和品质来开展研究活动，又要坚持用一种人文情怀来关注和理解现实中的人。叶澜从教育研究对象的特性及研究的目的、任务的角度重新界定了教育研究所具有的特性。她认为，教育研究是一种事理性研究，即“探究人所做事情的行事依据和有效性、合理性的研究”①。教育研究不同于一般所言的现象研究，它是为成人成事而开展的研究，所以必须包含两大类型：基本理论研究和应用研究。事理性的教育研究包含三大知识构架：科学的教育知识(关注教育事实层面)、哲学的教育知识(关注价值层面)、实践的教育知识(关注行为层面)。教育研究作为一种事理研究，其目的是提升教育实践的品质，促进教育实践中人自身、人与人、人与社会等关系的良性互动与和谐发展。教育研究的这种属性将理论和实践整合为一种从目的到行动的完整过程。

从理论和实践的关联性来看，教育研究是一种综合研究，它既指向人的精神世界，关注人的生命质量和生命发展；又指向人的实践活动，关注人生命的实践和活动的品质。教育研究中的理论研究部分包含对教育活动的价值取向和规律性演变、教育过程的本质和规律的研究，以及对已形成的教育理论的反思性、批判性研究。教育研究中的实践研究部分则将揭示的规律运用于对教育实践的直接具体认识以及对实践合理性、有效性的研究。教育学学科的独立性是教育研究能否具有价值和能否发挥作用的根本前提。教育研究是具有鲜明主体性、实践性、价值性、道德性和文化性的活动。在主体上，它需要关注研究者主体的智慧生成；在实践上，它需要关注与实践相关的活动；在价值上，它需要关注人与时代的价值诉求；在道德上，它需要遵循研究的伦理行为与道德规范；在文化上，它要继承某些文化的传统。因此，教育研究的性质从根本上体现了科学、文化、价值和理性的统一。只有当我们明确了教育学科的性质和教育实践的本质，教育研究才能明确自身，才能使知识指向生成、指向发展、指向并服务于实践。

第二节
教育研究的认识论探究

在哲学层面，教育研究的认识论问题主要与知识论和人的实践活动有关。教育研究无论从其发生还是从其结果来看，都与人们对知识的理解和运用有紧密的联系。

---

① 叶澜：《教育研究方法论初探》，322页，上海，上海教育出版社，1999。

一、教育研究对象的分类

界定研究对象是认识论的开始。研究对象确定的科学性与准确性是衡量某种研究成熟与完善程度的重要标准之一。教育研究对象的确定决定研究内容的选择、研究方法的使用、研究结果的有效性。教育研究是一个统称，以学科性质、方法为标准，教育研究可以被称为教育科学研究；以工作内容为标准，教育研究可以分为教育学术研究(或教育理论研究)、教育活动研究等。教育研究的对象与教育学研究对象、教育科学研究对象等概念既有区别又有联系。教育研究对象的界定主要有以下几种观点。

(一)教育及教育现象作为研究对象

凯洛夫在其主编的《教育学》中指出："教育学的对象就是青年一代的教育。"①巴班斯基在其主编的《教育学》中将教育学界定为"关于教育的科学"②。还有一种观点将教育研究对象设定为教育现象及规律，如《教育管理大词典》中的解释："教育现象是教育本质的外部表现和特征，是人们看得见、摸得着的社会现象。"③南京师范大学编纂的《教育学》也明确提出了这一观点。金一鸣教授则认为："教育研究的对象是教育现象，教育研究的任务在于把握教育的规律。"④

(二)人或教育活动作为研究对象

桑代克在《教育之基本原理》一书中指出："教育学研究人类及其全部世界的相互作用……教育学必须研究人类本身及世界的任何方面的改变，因为教育研究必须能供给有效的意见，使人们知道改变人们本性以适应新的环境的可能性与合理性。"⑤这种观点将对象聚焦为人，并进一步将教育解释为对人身心产生影响的活动。

(三)教育事实作为研究对象

该观点以20世纪兴起的描述教育学为典型代表，倡导者是菲舍尔、彼得森夫妇和洛赫纳等，他们将教育事实视为研究对象，旨在建立一门价值中立的、纯粹描述教育事实的教育科学。⑥ 如菲舍尔采取实证与现象学的方法对教育事实进行客观的说明，试

① [苏联]凯洛夫：《教育学》，陈侠、朱智贤、邵鹤亭等译，1页，北京，人民教育出版社，1957。

② [苏联]巴班斯基：《教学教育过程最优化》，吴文侃译，2页，北京，人民教育出版社，2001。

③ 齐运锋：《21世纪教育学发展趋势》，载《科技信息(科学教研)》，2007(14)。

④ 金一鸣：《教育原理》，5页，合肥，安徽教育出版社，1995。

⑤ [美]桑代克、[美]盖兹：《教育之基本原理》，宋桂煌译，5页，上海，商务印书馆，1934。

⑥ 冯建军：《西方教育学科学取向的历史考察》，载《教育理论与实践》，1995(2)。

图建立以经验为基础的严格且确定的教育学体系。

(四)教育问题作为研究对象

该观点较为主流但又颇具争议。教育问题是指在教育事实中客观存在，有价值、有意义，同时引起了教育研究者的关注和兴趣以及教育实践者的共鸣，并且通过创造性思维技巧和策略进行研究探讨，从而加以解决的教育矛盾和教育疑难。如日本学者村井实在《教育学的理论问题》一书中对教育学的对象进行了较全面和系统的分析，得出了“教育学的对象是教育问题”的结论以及“要把教育问题视为客观事实加以深究”的观点。

(五)教育存在作为研究对象

教育存在作为教育研究对象的观点对教育研究对象的复杂性有较为清晰和深刻的认识。此观点认为，教育存在是指相对于“无”的“有”，它的形态可分为三类：第一，教育活动型存在，指一切以影响人身心发展为目的的实践活动；第二，教育观念型存在，指在教育认识活动中形成的教育观念、思想、理论和学科等；第三，教育反思型存在，指对教育学科及教育研究自身进行的发展性研究。这三类形态分别对应了三种类型的教育研究，即教育活动性研究、教育观念性研究和教育反思性研究。这三类研究活动并非在一个层面，而是处于三个层面，它们通过双向、多层次的相互作用而相互关联，成为一个独特的教育研究对象群。①

(六)教育生活或教育世界作为研究对象

这种观点认为，教育是贯穿生命全程的、普遍的生活方式。终身教育观念的提出使教育伴随着人的生活而广泛存在，并不局限于纯粹的学校教育，表现为生活中的教育或与生活融为一体的教育。教育生活就是人类为未来的生存和发展而进行的关于文化传递的一个范畴，是与文化传递有关的所有活动的总称。②

上述关于教育研究对象的不同观点体现了人们对教育研究对象的认识不断深化、科学化，即一种由浅入深、由感性到理性的过程。人们首先从感性层面将教育活动、教育事实作为教育研究对象，随后将教育问题作为研究对象，然后将教育存在、教育生活等作为研究对象，认识层次逐渐深化、系统化，这种转变也促进人们不断采用科学的眼光去探究与认识事物。近年来，教育学界有越来越多的学者将教育实践和教育知识视为研究对象，这是对教育研究对象的又一次审视。持该观点的学者认为，从教

---

① 叶澜：《教育研究方法论初探》，309页，上海，上海教育出版社，1999。

② 吴定初、雷云：《教育研究对象观探新》，载《社会科学战线》，2005(3)。

育研究对象的构成来看，其基本结构包括活动对象和观念对象。活动对象就是教育实践，教育实践是教育活动的集合，是教育研究对象的元结构，是隐含着特定价值的教育活动过程，是以尊重和满足学生发展需要、对学生身心发展具有正向功能的理性活动，是目的和价值的统一。教育实践作为研究对象是教育研究区别于其他研究的根本标志。观念对象就是教育知识，这是教育理论的形态，是对教育目的、作用以及方式的理性表达。总之，从整个教育系统来看，教育实践和教育知识相互依托、互为目的，共同构成教育研究对象的基本结构和复合系统。

二、教育实践：教育研究的逻辑起点

教育实践是教育活动的集合，是教育研究的逻辑起点。一切教育研究活动的根本出发点都是教育实践，并且指导教育实践；同时，一切教育研究活动的归属或终点也都指向教育实践的改造与重构。

(一)教育实践的内涵及价值

教育实践常常意味着许多不同活动的集合，这些活动在共同的目标之下，体现着特定的价值，并且每个活动都能够被人理解。基于此，教育实践包含三个层面的内容：第一，教育实践是教育活动的集合；第二，活动隐含着教育者预设的价值，体现着活动的教育性；第三，教育实践是教育目的与价值的统一。

在第一个层面，教育实践不是一种单独的活动，而是为了同一目标而共同开展的一群活动。在第二个层面，在一种教育实践中，即在一群有共同目标的教育活动中，隐含着预期的目的性和预设的价值，如为什么要做这项研究？这项研究的价值为何？教育实践不仅包括组成实践的活动，还包括教育实践的价值，即教育性，它使我们不但明确做什么，而且理解为什么做。在第三个层面，教育实践是教育者发挥能动性的过程，是与教育对象、教育问题、教育存在、教育生活等相关的能动过程，是以目标和价值为导向的能动过程。例如，在师生交往活动中，能否尊重和满足学生的需要成为判定教育实践质量的关键，而这种教育活动通过什么方式让学生易于理解和接受则是教育研究关注的焦点。教育研究的特殊性就在于其研究对象的特殊性，无论是何种教育研究，如果无法站在教育实践中，就无法真正确保其实施的价值性；只有立足于教育实践，源于教育生活，才能有效确保教育研究的特殊性及旨归。

总之，教育研究是具有严格意义和标准的专门实践活动。立足于教育实践是教育研究的起点，了解教育实践是教育研究的基本要求，改进教育实践是教育研究的根本目的。真正的教育研究必然关注教育实践的核心要素，如学习质量、教学效果和师生交往活动等一系列与教育基本活动相关的问题，探讨这些要素之间的关系、可能的行为以及获取知识的过程。

(二)基于教育实践的研究指向

基于教育实践探寻教育研究的维度与范畴十分具有现实意义与实践价值。从实践出发，教育研究需要关注两个层面的问题：教学活动和学习活动。教学活动属于教师的实践范畴，而学习活动属于学生的实践范畴，两者具有紧密的联系性。衔接两者的师生互动或师生交往活动是不可或缺的。基于教育实践的教育研究应关注几项基本问题：教与学活动、人的发展、师生交往。

第一，教与学活动是教育实践研究必须关注的关键问题，即教育研究要对教学的质量和学习的品质进行考察。一方面，关于教学。教师应该教什么、借助什么样的教学工具，使用什么样的教学方法，取得什么样的教学成效，等等，都是教育实践一直关注的问题，并且需要我们基于教育实践进行探究。另一方面，关于学习。学习的内涵是什么，学生应学习什么，学生应怎么学习，学生可运用的工具和手段有哪些，学习取得的效果怎样，等等，也是教育研究反思与探究的对象。将两种活动归结起来看，教与学都是师生的互动活动，都是体现教育性的活动，都是教育实践研究应关注的焦点与关键。

第二，人的发展问题应是教育研究首要关注的问题，是研究的起点、目的与最终归宿。教育区别于其他学科的特殊性就在于：教育是一项培养人的活动，教育的价值和最终目的都指向人的发展。“哲学探讨的是人的属性问题，回答的是人的存在问题；心理学探讨的是人的心理成熟及其规律问题，回答的是人的发展的内在规律、机制问题；社会学探讨的是人与社会的互动问题，回答的是人的社会行为及其社会性发展问题。而教育学对人的问题的探讨，明显与哲学、心理学、社会学等学科不同。教育研究探讨的是人的发展及其价值实现的问题，回答的是人的生成与外部条件之间的关系问题。”①因此，人之为人的特殊性必然成为教育研究的旨归。

第三，建立在教与学基础之上的师生交往并不是一种简单的实践交往活动，而是一种带有目的和预设价值的实践活动。对师生交往活动的探究会涉及一系列问题，如师生交往的实质是什么？师生交往促生了教与学的哪些变化？通过对这些问题的反思，研究者提出了师生教学活动应促生以下几种根本性变化：①学习效果的变化，如学生获得了哪些有价值的知识、其学习情感及态度有哪些转变、通过学习提升了哪些技能等；②教学素养的变化，如教师教学态度的变化、教学经验的累积、教学技能的提升等；③交往方式的变化，如师生地位平等性的提升、教学相长关系的形成等。

总之，基于教育实践，教与学活动、人的发展及师生交往等问题已经并且将一直

---

① 宋兵波：《教育研究的性质是什么——兼与王洪才教授商榷》，载《教育学报》，2006(3)。

是教育研究关注的基本问题，这就是教育实践研究的逻辑起点和关键。

三、教育知识：教育研究的理论产物

(一)教育知识的内涵及价值

尽管在教育研究中教育实践是逻辑起点与最终归宿，但教育研究的成果会以知识的形态呈现出来，即教育研究成果要诉诸教育理论形态。因此，教育研究最直接的效果就是创造了直接或间接影响教育实践的教育知识，构建并完善了教育学的理论体系。

从教育学层面看，教育知识的内涵有广义和狭义之分。广义上，教育知识的概念等同于教育学；狭义上，教育知识更多属于课程的范畴，指待传递的课程知识。这里采用教育知识广义上的内涵。教育知识的发展有赖于教育学知识的充实与扩展。

当前学术界一般将教育知识分为四种取向："哲学—思辨"取向，"科学—实证"取向，"人文—诠释"取向，"实践—批判"取向。[①] 其中，"哲学—思辨"取向的教育学源于哲学这一母学科，教育学的命题、概念、理念、方法等都无法摆脱哲学思辨的影响。"科学—实证"取向的教育学从经验科学出发，并在反思和批判思辨哲学的基础上建立起来。教育科学化运动掀起了教育研究的科学浪潮，促进了研究方法实证主义取向的发展。"人文—诠释"取向的教育学最早是在精神科学领域发起的，它在批判科学主义实证量化研究的基础上，以人文关怀为目的，关注人性与生命的价值。"实践—批判"取向的教育学则是在批判教育学思潮的影响下发展起来的，如批判理性主义和法兰克福学派的批判理论等。从不同的知识基础和认识论方式出发，对教育学的知识(如概念、命题、论证、学科体系等)本身进行全面且深刻的反思。

教育研究的任务之一就是将一般的观念和知识通过创造与创新转变为具有教育性的知识，即适用于教育范畴的特殊知识。这些知识能够直接作用于教育实践，从而形成属于教育系统的内部知识。教育研究在知识领域的任务就是澄清一般性知识与教育知识的区别和联系，并将教育知识的成分抽取出来，构建能够支撑其学科独立发展、直接与教育实践相联系的内部知识系统，完成教育知识的转化和知识功能的转变。

总之，教育知识是教育研究的理论产物，它形成于教育研究，发展于教育实践。教育学要确保自身的独特地位，摆脱其他学科的束缚，就必须通过教育研究创建属于自身的理论知识体系，并反作用于实践。教育研究虽然不直接作用于实践，但可以借助教育知识来完成自身由理论到实践的转变。

---

① 程亮：《教育学的"理论—实践"观》，22页，福州，福建教育出版社，2009。

(二)基于教育知识的研究指向

从辩证的角度来看，实践创造知识(理论)，知识(理论)反作用于实践，这是知识(理论)与实践之间的辩证关系。但是，教育研究经常出现的现实难题是没有处理好教育实践与教育知识的关系问题，即创建的教育知识缺乏对教育实践的指导力。在现实的教育情境中，教育知识常常脱离实践，没有为教育实践提供有效的指导。教育知识内容的多样性和教育实践的多变性决定了教育知识与教育实践之间关系的复杂性。

建立在教育实践基础之上的教育研究在知识产出时需要注意两个问题：第一，如何发现并创造指向实践的知识；第二，如何让这些知识指导实践。教育知识的创建与选择很重要，因为教育实践发现的问题都是经验性问题，作为学术研究，不可能仅就这些经验性问题发表评论，而需要将经验性问题转化为学科理论问题，用概念来陈述问题。这需要教育研究在结果中能够建构教育理论知识，将一些科学的、趋向于真理的纯粹知识转变为具有教育性的理论，并使之能够有效地指导教育实践活动。因此，教育研究需要在教育实践中不断创造、完善与更新教育知识系统，更好地创建指导教育实践的理论体系，为未来实践做好准备。同时，教育理论知识之于教育研究的反作用是有效地拓展教育研究的视野。教育理论作用于实践的过程以实践为起点，在实践中形成的感性认识，在理性的作用下这些认识成为某种教育理论，再在实践中将教育理论上升为能够指导实践的观念，从而指导和改进教育实践。

教育实践研究应不断地实现教育知识类型的转变：由实践中产生的感性知识转变为纯粹的学术性知识(理论知识)，再通过教育研究转化为一系列能够指导实践的经验知识。具体来看，这一转换过程包括三个阶段：第一阶段——立足于实践，在实践中获得感性知识与经验，形成感性认识；第二阶段——通过各种科学的认知途径，如思辨、归纳、演绎等，将实践中产生的经验上升到理性认识的高度，从而形成某种理论；第三阶段——重新回到实践，通过实践检验该理论的真实性与科学性。

总之，不同阶段的教育知识或教育理论与教育实践相互影响、相互作用，进行复杂的生成和转化。同世界永远不会因为理性的割裂而被割裂一样，教育的进步与发展也不会在知识与实践的割裂中终止，反而会在它们的对立与统一、联合与对抗中成长。这就是教育实践与教育知识的关系之于教育研究及教育发展的作用。

第三节
教育研究的方法论考察

研究方法的提升与方法论意识的增强是教育学科发展与成熟的根本标志。如果说教育哲学应该研究教育中的根本问题，那么探讨教育研究方法就应该成为教育哲学研究的基本问题之一。

一、教育研究方法

(一)教育研究方法的内涵及分类

可以说，教育研究的实施依赖于研究方法的多样性与复杂性。不同的研究方法适合不同类型的教育研究。想要正确地探究教育规律，发现与解决教育问题，就需要恰当地选择合理且有效的研究方法。

关于方法的内涵，人们一般将其理解为策略、规则、手段、技巧、工具等。《墨子》中写道："曰'中吾矩者，谓之方；不中吾矩者，谓之不方。'是以方与不方，皆可得而知之。此其何故？则方法明也。"这里将方法作为一种度量之法、一种规则。根据人们对一般方法与研究方法的认识，教育研究方法可以被界定为：人们在开展教育研究时所采用的程序、技术、手段、途径、操作、规则等，是一个综合的研究方法体系。① 教育研究方法的类型多样，如教育观察研究法、教育调查研究法、教育实验研究法、教育历史研究法、教育文献研究法、教育统计研究法、教育测量研究法、教育评价研究法、教育理论研究法、教育叙事研究法、教育比较研究法、教育个案研究法、教育民族志研究法等。随着教育研究的进一步深入与发展，还会有更多新的研究方法出现，不断充实教育研究的方法体系。

鉴于教育研究方法的多样性，不同学者根据不同的分类标准将教育研究方法分为不同的类别。第一，根据教育研究的阶段性过程将研究方法分为收集资料的方法、分析资料的方法、撰写研究报告的方法。收集资料的方法有观察研究法、调查研究法、实验研究法等。分析资料的方法有历史法、文献法、比较研究法、叙事研究法、系统研究法等。撰写研究报告的方法有思辨法、理论研究法、内容分析法、统计研究法、

① 和学新、徐文彬：《教育研究方法》，12页，北京，北京师范大学出版社，2015。

叙事研究法、比较研究法等。基于研究方法的整体性，同一种研究方法在不同的研究阶段会被反复使用，因此，要注意研究方法使用的有效性。第二，根据研究是否使用量化方式将教育研究方法分为量(化)的研究方法和质(性)的研究方法。量(化)的研究方法对研究对象用量化的方式进行分析和处理。质(性)的研究方法则对研究对象的质进行分析。此外，为确保研究的信度和效度，还有学者采用将量(化)和质(性)相结合的综合研究方法。第三，根据研究过程中对待研究对象的方式，可将教育研究方法分为实证研究法、理论研究法和应用研究法。教育实证研究法试图运用与自然科学类似的研究方式，采取程序化、操作化、定量分析的手段以提高研究结论精确性与准确化的研究方法。教育理论研究法则主要采用各种逻辑和非逻辑方式对已有的客观现实材料及思想理论材料进行加工整理，对事实和资料进行去粗取精、去伪存真的理性分析，对所研究的教育现象获得系统化的理论认识。教育应用研究法则指通过主动变革研究对象从而获得研究结果的方法。实证研究法主要获得对研究对象的描述性资料，理论研究法主要获得对研究对象的理性认识，而应用研究法则要变革研究对象，在主动施加影响的过程中获得对研究对象的认识。

总之，教育研究方法的分类标准是多样的，对教育研究方法进行分类本身不是目的，更加深入地认识和把握研究的实质并取得有效的研究效果才是其价值所在。

(二)教育研究方法的发展阶段

了解教育研究方法的发展历程有助于更好地把握教育研究方法的起源、本质、功能及理论基础等问题。纵观教育研究方法的发展历程，大致有直觉观察和经验思辨、科学化探索、学科化形成、多元化发展四个阶段。①

1. 直觉观察和经验思辨阶段

在原始社会和封建社会，人们开展教育的方式多是言传身教，通过口耳相传的方法认识和总结教育经验。人们将日常生活中的教育感受、教育体验、教育方法、教育手段等记录下来，并持续传递下去。基于此，直接观察成为教育研究的主要方式。随着学校及专门教育机构的产生，人们通过文字等方式记载专门的教育活动，并对此进行思考和总结，经验思辨的教育研究方式也就出现。总之，在教育产生的初期，教育研究的方法多是直觉观察及对教育教学实践进行经验总结，属于经验思辨性质的研究方法。

2. 科学化探索阶段

在16—17世纪，随着自然科学的产生及发展，人们认识世界的方式开始由直观和思辨逐渐转向使用科学的方法，并相继产生了数学法、假说法、实验法以及归纳、演

① 和学新、徐文彬：《教育研究方法》，19～20页，北京，北京师范大学出版社，2015。

绎、分析、综合等逻辑方法。教育研究也开始尝试使用自然科学的方法，强调研究的客观性、规律性、准确性、可验证性等，实验、测量、调查、评价等实证研究方法逐渐被运用于教育研究，进行科学化探索。

3. 学科化形成阶段

20世纪初，随着教育进一步发展，教育研究方法也进一步充实。教育理论研究方法、教育实证研究方法等在教育研究中的应用逐渐普遍化、成熟化，促使教育研究形成专门的学科。例如，在教育学科中普遍开设教育研究方法课程，关于教育研究方法的文献也相继出现，教育研究进入学科化形成阶段。

4. 多元化发展阶段

20世纪四五十年代以来，随着以计算机、信息技术为代表的科技革命的到来，现代科学在研究的方式、范围、视野、工具等方面呈现出新的态势，教育研究方法也顺应时代发展的特点，呈现出多元、综合、创新的趋势。首先，哲学的方法论继续作为教育研究方法的理论指导，为其提供理论根基。其次，教育研究借用和移植了其他学科的研究方法，研究方法呈现多元化与综合化。最后，系统论、信息论、控制论、耗散结构论、突变论等横断学科的诞生与发展为教育研究提供了更为科学、系统的方法以及开放的研究视野，促进了教育研究的多元化、系统化。

二、教育研究方法论

教育研究方法论是关于教育研究方法的哲学理论，是人们在对教育研究对象及研究性质等有进一步认识的基础上恰当地选择研究方法的理论依据，也是教育研究的哲学基础。

(一)教育研究方法论的内涵

“方法论范畴发展到现在，已经成为一个极为广泛的概念，一般是指人们为了解决理论的、认识的、实践的、日常生活的等特定任务或为了达到一定目的所选择和采取的手段、途径和方式的总和。”①在教育研究中，人们为了有效地探索教育知识、改进教育实践，运用哲学理论来选择和运用恰当的研究方式、方法，采取合适的研究途径来更好地完成研究任务，这就是教育研究方法论的价值所在。为了更好地理解教育研究的方法论内涵，我们可以从以下几点来分析。第一，将方法论理解为对方法的认识理论，教育研究方法论即对教育研究方法的认识理论。教育研究方法论虽然不是具体的研究方法，但它指向研究方法本身，探究方法论旨在更好地完善教育研究方法。第二，

① 刘冠军：《哲学方法论论纲》，载《理论学刊》，2001(6)。

将方法论理解为方法背后的核心价值取向。教育研究方法论即为了帮助研究者更好地理解教育研究过程本身，明确教育研究的逻辑与理论基础，而对教育研究进行的反思与重构。“方法论不是方法本身或者方法的汇集，而是选择、反思、评价和判断你所用方法合理性的活动或事物。”[①]因此，教育研究方法论的发展带来的是教育研究观念和方法的革新、教育研究理念的更替以及研究方法的突破性变化。

基于此，我们从对教育研究方法论的探究中可以得出：第一，对教育研究方法论的探究不是对已有研究方法理论的简单说明，而是指向教育理论和教育实践的结合，是新的教育研究方法的生长点，对教育研究方法论的研究包含对教育理论和教育方法的研究；第二，对教育研究方法论的认识需要一种历史性、过程性的方式，对教育研究方法论问题的不断探索意味着试图探寻和建构新的教育认识途径和方法，不断促进教育研究的发展与成熟。

(二)教育研究方法论的对象和性质

1. 教育研究方法论的对象

对教育研究方法论的探索和方法论意识的增强是教育学科不断发展并走向成熟的重要标志。教育研究方法论能够为教育研究方法的整体性发展与完善提供理论基础，揭示教育研究方法的核心构成及价值取向，并最终服务于教育研究，提升教育研究的质量和水平，为教育学科与教育事业的发展提供方法论依据。

作为具体学科方法论的教育研究方法论，其研究的是教育学科领域的方法论问题，“是以人类教育现象为研究对象的教育学学科群的方法论知识”[②]。随着时代进步，知识与日俱增，很多新知识、新理论、新方法不断涌现，教育领域的理论知识和方法体系也呈现不断增加与更新的趋势。基于此，教育研究方法论需要以特定的逻辑结构和思维方式，规范与指导教育研究的开展方式及方法问题，并准确地把握自身研究对象的特殊性，关注方法整体与对象的关系，根据研究对象的特殊性。对研究方法进行合理选择，并吸收和借鉴不同领域的先进理论与方法成果，实现研究思维与方法的创新，并带动教育研究方法论的整体性变革和发展。

2. 教育研究方法论的性质

就哲学方法论对各门具体学科的影响而言，教育研究方法论属于应用哲学的范畴，关注的是理论实践化问题，是实践理论的抽象认识和理论应用的实践理性。[③] 教育研究方法论作为一种抽象的方法理论，旨在更好地认识和完善教育研究方法问题。同时，

---

① 刘燕楠：《教育研究哲学论纲》，146 页，北京，中国社会科学出版社，2016。
② 叶澜：《教育研究方法论初探》，152 页，上海，上海教育出版社，1999。
③ 刘燕楠：《教育研究哲学论纲》，153 页，北京，中国社会科学出版社，2016。

基于教育研究之于教育理论和教育实践的关系，教育研究方法论首先能够对教育理论和教育实践的关系的适切性进行有效评判和反思，促进教育理论和教育实践更加有效地结合。在教育理论方面，教育研究方法论关注实践中的感性知识如何上升到理性高度，以重构教育知识体系和实践理性。在教育实践方面，教育研究方法论经常对教育理论如何有效指导教育实践进行复杂性思考，对教育理论作用于教育实践的方式、适切性、可能性等进行哲学反思、推理、验证，从而引导、规范和变革教育实践。因此，教育研究方法论的根本属性即对教育研究活动内部进行的理论反思与系统性修正。

三、教育研究范式

(一)范式及学科范式的内涵

范式概念的提出者是托马斯·库恩。他在《科学革命的结构》一书中首次提出了“范式转换”学说。“科学家之所以能够对共同研究的课题使用大体相同的语言、方式和规则，是由于他们具有一种解决问题的标准方式，即范式。”①库恩认为，科学的发展并非如现代主义所持的观点那样——科学能够促进知识的稳步积累，能够增进人们对世界的理解；相反，科学中存在一些革命，而革命就是一种科学知识增长的方式。库恩将科学的发展分为前范式阶段、范式阶段、革命阶段和新范式阶段，并阐述了新范式代替旧范式的科学革命对于科学发展的促进作用。在库恩看来，范式就是一组共有的方法、标准、模式、解释方式、理论或思想框架，或者说是普遍承认的科学成就、一种共有的知识体，在一段时期中，它为科学工作者提出典型的问题和解答。②

库恩提出的范式理论首先应用于自然科学领域，后来人们将这一概念应用于人文社会科学领域。在人文社会科学领域，范式的内涵更为宽泛，它可以指某一学科内研究对象的基本意向，也可以指研究问题的范围和来源以及研究中应遵循的规则，还可以指某一学科领域内达成的广泛共识。从思维方式来看，它将同一方法论体系中的法则、规范和程序统合起来加以运用；从观念信仰来看，它能够代表某个研究共同体及实践共同体的公共信念；从功能价值来看，它有助于研究共同体基于理论基础和实践法则发现新知识、构建新理论，从而促进具体学科领域持续发展。

基于具体的学科立场，范式的内涵可以适度加以引申，这也会赋予范式新的内涵和规范。学科范式通常指某一学科共同体在某一专业或学科中所具有的共同信念，这种信念规定了其共同的基本观点、基本理论和基本方法，为其提供了共同的理论模式

---

① 郑金洲、陶保平、孔企平：《学校教育研究方法》，25页，北京，教育科学出版社，2003。

② [美]库恩：《科学革命的结构》，李宝恒、纪树立译，377页，上海，上海科技出版社，1980。

和解决问题的框架，从而形成该学科共同的传统，并为该学科的发展规定了共同的方向。[①] 基于此，学科范式具有几个特点：第一，某种学科共同体只有基于共同的信仰和信念才能形成一种学科范式；第二，学科范式规范了学科共同体成员的基本理念、基本观点和使用的基本方法；第三，学科共同体需要建立一个理论框架，在复杂性的范式背景下分析和把握具体学科的范式规则。对于教育学科而言，教育研究范式的建立也需要一个理论框架，从本体论、认识论和方法论等不同层面来架设一个关于教育研究范式的层次结构，全面且深层次地把握教育研究的范式结构和范式转换。

(二)教育研究的范式结构

基于以上对范式及学科范式的阐释，这里将范式引入教育研究范畴来具体考察范式在教育研究方法论层面的内涵，即范式方法论，以及它对教育研究的方法论变革产生的影响。

范式方法论是借用范式在科学研究的理论基础上进行探讨时提出的一种方法论。其组成一般包括元范式方法论、一般范式方法论和方法范式方法论三个层次。[②] 关于教育研究范式的探讨，学者一般会基于范式方法论的层次，从方法层面来思考教育研究范式的内涵、性质、功能及转换等问题。例如，教育研究范式在方法维度上可以分为科学主义范式、人文主义范式、解释学范式、现象学范式、综合方法范式等。根据范式方法论的基本框架，即根据方法论的哲学取向、科学取向和方法取向的不同，教育研究范式可划分为元研究范式、体系研究范式和方法研究范式三个层次。其中，处于顶层的元研究范式以哲学世界观为指导，基本任务是对研究的目的、价值及意义进行辨析，对教育研究方法论的核心进行价值判断。例如，西方哲学将元研究范式划分为客观主义元范式和阐述学元范式两种。处于中间层次的体系研究范式是一种科学取向的方法论范式，它在一般意义上为教育研究方法论提供理论基础，其目的和任务是建立一个科学的学科体系和思维框架，并关注教育学科体系的建构问题。处于基层的方法研究范式是一种技术取向的方法论范式，它关注的是方法和技术的选择，目的是寻找与研究对象相适应的运行法则和运行方式，通过具体方法范式的转换，实现教育研究方法论整体的变革。例如，在方法研究范式维度，教育研究领域先后出现了“哲学—思辨”范式、“科学—实证”范式、“人文—诠释”范式和复杂理论范式四类。[③]

基于不同视角和层次的教育研究范式的结构和类型有所不同，这使得教育研究范式呈现一种复杂性，探究教育研究范式的结构和类型旨在帮助我们更有效地理解范式

① 刘燕楠：《教育研究哲学论纲》，167页，北京，中国社会科学出版社，2016。
② 孙锦涛：《西方范式方法论的反思与重构》，载《华中师范大学学报(人文社会科学版)》，2003(6)。
③ 刘燕楠：《教育研究哲学论纲》，170页，北京，中国社会科学出版社，2016。

之于教育研究方法的内涵和价值，使我们能够基于范式构成的本质，探寻教育研究何以存在、研究主体间是何种关系以及使用何种方法来探寻不同的知识等问题。

本章小结

在教育研究的视域下，本章将教育及教育活动作为特殊的研究对象进行哲学的审视与思考。在研究的本体论层面，将教育研究的本质问题——研究的概念、性质、立场等因素——作为探讨对象；在研究的认识论层面，将教育研究的对象——教育实践与教育知识及两者的相互关系——作为探究对象；在研究的方法论层面，则对教育研究的方法和方法体系——方法论、教育研究的复杂性范式——进行考察。本章旨在用一种哲学传统的思考将教育研究带回原点，鉴别和反思研究的目的、过程、结论的意义及行动的方式。此种意义上的教育研究就是它自身作为研究对象需要人们去反思的教育研究。

章后练习

1. 案例分析

北美教育界有一些对教育研究的批评，如哈格里菲斯指出："尽管美国每年都有大笔资金花在教育研究上，尽管每年都有很多人被评为研究积极分子，但并没有形成知识体系。只有形成了知识体系，才能使我们的教学(像医学一样)成为以研究为基础的专业实践。正因如此，我们需要做出一些变革。"罗蒂也曾指出："教学活动从来都不围着研究人员对问题及其解决办法进行的持续、实证和以实践为导向的研究转，我们发现，在大学里，正是研究奠定了专业活动的基础……新教师一切从零开始，对前人针对类似问题的应对方法和解决方案一无所知，这种状况到了令人吃惊的地步……"斯克里文用医学的例子来批判教育研究："如果医学的研究仅仅是为了解释疾病，既不识别疾病也不治疗疾病，那么我们会毫不犹豫地说医学没有履行自己主要的社会责任。"他认为教育研究并没有尽到社会责任。

对于这些批判，肯尼迪在其著作中对教育研究的问题做出了解释：第一，教育研究好像与教育实践不相干；第二，相较于其他领域的研究(尤其是社会学)，教育研究的质量低；第三，教育研究让人难以接近；第四，教育系统自身缺乏在研究基础上思考问题和进行决策的能力。拉格曼对这些争论做出的总结是："不得不承认教育研究总是得不到'尊重'。事实上，没有什么领域比教育研究受过更多蔑视和贬损。人们认为教育研究忽视重要问题，而且不断强化阻碍基础改革的实践活动。教育研究从来不是一个专家支配的研究领域，而且作为一个学科，它的内置一直是支离破碎的。”

结合自身体验，谈谈对以上争论的理解。

2. 简答题

(1)教育研究在发展历程中遇到过哪些争论？引发这些争论的原因是什么？

(2)教育研究在今后应该如何开展？

延伸阅读

[1]郝文武．教育哲学研究[M]．北京：教育科学出版社，2009.

[2]郝文武，郭祥超，张旸．教育哲学概论[M]．北京：高等教育出版社，2015.

[3]孙正聿．哲学通论[M]．沈阳：辽宁人民出版社，1998.

[4]普林．教育研究的哲学[M]．李伟，译．北京：北京师范大学出版社，2008.

[5]诺丁斯．教育哲学[M]．许立新，译．北京：北京师范大学出版社，2008.

[6]刘良华．教育研究方法[M].2 版．上海：华东师范大学出版社，2014.

[7]刘良华．教育哲学[M]．上海：华东师范大学出版社，2017.

[8] 库恩．科学革命的结构[M]．李宝恒，纪树立，译．上海：上海科技出版社，1980.

[9]叶澜．教育研究方法论初探[M]．上海：上海教育出版社，1999.

[10]周昌宗．西方科学方法论史[M]．上海：上海人民出版社，1986.

第十四章

教育研究伦理

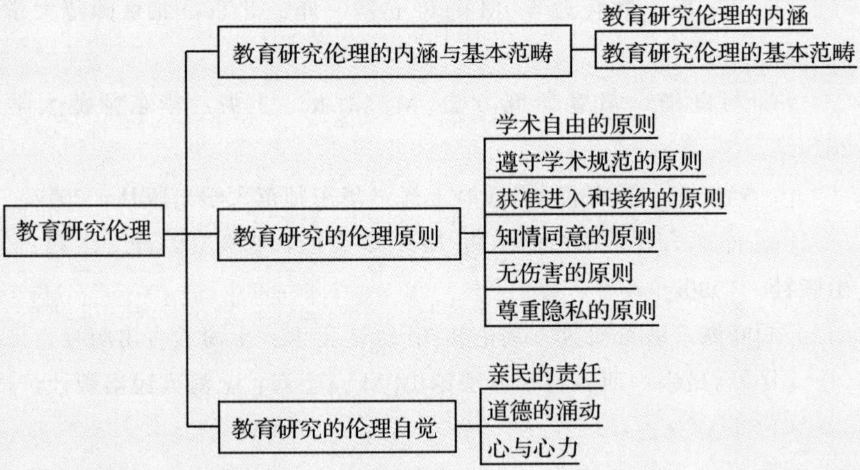
教育研究伦理
教育研究伦理的内涵与基本范畴
教育研究伦理的内涵
教育研究伦理的基本范畴
教育研究的伦理原则
学术自由的原则
遵守学术规范的原则
获准进入和接纳的原则
知情同意的原则
无伤害的原则
尊重隐私的原则
教育研究的伦理自觉
亲民的责任
道德的涌动
心与心力

章前导语

教育研究的价值在于它需要关注“人之成人”的各种要素及其之间的关系。当面对人、人性及生命问题时，教育研究不可避免地要接受某种道德的审查，研究者必须从一个特殊的道德维度去衡量研究的目标与行动结果，这就是研究的伦理学视角，也是作为研究基础的道德考量的价值与正当性。鉴于研究伦理对于任何研究的发展与实施来说都是必要的，理解伦理的原则和程序可以帮助研究者避免可能在研究过程中出现的权力滥用，并帮助研究者明确其作为调查人员的责任，例如，理解保持被试匿名并在开始研究前获得他们的知情同意书是非常重要的。本章主要讨论教育研究中的伦理问题。

第一节
教育研究伦理的内涵与基本范畴

一、教育研究伦理的内涵

伦理一般指一定社会的基本人际关系及其相应的道德规范、道德原则。伦理规范是帮助人们捍卫其所珍视的事物的原理和准则。教育研究对伦理内涵的理解较为多样。首先，伦理可能被视为道德的同义词，指一些普遍的行为准则。从词源学来看，这一理解有充分的根据。伦理的英文 ethics 源自希腊语 ethos，意为“习俗”，而道德的英文 morality 源自拉丁语 mores，也表示“习俗”的意思，伦理和道德因此在英文中具有同样的内涵。在此内涵中，教育研究伦理是指研究者——人——作为道德主体的行为。其次，从哲学范畴解释伦理的内涵，主要将伦理理解为一种理性的事业。这种伦理观会引导人消除道德中非理性的部分，使之更加致力于道德。最后，将伦理的内涵理解为那些支配群体成员的特定的被道德许可的行为准则。只要是群体中的一员，就必须遵循上述行为准则。例如，法律的伦理适用于律师，商业的伦理适用于商人，研究的伦理适用于研究者，等等。

关于教育研究的伦理，西蒙斯认为它是使我们在教育研究的政治社会背景中有根据地实施研究的行为规则。我国有学者提出，教育研究伦理是指有关研究价值的认识

(善恶)、价值行动的方式(对错、应否)以及行动规范(正义与非正义)的探索规则。[①] 关于伦理问题的大部分争论都源于人们解决伦理问题时所采取的不同立场。例如，在思考研究中的伦理问题时，人们经常会基于三种不同的立场：道义论(deontology)、伦理怀疑主义(ethical skepticism)和功利主义(utilitarianism)。基于这些立场，研究者在确定对与错时所遵循的准则各不相同。道义论主张伦理问题必须基于一些普遍准则来评判。怀疑论则认为伦理决策必须关乎个人良心的问题，研究者应该做他认为正确的事情，而避免做他认为错误的事情。功利主义则指出，对于一项研究的伦理判断要同时考虑研究对个别被试所产生的后果与研究结果可能带来的更大收益。基于这一立场，伦理决策是在权衡研究可能产生的潜在利益与可能付出的潜在成本的基础上做出的，如美国联邦政府、一些专业组织和审查机构所采取的伦理立场，他们在做出关于研究伦理的决定时，既考虑研究被试所面临的风险，又考虑研究能产生的重要知识和对人类的重要利益。

总之，无论采用何种立场，研究伦理都不应该是一套强加于研究团体之上的道德命令，而应该是帮助研究者决定如何开展合乎道德的研究的一系列原则。在这里，对教育研究伦理的探讨主要是对研究的道德考察——包括研究的价值、意义及其正当性等问题。同时，对于研究者而言，自身的道德自律也是其研究应该具备的伦理规范。

二、教育研究伦理的基本范畴

在教育研究的范畴内，研究伦理可引出两大道德问题，即教育研究的价值维度(好的教育研究应追求什么)和教育研究获取真理的道德维度(教育研究获取真理的方式是否违背道德规范及准则)。基于此，教育研究者需要反思研究的价值性问题和研究过程中的道德规范问题，也就是教育研究应该获得什么样的知识以及如何开展教育研究活动的问题。在教育研究的过程中，研究者对获得知识的真假、对错及其合理性的认识必须与其采取的行动相互权衡、相互协调，遵循教育研究的伦理规范，基于有效的研究伦理尺度，建立一套在其身上有效运行的特殊价值标准和准则，并将研究的正确性问题转变为研究的正当性问题。基于此，研究者对真理所持的态度和其对人的态度(对自身及对研究对象的态度)成为研究道德伦理关注的中心。

在此基础上，教育研究需要区分三种价值标准：什么是好的研究、什么是好的研究者和什么是好人。三种价值标准之间存在特殊的道德界限，研究者需要认清相应的道德界限，时刻对研究的过程及行动的目的进行反思和检视，以确保在道德界限之内开展正当的行动。同时，这些研究的道德规范会借助原则的方式来表达，约束研究者

---

① 刘燕楠：《教育研究哲学论纲》，341页，北京，中国社会科学出版社，2016。

的行动。例如，在研究中，研究者应该尊重研究对象，不给研究对象造成伤害，其依据的普遍性价值原则即无伤害原则。同时，无伤害原则一旦建立，就成了教育研究中的一项普遍的道德伦理规范，它要求研究者在研究活动中必须做出或不做出一定的行为，即建立起具体的行动准则或行为准则。例如，将研究者应该尊重研究对象的隐私权作为研究的伦理原则，研究者需要承担的具体道德职责是保守研究对象的秘密，并获得每位当事人的知情同意，等等。

每项具体的原则都有其所依从的道德规范，研究者需要认真遵守每项研究伦理原则。尽管在现实生活中，人们经常将一种活动或一项成果是否对大多数人有利作为评判其是否合理的标准，但在教育研究之中，这种评判方式是不可取的。任何一项合理的研究都必须遵循所有伦理原则，即教育研究的合理性不仅在于能否增进教育知识，还在于是否尊重了所有人的权利。从教育研究的伦理维度看，教育研究的价值维度和获取真理的道德维度都有其特殊意义。必须处理好追求真理知识和不违背道德伦理的关系，不能因追求某一方面而忽视另一方面。基于此，人们在教育研究中遵循相应的伦理规范是必然要求。

第二节
教育研究的伦理原则

原则是依据准确的定义及正规的规范使行为合理化的东西，是人们按照一种方式活动的依据。在教育研究中，研究者一方面要追求真理性知识，另一方面又可能有意或无意地对研究被试的权力和利益构成潜在威胁，即研究者面临着如何处理好的研究、好的研究者与好人三种价值标准的问题。因此，如何权衡这三种价值标准是教育研究者面临的主要伦理问题。

研究者应有效处理三种标准，即研究者应该探寻什么样的知识，研究者应该如何探寻这种知识，以及研究者应该如何处理与研究对象的关系。其中，研究者应该探寻什么样的知识主要探讨知识的价值及其标准的问题，以追求学术自由为主要的研究伦理准则。研究者应该如何探寻知识和研究者应如何处理与研究对象的关系主要涉及研究者的道德义务问题，以遵守学术规范（如诚实、公正）来处理研究者与研究活动的关系，以获准进入和接纳、知情同意、无伤害、尊重隐私等规范来处理研究者与研究对象的关系。

一、学术自由的原则

追求真理被看作教育研究价值维度的最高追求。基于此，在教育研究活动中，探寻如何追求真理以及在追求真理时应该遵循的规范和准则成为教育研究者必须坚持的一项伦理原则。

教育研究作为一种生产新知识、构建新理论的实践活动，作为一个创造创新的过程，为教育学科的进步和发展提供了理论源泉，为教育决策的制定提供了可靠的思想保证。我们必须保证在教育研究中探寻知识、追求真理的纯粹性。任何人在任何时候都不可以借故推脱或放弃追求真理的责任。基于此，学术自由被看作教育研究活动中最高的道德标准。任何研究者或研究机构都应该秉持、维护和支持基本的学术自由原则。基于对什么是好的研究的反思，以及人性中的求知欲望和整个社会对于追求真理的肯定态度，教育研究者需要用一种勇敢、无畏、自由的态度开展相关研究活动。学术自由既体现了研究者的一种自主和正义，又是研究者在教育研究中需要遵循的、必备的伦理原则。

二、遵守学术规范的原则

追求真理与发现真理的品质有关，一个好的研究需要一个好的研究者有目的地引导和规范自己的研究行为。基于此，遵守学术规范、提升研究品质就成为研究者必须遵循的伦理原则之一。

教育研究的学术规范与研究伦理密切相关。教育研究的准确性、真实性决定了其效度和信度，重复研究的课题、逻辑混乱的表达、毫无立场的结论等都是学术道德缺失的表现。因此，对学术规范的要求其实是为了维护知识的真理性。研究者应遵循的普遍道德准则便是在“数据真实，禁止造假、杜撰和剽窃；遵守人类受试者研究的伦理准则；团队精神与合作意识；公开利益冲突；出版与署名遵守《著作权法》等知识产权法律；尊重同行评议”①等基础上的学术自由与学术规范。研究者应该持有严谨的态度，保持严密的逻辑，运用规范的文本，使教育研究作为一种对真理的探究活动更具确定性和真实性。基于此，研究者的诚实成为其面对真理时另一种必要的态度和品质，它体现了好的研究者的又一项重要价值原则——讲真话。讲真话即在研究活动中研究者能够诚实、公正地描述、解释和评价教育现象，不受外力(如政治、社会舆论压力)影响而开展研究。研究的客观性和公正性成为与准确性一同影响教育研究质量的重要特

---

① 孙君恒：《研究伦理学在西方的兴起》，载《自然辩证法研究》，2004(10)。

征，体现研究者对真理负责的基本态度和学术素养。总之，基于对什么是好的研究者的反思，遵守学术规范是教育研究者在研究过程中必须遵循的一项伦理准则，也是其自身道德素养的一种体现。

三、获准进入和接纳的原则

在应该干什么和可以怎么做的规范伦理范畴，研究者获得需要进入的机构或组织的许可并得到这些机构或组织成员的接纳是十分重要的，这可为研究者提供良好的展现他们是严肃的调查者的机会，并为他们开展研究确立伦理立场。

研究者不能将进入幼儿园、中小学校或大学等机构开展研究活动当成一种权利。他们必须表明，作为研究者，他们的活动是有价值的。研究者需要获得参与机构或组织的同意。第一，获得研究活动的相关目标群体的正式同意。例如，一个人要在学校里开展研究活动，他需要以直接的或书面的形式联络学校相关人员（主管领导、校长等），并获得相关许可。第二，研究者需要与负责或协助组织和管理研究的重要人员（副校长、资深教师等）联系，尤其当研究涉及儿童、青少年等群体时，研究者还需要联系学生的指导教师，并与其建立友好的关系。如果研究需要指导教师作为参与者，研究者就必须向指导教师描述研究计划，并协商相应的条件。

确定了必须征得同意的人员范围之后，在与他们见面之前，研究者还需要提前明确研究的确切性质和范围。例如，研究者需要厘清研究的目的；要确定研究的实际应用——采用的设计、方法和程序，样本或群体的性质和规模，将要实施何种测试以及如何进行测试，将要观察何种活动，要访谈哪些被试，观察所需要的工具，花费的时间，预计的干扰程度；研究者还要明确保证资料保密性的措施，反馈的作用，如何最好地发布研究结果，研究完成的总体时间安排，以及在研究的组织与管理上是否需要帮助，等等。研究者的计划和预见能够较好地预防和解决研究中可能产生的问题。

之后，研究者应及时与参与机构和管理人员实际接触，就进入许可问题进行协商。同时，研究者需要在适当的限度内尽可能多地提供有关研究目的、性质和程序的信息，以确保参与机构或组织对整个研究活动的认知，尽量消除他们对研究可能造成的危害的顾虑。总之，在这一阶段，研究者必须以开放、敏感、诚实、准确和科学公正的态度，就主题、设计和方法的适当性，保密性的保证，以及研究结果的分析与公布方法做出协商，严格地遵循研究中的伦理规范。

四、知情同意的原则

合乎伦理的教育研究不仅需要好的研究者来促成好的研究，同时还需要附加一个根本性的伦理前提，即好的研究者首先必须是道德的人。教育研究不仅是面向知识或真理的认识论概念，还要面向人，即教育研究应该成为一种人与人和谐共处的道德生活。一项好的研究既需要公正性，又需要公开性。或者说，知情权作为人的一项基本权利，同时也是教育研究在人的价值层面重要的伦理原则。知情权维护了两方的利益。对研究者来说，研究资料的获取和信息的公开是发现真理的前提，研究者无一不是在对已有知识的批判和反思中产生新的知识。因此，知识的公开性显得尤为重要。

知情同意原则源于研究被试所拥有的自由权与自我决定权。自由权是人在社会中生活的一个条件，在研究中，知情同意维护并尊重人的自我决定权，同时也要求参与者对研究中可能出现的某些问题承担某种责任。作为自我决定权的一部分，被试有权拒绝参与研究或在研究开始后退出。知情同意是个体在得知可能影响其决定的事实之后决定是否参与某项研究的程序。这一界定包含四个因素：胜任、自愿、信息充分及理解。

胜任指负责的、成熟的个体在获得相关信息之后可以做出正确的决定。研究者的职责就在于确保研究参与者不是因未成熟或其他形式的心理障碍而无法做出此种决定的人。自愿指研究者需要保证参与者是自由选择参加研究活动的，同时确保他们了解可能承担的风险并自愿承担风险。信息充分指参与者同意参加研究是在完全知情的情况下做出的决定。尽管在教育研究中研究者无法让参与者知悉每件事，如对资料的分析与处理等，但研究者仍需要恰当地运用知情同意策略，如美国卫生、教育和社会福利部采用的一系列知情同意原则：①对研究所遵循的程序及目的进行公允的说明；②对合理预期的研究所伴随的不适及风险进行描述；③对合理预期的益处进行描述；④说明可能对参与者有利的合理备选程序；⑤愿意回答任何关于研究程序的疑问；⑥说明个人可以在任何时间不受歧视地自由撤销同意和终止参与研究项目。理解指参与者完全了解研究项目的性质，即便其程序很复杂且伴有风险。为了确保被试完全理解其所处的情境，教育研究者可采用的策略包括：采用受教育程度高的被试，邀请顾问解释疑难，在邀请被试参与和请他们做出决定之间留出一定时间，等等。

只有这四个因素都得到满足，参与者的权利才能得到恰当的尊重。另外，以上知情同意的原则都假定参与者是成年人，但很多教育研究还涉及未成年人。关于幼儿或年龄较小的儿童的知情同意，还存在其他方面的问题。寻求未成年人的知情同意包括两个步骤：首先，研究者要征求对未成年人负责任的成人的同意；然后，研究者与未成年本人进行接触。根据研究情况，研究者要确定征求意见的成人，如未成年人的父母、老师、教练等，研究者要向他们说明研究的意义，请他们提出疑问，并征求其同意。

知情同意原则是教育研究必须遵循的伦理原则之一，也是好的研究要满足的条件之一。知情同意原则要求研究者对许多因素进行说明和描述，包括：研究的目的、内容和程序；任何可以预见的风险和消极结果、不适或后果，以及如何对它们进行处理；研究可能带来的好处；参与研究的激励和回报；自愿不参加、退出和重返研究的权利；对研究、参与者和研究结果进行保密的权利与义务；公开任何可能有利的备选程序；参与者有机会询问有关研究的任何问题；签订参与合约；等等。

五、无伤害的原则

鉴于教育研究是面向人的，应该成为一种人与人和谐共处的道德生活，教育研究伦理的基本态度是：人权高于一切科学研究的兴趣；科学家的目的是探索真理，但不能因此而无所顾忌地对待被研究的客体；科学事业是崇高的，但不能因此违背行为主体最基本的义务，不能违背普遍的道德约束力。加拿大社会科学与人文科学研究会曾指出，与研究对于知识的潜在价值相比，必须更多地考虑研究给身体、心理、人道、财产和文化价值带来的危害。无伤害被希波克拉底誓词奉为神圣原则，在此誓词中不伤害是一条指导性规诫，对于研究也是如此。

在教育研究中，存在哪些伤害、伤害什么、为了多数人的利益而对少数人造成小的伤害是否可以容忍等都是需要思考的道德伦理问题。作为一项普遍的原则，教育研究的无伤害原则具有首要性及重要性。例如，如果研究发现学校校长有严重的酗酒问题并危害到学生的身心健康，那么研究者该做什么？如果研究表明学校中的教师存在非常严重的缺点，为了学生的利益应该终止对他们的聘用，那么研究者该怎么办？研究者面对这样的困境时，通常认为自己应避免以一种极端的方式解决问题，即在不放弃该项研究的基础上维护被试的权利。百利提出，有很多方法可避免伤害研究被试，包括：①利用计算机模拟实验；②发现在某个情景中由伤害引起的负面影响已经存在，也就是说，当前的研究不负有产生这种状况的责任；③仅实施非常低水平的潜在伤害，或者只用很短一段时间，这样任何影响都会是较小的；④获得知情同意(提供有关潜在负面影响的详细信息，并确保获得参与者的同意)；⑤通过研究造成的少量伤害比现存情景带来的伤害小得多来证明研究的正当性；⑥利用样本而不是总体进行研究，这样只有少数人会受到伤害；⑦通过运用总体的或匿名的资料来保护参与者的隐私不受侵犯。在任何时刻，研究参与者的人身权利都应被牢记，即使可能影响研究效果。研究者应始终明确他们对那些正在帮助他们做研究的人所负有的责任，并应该准备好备选方法，以替代正在使用的存在争议的研究方式。美国心理协会指出，要努力在研究者尝试理解人类行为的权利与参与研究者的个体权利和福利之间求得一种平衡。在最后的权衡中，决定开展一项研究的最终因素是对研究花费的个人和社会成本的主观评价。无伤害的必然结果是有助于获得参与者的认可。如果清晰地表明研究可能带来的个人的、教育的和社会的益处，许多预期的参与者可能被说服参与相关研究活动。总之，在教育研究中，研究者应遵循无伤害原则，确保参与者的人身权益不受损害。

六、尊重隐私的原则

在多数情况下，个人的隐私权通常与知情权相联系。在人文学科研究的伦理准则中，隐私权包括所有与个人的身体或精神状况、个人的环境和社会关系有关的，同时尚未公开的信息；它给予个体或集体自主决定在何种时间、何种地点、何种环境下以及在多大程度上将他们的私人态度、观点、习惯以及怪癖、怀疑、恐惧告知他人或对他人隐瞒。在研究中，在调查期间和调查结束后，参与者的隐私权很容易被侵犯。

有学者从三个角度思考参与者的隐私问题，即信息的敏感性、当前观察的环境和信息的传播。信息的敏感性指研究者正在收集的信息在多大程度上是私密的或有潜在风险的。例如，美国心理学会的一份报告显示，与被试的姓名、身份和编号相比，其信仰、性行为、收入、种族偏见、智力、诚实、勇气等是更为敏感的信息。信息越敏感，研究者就越需要保护参与者的隐私。当前观察的环境指从私人到完全公共的一系列环境。例如，家庭被认为是最私人的环境之一，且法律禁止未经许可私闯个人住宅的行为。信息的传播关注的是将个人信息与研究参与者的身份进行匹配的可能。如果信息通过各种途径(如媒介的方式)得到公开，参与者的隐私就可能受到严重侵犯。因此，知道信息的人越多，研究者就越需要关注隐私。隐私权不仅是保密的问题，还意味着一个人有权不参与研究、不回答问题、不接受采访、不接电话或不回电子邮件等，而且在他们的私人场所做出私人行为时不必担心受到他人监视。研究者与研究参与者应以协商或对话的方式促进研究过程的平等性。协商的内容应基于以下几点：第一，学校和教师在一定程度上必须匿名；第二，收集资料的方式应该是合理合法的；第三，与相关人员有关的信息应该清晰，具有可接受性；第四，所有相关人员都有机会质疑研究者对资料所做的解释；第五，相关人员有权对证据做出另外的解释。

总之，在不同的原则之间，结果的原则和过程的原则都在不断地寻找两者之间得以沟通的平衡点，依据人是目的的价值取向，讲真话同时意味着坦诚和平等，而追求真理同时意味着责任和正义——在追求研究真理的过程中，尊重每个研究参与者，尊重他们的隐私，这就是对真理的尊重。

第三节
教育研究的伦理自觉

一、亲民的责任

在教育研究中，研究者对好的研究、好的研究者与好人之间的关系的处理，不仅依赖于特定的研究伦理准则来约束研究者的行为，还需要研究者保持一种自觉、警醒的状态，采取合理的方式，恰当地权衡探究真理与维护研究对象权益之间的关系。马克思·韦伯提出了两个重要的伦理概念，即信念伦理和责任伦理。如果将研究者追求真理性知识理解为一种信念伦理的话，那么研究者对研究对象的态度及责任担当则可以被理解为一种责任伦理。责任伦理要求研究者在研究过程中始终将人作为研究的第一要素，人是研究中不可忽视的关注对象。教育研究的目的必须对研究对象有着直接或间接的助益，研究者无条件地尊重和维护研究对象的隐私与尊严，并以一种谦逊、亲近、平等的态度对待研究对象，确保研究过程的亲民性。

第一，研究者需要明确自身的价值立场。教育研究的特殊性在于其研究对象是人的集合，将人作为研究的价值核心。在现实的研究情境中，研究者需要用一种谦逊的态度接触研究对象，应摒弃居高临下的姿态和立场。康德曾在对理性论独断派的严厉批判中指出："这些学派喜欢让人把自己看作一些真理的唯一行家和保管者，他们只把这些真理的用法传达给公众，却把它们的钥匙由自己保管。"①因此，在与研究对象的交往过程中，研究者应时刻保持自身的价值立场——不是知识的权威者或专家，而是研究对象的合作伙伴。研究者需要用一种尊重生命、关注生命、关怀生命的价值立场来对待和处理他与研究对象之间的关系，走入教育现场，贴近教育生活，使教育研究能够一直在一种求真的过程中尊重生命的可贵、关注生命的价值、关怀生命的意义，弘扬道德价值和审美价值，并提升自己的亲民态度及责任担当意识。

第二，研究者应尊重研究对象的差异性。走向真实教育实践的教育研究活动应是教育研究者与不同研究对象交流、接触的过程。教育研究的对象可能是教师群体，可能是学生群体或家长群体，也可能是社会中其他形形色色的人。基于教育研究对象的差异性，研究者需要尽可能地关注不同研究对象的年龄特点、智力水平以及诸如品格、

---

① ［德］康德：《纯粹理性批判》，邓晓芒译，24页，北京，人民出版社，2004。

气质、性格、动机等心理特征，重视研究对象的差异性，并无条件地尊重其人格尊严，用足够的耐心、细心与贴心来对待研究对象，增强自己对于研究对象的责任感。

第三，研究者应与研究对象进行民主协商。在研究过程中，研究者首先要善于倾听研究对象的心声，克服居高临下的心态，鼓励研究对象表达自己的观点，并为其解决疑惑。同时，研究者还要尊重研究对象的观点和主张，尽量摒弃自己原有的偏见和先入为主的观念，对研究对象采取肯定与包容的态度，把握双方交流的契机，在共同协商中完成相应的研究任务。

第四，研究者应运用合理的介入方式。研究者介入研究对象的方式也会影响其责任伦理的达成。在某种程度上，研究对象对研究者的介入有一定的防范心理，而这种心理会影响研究对象对研究者的信任程度、参与研究的积极性，最终影响整个研究进程和研究结果。因此，研究者需要用一种具体、合适且有艺术性的介入方式赢得研究对象的支持与信赖，从而顺利完成整个研究活动。

二、道德的涌动

基于教育研究的伦理规范，教育研究者还需要具备两种特殊的品质，即智力品质和道德品质。智力品质与研究者对真理的探究能力相关。一种良好的智力品质能够确保研究者在较为困难的境遇和较为严格的约束条件下仍然坚持追求真理，即创新教育知识、改善教育实践，并且能够顺利完成研究活动。追求真理作为研究者的义务范畴，其自身并不具有道德的价值，而只有当研究者对知识的追求是出于责任或使命感，不仅仅是合乎义务时，它才被赋予道德的内容。当且仅当研究者虽身处逆境、无利可图但仍然秉持内心的道德责任，并用一种坚忍的意志苦苦追寻时，追求真理才真正具有道德的内涵。因此，与其说这是一种合乎义务的智力品质，不如说这是一种基于信念的道德涌动，是一种与职业道德相关的美德，深层次反映了研究者探寻真理所必备的素质。其实在教育研究中，理论思辨或哲学反思本身就具有这样一种道德价值。在这种极力追求真理的道德价值下，研究者的智力品质不仅在于维护知识的正当性与开放性，还在于在相互角逐的利益面前做出恰当的选择，秉持端正的态度，积极应对。这体现了一位好的研究者应该具有的基本智力品质和维护学术声誉的道德修养，是一种美德。

研究者的智力品质受制于人们共同生活的道德框架。道德品质是人与人交往的过程中与对人的态度相关并且指向人精神品质核心（道德良心）的某种品德。① 从社会的角度看，最高的道德是公正；从个人的角度看，最高的道德是无私。在教育研究中，研

---

① 刘燕楠：《教育研究哲学论纲》，361页，北京，中国社会科学出版社，2016。

究者的道德品质期望实现对研究对象等相关利益者的理解与研究利益均衡的结果，是对公正与无私的一种平衡。一方面，尊重、平等、信任、不伤害等伦理准则决定了好的研究是研究者基于信任和责任与研究对象开展交往的行为。另一方面，研究活动本身也要求研究者将职业伦理放在极为重要的位置。

总之，教育研究者遵循的研究伦理规范往往取决于研究者的某种信任，因为道德本身就是作为信仰的存在，研究者权衡与处理价值问题时所采用的伦理尺度，正是基于研究者在面临这些冲突、困境时的内心道德涌动。

三、心与心力

在教育研究中，好的研究者除了需要具备亲民的责任伦理、合乎智力品质与道德品质的伦理美德，还需要坚持一种踏实、专注、认真、执着的心态。教育是指向人的实践活动的，其价值在于使人成人。因此，教育研究也立足于实践，旨在探究与解释指导实践的使人成人的有效理论，是一种需要人用心、费心与尽心的活动。

用心，即在教育研究中研究者使用心力，专心做研究，这体现了好的研究者与好的研究之间的关系。一项好的研究需要研究者付出很多努力与辛劳。人之心的力量无比强大，用心既是研究者持之以恒的毅力，又是其良好的职业道德品质。费心，即在教育研究中研究者耗费心神，将研究过程中的一切事宜视为自身的职责，自觉地承担各项研究责任。费心既是研究者研究能力与研究品质的一种体现，又是其自身道德修养的展露。在教育研究中责任无处不在，只有研究者具备了较强的责任意识，才能毫无怨言、认真地做好每部分的研究工作，确保完成一项好的研究。尽心，即在教育研究中研究者竭尽全力的一种心态。在很多情况下，用心而不尽心是常有之事。用心而尽心则需要研究者付出更多的努力，甚至使尽全力，以确保研究质量与成效。

总之，教育研究作为一种带有研究者主观能动意识的创造性活动是研究者从心底发出的，体现研究者之于研究的心力。研究者唯有用心、费心、尽心地开展研究活动，才能真正实现一种好的研究，才能保证研究的效率与品质。而这种心的力量也是研究者应具备的可贵的伦理自觉性。

本章小结

教育研究的伦理学视野主要探讨了教育研究中伦理的内涵与基本范畴、伦理原则以及伦理自觉问题。本章通过对什么是好的研究、什么是好的研究者和什么是好人进行价值区分，指出了作为伦理活动的教育研究在处理知识与人、研究者与被试等关系时应遵守的道德规则或伦理规范。同时，教育研究应保持伦理自觉，这是研究主体的智力品质与道德品质的建构。

章后练习

1. 案例分析

2002年，德国的一所高中发生了一起后果严重的枪击事件，共造成18人死亡。开枪者曾是该校的一名学生，因为糟糕的成绩而被学校开除，不能参加大学入学考试，对此他非常生气。校园中的暴力行为问题是研究人员试图解答的。但是，开展这样的研究会产生一系列伦理问题，其中最严重的问题之一就是此类研究可能会给参与者带来不良影响。

结合案例，谈谈对教育研究与现实之间的关系的理解。

2. 简答题

(1)为什么在教育研究中需要为研究人员设立一系列伦理准则？

(2)进行与人相关的研究时必须遵守的准则有哪些？

延伸阅读

[1]科恩，马尼恩，莫里森．教育研究方法：第6版[M]．程亮，宋萑，沈丽萍，等译．上海：华东师范大学出版社，2015.

[2]郝文武，郭祥超，张旸．教育哲学概论[M]．北京：高等教育出版社，2015.

[3]刘燕楠．教育研究哲学论纲[M]．北京：中国社会科学出版社，2016.

[4]普林．教育研究的哲学[M]．李伟，译．北京：北京师范大学出版社，2008.

[5]叶澜．教育研究方法论初探[M]．上海：上海教育出版社，1999.

[6]杨国荣．伦理与存在：道德哲学研究[M]．上海：上海人民出版社，2002.

[7]陈根法．德性论[M]．上海：上海人民出版社，2004.

参考文献

(一)辞书类

[1]金炳华．哲学大辞典[M]．上海：上海辞书出版社，2001.

[2]冯契，徐孝通．外国哲学大辞典[M]．上海：上海辞书出版社，2000.

[3]美国不列颠百科全书公司．不列颠百科全书(国际中文版)[M]．北京：中国大百科全书出版社，1999.

[4]邓正来．布莱克维尔政治学百科全书[M]．北京：中国政法大学出版社，1992.

[5]朗特里．英汉双解教育辞典[M]．赵宝恒，汪莲如，潘祖培，译．北京：教育科学出版社，1992.

(二)中文著作类

1．汉译类

[1]马克思，恩格斯．马克思恩格斯全集：第4卷[M]．中共中央马克思恩格斯列宁斯大林著作编译局，译．北京：人民出版社，1958.

[2]亚里士多德．形而上学[M]．吴寿彭，译．北京：商务印书馆，1983.

[3]海德格尔．存在与时间[M]．王庆节，译．北京：生活·读书·新知三联书店，1999.

[4]罗素．西方哲学史[M]．何兆武，李约瑟，译．北京：商务印书馆，1963.

[5]杜威．确定性的寻求：关于知行关系的研究[M]．傅统先，译．上海：上海人民出版社，2004.

[6]耶格尔．早期基督教与希腊教化[M]．吴晓群，译．上海：上海三联书店，2016.

[7]费希特．对德意志民族的演讲[M]．梁志学，沈真，李理，译．北京：商务印书馆，2010.

[8]费希特．国家学说：或关于原初国家与理性王国的关系[M]．潘德荣，译．北京：中国法制出版社，2010.

[9]黑格尔．精神现象学[M]．先刚，译．北京：人民出版社，2013.

[10]伽达默尔．诠释学Ⅰ、Ⅱ：真理与方法(修订译本)[M]．洪汉鼎，译．北京：商务印书馆，2007.

[11]罗蒂．哲学和自然之镜[M]．李幼蒸，译．北京：商务印书馆，2003.

[12]福柯．规训与惩罚：监狱的诞生[M]．刘北成，杨远婴，译．北京：生活·读书·新知三联书店，2007.

[13]波兹曼. 娱乐至死[M]. 章艳，译. 桂林：广西师范大学出版社，2004.

[14]鲍曼. 立法者与阐释者：论现代性、后现代性与知识分子[M]. 洪涛，译. 上海：上海人民出版社，2000.

[15]维特根斯坦. 维特根斯坦笔记[M]. 许志强，译. 上海：复旦大学出版社，2008.

[16]塔布斯. 教师的哲学[M]. 王红艳，杨帆，沈文钦，等，译. 济南：山东教育出版社，2014.

[17]杜威. 民主主义与教育[M]. 王承绪，译. 北京：人民教育出版社，1990.

[18]黑格尔. 哲学史讲演录：第一卷[M]. 贺麟，王太庆，译. 北京：商务印书馆，1959.

[19]泰勒. 现代社会想象[M]. 林曼红，译. 南京：译林出版社，2014.

[20]哈贝马斯. 认识与兴趣[M]. 郭官义，李黎，译. 上海：学林出版社，1999.

[21]布列钦卡. 教育知识的哲学[M]. 杨明全，宋时春，译. 上海：华东师范大学出版社，2006.

[22]夸美纽斯. 大教学论[M]. 傅任敢，译. 北京：教育科学出版社，1999.

[23]卢梭. 爱弥儿 论教育[M]. 李平沤，译. 北京：商务印书馆，1985.

[24]哈耶克. 自由秩序原型[M]. 邓正来，译. 北京：生活·读书·新知三联书店，1997.

[25]麦金太尔. 追寻美德：道德理论研究[M]. 宋继杰，译. 南京：译林出版社，2003.

[26]佐藤学. 课程与教师[M]. 钟启泉，译. 北京：教育科学出版社，2003.

[27]涂尔干. 教育思想的演进[M]. 李康，译. 上海：上海人民出版社，2003.

[28]厄本，瓦格纳. 美国教育：一部历史档案[M]. 周晟，谢爱磊，译. 北京：中国人民大学出版社，2009.

[29]莫兰. 现象学：一部历史的和批评的导论[M]. 李幼蒸，译. 北京：中国人民大学出版社，2017.

[30]范梅南. 实践现象学：现象学研究与写作中意义给予的方法[M]. 尹垠，蒋开君，译. 北京：教育科学出版社，2018.

[31]大河内一男，海后宗臣. 教育学的理论问题[M]. 曲程，迟凤年，译. 北京：教育科学出版社，1984.

[32]普林. 教育研究的哲学[M]. 李伟，译. 北京：北京师范大学出版社，2008.

[33]康德. 纯粹理性批判[M]. 邓晓芒，译. 北京：人民出版社，2004.

[34]科恩，马尼恩，莫里森. 教育研究方法：第6版[M]. 程亮，宋萑，沈丽萍等，译. 上海：华东师范大学出版社，2015.

2．专著类

[1]金岳霖．知识论[M]．北京：商务印书馆，1983.

[2]黄济．教育哲学[M]．北京：北京师范大学出版社，1985.

[3]吴俊升．教育哲学大纲[M]．福州：福建教育出版社，2011.

[4]叶澜．教育概论[M]．北京：人民教育出版社，1999.

[5]李德顺．价值论：一种主体性的研究[M]．3版．北京：中国人民大学出版社，2013.

[6]孙伟平．价值哲学方法论[M]．北京：中国社会科学出版社，2008.

[7]俞可平．社群主义(修订版)[M]．北京：中国社会科学出版社，2005.

[8]吴亚林．价值与教育 [M]．北京：北京师范大学出版社，2009.

[9]李景林．教化儒学论：李景林说儒[M]．贵阳：孔学堂书局，2014.

[10]赵恩国．马克思“个人解放”思想的历史与逻辑[M]．上海：上海人民出版社，2017.

[11]程志民，江怡．当代西方哲学新词典[M]．长春：吉林人民出版社，2003.

[12]包利民．古典政治哲学史论[M]．北京：人民出版社，2010.

[13]陈岳，蒲俜．外交卷 构建人类命运共同体[M]．北京：中国人民大学出版社，2017.

[14]邱少全．人及其世界：马克思主义哲学与现代西方哲学思想比较研究[M]．上海：上海人民出版社，2000.

[15]柳海民．现代教育原理[M]．北京：人民教育出版社，2006.

[16]朱旭东．欧美国民教育理论探源：教育制度意识形态论[M]．北京：北京师范大学出版社，1997.

[17]韦永琼．教育学生命力研究[M]．北京：中国社会科学出版社，2017.

[18]高伟．回归智慧，回归生活：教师教育哲学研究[M]．北京：教育科学出版社，2010.

[19]郭芳．教师哲学思想研究[M]．北京：北京师范大学出版社，2017.

[20]冯茁．教育场域中的对话：基于教师视角的哲学解释学研究[M]．北京：教育科学出版社，2011.

[21]温明丽．教育哲学：本土教育哲学的建构[M]．台北：三民书局，2008.

[22]舒志定．教师教育哲学[M]．北京：北京大学出版社，2012.

[23]魏双峰，张高峰．触摸教师的精神世界[M]．长春：东北师范大学出版社，2010.

[24]石中英．教育哲学导论[M]．北京：北京师范大学出版社，2002.

[25]宋荣恩．范寿康教育文集[M]．杭州：浙江教育出版社，1989．
[26]范锜．教育哲学[M]．上海：世界书局，1933．
[27]李石岑，等．教育哲学[M]．上海：商务印书馆，1925．
[28]黄济．教育哲学通论[M]．太原：山西教育出版社，1998．
[29]刁培萼，丁沅．马克思主义教育哲学[M]．上海：华东师范大学出版社，1987．
[30]王为农，郑希晨．教育哲学[M]．哈尔滨：黑龙江教育出版社，1990．
[31]桑新民．当代教育哲学[M]．昆明：云南人民出版社，1988．
[32]王坤庆．现代教育哲学[M]．武汉：华中师范大学出版社，1996．
[33]高伟．生存论教育哲学[M]．北京：教育科学出版社，2006．
[34]石中英．教育哲学的责任与追求[M]．合肥：安徽教育出版社，2007．
[35]陶志琼．新旧之间：教育哲学的嬗变[M]．重庆：重庆出版社，2003．
[36]周浩波．教育哲学[M]．北京：人民教育出版社，2019．
[37]刘铁芳．走向生活的教育哲学[M]．长沙：湖南师范大学出版社，2005．
[38]石中英．教育哲学[M]．北京：北京师范大学出版社，2007．
[39]刘放桐．新编现代西方哲学[M]．北京：人民出版社，2000．
[40]牟宗三．中国哲学十九讲[M]．上海：上海古籍出版社，2005．
[41]单中惠．西方教育思想史[M]．北京：教育科学出版社，2007．
[42]桑新民．呼唤新世纪的教育哲学：人类自身生产探秘[M]．北京：教育科学出版社，1993．
[43]汪霞．课程研究：现代与后现代[M]．上海：上海科技教育出版社，2003．
[44]袁贵仁．价值观的理论与实践：价值观若干问题的思考[M]．北京：北京师范大学出版社，2006．
[45]钟启泉．课程的逻辑[M]．上海：华东师范大学出版社，2008．

(三)中文期刊类

[1]高伟．良知正义论的重建：现代教育正义论的中国话语[J]．华东师范大学学报(教育科学版)，2018，36(4)：79－87；164．
[2]孙周兴．人文科学如何面对人工智能时代？[J]．哲学分析，2018，9(2)：35－41；196．
[3]张学广．保持群体与个体之间的协调关系：马克思与维特根斯坦社会价值观比较[J]．人文杂志，2019(2)：51－56．
[4]龚群．人类命运共同体及其正义维度[J]．哲学分析，2018，9(1)：16－25；195．
[5]张法．新型的世界哲学应当是怎样的：从人类命运共同体谈起[J]．2018，9(1)：26－40；196．

[6]干春松．“各美其美、美美与共”与人类命运共同体[J]．人民论坛·学术前沿，2017(12)：28－34．

[7]刘文霞．论教育哲学的研究对象[J]．内蒙古师大学报(哲学社会科学版)，1989(3)：28－31．

[8]高伟．论一种可能的好的教育哲学[J]．复旦教育论坛，2011，9(2)：5－9．

[9]高伟．论当代教育哲学的“问题哲学”转向[J]．陕西师范大学学报(哲学社会科学版)，2012，41(1)：12－18．

[10]倪梁康．教育现象学的基本观念与方法：胡塞尔与芬克的教育思想概述[J]．甘肃社会科学，2019(5)：1－10．

[11]金生鈜．为什么需要教育哲学：为教育的应然研究做一个哲学辩护[J]．教育理论与实践，2004(1)：1－4．

[12]余清臣．教育哲学的实践观演变与实践教育哲学[J]．教育研究，2011，32(2)：22－27．

[13]庞学光．教育哲学的本质与特点新论[J]．天津市教科院学报，2001(4)：10－13．

[14]高伟．知识论批判：一种教育哲学的反思[J]．自然辩证法研究，2012，28(4)：95－99．

[15]李宝庆．学校教育哲学的意义与建构[J]．教学与管理，2010(10)：3－5．

[16]陈建华．学校应该有自己的教育哲学追求[J]．教育科学研究，2007(1)：22－26．

[17]范国睿．校长的教育哲学究竟如何形成[J]．中国民族教育，2015(9)：12．

[18]沈曙虹．学校教育哲学的观念要素与结构体系[J]．教育研究，2019，40(9)：87－94．

[19]陈建华．西方中小学校本发展规划研究及启示[J]．比较教育研究，2004(12)：40－44．

[20]郭元祥．论学校的办学理念[J]．教育科学论坛，2006(4)：5－8．

[21]崔允漷，吴刚平，傅建明．普通高中校本课程开发建议书[J]．当代教育科学，2003(22)：9－11．

(四)外文文献类

[1]JAEGER W. Paideia：The Ideals of Greek Culture(vol 1-3.)[M]. Oxford：Basil Blackwell，1954.

[2]MACPHERSON C B. The Political Theory of Possessive Individualism：Hobbes to Locke[M]. Oxford：Clarendon Press，1962.

[3]GIDDENS A. The Consequences of Modernity. California：Stanford

University Press，1991.

[4]TAYLOR C. The Ethics of Authenticity. Cambridge：Harvard University Press，1991.

[5]BUTTS F. The Revival of Civic Learning：A Rationale for Citizenship Education in American Schools. Bloomington：Phi Delta Kappa Education Foundation，1979.